项目基金

福建省社会科学规划重大项目
"闽台古建筑比较研究"（项目编号：2013Z002）成果之一

福建文史丛书

闽台古城堡

陈名实 著

厦门大学出版社　国家一级出版社
XIAMEN UNIVERSITY PRESS　全国百佳图书出版单位

前不久，陈名实把他的新著《闽台古城堡》书稿给我，邀我作序。对于"古城堡"的写作，我初听似感意外，细想亦在意中。因我与作者在省地方志编委会共事多年，知他对省情地情已颇熟悉。故他在离开地方志专事课题研究之后，又有几本著述问世，皆与他熟稔的地方文史内容有关。这次新著出版，所书正是地方史志所必载，却未见有以此为题的专著。因此，我们借机探访建瓯古城。一路上，听名实如数家珍地讲述查阅古籍及实地勘察闽中各地古城及堡寨遗址的故事，知他对这类建筑遗址的大盘点存心已久、注意多时。到建瓯后，我们一起随建瓯市文史专家参观古城遗迹，俯瞰覆船山下建安置郡建治的形胜，索解古人背山面水筑城开府的匠心。

细读文稿之后，我认为陈名实此书颇具存史价值，因其较为全面而系统地记载了闽台历代城池、堡寨等建筑，从所附图照可知，许多地方他还作了实地勘察。为了配合对闽台各府、州、县城池建筑的记述，作者在"绪论"中，详细介绍了闽台历代建置沿革及城池建筑的历史变迁；对于沿海卫所、水寨及巡检司设置与防卫建筑都做了描述。如此详尽记录从内地到沿海的城池、关隘、堡寨、卫所等相关军事建筑，在知

序 1

见的福建各类著作中应是第一次，因此意义不同寻常。

本书记载的内容，概括起来至少有以下几方面特点：一是把府（州）县城池建筑与地方建置的发展、沿革结合起来，让人更加方便而直观地看到，在闽台社会历史发展的进程中，是如何因人口、经济、文化和社会的进步，而逐步改变着这片地域的行政版图。二是为记述和阅读方便，作者将福建按地理方位划分为东、西、南、北、中5个方位，进而再按清代的行政建制与隶属关系，分县记述，便于人们熟悉古代闽中府州一级建制中心的形成及其辖属关系。三是通过对古代城池、堡寨、卫所分布的记述，为人们提供了行政建置与防卫设施的历史知识。四是作者通过闽台两地城池、堡寨及卫所建筑的记述与比较研究，阐明了台湾对于大陆的历史联系与文化源流关系，同时也向人们展示台湾进入历代王朝版图的历史发展过程，台湾与大陆的血脉、文脉关系以及海疆防卫一体化的历史传统。五是作者注意把史志记载的城池堡寨建筑，与实际调查了解而得的历史遗迹结合起来。从所列参考书目可知，作者分别搜集、参考了几乎所有已出版的新旧地方志书。同时，通过所配图照显示其历史真实性及其所经历的时代沧桑。这些无疑都大大提高了本书的史料价值及权威性与可读性。

众所周知，方志是一方之全史，而利用方志资料所记述的地方历史，仅就城池、堡寨、卫所建筑而言，既是一方物质文化遗存的记录，也是一方历史文化发展进程的展示。人们借助这些文物或遗迹，可以感受文化基因、历史变迁和时代进步，还可从中体认中华文化传统的传承性。因为闽台文化一体，又同属中华文化的一部分，它们在自身发展的每一个历史时期，都离不开母体的哺育与滋养，都保持着总体与局部间贯通一气的文化脉络。

如今，古代的军事防卫建筑都已成为历史陈迹，成为供后人游观的旧物，但它们都记录着中华文明发展的历史，展现着中华文化固有的风采。"一时人物风尘外，千古英雄草莽间"。人事的代谢不可抗拒，但历史与文化的存留都是永恒的。我想记录这些历史与文化的著作，也应该是不朽的。相信今人与后人都将通过这些精心结撰的记录，得以窥见古代历史的真相与文化艺术的概貌。日月其徂，金石渐磨；风木相感，老成凋谢。人事与物华皆随岁月流逝，唯有文字与图像能为它们存照。所以我们企望能有更多的文史工作者，起而为这些饶有价值又不可再生的文物古迹执笔作传，摄影留形，为世人保存历史记忆，传扬先人劳绩功勋于永久。当然，这需要有心有为的文史专家或文史爱好者，秉持历史责任感与社会担当精神，如陈名实先生这样，成年累月寝馈于史料之中，跋涉于山川之间，进行珍贵资料的寻觅与文物遗迹的踏勘。须知这种以步履丈量大地、以目光探察文物，是十分费力而又劳神之事，非志者不敢为，也是非智者莫能为。

卢美松

2015 年 5 月

目 录

第一章 绪 论 / 1

一、古代城堡建筑的类型和特点 / 1

二、八闽城堡建筑概述 / 3

三、台湾城堡建筑概述 / 9

第二章 闽东古城堡 / 13

第一节 福州府县古城堡 / 13

一、福州府附郭闽县、候官县古城 / 13

二、长乐县古城 / 36

三、福清县古城 / 42

四、永泰县古城 / 49

五、古田县古城 / 55

六、连江县古城 / 59

七、罗源县古城 / 64

八、闽清县古城 / 67

九、屏南县古城 / 70

第二节 福宁府县古城堡 / 72

一、福宁府附郭霞浦县古城 / 72

二、宁德县古城 / 81

三、福安县古城 / 84

四、柘荣县古城 / 88

五、寿宁县古城 / 89

六、周宁县古城 / 95

七、福鼎县古城 / 98

第三章　闽北古城堡 / 107

第一节　建宁府古城堡 / 107

一、建宁府附郭建瓯县古城 / 107

二、建阳县古城 / 114

三、崇安县古城 / 116

四、浦城县古城 / 122

五、松溪县古城 / 134

六、政和县古城 / 136

第二节　邵武府县古城堡 / 139

一、邵武府附郭邵武县古城 / 139

二、光泽县古城 / 146

三、建宁县古城 / 150

四、泰宁县古城 / 154

第四章　闽西古城堡 / 158

第一节　汀州府县古城堡 / 158

一、汀州府附郭长汀县古城 / 158

二、永定县古城 / 167

三、武平县古城 / 171

四、上杭县古城 / 175

五、清流县古城 / 180

　　六、宁化县古城 / 184

　　七、明溪县古城 / 188

　　八、连城县古城 / 191

第二节　龙岩州古城堡 / 195

　　一、龙岩州附郭龙岩县古城 / 195

　　二、漳平县古城 / 198

　　三、宁洋县古城 / 202

第五章　闽中古城堡 / 204

第一节　延平府县古城堡 / 204

　　一、延平府附郭南平县古城 / 204

　　二、将乐县古城 / 210

　　三、沙县古城 / 212

　　四、顺昌县古城 / 216

　　五、永安县古城 / 219

　　六、尤溪县古城 / 222

第二节　兴化府古城堡 / 226

　　一、兴化府附郭莆田县古城 / 226

　　二、仙游县古城 / 235

第三节　永春州古城堡 / 239

　　一、永春州附郭永春县古城 / 240

　　二、大田县古城 / 243

第六章　闽南古城堡 / 248

第一节　泉州府县古城堡 / 248

一、泉州府附郭晋江县古城　/ 248

　　二、惠安县古城　/ 259

　　三、南安县古城　/ 264

　　四、同安县古城　/ 269

　　五、安溪县古城　/ 280

　　六、德化县古城　/ 284

第二节　漳州府县古城堡　/ 289

　　一、漳州府附郭龙溪县古城　/ 290

　　二、海澄县古城　/ 296

　　三、南靖县古城　/ 303

　　四、平和县古城　/ 307

　　五、长泰县古城　/ 309

　　六、云霄县古城　/ 311

　　七、漳浦县古城　/ 318

　　八、诏安县古城　/ 330

　　九、东山县古城　/ 335

第七章　台湾古城堡　/ 340

第一节　台南府古城堡　/ 340

　　一、台南府附郭安平县古城　/ 340

　　二、嘉义县古城　/ 347

　　三、凤山县古城　/ 348

　　四、恒春县古城　/ 352

　　五、澎湖厅古城　/ 356

　　六、城堡　/ 358

第二节　台湾府古城堡　/ 359

一、台湾府附郭台湾县古城 / 359

二、彰化县古城 / 361

三、云林县古城 / 362

四、埔里社厅古城 / 363

五、城堡 / 363

第三节　台北府古城堡 / 365

一、台北府附郭淡水县古城 / 365

二、新竹县古城（淡水厅古城）/ 369

三、宜兰县古城（噶玛兰厅古城）/ 371

四、城堡 / 372

参考文献 / 374

后记 / 380

第一章 绪 论

一、古代城堡建筑的类型和特点

闽台古城堡的建筑始于汉代，终于清代。1912年中华民国成立以后，古城堡陆续被拆除，保存下来的已属凤毛麟角，成为历史文物或遗迹。20世纪80年代改革开放以来，古城堡的历史遗存有所修复。

古城堡用来防御外来敌人，是中国古代人类社会生存的重要依靠。中国古代的城也叫城池，城为城墙，池为护城河，还泛指城邑，主要由官方建筑。堡主要是仿照城池建筑的军事防御工事，有的由军队建筑，有的由民间建筑。闽台古城堡的建筑始于汉代的闽越国，是在借鉴中国历史上城池建筑经验的基础上，依据传统城堡建筑的经验和理论修建而成的。

城池又称为城郭，是古代的军事防御建筑，为保护城中百姓生命财产安全而建立，随着城市人口的增长，城郭规模不断扩大。城池依不同的等级，可分为都城、府城、县城、镇城、寨城等；一般来说，等级越高，规模也越大，配置的建筑也不同。如按古城堡的规模和功能来分，古城堡大致可分为大小城市、军事堡垒、乡村堡寨三种类型。城墙和城壕是城市的主要防御线，也界定出城市的范围，是本书论述的重点。城墙指的是使用土木、砖石等材料，在都邑四周建起的用作防御的障碍性建筑，由墙体和其他辅助军事设施构成的军事防线。城壕就是护城河，有的城堡人工开挖壕沟，注入水后形成城壕；有的城堡则利用河流作为城壕；有的城堡有人工开挖的壕沟，也有天然的河流。总之，城壕是用来作为城墙的屏障。

古代文献记载，城墙的建筑始于建立夏朝的大禹，阳城就是夏朝的王城，是夏文化的代表之一。王城岗遗址被认为最可能是夏朝阳城的遗址，位于河南省登封市告成镇与八方村之间的台地上。北依嵩山，颍河与五渡河交汇于此，南有箕山作为案山，地理位置符合建立王城的条件。考古人员在此发现一座面积约为30万平方米规模庞大的大型城址和城壕，位于王城岗遗址中部，城址和城壕的年代初步推定为公元前21世纪，即夏朝建立初期。城墙用土夯筑，夯土呈黄色，土质纯净且坚硬。

到商代，中国的城墙建筑已经采用版筑技术，就是筑墙时用两块木板（版）相夹，两板之间的宽度即为墙的厚度，板外用木柱支撑住，然后在两板之间填满泥土，用杵筑（捣）紧，筑毕拆去木板木柱，即成一堵墙。到了春秋战国时代，普遍采用悬版夯筑法，即用木棍穿过两侧夹板，以绳索固定取直，中间填土夯实，用这种版筑技术筑成的城墙，比以往更结实，还取消旧法中两侧的护城坡，从而增加城墙的攀爬难度。有的城墙还采用土坯垒砌，上下交错叠压，以此提高墙体的密度和强度。闽台古城堡的城墙大多数为石基土筑，部分用石砌或砖砌。到了明代以后，各地的土城墙开始大规模包砖。

城池的选址是国家和人民最重要的事业，关系到国家和人民的前途和命运，与未来发展密切相关。到周代，人们已经总结出城市选址的基本原则，主要有：第一，北依大山。城池北面靠大山有诸多好处，如冬天可阻挡北方的寒流，城池朝南可获得充足的阳光，山上的林木可提供城内的燃料，山上的泉水可供城内使用，山上的资源也可以利用。到万不得已放弃城市时，山上还可以作为逃难的好去处。第二，山下有宽阔的台地。在宽阔的台地建城，既干燥舒适，日照充足，又可在城外从事生产。若日后城池扩建，还留有足够的发展空间。第三，前有河流经过。有水才能建筑护城河，保护城墙，使城池易守难攻。平时，河流是水上交通的自然通道，对城市的对外交流有重要意义。这些早期城池建筑的技术和原理，对福建的古城堡建筑具有指导性的意义。

福建地处中国东南，背山面海，北有仙霞岭、武夷山，南有博平岭诸山脉蜿蜒边境。鹫峰、戴云两山脉贯穿腹地，把全省分为闽西北山区和闽东南沿海。境内山岭耸峙，河流遍布，内陆沿河流形成小平原，在大河出海口一带，形成福州、兴化、泉州、漳州四个较大平原，古城堡就是在山水之间的大、小平原上建设和发展起来。

二、八闽城堡建筑概述

福建最早的古城堡建筑始于汉代的闽越国。闽越国是福建境内由闽越族人建立的地方政权，闽越国开基王无诸，姓驺氏，是越王勾践的后代。自越国于公元前334年被楚国灭后，诸越王子孙辗转迁移至江南海滨一带，各据一方。至战国晚期，无诸占有福建及周边地区，自称闽越王。秦始皇统一中国后，无诸的王号被削去，降为君长，并在其统治区内设立闽中郡。秦朝末年，无诸率领闽越武装参与伐秦。秦王朝灭亡后，无诸率部助汉击楚。汉高祖刘邦称帝后，立无诸为闽越王。无诸在福州建都城，史称冶城。闽越国时期，闽北也是闽越王活动的中心。在闽北各县的县志中，可以看到越王台、越王山、越王城等闽越国史迹的记载。在福州有冶城遗址，在崇安（今武夷山市）城村挖掘出大规模汉城遗址，出土大量西汉前期文物。

汉武帝建元三年（前138），闽越王郢占据浙南的东越国之地。建元六年（前135），郢又发兵击南越，试图夺取广东的潮、梅地区。汉武帝调遣两路大军讨伐闽越。郢的弟弟余善在都城发动兵变，刺杀了郢，遣使节向汉廷谢罪。汉武帝认为首恶已诛，而无诸孙繇君丑不曾参与叛乱，故立丑为越繇王，继承闽越王位，以奉闽越祭祀。余善杀郢后，事实上已掌握闽越国大权。汉廷为避免用兵，只好再封余善为东越王。

汉元鼎五年（前112），南越相吕嘉反汉，汉武帝命楼船将军杨仆发兵十万讨伐南越。余善见有机可乘，便请以兵八千从东合击南越，但其目的是夺取广东潮、梅地区。后余善见阴谋不能得逞，公开反汉，筑城堡抵抗汉军。元鼎六年（前111），汉武帝平定余善叛乱，乘机废除闽越国，下令将闽越国城池尽毁，将其民迁移到江淮间。闽越国灭亡后，汉军驻守闽越地。后来，闽越族遗民从山谷出来，自立冶县，在旧址恢复冶城。西汉孝昭帝始元二年（前85），汉廷宣布承认冶县，称东冶。

三国时，福建属吴国势力范围。孙权以建安（今建瓯）为政治中心，并于建安十二年（207）前，相继在闽江上游设置建平（今建阳）、建安（今建瓯）、汉兴（今浦城）、南平四县。加上原有的候官（福州），福建共有五县。永安三年（260），置建安郡，郡治在今建瓯。太守王蕃在覆船山麓筑全闽第一座郡城，城周长4614米。

晋太康元年（280），武帝析建安郡地分设建安、晋安两郡。建安郡辖福建北部七县，晋安郡辖福建南部八县。太康三年（282），在今福州置晋安郡治，太守严高以旧城规模小，不足聚众，改在屏山前小丘建立郡城。城址位于闽江河道北岸的港湾内，北有屏山为依托，南有内河通闽江。南朝梁天监中（502—519），又从晋安郡分设出南安郡，辖兴化、泉、漳等地，泉州一带开始繁荣。南朝陈永定时（557—559），陈武帝设闽州。隋灭陈后，于开皇九年（589）改丰州为泉州，废建安、南安二郡，州直接辖县。大业三年（607），把原设建安、晋安、南安三郡合并为一，称建安郡；三郡之下原设十五个县，裁并为四；郡治由建安（今建瓯）移至闽县（今福州）。

唐代，福建社会安定，经济发展，人口增加，沿海和山区的城市建设都得到发展。唐武德初年（618—626），设泉、建、丰三州，下辖10县。州数和县数均为隋代的两至三倍。唐景云二年（711），立闽州都督府，领有闽、建、泉、漳、潮五州。开元十三年（725），闽州都督府改称福州都督府。开元二十一年（733），为加强边防武装力量，设立军事长官经略使。从福州、建州各取一字，名为福建经略军使，与福州都督府并存。福建经略使后来发展为福建观察使、福建节度使。唐末，由节度使领福州、建州、泉州、漳州、汀州，属江南东道。5州计24县，其中：望县1个，紧县3个，上县7个，中县2个，下县11个。此外，还有9场、3镇，为以后县的增设准备了条件。

这一时期，汀州、漳州、候官、长乐、福唐（今福清）、仙游、沙县、将乐等不少州县治所皆有迁移，所选新址的自然条件与发展前景均优于旧址，福建古城堡建设进入新阶段。政治中心福州先后三次拓建罗城、夹城和外城。罗城北面将冶山括入。其他城市也陆续建城。

长汀县城在卧龙山之阳。唐大历四年（769），刺史陈剑开始筑城，西北负山，东濒河，南据山麓。

泉州府城附郭晋江县城。唐光启二年（886），节度使王潮筑子城。城北负洛阳江，南面晋江，倚泉山为城。古名刺桐城，以环植刺桐花，故名。

建阳县城于唐末由王审知复筑城。建阳在闽越国时期有大潭城，下瞰大溪潭，故名。

宁化县城在古黄连镇西竹筱窝。后唐同光二年（924）筑城。正北负山，三面临溪。县旧名黄连，亦称宁阳。

宁德县城在白鹤山下。后唐长兴四年（933），闽国升感德场为县，始筑土城。

宋代，中国的政治、经济中心南移，福建空前繁荣。沿海和山区的城市建设进一步发展。北宋时期置福建路，行政区划为福、建、泉、漳、汀、南剑六州及邵武、兴化二军。福建路因此包括一府五州二军，号称"八闽"。这时，福建全省有42个县，成为东南全盛之邦。八郡都新建或修拓城垣，如福州城、泉州城的增筑、拓建，建宁府城略有修筑，南剑州城（今南平）始建，兴化军城（今莆田城）由砖砌改为石砌。城市范围超出城垣所限。

邵武县城在紫云溪南，宋太平兴国四年（979）置邵武军，知军事张度首创军治，筑土城西跨登高、西塔二山，东、南、北三面临溪。邵武县古有乌坂城，为闽越国所筑六城之一，在今城东三里许，大溪之北（今名故县）。

宋太平兴国八年（983），移兴化军治于莆田县，知军段鹏始内筑子城，以护官廨，外拓土垣，以环居民。宣和三年（1121），筑城墙。

仙游县城在大飞山之南。宋绍兴十五年（1145），县令陈致一筑城以御山寇。

同安县城在大轮山下，东西二溪之中。宋绍兴间（1131—1162），知县黄彦晖创筑城壁。

龙溪县城在紫芝山之麓（旧名登高山）。宋初，筑土为子城。

长泰县城在罗侯山之南。宋嘉熙年间（1237—1240），县令郑师申始筑土城。

南平县城前对九峰山，后据龙山。宋代，南平县筑城，二水交流环其外，形势险峻，古号"铜延平"。

建宁县城在凤山之东，濉江之北。宋咸淳二年（1266），县令宋秉孙筑城。

清流县城在屏山之阳。宋绍兴年间（1131—1162），县令郑思诚召集流散，始筑城为守。晋为清流驿。宋元符初（1098—1100）置县，仅有子城。

连城县城在莲城堡。宋绍兴五年（1135），县令邱钦若创筑土城。绍兴间（1131—1162）始置县。

上杭县城在郭坊。宋端平元年（1234），上杭县令赵时钺筑城。上杭县，唐置上杭场，淳化五年（994）升场为县。至道二年（996）迁鳌沙，咸平二年（999）迁语口市，天圣五年（1027）迁钟寮场。乾道三年（1167），县令郑福奏迁来苏里之郭坊。

武平县城在梁野右双豸。宋绍兴年间（1131—1162），使相张浚遣官创筑。前有南安溪，亦曰平川。旧为武平场，在武溪源。淳化间（990—994），移场为县。

元至元十五年（1278），置福建行中书省，下辖福州、建宁、泉州、漳州、汀州、延平、邵武、兴化等八路。一些县开始建城。

漳浦县城在李澳川。元至正十二年（1352），达鲁花赤买撒都剌筑城，砌以石。

南靖县城在双溪之北。元至正十六年（1356），县尹韩景晦筑土城。城原在九围樊山之东，至元三年（1266），迁治琯山之阳。

诏安城建于元至正十四年（1354），右丞罗良檄屯官陈君用砌石城。宋为南诏场，又为沿海巡检寨。明嘉靖九年（1530），始为县城。

将乐县城北据后山，南滨大溪，东临旷野，西包石壁。元至正四年（1344），漳寇李志甫侵将乐县，乡绅吴文让募义兵剿灭，其子吴克忠筑土城。

浦城县城东距越王台，北包皇华山，南濒大溪，西临深濠。元至正二十三年（1363），守将岳承祖在东越王余善筑城旧址，复筑浦城县城。东越王余善筑城于浦城县临浦，故曰浦城。后废。

龙岩城在北寨山之麓。宋绍定三年（1230），县令赵性夫于大尉山筑西寨避寇。淳祐九年（1249），县令赵宗揆甃甓以石。元至正初（1341—1368），县尹黄仕龙即寨麓筑龙岩土城。初编竹为限，后易以土墙。

明朝洪武元年（1368），福建全省八路改为福州、建宁、延平、邵武、兴化、泉州、漳州、汀州八府。成化九年（1473），恢复被废为县的福宁州，直隶于布政司。终明一代，福建设八府一州。明代因倭寇为患，福建沿海地区城市破坏严重，故而重视修造城池是福建明代城市建设的主要特点，同时加强军事城堡的修建，在沿海建5座卫城、12座千户新城和45座巡检司堡寨。

霞浦县城在龙首山，明洪武三年（1370）筑城。

长乐县城在六平山之阳。明弘治三年（1490），知县潘府筑城。

明嘉靖三十三年（1554），福清县开始筑城。

连江县城在龙漈山南、鳌江之北，明嘉靖二十年（1541）开始筑城。

明弘治年间（1488—1505），罗源知县李南始筑土墙。

古田县城西北跨山，东南滨溪。明弘治二年（1489），知县萧谦筑城。

永福县城在磨笄山之阳。明嘉靖三年（1524），知县何谦筑城。

南安县城为古武荣州地，在府城西十五里。明嘉靖三十八年（1559）倭警，知县夏汝砺甃石为城。

惠安县城在螺山（即罗山）之阳。明嘉靖三十一年（1552）倭警，巡抚王忬檄知县俞文进筑城。

安溪县城在蓝溪之阴，凤山之阳。明嘉靖四十一年（1562），知县陈彩筑城。

云霄县城在六都，背山面海。明正德间（1506—1521），乡民吴子霖等自设城堑。嘉靖五年（1526），知县周仲筑城。

海澄县城滨海，旧名月港。明嘉靖三十六年（1557），巡抚阮鹗令民筑土堡。隆庆元年（1567），海澄置县建城，东北仍旧垣修葺，西沿溪筑新垣，与旧垣相属，南则附草坂堡。

平和县城在河头大洋陂。明正德十二年（1517），署县徐凤岐筑城。

顺昌县城北枕山，南临水。明正德元年（1506），巡按御史饶瑭檄本府通判罗环筑城。

明弘治四年（1491），知县陈光泰建筑沙县城，署县费诚继筑。

尤溪县城在伏狮山之阳。明弘治四年（1491），知府苏章委通判应元征监督筑城。

永安县城在沙县和尤溪县之间。明弘治十四年（1501），开始筑永安县城。

崇安县城在白华山麓。明正德二年（1507），推官马敬周遭垒石为四门，不久倒塌。隆庆二年（1568），崇安知县余乾贞上建城条议，得请创筑。

松溪县城在山中。明弘治二年（1489），知县徐以贞在深山中筑县城，岁饥工寝，粗立基址而已。嘉靖六年（1527），知县闵鲁奉巡按刘廷簠命令用砖石建筑。

政和县城在感化里东岸口。明弘治元年（1488），知县柴曦筑土墙百余丈。后奉部符，筑砖城，北绕崇山，南临大溪。

光泽县城在杭川南，旧有战城。明嘉靖三十九年（1560），知府邵德久、知县吴国器申请筑城，东南依山，西北滨溪。

泰宁县城在炉峰左，杉溪之阳，古为归化县城，宋元祐元年（1086），改今名。明嘉靖三十九年（1560），知府邵德久、知县熊鹗筑城，西北依山，东南滨溪。

明成化六年（1470），归化设县。正德九年（1514），知县杨缙筑城。

永定县城北枕龙冈，南屹眠象。明弘治五年（1492），知府吴文度言于巡按吴一贯；弘治七年（1494），复言于巡按陆完，始得筑城。

福安县城在戾山下。初无城，惟筑土墙。明正德元年（1506），分巡阮宾檄州同知施隆、县主簿李友垒砖为城。

寿宁县城北倚镇武，南临大溪。明正统年间置县。弘治十八年（1505），分巡佥事阮宾檄知县吴廷瑄筑城。

永春县城在象山下，临长溪。明嘉靖三十九年（1560），倭寇突至，县署失守，始议筑城。委德化知县张大纲监督，砌以石，高丈许。

德化县城在龙浔山西南，明嘉靖三十六年（1557），知县邓景武申请建筑，东环龙浔山北，绕大洋山西，抵大旗山下，达于溪。

明嘉靖十四年（1535），巡按御史白贲疏请置大田县，嘉靖十五年（1536）开始筑城，依凤山巅逶迤而下。

漳平县城在九龙溪北。明正德八年（1513），知县徐凤岐奏准创筑，砌以砖石。

宁洋县城本龙岩集贤里之东西洋地，明隆庆元年（1567）置县。巡海道周贤宣相地，知县董良佐筑城。

明代在福建沿海建筑大批军事城堡，加强海防力量。所建的卫城，有福宁、镇东、平海、永宁、镇海等5座。建的所城有大京、定海、梅花、万安、莆禧、崇武、福全、高浦、金门、六鳌、铜山、悬钟等12座，与沿海的5座卫城构成掎角之势。卫城与所城根据地势建筑，卫城大于所城，驻军和居民都比所城多。所城形状不一、规模大小不等，形势险要，城墙主要以花岗岩条石构筑，多是二重城门，主要建筑为营房、粮仓、库房、打铁铺、演武场、千户衙署。

明代建的巡检司城有45座，设在滨海各县水陆要道或海域航道。每个县建有1至6座巡检司城。规模、大小无定制；城墙、城门都是以花岗岩条石砌筑，规模要比卫城、所城小得多。城内布局以巡检司的衙署为中心，有街道、店铺、作坊、民居、祠堂等。

明代建的水寨城有5座，即福鼎市的烽火门水寨城、连江县的小埕水寨城、莆田市的南日水寨城、厦门市同安的浯屿水寨城、东山县的铜山水寨城，分布于半岛突出部的海湾处或地处要冲的岛屿上。

明末清初还建铳城，这些铳城皆位于海边，主要是郑成功为抗清所筑。有的以花岗岩石砌筑，更多的是用三合土夹砾石，或三合土夹海螺壳、碎瓦、瓷片，板筑于岩壁上，呈双墙壕堑状，设有枪眼。

民间为了抗倭、防匪、御敌，修建许多堡寨。建无定式，或用鹅卵石，或用毛石垒砌，或以三合土夯筑，堡寨内生产、生活设备一应俱全。

清代，福建区划继承明制。省下辖有福州、兴化、泉州、漳州、延平、建宁、邵武、汀州八府及福宁州。雍正二年（1724），升福宁州为福宁府；雍正十二年（1734），升永春、龙岩两县为直隶州。到清末统计，福建省共设有9府、2州、58县、2厅。一些县开始筑城。

屏南县城在屏山之南，双溪之汇。清雍正十二年（1734），总督郝玉麟请分古田之地增置县治。乾隆元年（1736），知县沈钟筑城。

闽清县城在梅溪南，清顺治十七年（1660），知县姜良性筑城。

福鼎县城本桐山旧堡，明嘉靖三十八年（1559），乡人高权筑以备寇，周围挖濠，广三丈余。清康熙八年（1669），总兵吴万福奉文缮筑，抽调本省八府官兵驻防，设桐山营。乾隆四年（1739），割霞浦县地即桐山营置县，以旧堡为城。

清代建筑的军事堡垒主要是炮台，以三合土夯筑为主，或占据山巅居高临下，或濒临海滨控扼航道，或紧挨着大江的出海口横锁江河，一般由大小炮位、弹药库、隧道、坑道、士兵休息室、营房、演武场等组成。

三、台湾城堡建筑概述

台湾位于福建东南海外，与福建隔着台湾海峡。台湾岛外的澎湖列岛是古代大陆与台湾之间的交通要道，明代以前就已经隶属于福建。明嘉靖四十五年（1566），海寇林道乾率众驾船五十余艘占南澳岛。明都督俞大猷领兵进剿，林道乾率众转移到澎湖，俞大猷率官兵紧追而来，林道乾船队驶往台湾北港。俞大猷驻偏师于澎湖，筑暗澳城。天启二年（1622），荷兰殖民者占据澎湖，在风柜尾蛇头山筑城，汉人称为红毛城。

台湾本岛的古城最早由荷兰人兴建。明天启四年（1624）七月，荷兰人撤离澎湖，从台湾西南的鹿耳门进入台南地方，侵占台湾，于一鲲鯓岛筑城垣。初名为奥伦治城，至天启七年（1627），更名为热兰遮城，后渐次以砖石改建。台湾汉人称为红毛城，现称安平古堡。1653年，荷兰人在城北对岸的北线尾筑城，称为普罗文查城，汉人称为红毛楼或赤崁楼。此外，荷兰人还在魍港等地建筑炮台。西班牙殖民者也于天启六年（1626）出兵侵占台湾，崇祯二年（1629）占领淡水，筑圣多明哥城。后来，荷兰人驱逐西班牙人，独占台湾。

清康熙元年（1662），郑成功驱逐荷兰殖民者，收复台湾，改台湾为东都，设承天府，置天兴、万年两县，又在澎湖设安抚司。郑经治理台湾时，把东都改名东宁，升天兴、万年两县为州。明郑政权没有在台湾筑城，郑成功把荷兰人建的热兰遮城改建为内府，台湾人称为王城。不同的是另辟一门曰"桔秩"，以春秋郑国有此门，作为中国郑氏政权的象征。

清朝统一台湾后，于康熙二十三年（1684）改承天府为台湾府，隶属福建省。统三县：台湾、凤山、诸罗。雍正元年（1723），于原诸罗县辖境，划虎尾溪以北，增设彰化县及淡水厅。光绪元年（1875）十二月二十日，清廷准台北地方，添设知府一缺，名为台北府。台北府添设淡水县、新竹县、宜兰县。

光绪十三年（1887）九月初八日，清朝在台湾建省，全省划分为3府、1直隶州、11县、3厅。原台湾府改为台南府，另设台湾府附郭台湾县桥孜图（又名桥仔图，即今台中市南区），作为省会，驻巡抚。因设备未周，而暂驻台北。光绪二十年（1894）二月二一十日，经巡抚邵友濂会同闽浙总督奏准，移设省会于台北。

清朝统一台湾后，由于不放心台湾的反清复明势力，实行不筑城政策。康熙六十年（1721）平定朱一贵造反后，总督满保议在台湾筑城，但没得到批准。雍正十一年（1733），巡抚鄂弥达奏请筑城，旨下大学士等议覆。总督郝玉麟等认为：台湾建城工程巨大，可先于城基之外，栽植刺竹，作为屏障。以后再于刺竹围内，建造城垣。于是开始植竹为城。乾隆五十二年（1787）平定林爽文造反以后，重视建筑土、石城垣。

清雍正三年（1725），台湾知县周钟瑄在台南建木栅，作为台湾府城。雍正十一年（1733），植竹为城。乾隆五十三年（1788），大学士福康安、工部侍郎德成、巡抚徐嗣曾等会奏，改筑砖城。因台湾未烧砖，用土筑城。

清康熙四十三年（1704），嘉义知县宋永清始设木栅。雍正元年（1723），知县孙鲁改筑土城。雍正五年（1727），知县刘良璧建城楼。雍正十二年（1734），知县陆鹤又于城外环植刺竹。

清康熙六十一年（1722），凤山知县刘光泗始筑土城。雍正十二年（1734），知县钱洙奉命环植刺竹。乾隆五十一年（1786）林爽文造反，城破。于是移县治于埤头店，环植刺竹，作为新城。一直到咸丰年间（1851—1861），才筑土城。

清同治十三年（1874），钦差大臣沈葆桢奏建恒春县。光绪元年（1875）开始建城，历时一年。城高2丈8尺，周972丈，用土石筑之，建四门。

清光绪十三年（1887）台湾建省，移台湾府于台中。光绪十五年（1889）建台湾府城（附郭台湾），先建八门四楼。光绪十六年（1890），林朝栋督勇筑城。

清雍正十二年（1734），彰化知县秦士望环植刺竹，建四门。嘉庆十六年（1811）开始建城，嘉庆二十年（1815）告竣。

云林县城在林圯埔之云林坪，清光绪十三年（1887）建县。光绪十四年（1888）二月，知县陈世烈奉命筑城。

台北府城（附郭淡水）在大佳腊堡。清光绪元年（1875），钦差大臣沈葆桢奏建府治，光绪五年（1879）正月，知府陈星聚设计，光绪八年（1882）开工。

新竹县城在竹堑埔，清雍正元年（1723），设淡防厅。雍正十一年（1733），同知徐治民植竹，辟四门，建楼。嘉庆十一年（1806），增筑土垣。道光六年（1826），改建砌石。

宜兰县城在噶玛兰，清嘉庆十七年（1812）建噶玛兰厅，委办知府杨廷理始筑土城，环种九芎，号"九芎城"。光绪元年（1875），改为宜兰县。

埔里社厅城在埔里社，清光绪四年（1878），改北路理番同知为中路抚民理番同知。总兵吴光亮垒土为城，多植刺竹，号"大埔城"。

澎湖厅城在妈宫，清康熙五十六年（1717）筑小城，称"新城"。雍正五年（1727），设厅。光绪十三年（1887）十二月，总兵吴宏洛发兵筑城，光绪十五年（1889）十月告竣。

福建与台湾在古城堡建筑方面，建筑的理念是一致的。然而由于存在地域环境、人文社会与时间先后的差异，也有不同的地方，主要表现在以下几个方面。

第一，古城堡建筑的年代。福建古城堡建筑历史悠久，可以追溯到汉代。而台湾古城堡建筑时间较晚，最早是在明朝末年。福建古城堡建筑由于历史长，许多城堡都经多次重建，在地点、面积、结构等方面都经历不小的变化。而台湾古城由于存在时间较短，大部分古城堡建成以后，变化不大，有的甚至还未建成，就面临废弃。

第二，建筑古城堡的动机。福建建筑古城堡的动机除了防范来自境内的敌人外，还有很大部分是为防范海外敌人的侵略，是中国海防建设的重要组成部分。而台湾古城堡的建筑主要用来防范来自境内的敌人。相比之下，官方在建筑福建古城堡上，动机比较强烈，城池也比较坚固；而在建筑台湾古城堡上的动机相对较弱，经常由于客观原因迟迟未能动工，因陋就简，或推迟完工。

第三，统治集团对建筑古城堡的态度。从建筑城堡的历史过程看，福建历代统治者对建筑城堡基本上是积极支持的。从汉代到五代，福建城堡建筑都是在官府的主持下修建的。只是在宋代初期，由于朝廷担心福建的地方割据势力，下令拆除城墙。但是也很快就看出福建不可能割据，就着手修建城池。到了明朝时期，为了防止倭寇和战乱，全省各地在官府的主导下，建立许多军事城堡和水寨，城池也普遍兴建和重建，其规模和坚固程度达到新的高峰。然而在台湾，清朝统治者开始是奉行不筑城的政策，后来由于爆发反清起义，府县由于没有城池固守，很快就被起义军占领，许多官员遭到杀害。为了防范起义军，清朝在乾隆后期只好同意地方的请求，开始建筑较为坚固的城池。由于朝廷的态度比较勉强，所以遇到经费、环境、人事等问题时，建城工作有的打折扣，有的拖延时日，很大程度上是依靠民间的积极性促成的。

第四，古城堡建筑的地理环境。按照传统城堡建筑理论，城堡的地理环境应当选择北高南低、背山面水、山环水绕的位置，即风水学上的龙穴明堂位，形成负阴抱阳的风水格局。福建的山脉走向基本上是从北高南低，水流也随山势从北向南流。因此，福建的城堡很容易找到合适的地理环境，基本上都建在风水学上的龙穴明堂位。特别是府城，其地理位置尤其优越。而台湾岛约有2/3面积为山地，主要分布在台湾岛中部和东部。几条平行山脉作东北到西南走向，纵贯全岛。西部平原宽广，古城堡主要建在西部平原上。由此看来，台湾的山脉与水流方向与福建相反，如果按照传统风水理论，在台湾西部平原地区，较难找到完全符合风水理论的地理环境。因此，台湾的古城堡大都按照聚居地的地理环境，照顾当地居民的利益，主要从防卫的角度，选择建城的地理位置。只是到了清代后期，在建筑台北府城时，依照风水理论进行改动，以致造成城门方位与城内街道走向角度相差的现象。

第五，古城堡建筑的类型。闽台古城堡的建筑类型主要有三类，一是城市所在地的城池，二是军事城堡，三是民间防御堡寨。闽台两地的城池都是由官府主导修建，本质上两地城池的建筑没有区别。只是福建的城池大都经过重建，古城的防卫设施比台湾城池要完备一些，在建筑材料、坚固程度等方面，总体上也优于台湾城池。福建自古以来就修建许多关隘堡垒，明代以后在沿海地区修建许多海防城堡和水寨，这些军事城堡的数量大大超过城池，是福建古城堡的主体建筑。而台湾的军事城堡起初是明末荷兰人、西班牙人建筑的，其规模较小，而且存在时间短。后来，台湾几乎没有兴建军事城堡，这与福建有很大区别。福建民间建立的堡寨，都是土、石、砖建筑，数量不多。而台湾民间的堡，数量多，规模大小差别大。建筑材料除了土、石、砖以外，还有大量以刺竹、木栅造的围墙，较为简陋。

由于台湾的居民主要是来自闽南和粤东的移民，主持城池建筑的官员也来自大陆，因此在城堡的选址理念、建筑风格、整体设计等全局观念上，与福建城堡基本相同。因此，闽台城堡的建筑总体上看是大同小异。

第二章 闽东古城堡

第一节 福州府县古城堡

福州地处福建省东部沿海、闽江下游平原，闽中鹫峰山脉南段，戴云山脉北段东侧，西高东低，层层跌落，倚山面海，形成天然屏障。秦时置闽中郡，西汉时为闽越国，汉昭帝始元二年（前85），在闽越故地设冶县。建安元年（196），冶县改为候官县。西晋太康三年（282），设晋安郡。陈永定元年（557），晋安郡升为闽州。唐开元十三年（725），闽州都督府改为福州都督府，为福建政治、经济、文化中心。

一、福州府附郭闽县、候官县古城

福州自汉代闽越国建都冶城以来，一直是政治、文化的中心，曾六次修建城池，并在周边险要建军事设施形成拱卫。民间也有筑堡寨自卫。

（一）福州府城

福州府城附郭闽县和候官县，位于闽江下游冲积平原"福州盆地"的中心，海拔85米以下的小山丘错落其间，乌山、屏山、于山鼎峙城内。古有东、西、南三大湖环列城外。城中内河交织，通往东西两条城外河，东为晋安河，西为白马河，两河向南汇入闽江。城内历史上曾六度建造城池。汉初，闽越王无诸筑冶城，周约2.5

公里。元封元年（前110），闽越国灭，城废。西晋太康三年（282），建郡城，周约3.5公里。唐天复年间（901—904），节度使王审知拓子城南建罗城，城周约6公里。梁开平二年（908），又筑南北夹城，围"三山"于城内，城周约10公里。宋开宝七年（974），增筑东南外城，城周扩至12公里。太平兴国三年（978），城尽毁。熙宁年间（1068—1077），太守程师孟循旧子城址重建，至南宋末，恢复到旧外城范围。元至元十七年（1280），城又毁废。明洪武四年（1371），驸马都尉王恭再按外城旧址重建。至万历十年（1582），共设有南门、北门、东门、西门、水部门、汤门、井楼门等7座城门、4座水关。

明代的福州府城遵循传统的风水观念建造，形成得天独厚的地理环境，不仅造福城内居民，也使福州成为历史文化名城。

在军事防御上，明代福州城墙高大坚固，制高点在城内，易守难攻。明代倭寇猖獗，福州城外受到蹂躏，但福州城岿然不动，充分体现城池的军事防御功能。

在生活上，城内的物资供应充足，随着闽江的潮汐，闽江上游的粮食、山珍顺流而下，在福州集聚、发散。闽江外的海产沿江而上，大饱福州人的口福。福州城内、城外都有温泉、湖泊和山林，成为人们休闲的好去处。

在生产上，福州城内外手工业、农业发达，密布的水网为交通、饮水、灌溉、排污带来便利，城内的民众可尽享城外之利。

在环境上，形成一个山环水绕的地理形势。从城中看，东有鼓山，西有旗山，南有方山（五虎山），北有莲花山，这四座大山的余脉环绕福州城，形成山环形式。闽江自北向南，从福州城南穿流而过，其支流环绕福州城，形成水绕形势。自北向南形成南北中轴线的形势，中轴线的东面为闽县，西面为候官县。城北为屏山，在屏山正北城墙上建镇海楼，为全城制高点。从镇海楼向南，即是全城最重要的寺庙华林寺。从华林寺向南，即是城隍庙。从城隍庙往西南不远，即是布政使署。从布政使署向南，即为鼓楼，是全城的中心。鼓楼西南面是总督衙门，为全省最高军政长官驻地。从鼓楼至南门有南大街相通，其中要过东西走向两条内河，由勾栏桥和安泰桥接通大路，形成城内自北向南的中轴线布局。

从风向看，每年入秋后北方冷空气南侵频繁，西太平洋和南海的热带气旋也较活跃。西风带和热带系统的对峙引起明显的气压梯度，造成强劲的东北大风。东北风夹杂海上潮湿空气吹入城内，对人体健康不利。为化解煞气，福州东北的城墙修得又高又厚，以阻挡煞气。出南门有四座山作为福州城的案山，形成南面屏障，拱卫府城。第一案为横山,即今吉祥山;第二案为天宁山,即今烟台山;第三案为高盖山;第四案为方山,即五虎山。夏天来势凶猛的东南风经过这四座案山的阻挡,到城中已是微风,符合藏风聚气的原则。

从水势看,东西各有两处水关,西水从西湖入西门水关,过定远桥,到双抛桥,与西南水关水汇合;向东与东面来水汇合;向南到乌山桥下向东,在安泰桥与东面来水汇合。西水由东湖澳门水关入城,向西经庆城寺在勾栏桥与西水汇合;向南到德政桥,水分两支,一支向西在安泰桥与西水汇合,一支向南沿水部大街,出东南水关。这样,城内河大致形成二纵二横的井字布局,使全城百姓均衡受益。

清代,增筑女墙。民国以后,古城墙被逐步拆除,历代所留护城河成为内河。

1. 冶城

无诸建闽越国都城,史称都冶,为冶城。今鼓屏路一带是西汉时期闽越国的城址,但已不可详考。据清代林枫《榕城考古略》考证:"《三山志》言:闽越王故城,在今府治北二百五步。以势考之,当在今城隍庙迤北,至诸古岭等地也。"1988年10

福州冶城欧冶池

月在冶山路欧冶池东北侧,配合基建进行考古发掘,发现西汉时期的夯土台基,台基东西阔35米,南北进深约10米。两组木桩基座排列有序。基座为厚木板,板有圆形或方形卯口。其中两个卯口上保存有木柱。堆积层内有黄色板瓦,长0.57米,宽0.45米;筒瓦断面呈近半圆形,前端带子扣式瓦唇、弦纹和戳印的瓦当等。20世纪90年代,在钱塘巷、七穿井、西湖东岸、剑池后等处基建工地,发现汉代文化层堆积和建筑基址。当代修地铁,在冶城范围又发现大批汉代文物,但城池面貌仍有待进一步考证。

明代诗人王恭《越城怀古》诗:无诸建国古蛮州,城下长江水漫流。野烧荒陵啼鸟外，青山遗庙暮云头。西风木叶空隍曙，落日人烟故垒秋。借问屠龙旧踪迹，断矶寒草不胜愁。

明代诗人徐𤊹《冶城怀古》诗：溟濛沧海冶城连，却忆无诸建国年。十万人家烟漠漠，三山宫阙草芊芊。莲花高岭秋芜外，金粟荒台夕照边。千载龙飞遗岭在，寒鸦空噪暮云天。

2. 子城

到晋代时，冶城南面的河水已经退去，不远处现出一个小山丘。西晋太康三年（282），郡守严高嫌冶城太小，在越王山之南建城，是为子城。传说严高本来将移白田渡，嫌非南向，乃为图咨于著作郎郭璞。郭璞指冶城南面一小山阜，认为此处可建城。于是，严高决定在此建城。子城的范围大致是北起今鼓屏路小山阜，南至今八一七北路虎节路口，东至今湖东路丽文坊，西至今渡鸡口，东南至今卫前街，西南至今杨桥路。唐中和四年（884），观察使郑镒修拓其东南隅，共有5座城门，南为虎节门，东为康泰门，西为宜兴门，东南为定安门，西南为清泰门。城外有护城河。宋熙宁二年（1069），郡守程师孟拓子城西南隅，把西门扩展到今鼓西路元帅庙河沿，取名丰乐门。城上建九座楼，名为：西湖楼、蕃宜楼、五云楼、三山楼、清微楼、泰山楼、堆玉楼、缓带楼、坐云楼、怡山阁。城濠今已湮没，南面虎节门处今地名为虎节路。严高筑子城时凿湖，引西北诸山之水注入，以灌溉农田。因湖在子城垣西面，故称西湖。

唐代陈诩《登郡城楼》诗：井邑白云间，岩城远带山。沙墟阴欲暮，郊色淡方闲。孤径回榕岸，层峦破枳关。寥寥分远望，暂得一开颜。

唐元和十年（815），福建观察使元锡在城北建州门，叫仪门，在城门上建楼，叫谯楼。乾宁三年（896），福州升为威武军，遂为威武军门。后周时改为彰武门，宋太平兴国三年（978），恢复旧

福州鼓楼

名。嘉祐八年（1063），郡守元绛更辟双门，上建楼九间。熙宁二年（1069），郡守程师孟得到监官叶参军的支持，在门楼上置滴漏，推测时辰。有鼓角与更点，建二亭以为翼盖，左曰"宣诏"，右曰"班春"。晨、昏时刻吹角、擂鼓报告时辰。明万历三十九年（1611），鼓楼重修，南面匾额改为"海天鳌柱"，称全闽第一楼，俗称鼓楼。1952年，因修建道路，鼓楼被拆毁，只留下鼓楼的地名，地处今鼓东路和鼓西路的交界处。

明代王世懋《元日登楼》诗：飞阁苕峣倚碧天，朝元初罢陟层巅；云峰结幄迎春历，海日冲波接暮年。武帝楼船千载色，无诸城市万家烟。遥空似有孤鸿去，欲托离愁与此传。

3. 罗城

唐天复元年（901），威武军节度使王审知创筑罗城环子城外，故罗城又名"威武军城"。城呈不规则圆弧形，城高6.6米，厚5.6米。北面将冶山围入，南面以安泰河为界。唐黄滔《天王寺碑》记罗城："大门八，便门九，水门三，周二十六里，

福州唐代罗城西城墙遗址

四千八百丈。南曰福安门，福安之东曰清平门，西曰清远门，其西北曰安善门；安善之东曰通远门，其东曰通津门；通津之北曰济川门，其西曰善化门。水门三，注之以堰二，渡之以桥九。"城墙全部用钱纹砖砌成，城砖都印有"威武军式样制造"的字样，设8个城门：南利涉门（原名福安门，今安泰河北岸）、北永安门（原名济川门，今钱塘巷永安境一带）、东海晏门（原名清平门，今五四路口的澳桥西端）、西善化门（今杨桥路善化坊口）、东北延远门（今中山路北端）、东南通津门（今津门路的高节路口）、西南清远门（俗呼鸭门，今澳门路的光禄坊口）、西北安善门（今湖滨路，面对西湖开化屿）。城内以大航桥河为分界，官府和官员在城北，商业区和平民在城南。城北中轴大道两侧辟为衙署；城南中轴道路两边，分段围筑高墙，把居民区隔为坊、巷。

王审知扩建城池时，将西湖与南湖连接。其子王延钧称帝，在西湖滨辟池建水晶宫，造亭、台、楼、榭，在王府与西湖之间又挖了一条水道，便于携后宫游西湖。宋淳熙年间（1174—1189），福建抚使赵汝愚在湖上建澄澜阁，并品题福州西湖八景：仙桥柳色、大梦松声、古堞斜阳、水晶初月、荷亭唱晚、西禅晓钟、湖心春雨、澄澜曙莺。

王审知扩建城池时还发现温泉。一名龙德外汤院，由佛寺管理。地在崇贤里，即今温泉路一带。另有一个汤泉，在城东汤门内，因名内汤院，也归佛寺管理。宋代时，福州城西北也有温泉。北方来福州上任的官员对福州温泉十分赞赏，宋知州程师孟诗：曾看华清旧浴池，此泉何日落天涯？徘徊却想开元事，不见莲花见荔支。

罗城城壕于建罗城时挖掘。后梁开平元年（907），王审知筑夹城，罗城城壕成为内河。河东南方设水门，接纳闽江潮水。江水入门后一分为二，一自古仙桥（又称使君桥、清水堰）向北流至罗城东门外澳桥，与北来山水汇合，流入东湖；一自古仙桥西行，沿秀冶里过武安桥，抵达罗城东南津门桥（又名兼济桥），往西沿朱紫坊，过福枝桥、新桥，到达罗城南门外利涉桥（今安泰桥），沿桂枝里西行至罗城西南清远门外澳门桥（俗称鸭门桥），再沿玉山涧经虹桥至仓头角，稍转向北至罗城西向金斗桥，向北经馆驿桥，与闽江上游进西水关江水汇合于观音桥，流向浦尾（今文藻北路）至双抛桥，与西湖南下水合流。壕水每昼夜随江潮涨落各两次，是古城饮用水源，又是城区排水去污通道，更是供应全城柴、米、油、盐各种物资的主要运输航道。环绕罗城的城壕保存至今的桥梁有安泰桥、澳桥、津门桥、澳门桥、金斗桥等。

宋福州知州鲍祗诗：两信潮生海涨天，鱼虾入市不论钱。户无酒禁人争醉，地少霜威花正然。

4. 夹城

后梁开平元年（907），闽王王审知以砖筑南北夹城，谓之月城，把罗城夹在中间，故称夹城。南夹城自安泰桥以南至南门兜，将东南的九仙山（于山）、西南的乌石山（乌山）围入城内，设有两座大门，南为登庸门（今南门兜），后改为闽光门、宁越门；东南为道清门（今水部南端），后改为美化门。还设6个便门，2个水门，浚濠以通潮汐。北夹城自鼓屏路南端至屏山，跨越王山（屏山）而建，设两座大门。北为严胜门（今屏山东麓，后废），西北叫道泰门（今北门三角井之北），北宋改为遗爱。城南还有1座内城门，名叫水步门，在原水部菜头桥。北城还有2城门，一名井楼门，在今井大路七星井附近；一名迎仙门，在今西门兜。还设5个便门，北城挖河通西湖。南、北夹城建成后，包括罗城在内略呈圆形，黄滔《万岁寺》诗云："新城似月圆。"

宋崇宁间知州陈轩诗：城里三山古越都，楼台相望跨蓬壶。有时细雨微烟罩，

福州井楼门古城墙遗址

福州城内公正古城墙遗址

便是天然水墨图。

宋景德初知州谢泌《咏冶城风物》诗：湖田播种重收谷，山路逢人半是僧。城里三山千簇寺，夜间七塔万枝灯。

诗中赞美三山鼎峙城中，福州别称"三山"自建此城始。

5. 外城

宋开宝七年（974），福州刺史钱昱筑东南夹城，即外城。以石为城基，用砖砌城墙。城外有护城河，南自光顺门（又称合沙门，今八一七中路洗马桥北）而西，城周长329丈，其门楼6间，敌楼30间。自东武门（又称行春门，今东大路晋安桥西端）向东，设安边、临江两门，楼三间，敌楼皆五间。便门二：一汤井，一船场。敌楼九间。筑城墙274丈。开沿城河2900尺。自东武门向南设有城楼3间，敌楼23间，筑城墙310丈，并与光顺门接，开沿城河3600尺。城高1.6丈，厚8尺，下用坚石为墙基，上垒以砖壁，复为屋盖，成为敌楼。东南为通仙门（今琼东路附近的通仙境），东北有汤井门（今汤门兜）和船场门（今井楼门兜），西有怡山门（今西门兜）。太平兴国三年（978），下诏堕毁城墙。后因防务需要，于绍熙二年（1191）又用土夯筑外城。

宋知州蔡襄《暮春登南门》诗：丽谯高倚晚天霞，满目平皋尽物华。十曲胡笳催鼓笛，三重湘酎倩旗夸。连江急雨送归燕，拂地轻风移落花。强凭阑干还自问，此情何处是边涯。

宋知州曾巩《北城闲步》诗：土膏初动麦苗青，饱食城头任意行。便起高亭临北渚，欲乘长日劝春耕。

宋开宝七年（974），福州刺史钱昱加强防御，又增筑东南夹城。南自光顺门（合沙门）而西，城329丈，门楼6间，敌楼30间；东自东武门（行春门，今称东门）而北，有安道、临江2门，楼3门，敌楼皆5间；便门2个（汤井门、船场门），敌楼9间，城274丈，开沿城河2900尺；自东武门而南，门楼3间，敌楼24间，城310丈，开沿城河3600尺，城高1.6丈，厚8尺，下用坚石为墙基，上垒以砖壁，复为屋盖。这是福州历代城垣建设中第一次出现敌楼。从当时外城的几座城门的旧址，可以看出其扩展范围。南面扩至合沙门，今洗马桥北边；东南扩到通仙门，今通仙境；东至春门（亦名东武门），今晋安桥西侧；东北扩至汤井门，今汤井兜和船场门；西南扩至怡山门，在迎仙门外，今西门兜。太平兴国三年（987），朝廷顾虑反叛，下令废毁城垣，仅余残墙高数尺。熙宁年间（1068—1077），太守程师孟在子城旧址加以修复。咸淳年间（1265—1274），又于外城加以增筑。程师孟修复子城时，将西门扩展到今鼓西路元帅庙河沿，取名丰乐门，门外为定远桥，并将都仓（今称旧米仓），围在城内。又在城上建楼阁9座，即：蕃宣楼、西湖楼、五云楼、三山楼、清徽楼、泰山楼、堆玉楼、缓带楼、坐云楼。同时疏浚护城濠，架桥12座：虎节门大桥、清泰门雅俗桥、发苗桥、义和桥、宜秋桥、长利桥、仁爱桥、乐游桥、群乐桥、开通桥、便民桥、宜兴门桥。元朝再次下令废毁福州城墙。

6. 府城

明洪武四年（1371），由驸马都尉王恭主持，在夹城、外城的旧基上用石砌造，北跨越王山（屏山），南绕乌石山、九仙山（于山），后人称之为府城。设有7个大城门：南门在今南门兜东侧，北门在今北大路北门兜，东门在今东大路晋安桥西，西门在今鼓西路西门兜，水部门在今五一路鳌峰坊巷口对面，汤门在今温泉路大众澡堂前，井楼门在今井大路北端。城墙高2丈1尺，厚1丈7尺，周长3340丈。城上有敌楼62座，警铺98个，城堞2164个，女墙4805个。

洪武六年（1373），福州中卫指挥李惠在城中增建城橹，环城俱加屋盖。为防御倭患，嘉靖三十八年（1559），在城上增设敌台36个，环城3面，挖濠深7.5尺，

宽10丈，长3300余丈。万历十年（1582）又重修，共有7大城门：南门（在九仙桥）、北门（即前夹城的严胜门，此门后塞，改仁爱门为北门）、东门（即前外城的行春门）、西门（即前夹城的迎仙门）、水部门（在东南面）、汤门（在东北面，即前汤井门）、井楼门（在汤门北面，即前船场门）。在石城之外的要冲地方，再加上一重半圆形的瓮城，亦有门，可关闭。还有水关4个，以沟通城内外的河道。

明陈亮《冶城怀古》诗：东西屹立两浮屠，百里台江似带纡。八郡河山闽故国，双门楼阁宋行都。自从风俗归文化，几见封疆入版图。惟有越王城上月，年年流影照西湖。

王恭重建时，先在屏山巅修建一座作为各城门楼样本的谯楼，故名"样楼"。从楼中可望大海，后改称镇海楼，上祀真武。当时风水家认为，会城四面群山环绕，唯正北一隅较低，故以楼补高。

镇海楼屡毁屡建，清光绪十八年（1892）重建于屏山巅，为两层，高20米，宽46米，深24米，歇山顶。一层面阔九间，设一大二小拱券门，进深五间；二层

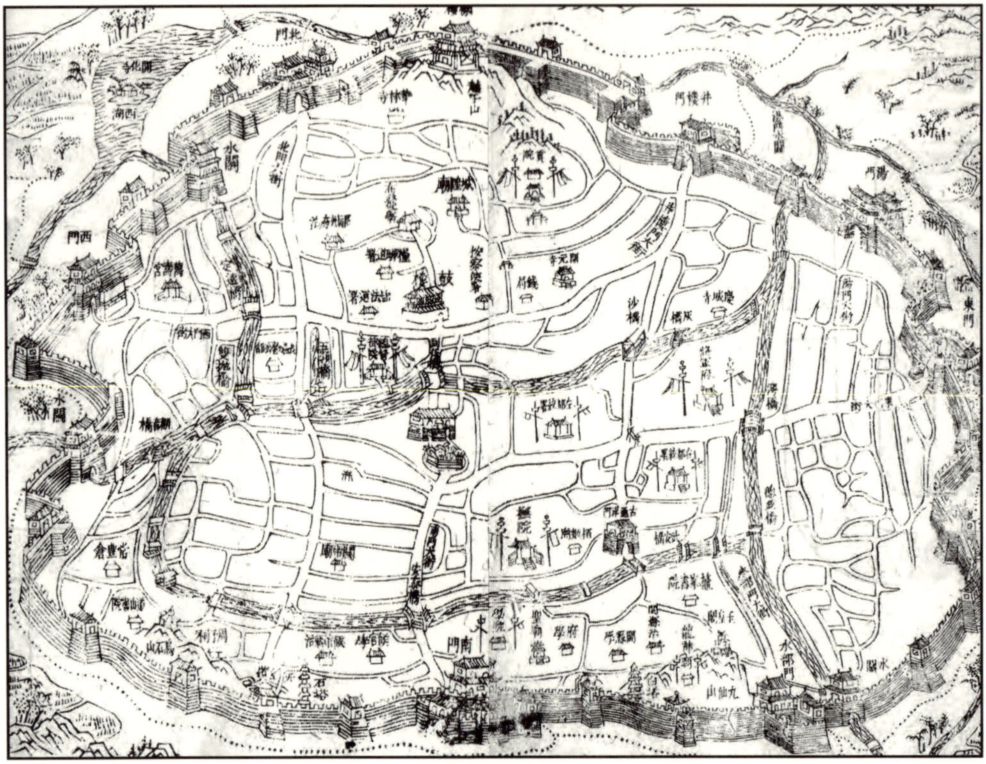

福州府城图

面阔七间，进深三间，层檐间施平坐，设栏杆。1970年拆除镇海楼，2005年重建。

明陈勋《登北城镇海楼》诗：缥缈层城海上头，平临列岫俯沧洲。霜凋树色千家出，松作涛声万壑流。故里淹留唯短褐，暮天摇落此登楼。稻粱何处归鸿急，伫立苍茫不散愁。

清顺治十八年（1661），总督李率泰因防火灾，拆换城屋，增筑垣墙，高2丈4尺，厚1丈9尺，计窝铺264间，炮台93座，垛口3000多个，马道长5530丈。康熙三十年（1691），总督郭世隆重建西南二城楼。雍正五年（1727）、雍正九年（1731）

福州镇海楼

福州于山古城墙

相继重修，增筑女墙。乾隆十六年（1751），总督喀尔吉善、巡抚潘思榘重修。道光间（1821—1850）复大修，但城郭没有多大变迁。环城东、西、南三面皆有护城河。

府城城墙于1927年后陆续拆除，现尚存三段：一是于山石城墙，残长18.3米，残高4米，墙顶宽1.22米；二是公正新村西侧，井楼门外赛月亭至山头角公正新村的石城墙，残长43米，残高4.6米，墙顶宽2.3米；三是井大路七穿井西侧石城墙，残长7米，高2.5米，墙基宽1.5米，墙顶宽1米。

清代福州城墙

（二）军事城堡

福州东南为闽江水域，军事防御以扼守闽江口防止敌人从海上沿江而上和防止闽江南面敌人渡江为主。东北和西北面是通往闽东和闽北的大山，防御以设置关隘为主。明代以后，倭患严重，福州东南的军事城堡发展迅速，成为福州城外的主要军事防御设施。

1. 闽安镇城

闽安镇城位于闽江下游西岸，距福州府城 30 公里。西、南、北部以山地为主，一条河流穿过镇区，上游称龙溪，在闽安镇内形成港口，古称迥港，俗称邢港。闽江流经闽安镇时，两岸山势陡峭，河道狭窄，水流湍急，使闽安镇成为闽江入海口进入闽江上游的咽喉要地。历史上闽安镇控扼闽江口，邢港为福州东部的水路天然门户，自唐代以来地位十分重要。

闽安镇作为通往福州的水道门户，逐渐发展成为军事基地和商贸关口。宋天圣七年（1029），在闽安镇设巡检司。元祐二年（1087），由朝廷的军事机关右班殿直接监管闽安镇，在蝤蜞洋建登高寨，石龙山建石龙寨，乌猪岭建乌猪寨，白眉山建鹦哥寨，鼓岭建牛头寨。这些寨城各占地十亩左右，均处在险要隘口，互为犄角，驻兵戍守，环卫闽安镇。同时在主要山头设烟墩瞭望，有警则举烽火联络。元代，在闽安镇田螺湾江外小岛建员山水寨。明代，置卫所巡检司，闽安巡检司成为军事机关。嘉靖四十一年（1562），戚继光率部驻闽安镇剿倭，在闽安镇周围垒石筑寨，陆续建成高山寨、员山水寨、东高寨、乌猪寨4座寨城。

清顺治十三年（1656），郑成功率部占领闽安，令工官冯澄世召集民工建筑土堡城寨。多为圆形结构，上安炮位、枪孔，并有窥测孔可探敌情，可驻数百人，土堡城寨建在闽安镇沿江一带及隘口山边。顺治十四年（1657）九月，清军占领闽安镇，恐郑成功卷土重来，即在象屿筑南岸炮台，在南般筑北岸炮台，总称闽安南北岸炮台，是闽江口防线最早设立的两座炮台。顺治十五年（1658），闽安镇将范承谟改建闽安巡检司为协台衙门，作为闽江口至台湾海峡的军事防务指挥中心。巡检司迁出另在东侧重建，俗称"闽安司"。闽安镇从闽安海关调取资金，进行了大规模攻

福州闽安城墙遗址

闽安城隍顶城墙遗址

防设施以及闽安水师营的建设，利用闽安盛产优质石材，用石头建成了闽安镇城，又称炮城。在城的北侧，建筑了水门道七座炮台，在田螺湾南侧闽江中小岛重建员山水寨（后称松门水寨），水寨北侧闽安门的入口处也建筑了七座炮台。康熙五十六年（1717），总督觉罗满保、巡抚陈瑸、布政使石沙木哈对员山水寨进行扩建，同期重建的还有崇新寨、登高寨、鹦哥寨等，每座寨城均占地六七亩，拱卫闽安镇城。

雍正六年（1728），清廷重修闽安南北岸炮台。道光二十一年（1841），英军攻陷厦门。闽安镇协副将孙云鸿在水门北向一带澳田开濠筑坝，并改造水门炮墩七座，接连濠坝，互相声援。道光三十年（1850），林则徐视察闽安镇防务，奏请重修闽安南北岸炮台、员山水寨炮台。光绪六年（1880），闽浙总督何璟又奏修。建成的北岸炮台分为山巅的主炮台、山边的前沿炮台、岸畔的众炮台、山后的弹药库。山巅的主炮台架设一尊旋转式克虏卜重炮，炮台与炮台、炮台与弹药库之间，有相互沟通的隧道，隧道中还设有士兵休息室。光绪十年（1884）中法马江海战爆发，清军惨败，闽安至长门口的炮台被法舰轰击殆尽。闽安北岸炮台被夺去数尊大炮。战争结束后，清政府又花巨资修复炮台。光绪十一年（1885），船政大臣裴荫森奏请在闽安门两岸山上建暗炮台，凿洞安炮。

（1）石头城

清顺治十四至十五年（1657—1658），清军用石头和夯土造闽安镇城，周围332丈，每三丈余设一炮口，扼守着闽江下游最狭隘处的闽安镇门，故又称炮城。石头城东临闽江沿岸，北边有水门盘古楼，南边有南门城楼，中段靠北向有箭楼（军火库）。经口头街一直到南门城楼，都是从江底笔直向上高垒的石墙，高达四五丈以上。南门城墙整齐地砌在江底的石岩上。石头城从南门城楼向西转折，顺着凤髻顶（城隍顶）南坡山势，从澳里攀上龙腰顶后折向北，此处城墙已高踞马头凤岭之巅了。这一段城墙高十余米，厚3米以上，都是用规格的条石垒砌的。开一座城

门，称潮水门。潮水门旁建有一女墙，依山势直下到三角井一带，墙旁有军火库一座。城墙向北延伸，从城隍顶北麓回到万寿寺东侧，就是西门。西门顺着城墙根有一条登上城隍顶的石阶路，称之为百二层崎。从西门向东北水门道方向，城墙拐向江边，即是"盘古楼"。楼的南侧有一道慈善门（道头），可以靠泊江上快哨船，是城内向水师舰船输送兵员、军火、给养等通道。抗日战争爆发后，石头城被拆，石头用来填闽江水道，防止日军舰驶入闽江。

闽安石头城西门遗址

如今城址遗迹较明显的是城隍顶城堡。城堡位于山巅，呈圆形，直径65.9米，占地面积3409平方米。堡内建筑已被夷平，仅残存一堵城墙。残墙长50.7米，高3.7米，厚0.91米，为土石夯筑。墙基用花岗石叠砌，高0.7米；墙为三合土结构，高3米。在西门还有一段城墙遗址。

（2）高山寨、东高寨、乌猪寨

明嘉靖四十一年（1562），戚继光率部驻闽安镇剿倭，在闽安镇垒石筑高山寨，位于闽安镇西南的莲池山顶，海拔200多米。城墙为花岗石结构，高10米，宽3米，面积6~7亩，城墙四面有拱门，城墙上建有瞭望台（楼），在田螺湾村后山还有烽火台。东高寨在东面山上，乌猪寨在北面山上，

闽安高山寨遗址

寨均为花岗石结构，城高 2.5 米，城厚 1.1 米。城寨方圆 18500 平方米，每寨 4 扇拱门。清康熙五十六年（1717），寨城曾重建，又名崇新寨、登高寨、鹦哥寨。

（3）员山水寨

员（圆）山水寨，后称松门水寨，位于闽安镇田螺湾外闽江小岛之中，地处闽安门天险地段。元初，朝廷在员山建立水寨，称员山水寨。元军在员山水寨至南岸石龙山麓布下横江铁索，平时铁索沉在

清代闽安员山水寨

江底，战时拉紧横于江面，阻止敌船进港。明洪武二十年（1387），江夏侯周德兴在闽安镇设卫所，重筑员山水寨，以防倭寇入侵。清康熙五十七年（1718），建员山水寨城，城墙为花岗石结构，高约 10 米，宽约 3 米，占地 6~7 亩。墙设四个拱门，城墙上设有瞭望楼（台）。这里与闽江对岸金刚腿相望，是闽江最窄处。清初，靖南王耿精忠反叛，将闽浙总督范承谟关押、杀死在员山水寨。如今员山水寨城墙已被拆除，北岸江面被填，与田螺湾连成一片。

（4）南般炮台

南般炮台在闽安镇东面。清顺治十四年（1657）九月，清军占领闽安，在闽安镇江对面象屿筑南岸炮台，在闽安镇南般（今亭江镇村南般村）筑北岸炮台，总称闽安南北岸炮台，素有"省城门户"之称。北岸炮台周围 12 丈。光绪六年（1880），闽督何璟修北岸炮台，占地面积 3000 平方米，分为山巅的主炮台、山边的前沿炮台、岸畔的众炮台、山后的弹药库。山巅的主炮台为半圆形露天炮阵地，三合土结构，深 1.85 米，胸墙厚 3.3 米，内直径 18.3 米，架设一尊旋转式克虏卜重炮，德国制造。岸炮台呈堡垒状，正面宽 47.8 米，高 4 米，进深 12.1 米并列 5 个炮台，亦是三合土结构。炮台与炮台、炮台与弹药库之间，有相互沟通的隧道，隧道中还设有士兵休息室。

光绪十年（1884）中法马江海战中南般炮台被毁，光绪十二年（1886）修复。抗日战争期间遭日军破坏，不久重修。如今，南般炮台遗址又称亭江炮台、北岸炮台。

2. 金牌寨城

金牌寨城在闽江口的琅岐岛。琅岐岛凤窝村外的金牌门是闽江入海口北港主航道最狭窄的部位，古称急水门。明朝初年，明太祖派江夏侯周德兴来闽布置江防。在琅岐设闽江口烽火台，如今尚存残壁断墙。金牌门在明代开始设防，称金牌寨。清康熙五十七年（1718），清军建金牌寨城，城中建金牌炮台，与长门炮台隔江对峙，号称福州"第一门户"。道光二十九年（1849），林则徐主持重建炮台。金牌炮台由山巅主炮台、山腰前沿炮台、山麓江岸炮台、操场、营房组成。主炮台有两个炮位，均露天、圆形、半地穴式，三合土结构，深1.43米，直径分别为12.4米和7.6米。操场在炮台后侧。营房在操场边，面宽8米，进深4.2米，残墙高2.75米。现仅存山巅主炮台和营房残垣，其余毁于1941年日军侵占期间。

3. 罗星塔城

罗星塔城在马尾区马限山山顶，以罗星塔为中心。清顺治十三年（1656）九

福州马尾罗星塔城全景

月初三日，郑成功抵闽安镇，令在罗星塔筑土城。派左戎旗林胜祯守罗星塔，总督水陆防守，后被清军攻占。康熙五十六年（1717），清朝建罗星塔城。同治七年（1868）建炮台，马江海战中遭毁坏。光绪十三至十四年（1887—1888），船政大臣裴荫森主持重建，并增建前后炮台两处。炮台用糯米汁拌三合土夯筑而成，占地面积3800平方米，1993年重修。

4. 降虎寨

建于宋嘉祐三年（1058），位于福州晋安区宦溪镇东部的降虎岭隘口上，故名降虎寨。此处地势险要，是兵家必争之地。保存至今的寨址建于明代，戚继光曾在此抗倭。抗日战争时期，军队在此抗击日军。据《闽都记》载："降虎岭有寨，置戍。"如今寨墙犹存，前、后寨门相距百米。前寨门北面向连江县，方石砌造，拱形，高2.85米，宽1.92米，进深1.73米，上有寨楼。现仅存一青砖砌筑的大门，东南向，高1.85米，宽0.7米，进深0.62米。后寨门石构，高2.47米，宽2.85米，进深1.17米。一条北通连江、南下福州的宋代石铺道路穿寨而过，是福州北面通道。

5. 寨上关（志雄关）

寨上关今名志雄关，位于闽侯县大湖乡大湖村南1.5公里处，建于宋

福州降虎寨前门

福州降虎寨前门内

福州降虎寨后门

代。宋元丰四年（1081），此处设五县寨巡检司，是宋、元、明时期防守闽县、候官、怀安、闽清、古田五县的屯兵之所。1941年5月，第二十五集团军第一纵队装备团副团长郭志雄率部在大湖阻击日军，战斗中以身殉国。这次战斗阻止日军北上古田、南平，1942年省政府将寨上关命名为"志雄关"。如今关隘长十多米，高1.5米，墙体块石砌筑。右侧有一关门，上嵌隶书"志雄关"匾额。匾额长0.5米，宽0.28米，字径0.18米。

志雄关抗日英烈碑

福州闽侯大湖寨上关

6. 牛头寨

位于福州鼓岭北区，距福州市中心十多公里，海拔 600 多米，夏日最高气温不超过 30℃。山上微风细雾，流水飞溅，草木葳蕤，绿树参天，峰高壁峭，群山环抱。白眉水库库水清澈，绿波盈盈，整个寨域，怪石奇潭，风景无限。牛头寨山顶悬崖绝壁处，有一块酷似牛头的"牛头石"，因而名为"牛头崖"。

牛头崖山上有一条石阶古道，已历千年，为古时福州与外交通的必由之路。其道东南经亭江镇的前洋到连江，西北经鼓山镇的东山到福州。古道高处尽头，有一座古城墙，是明朝名将戚继光于明嘉靖

鼓岭牛头石

福州鼓岭牛头寨

四十二年（1563）在此设立的军寨，称牛头崖戚继光山寨。今石砌的寨墙基石仍在。

（三）民间堡寨

1. 新店古城

新店古城始建于汉代，仅存遗址，位于福州市新店镇古城村。古城址距福州市区约5公里，城址呈长方形，南向偏东10度。南北长而东西狭窄。1985年5月发现。1996年、1997年两度发掘。在北、东、西边发现城墙基和城壕遗迹。城址平面呈梯形，宽294米，长约900多米，南向偏东10度。墙基宽约10米，残高0.5米左右，为褐色夯土，内有少量汉代陶片。20世纪50年代初，部分城墙还有一人多高，后逐渐毁于建房和平整土地。20世纪70年代，在平整土地时，当地群众还挖出了一批布纹饰瓦片。当地人把城墙以内称为"古城里"，把西城址外称为"古城外"，把城东南侧一块平地称为"校场"。城址北侧200多米有座高128米的山丘，名"古城山"。1988年1月，在古城山南麓靠古城一侧的山坡上，出土一件汉代方格纹硬陶罐。

新店古城西城墙遗址

2. 塘湾民城

塘湾民城位于马尾区亭江镇长安村东道的山头顶,长安古称"塘湾"。明嘉靖年间(1522—1566),倭寇猖獗,官府号召沿海民众建城自卫,塘湾城就是民间为防倭所建。现存城墙呈"一"字形,南北走向,东濒闽江,内为民居。城墙原长100多米,为土石结构,两面用花岗岩块石叠砌,内用黄土夯实。今残存墙址长81.9米,厚3.1米,高约2.5米,残墙北端有小庙1座,南端与民居相连。

3. 翁崎民城

翁崎民城址位于马尾区亭江镇东岐村东,东岐古称"翁崎",明嘉靖年间(1522—1566)为防倭建造。现存城墙呈"一"字形,南北走向,南起元帅坂,北至东岐尾,全长约600米,南段延至闽江滨。城墙为土石结构,两面用花岗岩块石叠砌,内以黄土夯实。城墙今被104国道切成两段,北段仅存零星残迹及一通断碑,碑文也仅留一"东"字;南段残存一堵长49米、宽3米、高约1米的残墙。

福州长安村塘湾民城

4. 塘头城

塘头城，原属闽县，位于今连江县琯头镇塘头村，与翁崎民城、塘湾民城同时建筑。塘头是明代名宦董应举家乡，明嘉靖年间（1522—1566），里人董世道捐造。万历四十年（1612）拓建。今已无存。

5. 溪源寨

位于闽侯县鸿尾乡溪源村，建于清道光年间（1821—1850），为方形土楼。土楼中央建有三进布局的全木结构正房，面阔五间，进深五间，悬山顶，穿斗式梁构架，左右配建厢房。紧贴正房两侧建双层木构楼房，四周紧贴围墙建双层木构环楼。围墙高大宽厚，分为两层：下层为双向，用整块方石砌筑，中间填土，厚如城墙，四向相通，可行人，利防御；上层土筑，外用灰色泥灰粉刷。前左后右两犄角建有方形瞭望楼，设有瞭望眼、枪眼。廊与天井全部用石板铺设。土楼内凿有水井，共有房屋232间，占地面积5000余平方米。

闽侯溪源寨城墙

6. 棋盘寨

位于福州闽侯南屿镇五都村旗山的棋磐石风景区的山脚下。山寨紧倚村庄与田园，依山面南而建，背靠的是旗山的棋盘峰、勾漏峰。棋盘峰顶由三块岩石组成棋盘石，中间一块窄长，上刻"楚河""汉界"，另一块岩石上刻有"翠旗山"三个大字。寨子也是个村落，绿荫中隐藏着几座带皮的杉木搭盖的房子。

福州旗山棋盘寨

二、长乐县古城

长乐位于福建东部沿海，闽江口南岸，为福州门户。明代以后由于海防需要，始建长乐县城，并建梅花城、石梁蕉山城、松下城、垒下城、水师城等军事城堡，还建有首祉寨等寨堡及炮台。

（一）县城

唐武德六年（623），分闽县南部地设新宁县，县治在敦素里平川（今长乐市古槐镇）。同年，改称长乐县。上元元年（760），防御使董玠因长乐县治原址卑湿，移置六平吴航头，但未建城池。县城吴航镇地处闽江南岸，距福州陆程33公里，水程50公里。明弘治三年（1490），知县潘府开始建城，土石结构，但狭小，周围仅里许，号珠城。设四城门，东名六平，西称双江，南为十洋，北号首石。各门取山川、市井之名来命名。

嘉靖三十二年（1553），倭寇猖獗，福建巡抚王抒、巡按赵孔昭决定拨公款扩建长乐城，命知县詹莱督造，10个月建成。城高5米，厚3.3米，周长3483.3米。水关5处，窝铺57处。设五城门：东称镇海，西称清江，南称阳春，北称拱极，加设西南门平政，以便民出入。嘉靖三十七年（1558），知县杨汝辅建敌台13座。嘉靖四十年（1561），知县戴时望凿河引水，利用城南河，西引江潮，东接溪水，使舟船可航至东门。

崇祯十四年（1641），知县夏允彝扩建城池，城北段城墙移上蟹山、龙台山巅，城周长增加933米。修葺旧楼台，新建览胜亭，新造一个城楼、四个敌台、一个水关、一个石桥、20个窝铺。开河766.7米，引江水到外浦，环绕城南，接通学宫内泮池，引浦水向东与鳌头水合流，导入城内至太平桥，使大小舟船可入城。

清乾隆二年（1737），知县殷凤梧重修。乾隆十一年（1746），知县戴永朴重修。乾隆二十一年（1756），知县贺世骏重修。乾隆年间（1736—1795），县城有5个城门，1个水关，4个水闸，13座炮台，24间窝铺，938个垛口。到民国初年，城墙尚完好。

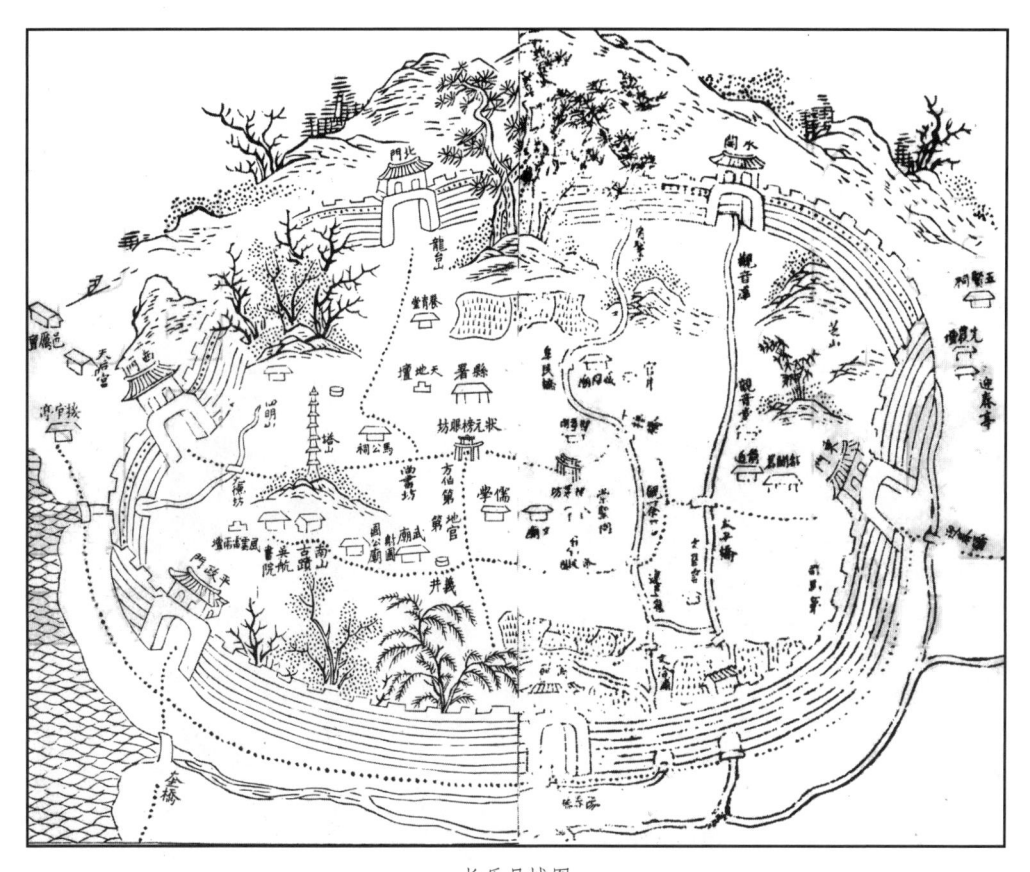

长乐县城图

1928年，将南、西两段城墙拆除修路。抗日战争爆发，为抵御日舰入侵，拆城墙石填堵闽江口航道，城墙大部被毁。1958年，又拆去汾阳溪水关门两侧城墙。后有人挖石卖钱或建房，墙体基本毁坏。古城墙现尚存的残迹有：北门顶地段长36米，高1.2米；北门石门臼；汉口巷西段，石砌城墙长12米，高5米。

（二）军事城堡

1. 梅花千户所城

梅花千户所城位于梅花镇，在原二十四都梅江头山上，离县治45里，原为北乡巡检司。明洪武十年（1377），由江夏侯周德兴奉旨建造，委福州右卫指挥李荣督造，用石头建筑。三面临海，南面建于沙岗，城周长2160米，高6米，城墙顶厚2米，垛口1220个，战楼24座，窝铺20所，东、西、南三向辟门，东门临海，南门面山，西则水门，海潮涨，舟可达城下。城内兵民建屋以居。但城外风沙严重，飞沙渐积与城平，每年春，由所军挑沙运走。

明莆田御史朱淛《梅花城诗》：吴航尽处是梅花，堞嵲孤城寄水涯。万里楼台

长乐梅花所城

通海气,半空笑语落人家。月移峰影侵宵柝,风送潮声答暮筇。闲倚危栏开望眼,高低斥卤半桑麻。

后年久沙堆积。清康熙五十八年(1719),知县卫良佐改为寨。雍正十一年(1733),知县殷凤梧重修。乾隆十年(1745),知县戴永朴重修。乾隆二十七年(1762),知县贺世骏重修,并题"梅城弄笛",为长乐十二景之一。现存东门城墙十余米,高3.4米,厚2.26米。城门呈拱形,仍可通行。东、西、北残墙或基址尚可寻。

2. 石梁蕉山城

位于漳港镇仙岐村,原十五都石梁蕉山,离县治35里。依山濒海,东有滋澳,为倭寇出没之处。明洪武六年(1373),设防倭巡检寨司,筑有寨门。嘉靖三十八年(1559),倭寇猖獗,围攻福州。生员郑遑、郑时华等请拓寨为城,但因工程缺钱,久拖不成。隆庆三年(1569),知县蒋以忠捐俸,发动民间输助,把

长乐石梁蕉山城

蕉山寨拓建为蕉山城。城周长1200米,高3.8米,厚2.7米。设4门,南为阜财,北为镇安,东为朝阳,西为戴恩。清乾隆二十四年(1759),知县贺世骏重修。今仍存西门和残墙一段长9米,城门呈拱形可通行。石构拱券形城门,高3.25米,宽13米,门洞宽2.7米,高2.5米。门拱上镌刻"戴恩",落款"嘉靖壬寅年知县戴时望立",是原寨门遗址。

3. 松下城

位于松下镇松下村,原属二十都。明洪武六年(1373)设防倭巡检寨司,嘉靖三十九年(1560),生员陈志玉、耆民吴齐礼等呈请拓寨为城。城周长1053米,高4米,厚2.67米,辟4门,水关1个。崇祯九年(1636),巡抚沈犹龙从司空董应

举议扩建，巩固省城南面屏障，费用预算1800金。知县夏允彝捐助300金。生员郑际明负责，林逢经帮助筹划。上包山，下塞海，城周长1600多米。清乾隆元年（1736），知县殷凤梧重修。乾隆二十四年（1759），知县贺世骏重修。民国期间，拆城墙石用于砌筑炮台，现存东门上段城墙基础。

4. 水师城

位于航城镇琴江满族村，距县城10里，为福州三江口水师旗营营地。清雍正七年（1729）建，先建一面城墙。乾隆五年（1740），协领李学文承修，又增三面城墙，城周长约1000米，高3米，厚1米。设东、西、南、北四城门。内建将军行辕等12座衙署，兵房1321间，有首里街、真武街、承惠街、玄坛庙巷、淳朴巷、大街、泗洲街、高坎街、阳春街、帅正街、协府口、太平里等12条街巷。街巷布局巧妙，入其境如置身八卦阵，有"旗人八卦城"之称。其实，街道是依照北方城堡建筑，采

长乐市松下镇松下城

长乐市琴江水师城

长乐琴江村石雕

用丁字形布局，道路多岔路，有的通，有的不通，只有居住者清楚。光绪年间，（1875—1908）城墙年久失修而损坏。民国以后水师城逐渐成为村庄，仍保存许多清代建筑。1950年拆除城墙建公路，现存城墙残段和南门。

5. 南岸炮台

位于猴屿乡象屿村西800米的南雁山，地处闽江下游南岸，与北岸的亭头南般炮台相峙。清顺治十五年（1658）建，光绪十年（1884）在中法马江海战中被毁，光绪三十四年（1908）重建，抗日战争时期遭日军飞机轰炸。现尚存炮台两处：一处3个炮位，一处4个炮位。炮台用三合土构筑，炮位和炮洞多依岩石凿成，炮台之间有地道相通。炮台后建有地下弹药库等设施。距炮台20米处，有光绪三十年（1904）和宣统二年（1910）建的驻防官兵的墓葬各一座。

长乐市南岸炮台

此外，还有文石炮台，位于潭头镇文石村，尚存。里岸炮台，在象屿，与南岸炮台同时建，抗日战争时期被毁。

6. 小（首）祉寨

在二十都，今松下镇首祉村。明洪武六年（1373），设防倭巡检寨司。崇祯六年（1633），知县郑尚友移厅廨于大祉澳。小祉寨只设塘汛。

此外，还有东山寨，在十八都，今文武砂镇东山村，明洪武十一年（1378）建，今无存。文石寨，在大宏里，今潭头镇文石村，洪武十一年（1378）建，清初撤寨，遗址犹存。黄岐寨，在二十四都，今梅花镇，洪武十一年（1378）建，遗址犹存。大祉寨，在二十都，今松下镇大祉村，明崇祯六年（1633）建，今无存。石龙寨，即长福寨，在航城镇石龙村，遗址犹存。鸡笼寨，在猴屿乡联新村，遗址犹存。

(三) 民间堡寨

垄下城，位于松下镇垄下村，背山临海。明嘉靖四十年（1561），居民为防御倭寇建造。城周长623.3米，高4米，厚2.7米，南门设城楼1座，署3间。清代改城为寨。民国期间，拆城墙石用于砌筑炮台。

三、福清县古城

福清位于福建东南沿海，东与平潭县隔海相望，西南与莆田县毗邻，西北分别与闽侯、长乐、永泰县接壤。明代以后，为巩固海防，建县城、卫城、所城、民城、堡寨等军事堡垒。

（一）县城

唐圣历二年（699），析长乐县南部的万安（包括平潭岛）等8个乡，建立万安县。天宝元年（742），取"造福唐朝"之意，改名福唐县。后唐长兴四年（933），从"山自永福里，水自清源里，会于治所"一语中，取"福"与"清"二字，改县名为福清县。县城面对城南玉融山，称玉融镇。1950年后，改称城关镇，1985年改名融城镇。

唐代，福清县城没有城墙，只设5个城门，东名永东，在佛顶寺之东，宋宝庆三年（1227）移于学宫之东，改名文兴；西名善福，在水陆院之西；南名新丰，在水南；北名遵义，在圣迹寺之右；西北名永福，在威惠庙之北。后又移南门于邑治前，改名龙江；移西门于西隅儒学坊，改名西成；北改为拱北。明正德八年（1513），县令朱衮改为4个城门，东名文兴，西名双旌，南名龙江，北名玉屏。

明嘉靖三十三年（1554）三月，为了防御倭患，开始修筑城墙。城高6米，厚4.6米，周长3310米，并建有女墙2300个，警铺24间，门楼4座，水关2座。嘉靖三十七年（1558）十二月，知县罗向辰把北面城墙增高1.3米多，造两个敌台，设串楼于台旁，浚护城河，深广各二丈，河边种荆棘。万历二十二年（1594）进行大规模修建，拓北城于山巅，把北门改在偏西方向，名凤仪门；偏东北隅设小北门，名玉屏门；移西城于山椒，使敌不得窥。四门各益以月城。移西门于半山，东、西、南三门仍名文兴、双旌和龙江。这次改建，计移旧城墙1300多米，增新城墙600多米及铺舍若干，使全城扩大改观。

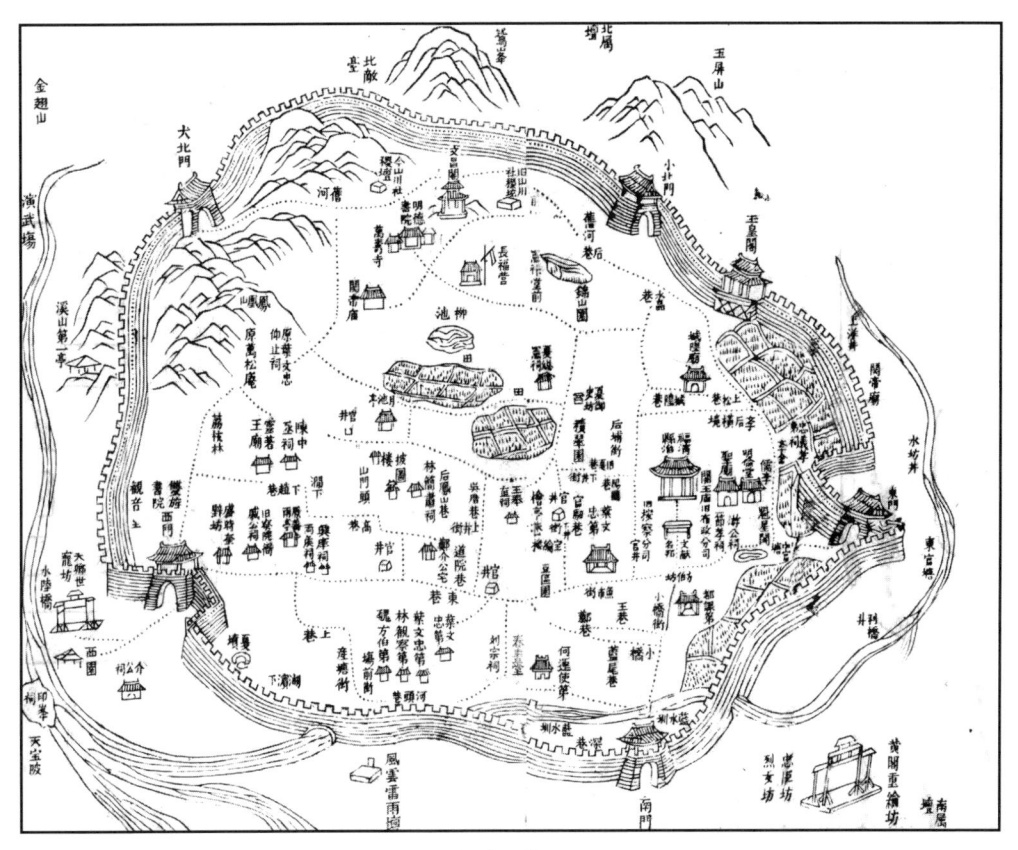

福清县城图

明天启四年（1624），知县康承祖又于东北增筑5个敌台，西北城墙增高1米多，覆以堞楼数百米。明崇祯七年（1634）、清雍正十二年（1734）又先后进行修葺。乾隆十年（1745）在城门楼五座警铺设天字号至生字号，共42铺。炮台5座，编仁、义、礼、智、信字号。又修东、西两座敌台。1937年抗日战争开始时，福清城还保存得相当完好。1938年，国民政府以"攻守便利"、"城池沦陷后易反攻"等为由，把城墙拆毁。

（二）军事城堡

1. 镇东卫城

原在福清县方民、新安二里间，现位于海口镇城里村，西距县城15公里。明洪武二十年（1387），江夏侯周德兴督造。卫城由石头砌成，周长2943米，连女墙高为7.7米，厚3米多。4个城门都建有城楼，设警铺43间，女墙1349个。永乐十三年（1415），增设战楼31处，并筑4门月城，皆高约7米。清初改为寨，分拨长福营左军守备移驻于城内。1938年城墙毁坏，现城垣的基址还依稀可辨。

2. 万安所城

原在福清平南里，现位于东瀚镇万安村。距县城60公里。明洪武二十年（1387），江夏侯周德兴调集福、兴、漳、泉四府匠役，费时10年修成。城依山傍海，用花岗岩方石构筑。城墙周长1773米，高5.3米。上有女墙827个，警铺13间，敌楼18座。城门4个，其东、西、南3门城楼雄视海面。城内依山势铺设的石板街道逶迤南北。当年街道两旁屋舍俨然，栉比鳞次，人丁兴旺，住户逾千。城内有祝圣寺、关圣殿和天后宫等3处。现寺殿已毁，唯残垣断壁尚存。现存残墙3段，城门门座1处，炮台1处。东段城墙长45.5米，高5.3米，墙厚4.5米；西边南段长70米，高4.8米，墙厚4.5米；北段长80米，高6.2米，墙厚4米。南城门门座宽5.2米，高3米。是福清尚存较完整的古城址。

3. 海口镇民城

位于海口镇江边，距县城13公里。明嘉靖年间（1522—1566），倭寇犯海口镇。巡按吉澄请发帑金赈恤，镇民愿以所赈筑城。嘉靖三十六年（1557）冬，苏友

福清万安所城

时率镇民动工兴建。嘉靖三十九年（1560）夏建成。城为石砌，周长2800多米，女墙1605个，警铺24间，敌台7个。建5城门，北门名镇安，匾额"乔岳钟灵"；南门名擢桂，匾额"浴日天香"；东门名通江，匾额"澄江如练"；西门名起龙，匾额"风云会合"；西北门名嘉猷，匾额"势壮辅车"。其后倭寇屡犯，镇因为有城而保全。万历十年（1582），知县罗万程请官帑维修。万历三十五年（1607），知县凌汉翀修西南沿江一带。万历四十三年（1615），知县汪泗论奉兵道吕纯如檄，增高东北一带，添设敌台1座，警铺4间。万历四十六年（1618），久雨倒塌。知县王命卿发公银重修。

抗日战争爆发后，1938年国民政府下令毁城，海口城均被毁。现城东通江门尚在，是唯一的遗址。通江门高约4米，厚约2米，门及残墙长约8米。城门呈拱形，仍可通行。

通江门匾额

福清海口镇民城通江门

4. 化南民城

化南民城又名岐阳城，原在化南里前薛，现位于三山镇前薛村，距县城 30 多公里。明嘉靖三十九年（1560）为防倭寇，时任广西布政使司的本村人薛曾请旨建城。城为石砌，周长 1550 米，高 5.5 米，基宽 3.8 米，墙顶宽 2 米许，女墙高出墙顶 0.7 米。建东、西、南、北四大城门。另于北、西门之间辟一矮门，门外有 20 余级石阶通向码头。城门高 4.2 米，宽 1.5 米，顶为拱形，以青石刻匾。清末，自南门始，先后倒塌。现尚存城基遗址及"南薰门"匾一块。

5. 东关寨

位于一都镇东山村，建于清乾隆元年（1736）。坐落在半山腰，依山势而筑。是何氏家族为防匪盗联合筹资兴建的。寨房为土木结构，向南偏西 70 度，呈长方形三进建筑，长 76 米，宽约 55 米，中轴线对称布局。中厅面阔 5 间，进深 1 间，左右面阔 3 间，进深 1 间。中、左、右三部分之间有土筑隔火墙。围墙下方为花岗岩垒砌而成，上为土筑哨廊，宽 2 米多，可供巡逻。哨廊外墙开有小窗，用于瞭望射击。寨门为石框木板门，板门用重阳木制成，门顶有出水洞，以防火攻。寨内房屋分若干小单元，并用防火墙和火道隔离。寨墙以石头砌筑环护，高达十余米，坚固

福清东关寨

福清东关寨门

雄伟。寨分上下两层，共 99 间。寨左开池塘，右辟花园。寨前设左转石台阶，供出入上下。台阶前为宽阔埕地，且周围有短垣，埕左右墙均设小门供出入。今仍有何氏后代居住。

6. 寨塘

明朝设寨 10 处。牛头寨，在平南里；泽朗寨，在平北下都；壁头寨，在江阴里；峰头寨，在光贤里；松下寨，在永宾里；白鹤寨，在平北里；大丘寨，在平南里；沙坞寨，在平南里；连盘寨，在平南里；长沙寨，在平南里。明朝以后，寨陆续废弃。

清朝初年设寨 8 处：宏路寨，康熙元年（1662），署县王孙枢造；镇东寨，康熙九年（1670），知县申锡造；杞店寨，康熙元年（1662），署县王孙枢造；九龙山后寨，康熙九年（1670），知县申锡修；渔溪寨，康熙元年（1662），署县王孙枢造；苏溪寨，康熙元年（1662），署县王孙枢造；蒜岭寨，康熙元年（1662），署县王孙枢造；峰头寨，康熙元年（1662），署县王孙枢造。

清朝统一台湾以后，改设寨塘汛32处：福清县城汛、宏路寨塘、高车塘、太平塘、磨石塘、上店塘、作坊塘、埔尾塘、万安所城、门扇后塘、后营塘、白鹤汛、泽朗汛、下俞塘、牛头寨、前薛塘、牛田汛、镇东卫城、海口寨塘、牛宅塘、古龙塘、锦屏塘、渔溪寨塘、苏溪塘、孔雀亭塘、蒜岭寨塘、仙岭塘、蜂头汛、上径汛、百户楼、下曹塘。这些寨塘在清朝灭亡后逐渐废弃。

（三）海坛（今平潭县）营寨

平潭是福建省东部沿海的一个岛县，古代称海坛，属福清县。由126个岛屿和702个礁石组成。东濒台湾海峡，西临海坛海峡，与长乐、福清、莆田三市隔海为邻，北接长乐水域，与白犬列岛相望；南连兴化水道，与南日群岛对峙。主岛海坛岛南北长29公里，东西宽19公里，面积267.13平方公里，为福建省第一大岛、全国第五大岛。

1. 大龟山营寨

位于北厝镇大龟山，明代水军都督周鹤芝驻守平潭抗清时筑，寨墙由块石和乱毛石垒砌，计有里、中、外三道，每道高差约1.5米。里墙半环状，背山临湖，直径20余米，残高1.5米。由里墙外扩8米为中墙，亦呈半环状，残长60余米，残高1~1.5米。外墙由中墙外扩12米多，依山势起伏而建，残长100余米，残高1~1.5米。遗址面积约6800平方米。

2. 牛寨

位于北厝镇上楼村西1公里，明代抗倭时筑。临海，西北向。寨墙用乱毛石、块石依山势垒砌，墙残长近100米，残高1.5米左右。遗址面积约6400平方米。

3. 南寨

位于北厝镇山利村东北300米，建于明代，1985年发现。山上危石嵯峨，洞穴散布，为天然屏障。寨墙以块石依山垒砌，与奇岩怪石相衔接，利用丁字形的峭壁"一线天"作通道。山中有大小洞穴十余个，其中最大的为南寨洞（又名藏军洞）。现仅遗残垣，长200余米，高1米左右，宽0.8~1.5米。

4. 花寨

位于白青乡白沙村东，建于明代，1987年发现。明嘉靖年间（1522—1566），村民为防倭寇而筑。寨址东、西、北三面临海，占地面积约8000平方米。依山势用乱毛石垒砌寨墙，残基断垣残高为0.5~1米，残长150余米。

5. 桃花寨

位于平原镇桃花寨村西桃花寨山山巅，建于明代，遗址面积约1.08万平方米。山南寨墙依山而建，用块石、乱毛石垒砌，残高0.8~1.8米，宽0.7~1.1米。现仍残存寨垣130余米。

6. 头寨

位于敖东镇青观顶村东，建于明代，1985年发现。南北两个山头各设一寨。北寨占地面积约600平方米，山势高峻，天然巨岩与垒砌寨垣依山势结合为一体。现存残垣和寨基。南寨占地面积约350平方米，高85米，残长近100米。寨顶用块石垒垣，寨上置有烟墩。

7. 芙蓉寨

位于苏澳镇先进村东，建于明代，1985年发现。明嘉靖年间（1522—1566），村民为抗倭在山上筑寨：寨址面积约5400平方米。石砌寨墙，顺山势环筑，残垣长200余米，残高1米左右。

8. 雄寨

位于澳前镇玉楼堂村北，建于明代，1986年发现。寨址面积约4000平方米。东南向依山势用石块垒砌寨墙，残垣长500米左右，残高1~1.5米。

9. 顶寨遗址

位于澳前镇碑角底村东，建于明代，1986年发现。寨址面积约500平方米。以东西横贯约40米长的天然巨岩为寨墙，两侧用乱毛石垒筑与巨岩衔接。寨垣巨岩尚存，残存寨墙长40余米，残高1~1.5米。

10. 东寨

位于南海乡后坑村，建于明代，1987年发现。寨址面积160平方米，残垣长30余米，高0.5~1米。

四、永泰县古城

永泰县位于福州西南部，东邻福清、闽侯，西界德化、尤溪，南连莆田、仙游，北接闽清。唐代建县前设永泰镇，镇址大樟。唐永泰二年（766），析候官县西乡、尤溪县东乡置永泰县，雅称永阳。宋崇宁元年（1102），因避哲宗陵讳改名永福县。元、明、清时期一直沿用。1914年，因与广西省永福县重名，恢复旧名永泰县。

永福县城图

（一）县城

永泰县城在民国时期为鹤皋镇，1949年后为城关镇，1981年改称樟城镇，置县以来为历代县治，区域逐渐有所拓展。县城四面环山，东北磨笄山蜿蜒而来，约30里至极乐岩。又延10里有小山坡叫"仙掌峰"，就是县城所在地。县城东有梅岩，西有紫盖，南有大张，北有姬峰。四山环合，藏风聚气。大溪发源尤溪、德化，汇绕县城，形成山环水绕之势。

唐代置县以来，未有城郭。明嘉靖三年（1524）为防倭寇，知县何谦请求筑城。不久，何谦离职，由推官张浚负责，逾年建成。城石基土墉，高1丈5尺，厚1丈多，周长692丈。建四门，门上有楼，各三间。嘉靖三十八年（1559），倭寇攻陷县城，放火焚烧。倭寇退后，知县武瀛稍为修葺，增建敌楼10间。隆庆六年（1572），知县陈克侯重修。万历十八年（1590），知县陈思谟认为东北城垣环在山坳外，山高倍于城，可看见城中虚实，于是拆除该段旧城墙，移到内山的山顶，更筑新城墙，并改土墙为砖墙。此后城周长710丈，建四门：东名永泰，西名平西，南名双清，北名瞻京。又建一水门，各门上均建楼。

自从县城北门被倭寇攻破以后，北门就不开启，后来干脆堵塞。万历三十七年（1609），知县袁世用重开北门。清康熙三年（1664）、康熙七年（1668）、康熙十九年（1680），县城三次被水淹，知县于昌孕、李景明、董治国倡修。雍正五年（1727），知县张宣、张廷球、冯绍立相继修葺。乾隆二十六年（1761），知县王纲将城墙增长15丈，易各门上的石刻：东名朝阳，西名长庚，南名迎薰，北名拱辰。水门称通济。民国以后，随城市建设发展，城墙渐毁圮。

（二）堡寨

由于治安原因，永泰乡村建立许多堡寨抵抗外来入侵，保护民众生命财产安全。保存比较完好的有30多座，主要有以下堡寨。

1. 三捷青石寨

位于同安镇三捷村西南1公里，清道光十年（1830）建成，建造历时8年，是当地张氏族人聚居的地方，最多住过200多人。寨墙高4.6米，厚5米，面宽83米，深73米，周长312米，总占地面积6000平方米。坐西北向东南，并列三大院落，均隔以封火墙。有房屋80多间，水井两口。外部周以辉绿岩石围墙。正座二

永泰青石寨

进，前堂面阔五间，进深三间九柱，穿斗式木构架，悬山顶。后院后堂面阔三间，进深二间，双坡顶。

2. 芦洋寨

位于嵩口镇芦洋村东北1公里，里人陈德美创建于明末。占地面积3500平方米，坐东北向西南。土墙上布满了内宽外窄的枪眼。堡寨外围墙高约6米，用巨型河卵石干砌而成，石与石之间排列规则有序，没有黏合材料，镶嵌紧密。堡内深宅大院，黄墙青瓦，阁楼相对。墙分二重，外砌石，内筑土。寨房穿斗式木构架，悬山顶。计有房屋200间。

永泰芦洋寨

3. 竹头寨

位于白云乡寨里村南，名明官寨，建于清末。占地面积4536平方米，坐西向东，外夯土墙。内为木构房屋，共二进，36间。第一进面阔五间，进深三间，穿斗式木构架，悬山顶。梁上雕刻人物花鸟等。

4. 丹云寨

位于丹云乡政府驻地西1公里，建于清代。占地面积约400平方米，坐北向南，共二进，有房屋100多间。围墙墙基石砌，墙体夯土构筑。第一进正座面阔五间，进深三间，穿斗式木构架，悬山顶。

5. 紫来庄

位于樟洋镇康乐村北 500 米，又称黄土寨，清乾隆年间（1736—1795）建。占地面积约 3100 平方米，坐东向西，由前座、后楼、边房等组成，周以夯土筑围墙，共有房屋 200 多间。前座面阔二间，进深三间，穿斗式木构架，悬山顶。

6. 可坑寨

位于樟洋镇旗东村北，清咸丰年间（1851—1861）建。占地面积约 1900 多平方米，坐西北向东南，共二进，房屋 200 多间，周以夯土构筑围墙。第一进正座面阔五间，进深三间，穿斗式木构架，悬山顶。

7. 洋尾寨

位于樟洋镇大展村东北 500 米，清嘉庆年间（1796—1820）建。由新、旧两寨组成，占地面积约 4620 平方米，坐西北向东南。旧寨二层，新寨三层，共 360 间。石砌围墙。新寨第一进正座面阔五间，进深三间，穿斗式木构架，悬山顶。

永泰洋尾寨

8. 东安寨

位于同安镇同安村西1公里，建于清代。占地面积2000多平方米，坐北向南。墙基石构，墙体夯土构筑，共二进，房屋60多间。第一进正座面阔五间，进深三间，穿斗式木构架，悬山顶。

9. 洋尾米石寨

位于同安镇洋尾村，建于清代，为鲍姓族居村寨。外墙用河卵石砌成，形似米石，故名。寨墙用黄土夯筑，正中开大门，上部开窗门，门廊屋檐覆盖寨墙，占地面积5000多平方米，坐北向南，共二进，房屋120多间。第一进进门为廊屋、天井，正座面阔三间，进深二间，穿斗式木构架，悬山顶。主座与左右边座之间均用鞍式山墙相隔，前后廊又设侧门相通。

永泰洋尾米石寨

10. 珠峰寨

位于盖洋乡珠峰村，建于清代。占地面积500平方米，坐北向南，围墙夯土构筑。共二进，有房屋100多间。第一进正座面阔五间，进深三间，穿斗式木构架，悬山顶。

11. 丹洋寨

位于丹云乡丹洋村，建于清代中期。占地面积2200平方米，围墙石木土双层构筑。共有房屋120多间。

12. 康乐寨

位于大洋乡大展村,建于道光十二年(1832)。占地面积2000平方米,土木双层结构,共有房屋200多间。

13. 翠云寨

位于丹云乡翠云村,建于清中叶。占地面积1600平方米,土木双层结构,共有房屋100多间。

14. 下园寨

位于霞拔乡下园村,建于清代。占地面积4700平方米,土木结构,共有房屋360多间。

15. 坂中寨

位于梧桐乡椿阳村,建于光绪三十年(1904)。占地面积3000多平方米,土木结构,共有房屋200多间。

16. 杨吴山寨

位于同安乡西安村,建于清代。占地面积2000平方米,土木结构,6座六扇式民房。

17. 畲寨

位于嵩口镇张坂里,建于清代。占地面积1200平方米,土木结构。

五、古田县古城

古田县位于福州北面,闽江支流古田溪中下游,唐开元二十九年(741),析候官县西部置古田县,属福州都督府。东联罗源,西滨南平,南临闽清,北界政和,南面部分还与候官、尤溪接壤。清雍正十三年(1735),析县北13都之地置屏南县。

(一)县城

古田建县以后,治所多次迁移,因此有县而无城。明正统年间(1436—1449),沙县邓茂七起义,波及古田;天顺年间(1457—1464)又有陈亮五造反,古田县亦受影响。因此邑人林堰进京请筑城。当时邑人罗荣任尚书郎,共同协力,得到许可。弘治二年(1489),由巡按御史陆偶责令永福知县姚祯负责建城,后由古田知县萧谦继任,前后历时五年才建成。旧城位于县境中部、古田溪中游地带。城

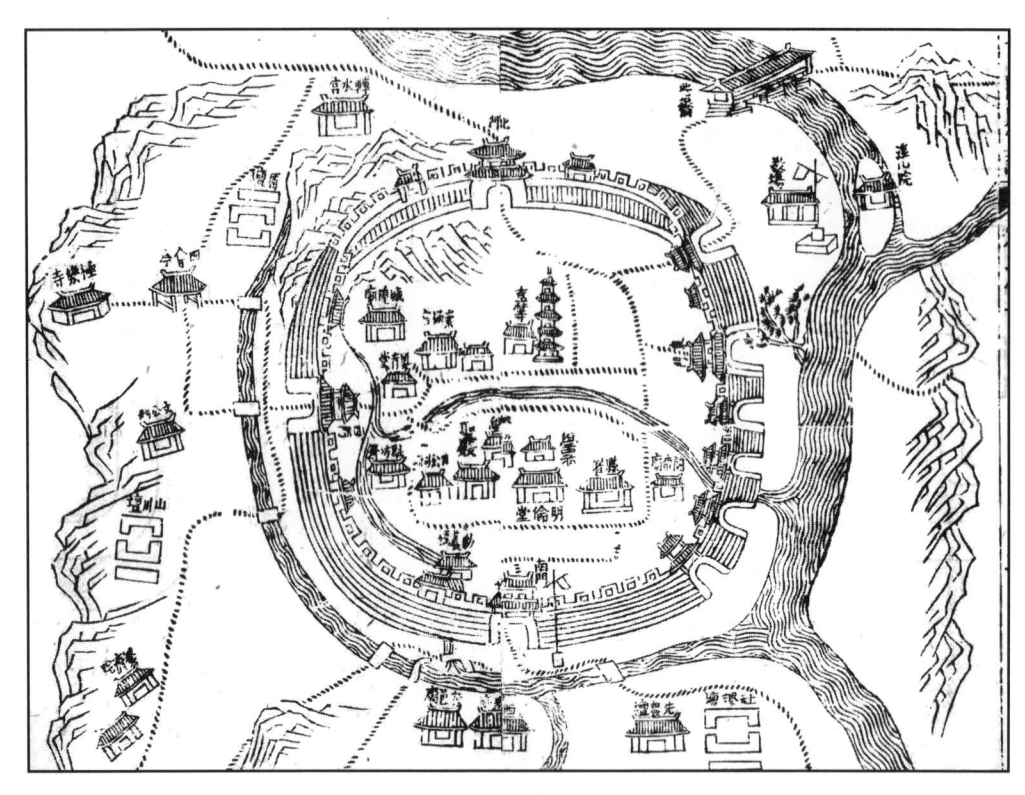

古田县城图

区依山傍水,南北长,东西短,略呈椭圆形。西北跨山,东南濒溪。城周长1300多丈,广袤7里,高1丈7尺,基厚1丈。建四门,东名万安,西名永丰,南名迎恩,北名望阙。傍溪设5个水关,称威武、金井、朝阳、玉滩、观澜。

  嘉靖中期(1522—1566),知县陈翀因有倭警,建敌楼于西北隅。嘉靖四十年(1561),邑令王所重修,计修城垛1600余,增高城垣3尺,修窝铺57间,敌楼1个。万历中(1573—1620),县令刘日阳重修,计修城门9座,建敌台10座,城堡67座。改东门"万安"为"澄清",额其楼"既济";改南门"迎恩"为"太和",额其楼"文治";改北门"望阙"为"节镇",额其楼"锁钥";西门"永丰"则仍旧称,其楼匾额"靖武"。城北跨山,龙脉进入之处,旧有楼"望远",至是改为"太平",其上匾额"天关雄镇"。改五保的观澜门为青黎阁,名其内为"龙门",额其外门为"焕文"。

天启三年（1623）六月重修，第二年三月告竣，计筑全圮城234丈6尺，修半圮城353丈9尺，城垛345垛，城上砌面马道160丈，城里全圮马道231丈1尺，城外帮马道242丈8尺，建敌楼1座，青藜阁城外楼共9座，城铺56所。

清康熙四十年（1701），县令陈瑸重修。他亲躬督役，盛暑坐烈日中，不张盖，与民同劳苦，亲于二保城隅手自砌砖数块。乾隆元年（1736），县令刘之麟奉文饬修，乾隆五年（1740）五月兴工，历八年十一月。嘉庆二十二年（1817），县令龚懋谕修东城门楼，改其名叫"禹门"，楼名"跃鲤"。道光十三年（1833），楼毁于火，县令宋炳垣率绅士张品亨等劝募重修。道光二十六年（1846），县令周培同绅重修，计修沿溪石堤530余丈。

光绪二十年（1894），县令汪育旸同邑绅翁廷玉、徐应麒等募捐重修，计修坍塌城垣706丈，内外马道264丈9尺，沿溪堤岸123丈8尺。水门5座，城门2座，炮台6座，至光绪二十四年（1898）闰三月竣工。

1939年，县长黄澄渊将跨香山与盆江山间城垣拆除一段，移其材料充建筑国防工事。其后城垣时有崩塌拆除。1958年，为建设古田溪电站水库，旧城拆迁，库区蓄水后，旧城淹没于人工湖底。

（二）堡寨

明清时期，古田县境内共筑堡寨67处，这些堡寨既可保卫乡村，又可作为乡村联防，并形成保卫县城的第二道防线。然而在民国以后绝大部分被拆除，所剩的很少。

1. 杉洋堡

位于杉洋镇杉洋村，原称杉洋土城，杉洋遍地多杉木，西离县城120里，南至罗源150里，东至宁德110里，北至屏南160里，周围200余里，在万山中。宋、元间设官防，未有城。明弘治十七年（1504）建城，北跨山，南濒溪，城内广袤3里，城墙高1丈5尺，厚1丈，周长700多丈。城下马道内外各二。城门3座，西门、南门、北门。另有小门4座，大东、小东、小西、洋中。城上有楼，置炮台5座，城下护以女墙。离城数里设关隘，有东山隘、联壁隘、须眉隘，远近互相联络。清咸丰八年（1858）五月十二日，里人余国忠倡议重修。咸丰九年（1859）六月六日完工。改其西门为过化门，改其南门为仁寿门，改其北门为天一门，大东门改为

闽台古城堡

古田杉洋堡

象峰门,小东门改为拱璧门,小西门改为真武门,洋中门改为凝望门。如今堡址占地面积约20万平方米,平面呈方形。石构城墙围村而建,全长2000余米,高约5米,厚约3.3米。仅存仁寿门和一个炮台。

2. 汶洋土楼

位于黄田镇汶洋村,又称汶洋寨里厝。清嘉庆二十五年(1820),廖振山建。方形双层土楼,东面临溪,占地面积1352平方米,坐北向南。墙厚2米,第一层无窗口。临溪面的溪边砌有二丈高的护坡,其余三面都在离楼约10米外建高2.5米、厚0.6米的围墙。楼内有4条楼梯,楼内沿墙边有一条宽1.5米的环形通道。两边天井设有2条横向走廊,与环形走廊相接,并与二层的两个大厅相连。大门与后门都设两道门,门厚0.12米,外包铁皮。门上方各有4个洞孔,供灌水及射击用。土楼侧还建有与土楼相连的三个炮楼。两天井内各有水井。

六、连江县古城

连江县位于福建东部沿海,东濒东海,与台湾岛北部相望;西傍省会福州,陆路相距50公里;南扼闽江出口,为省垣屏藩,北控闽浙海路,自古以来就是屯兵军事要地。明代中期以后,倭患严重,城堡的建筑在城乡比比皆是。

(一)县城

西晋泰始年间(265—274),置温麻镇于伏沙(今敖江镇白沙村)。太康三年(282),设温麻县,为福建最早5个县份之一。隋大业三年(607),并入闽县。唐武德六年(623),重设温麻县,旋改名连江县。唐天宝元年(742),县治从伏沙迁移今址凤城镇,北枕龙漈,南瞰敖江。县治长期未建城,一直到明朝中期城池建后,因城域形似展翅凤凰,雅号凤城。

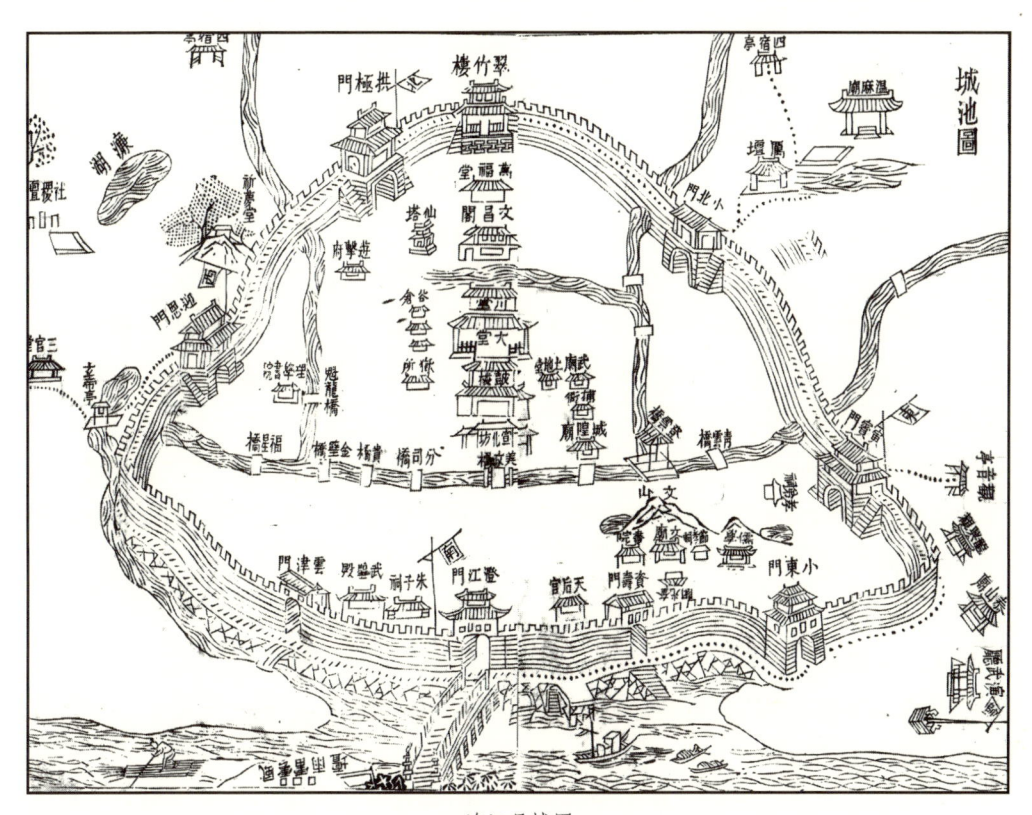

连江县城图

明嘉靖三年（1524），为防倭寇，参政蔡潮始建四门敌楼：南名"澄江"，东名"寅宾"，西名"迎恩"，北名"拱极"。嘉靖五年（1526），郡守汪文盛筑罗源城，归途规划建连江城，但以丁忧离职，筑城事罢。嘉靖十八年（1539），署县通判徐访按照汪文盛所画原址，写报告阐述建城理由上报，请求上级批准建城。但没有批复。嘉靖十九年（1540）五月十八日，山寇突入县治，知县诜模率兵抵御失败。于是，乡宦游琏、吴世泽、陈坦、王德溢根据前议，请于巡按王瑛及守巡二道。王德溢连续写了两篇建城文章，阐述建城的重要性和具体建筑方案。

这时，徐访也上报建城。于是，王瑛命徐访负责建城。从嘉靖十九年（1540）冬开始，到嘉靖二十年（1541）夏告成。城墙周围900丈（每丈约3.2米），高1.5丈，宽1丈，设雉堞1600垛，建警铺36间，4个城门均有城楼，南名"广化"，东名"镇定"，西名"承恩"，北名"怀宁"。另设4个小城门，名"资寿"（即平水门），名"齐云"（即小东门），名"云津"（即上水门），名"小北门"。有4道水关，内外有路。城外有护城河，自西至东长1260米，宽3.5米，深3米。

县城完工的第二年，洪水冲垮部分城墙，经参政李香等详勘，巡按徐宗鲁仍命徐访监修复原。嘉靖三十六年（1557）冬倭警，分巡佥事盛唐将城增高3尺，建警铺36座。当年秋天，洪水把城东墙冲垮，知县史元功昼夜督修。是年冬天，倭寇来犯，附近居民挈家入城，性命得以保存。嘉靖四十一年（1562），知县熊尹臣又盖警铺10间，在要害处添建敌楼12座。

万历九年（1581），部分城墙又遭洪水冲塌，知县刘梃修复740丈。不久又因雨水，部分垮塌，知县朱应奎修复，并添造小东门瓮城一座。明清时期，县城屡遭兵灾和水患，多次重修。清乾隆九年（1744），知县马彭年在四城楼上题字：南"安澜有庆"，东"海日奇观"，西"文笔书天"，北"湖山览胜"。

城垣虽然几圮几复，但到民国初年尚较完整。抗战爆发后，日军空袭频繁，为便于疏散，东、西、北三面城垣陆续拆毁，现已不复存在，南城墙于1952年加高增厚改建为防洪堤。

（二）城堡

县内城堡建于明代，主要是防倭寇和盗匪，共有11座。

1. 定海城堡

位于黄岐半岛定海湾，筱埕镇定海村，旧名亭角，历来为海上交通和军事要塞。元设亭角澳千户所、亭角澳巡检司，明初建小埕水寨。明洪武二十年（1387），江夏侯周德兴令建城堡，全部用条石砌成。后改为定海守御千户所。周长600丈，高2丈，西南面海，筑三道拱形城门，是谓"三重门"，沿城凿壕。嘉靖十六年（1537），倭患又起，城堡重修，增筑新城，列东、西、南、北四门，正面南门改向，城门上勒嵌"会城重镇"四个楷体大字。嘉靖四十年（1561）增筑城墙220丈。明兵部尚书吴文华《定海七井碑》文："……顶处雁塔高峰，峭拔峻峭，支分派衍，盘踞海上……独定海亘大海，首敌冲，最为省会咽喉……"清置游击署，清康熙、雍正年间（1662—1735）修，花岗石砌。城楼上原有四门铁炮，后毁。城堡顺山势蜿蜒起伏，如巨龙盘山镇海，山海相衬，颇为壮观，现存的临海城墙长500米，高8米，宽6米，西门瓮城形制尚存。匾额"会城重镇"，楷书，阴刻。后山城墙已倾，仅余城基，残高约1米。

定海古城门　　　　　　　　　　　　连江定海古城

2. 东岱城堡

位于敖江出海口，县城东大门外永贵里，今东岱镇。形如倚镜，为外洋入县要口。明嘉靖四十二年（1563），为防倭寇建城墙，周长530丈，高1.2丈。崇祯五年（1632），知县于可举增设北门铳城，肇基水中。选石压之，层累而上，高广坚厚，上下铳洞具列，名宦董应举为记。清顺治年间（1644—1661），移北茭巡检司于此。康熙五十六年（1717），知县王孚修。雍正六年（1728），布政使丁士一修。

3. 幕浦城堡

位于县城东面十里洋中间的敖江北岸，今敖江镇幕浦村。明嘉靖三十八年（1559），为抵御倭寇，乡人余世贵带领余氏族人发起集资修筑，当年十月开始建筑，第二年正月完工。城堡周长360丈，高1.2丈，宽1丈，设4道城门。村中道路复杂，八卦形，转弯多；路旁的房子都很相似，转弯处房子几乎是同模铸出来的，外来人不容易辨认。城堡外有护城河，与海潮通。不久，倭寇来犯，见城堡不敢犯，旁近村落也得以保存。

明代倭寇猖獗，部分原因在于一些当地无赖充当内应。传说幕浦村在建城以前，村中有个无赖叫刘章，放牛娃出身，自幼喜欢偷盗。刘章15岁那年，投靠海盗充当向导，屡次洗劫幕浦。正当此时，戚家军进驻马鼻镇，星夜推举余姓族长前往求救。戚继光亲自接见并面授机宜："幕浦村前临敖江，四周一片平川，无险可守。唯有将村改成八卦堡，方能确保安全。"并随手画了张八卦村图递给余姓族长。族长回村后，聚集全村人，仅半年多就建成了幕浦城堡。

4. 蛤沙城堡

位于敖江口外定海湾北侧二十八都，今筱埕镇蛤沙村。明洪武二十年（1387），江夏侯周德兴建，周长150丈，建成后移亭角巡检司于此，正统十二年（1447），巡检司裁撤后，城墙倒塌。

5. 筱埕城堡

又名小埕城堡，位于定海湾内二十七都，今筱埕镇，紧靠定海。明景泰间（1450—1456），居民为御外患自建，成化末年废。嘉靖四十二年（1563），巡抚谭纶复修筑防倭，周长240丈，高1丈，雉堞8000多垛，西南设2道门。崇祯五年（1632）重修，与定海连为巨镇，又与泉州浯屿、兴化南日、漳州铜山、福宁烽火，为全闽五寨，控制海道。至清代倒塌。

6. 黄岐城堡

位于黄岐半岛中部二十六都，今黄岐镇，与马祖列岛隔海相望。明崇祯九年（1636），居民为御外患自建，周长541丈。至清代倒塌。

7. 苔菉城堡

位于黄岐半岛末端苔菉镇苔菉村，明嘉靖四十四年（1565），居民为防倭寇自建，周长420丈，设南北2道门。现存北面临海城墙，长150米，高6米，宽4米。券顶城门，高7米，宽4米，城楼已改建。南面尚存城门及城墙20余米。城门高3米,宽2.5米,进深4米,门左边镶嵌护林告示碑。碑立于清道光二十五年(1845),辉绿岩石质,宽0.5米,高0.6米。碑文楷书竖刻,全文曰:"时丁酉年仲春,公议后城门一带栽址榕树内外共计十二根,今已成林茂盛。此系风水攸关,不许后人砍伐。并一派栽榕场所原系土堡附基公地,后人毋得借强争执。道光二十五年孟夏公立。"

8. 北茭城堡

位于黄岐半岛末端突出部苔菉镇北茭村,控外海南北水道。明洪武二十年(1387),移荻芦寨巡检司于此,周德兴建。周长150丈。隆庆元年(1567)增建,周长289丈。清朝裁撤巡检司,城墙随废。此地水礁长横,三面控海,左通霞浦县,右通长乐县,号称海滨天堑。现仅存西面临海的城墙50余米,石砌,高6米,宽4米;城门高5米,面阔4米,进深18.8米,有城楼。

9. 奇达城堡

位于黄岐半岛北侧二十六都,今安凯乡奇达村,地处黄岐半岛夹角口,为外洋入可门港通道。明崇祯七年(1634),名宦董应举为防海盗创筑,周长420丈,设3道门,并建有铳城,部分城墙迄今尚存。

10. 马鼻城堡

位于罗源湾内西侧在保安里,今马鼻镇。明嘉靖四十二年(1563),为防海盗建筑,跨山面海,周长420丈,设3道门。

11. 透堡城堡

位于罗源湾西南侧在安德里,今透堡镇。元代设宁善巡检司于此。明嘉靖四十年(1561),为防倭寇建。城平面呈圆形,城墙花岗岩石砌筑。周长900多米,高5米,宽4米。设东、西、南、北四门。门方形,高4米,面阔3米,进深4米。城门两侧门墙部分尚存,其余城墙多已拆除。

连江透堡城堡

(三) 关寨

宋朝至清代，连江县内的重要通道、港口、要塞、山隘曾设置关寨多处，派兵把守，至今已经废弃，史书有载的关寨如下。

云岭关，在今潘渡乡贵安村，明嘉靖二十年（1541）设。

敷化关，在今丹阳镇坂顶村，明嘉靖二十年（1541）设。

荻芦寨，在今琯头镇寨洋村，宋代设。

南湾寨，今属霞浦西洋岛，宋代设。

小岭寨，在安定里（今蓼沿或小沧与罗源交界处），元设为聂洋寨，后废。明嘉靖年间（1522—1566）复设。

朱公寨，在仁贤里（今蓼沿乡朱公村），元设名闻巡检于此，后废。明嘉靖年间（1522—1566）复设。

把截寨，在光临里安利桥头（今潘溪拦河坝附近），明洪武年间（1368—1398）设。

埠寨，在上竿塘山（今北竿岛），明洪武年间（1368—1398）设。

北营寨，在安德里（今属官坂乡北营村），明代设，戚继光破倭设寨于此。

桥尾寨，在江南铺（今敖江乡江南村），有铳城。

洲岭寨，在永贵里洲岭山头（今属晓澳镇道澳村）。

浦口寨，在二十九都（今浦口镇），清顺治年间（1664—1661）设。

大澳岭小寨，在安庆里（今晓澳镇道澳村），清康熙年间（1662—1722）设。

下塘寨，在新安里（今琯头镇下塘村），清康熙年间（1662—1722）设。

笔架山寨，今属浦口镇，清嘉庆年间（1796—1820）设。

岭尖寨，在新安里赤砂岭头。

七、罗源县古城

罗源县别号罗川，位于闽东北沿海，南邻连江县，西南与福州市、闽侯县接壤，西北连古田县，北和宁德市交界，东隔海与霞浦东冲半岛相望。

（一）县城

唐大中元年（847），析连江县北一乡为罗源场，五代后唐长兴四年（933），升镇为县。宋乾兴元年（1022），定名罗源县，县治在凤山冈下的凤山镇。置县以后，长期没有城池，一直到明弘治十二年至十六年（1499—1503），知县李南为防兵患，始筑土墙于县城要害之地，开设 11 个寨门。

土墙建成 17 年后，知县徐琏请求上司将各段土墙连成城堡，以保护地方。得到同意后，建成城墙周长 200 丈，墙厚 8 尺，高 1.5 丈，除留迎恩门（北门）外，堵塞 10 门，另辟港边、水南、朝宗、孝巷、水西 5 门。东西建铺巡逻，以戒不虞，规制略备。明正德十四年（1519），知县黄相在东、西两门之间增筑垣墙。

嘉靖三十七年（1558），倭寇猖獗，儒生陈公达、郑时泽等担心县城难以防御，请求官府加强设施。巡抚王忬命令推官徐必进拓旧城，砌以石，延袤三里许，高 1 丈 5 尺，厚 1 丈 1 尺，周围增至 800 余丈。西北一带，自蒋坑至白云坑，辟为新址。内设 3 个水关，5 个城门，门上有楼。当时有人认为费用太大，然而不久倭寇从宁德来，军民在新城固守，倭寇无间可乘，三宿而遁。

万历二年（1574），知县萧蔚请求上司同意，增墙垛，平地基，筑虎坑，移迎恩门面向岐阳孔道。万历七年（1579），巡道李乐按认为鹅卵石城墙不坚固，改砌大石，巍然改观。数年后，巡道马邦良增修。添高墙体，重砌水关，加造敌台与 4 间木造串楼，5 个城门，东名恬波门，南名阜薰门，西名承金门，北名迎恩门，西北为小西门。东西南北四门之上，各有楼，高 2 丈，深 1.5 丈，宽 3 丈。增辟水关 1

罗源县城

个，与旧的共有5个：上水关，在小西门左；下水关，在水南宫前，此北溪水出入处；小水关，一在西门左，一在南门左，此中溪水出入处；旱关，在东门左，此溇东北水处。设敌台六座：一在白云坑，一即拱北台，二在东北界，二在上水关的左右。至此，城墙高2丈，底宽1.3丈，面宽1.1丈，周长831丈。

城建后，因水患风灾，墙身、串楼时有崩塌。明代，历任县官多有修葺，较大修复工程有7次。清代，城墙也有几经修复，变动较大。清顺治六年（1649），守备于和拆串楼，塞小西门，创东门瓮城。顺治十三年（1656），守备郝三桂于城外建造木栅千余丈，栅上开设6门。第二年，建窝铺28处，设炮台3座。康熙二十一年（1682），周城丈量：西至南115丈，南至东155丈，东至北120丈，北至西441丈；城高1.4~1.5丈不等，厚1丈；雉堞510垛；东门瓮城与城墙高度相等，宽4丈余。康熙四十年至乾隆二十三年（1701—1758），又修复7次。民国时期，年久失修，破旧损坏。1938年，因抗日战争需要，拆除城墙内的城门、城楼及雉堞等。1949年后，因城市建设，城墙先后拆除，1990年仅北向山巅尚有数处残迹。

（二）城壕

城壕亦称护城河，罗源县城除北部城墙依凤山岗峦修建，未筑城壕外，其余3面城墙均设城壕。北东壕自北门至东门，长120丈，水入南溪。西壕自小西门至西门，长100丈，水入南溪。南壕即南溪，沿城自西向东，经五里渡入海，为天然城壕。

（三）鉴江城堡

位于鉴江镇鉴江村，明洪武年间（1368—1398），倭寇骚扰，鉴江乡民吴因保筹捐筑鉴江土堡。嘉靖二十四年（1545）十一月，居民尤圣养、林猷等出面捐银300两修城堡，翌年完成。堡周长约1200米，堡墙块石垒砌。堡内街道平面布局呈"十"字形。城堡内占地300亩，辟有东西南北4城门。1939年，县政府令毁城墙及西门城门。现保存东、南、北三个城门，东门条石砌造，高3米，宽1.8米，进深2.2米。南门条石砌造，高3米，宽1.7米，进深5.68米。北门三合土筑造，仅余券顶门洞，高5.4米，宽2.5米，进深9.5米。周长300余丈。部分墙基，宽3.1米。

此外，嘉靖三十九年（1560），濂澳居民也募捐筑濂澳城堡，其规模无考，今

罗源鉴江城堡南门

尚存西门及城墙数丈。明嘉靖年间（1522—1566），在新丰里设新丰寨，在圣殿村设圣殿寨，在濂澳设海寨，各有2名机兵常年把守。

八、闽清县古城

（一）县城

闽清县位于福建东部，居闽江中下游，距福州市60公里，闽江横贯县境。闽清东邻闽侯，西毗尤溪、南平市，南接永泰，北连古田。地形狭长，南北相距约为东西宽的2倍。

闽清置县于五代后梁乾化元年（911），置县前属候官地界，县城梅城镇（俗称城关镇）位于闽清县中部梅溪下游河口地带。闽清置县后长期没有建城，只在东、南、北三面创三敌楼，置栅为门，朝夕启闭。一名迎恩门，在县之南；一名大西门，

67

在县之西；一名北敌楼，在县之北。

　　闽清属内陆地区，明代没有受倭寇侵扰。但在明末清初，寇盗猖獗。清朝初年，知县恐三敌楼不足以防守，乃建寨于山上，居高临下，以为御暴之计。清顺治十二年（1655），山寇攻入县治，焚掠无遗。知县姜良性决心建城，上报上司批准，带头捐俸募捐。招募石匠周崇明等，择吉日于顺治十七年（1660）十月廿九日，动工兴建城墙。康熙二年（1663）春竣工。城墙全长510丈，高2.2丈，厚8尺，表里均用石砌。城垛365个，以应周天之象，用青砖砌成，每块重十斤，共用砖万余块，缝隙以石灰黏合。全城设东门光化、西门永宁、南门宣政、北门拱辰4个城门，各门建城楼、悬楼各1个，每座三楹，凤凰展翼式。楼高2.2丈，厅宽1.6丈，两厢房各宽1.2丈。城的东、南、北三方各建一座炮台。

　　雍正十一年（1733），巡抚赵国麟拨帑重修。道光年间（1821—1850），城垣被水冲垮。咸丰初年（1851—1861），知县刘家达呈请上官，准给城工，捐输顶戴，得捐款万余金，遂行修葺。后屡遭水火，逐渐崩坏。民国时期，城墙东南两面被拆毁，渐及东北、西南，仅留西北向部分断垣残基及一个城门。到20世纪60年代，城门被拆，建为民房。如今仅存北面城墙基及浮头街北面一个水门洞。

闽清县城

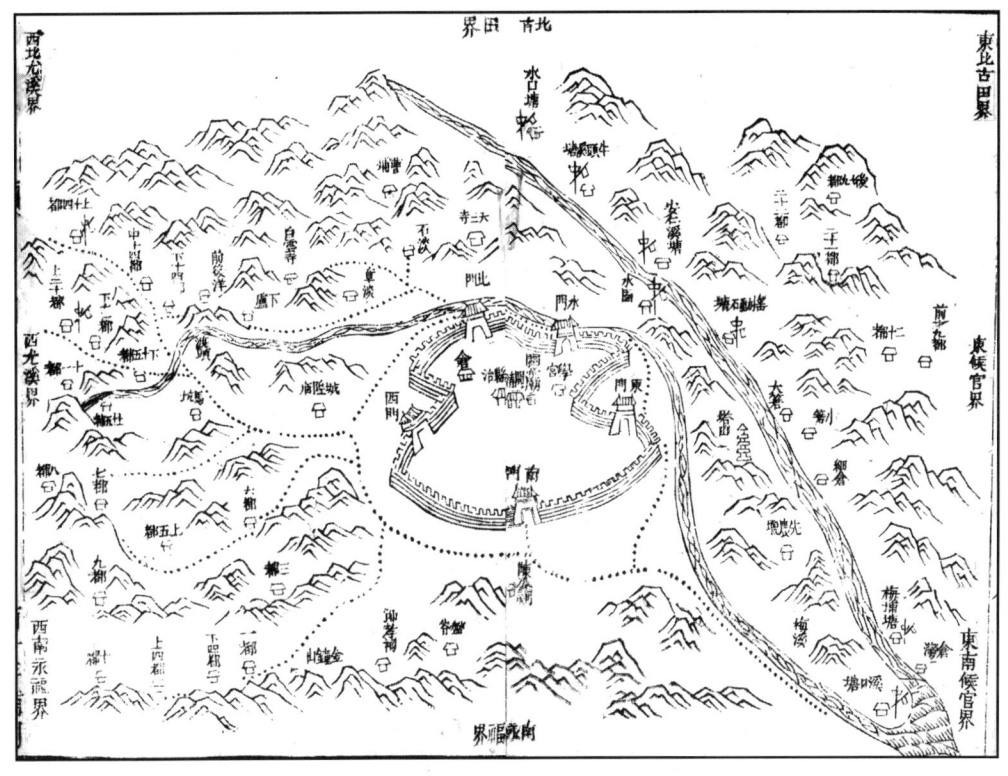

闽清县城图

(二) 堡寨

全县曾建有105座寨堡，其中池园镇21座，后佳乡16座，金沙乡14座，省璜乡12座，坂东镇11座，东桥乡9座，塔庄乡6座，上莲乡5座，云龙乡4座，白中、佳头各3座，三溪乡1座。现部分寨堡已成废墟。多建于清代，外墙坚固，周围墙基皆以巨石垒砌，基高四五米，前后左右设有寨门。寨前左边角和寨后右边角常建有角楼，开有防守用的枪眼。

县内至今保存较好的寨堡有坂东镇旗峰村的品亨寨。该寨建于清同治年间（1862—1874），宽75.4米，深59米，建筑面积4448.6平方米。寨墙基础取巨石砌高5.5米，厚3.6米，上筑厚0.7米、高2米的土墙，墙顶铺橼、架桁，钉椽盖瓦，开前、左、右3扇寨门，门设3重。堡内建十扇九间火墙厝，屋扇九柱组成，土木结构，两层半。正厅宽4.2米，左右一、二、三、四官房均宽3.9米；两边书院各3间，宽3.5米；回照8间各宽4.6米；厨房8间各6.1米。火墙与寨墙距离2米，作通道用。厝内雕梁画栋、木刻花鸟人物，造工精致。

上莲乡村尾寨也较完整，至今尚居住 30 多户，寨堡内二层均有四周通道，以防匪患。

九、屏南县古城

屏南县位于福建省东北部霍童溪、古田溪上游，东南与宁德市相连，东北与周宁县交界，北与政和县接壤，西北至西与建瓯县毗邻，西南至南与古田县相接。清雍正十三年（1735），析古田县境东北部移风里、新俗里和横溪里的 13 个都之地置县。县治双溪位于翠屏山之南，故雍正皇帝给取名"屏南"。屏南置县后，属福州府。

（一）县城

旧县城双溪镇，地处县境东北部两溪流交汇处，四面群峰高峻，为三角形小盆

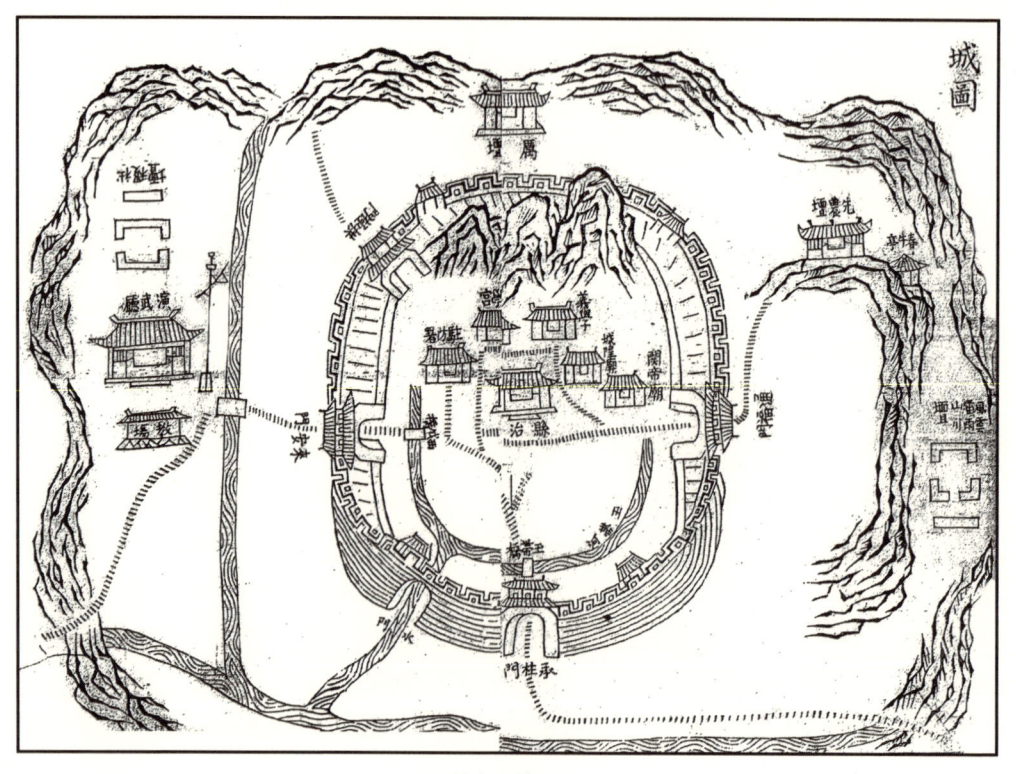

屏南县城图

屏南双溪城隍庙

地，海拔820米。双溪古为闽东北、闽浙西、闽赣东的山道要隘。宋太平兴国元年（976）和雍熙元年（984），分别在东郊建灵岩寺、北岩寺。明万历十七年（1589），道府令立公馆（俗称"捕盗馆"，后改名协防公署）于此，置教场，设百兵，分一同知驻扎。

清雍正十三年（1735）双溪为县治时，仅四五十户人家。乾隆元年（1736），县令沈钟集匠兴工建城，至乾隆三年（1738）竣工。城高1丈9尺，厚1丈1尺，长675丈。设四门，东名通福，南名承柱，西名来安，北名拱极。四门上设敌楼四座，炮台四座。城墙双溪合抱，自然成池，溪外四山环拥。知县沈钟《新建城垣记》："屏南城周一千八百步，下石上砖，高丈有九尺，其半在山。设四门，各有层楼，翼然覆其上，东曰通福，南曰承柱，西曰来安，北曰拱极。中设炮台四，设计垛口三百有十，肇工于乾隆元年正月，讫工于三年三月，共费帑金一万八千有奇。承造则知县沈钟，督工则典史唐裔镜，经承则工书陈士，匠作则刘昌国等诸人。其地旧名双溪，昔为村落，今固俨然一金汤矣。工成，爰志其颠末，以垂不朽云。"

乾隆十八年（1753），知县张世珍维修。乾隆二十七年（1762），知县徐耀祖维修。此后近百年，城墙倾圮渐尽。咸丰七年（1857），知县叶为霖因上游告警，始募捐兴修。知县张多第继之，并建城楼，于咸丰八年（1858）告竣。城内有玉带河，自东门起，迤北止，宛如玉带，故名。中有二桥，玉带桥，通南门；通成桥，通西门。

1939年，政府命令毁桥断路，防御日军入侵。1950年，县城建筑破旧，街道狭窄弯曲，交通闭塞，政府将县治迁移别处，旧城逐渐倒塌废弃。

（二）关隘

明正德年间（1506—1521），境域与宁德县东界建有仙胡关隘并隘楼。明万历十七年（1589），与宁德交界处建前墘关隘并隘楼、严家洋关隘并隘楼，与政和交界处建禹溪关隘并隘楼，与建安（今建瓯）交界处建分水头关隘并隘楼。各关隘建筑均贮备滚石、檑木，平时县署派士兵把守。

第二节 福宁府县古城堡

西晋太康三年（282），在福宁府所在地霞浦建温麻县。隋开皇九年（589），撤并于原丰县。唐武德六年（623）复县，改名长溪，不久迁治连江，改称连江县。长安二年（702），与连江分治，复置长溪县。元至元二十三年（1286）升为福宁州，明洪武二年（1369）降为福宁县，成化九年（1473）复为州。清雍正十二年（1734），升为福宁府，以原福宁州地置霞浦附郭县。领宁德、福安、寿宁、霞浦4县。1913年，废福宁府，保留霞浦县。福宁府地处闽东，与浙江省接壤，海岸线长，古城堡较多。

一、福宁府附郭霞浦县古城

（一）福宁府城

福宁府城位于霞浦县龙首山下松城镇，自唐代置长溪县以来，未见建城记载。元代，福宁州城唯存东西南北4个城门。明洪武二年（1369），海寇入侵，镇守驸马都尉王恭命令百户宁祥讨伐平定。洪武三年（1370），鉴于海防始筑城。周长3里，高1丈9尺，厚1丈，辟四门。东北隅设水门以泄湖水。洪武二十年（1387），置福宁卫，因人多城小，江夏侯周德兴拆东城墙，拓广里许，增高三丈。重建后，城周长四里，城垛1512个，窝铺29间。

永乐五年（1407），海寇又开始猖獗，御史韩瑜、都指挥谷祥命令增筑四门月城，增高城垣3尺。四门各建楼，城内外建有走马道。沿城濠堑阔2丈，深6尺。岁月迁移，四门楼圮。成化十七年（1481），指挥朱珍重修四门楼。成化年间（1465—1487），城区居民在龙首山植松绿化，州城始称松城。正德年间（1506—1521），知州万廷彩疏浚城濠并拓阔，知州欧阳嵩又疏浚东南城濠与潮水互通。嘉靖三十四年（1555），知州钟一元因城郭西边民众在城外数被寇患，又拓西城2里，把

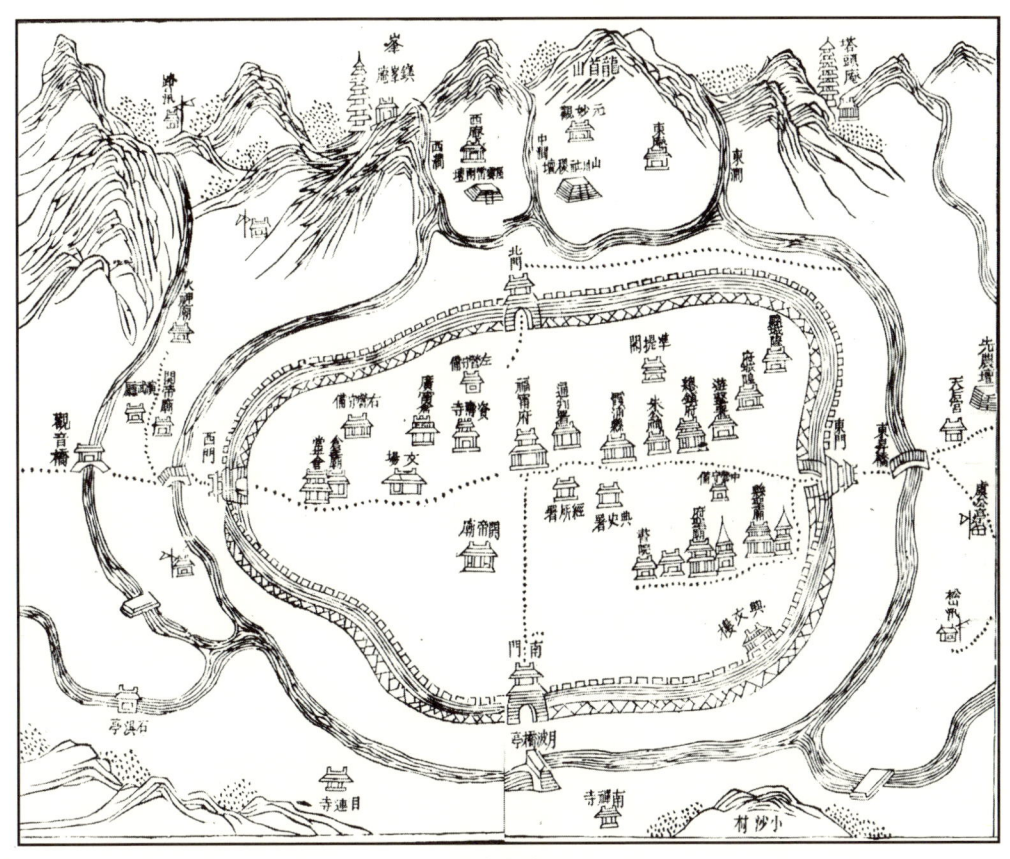

福宁府城图

西面村庄围入城中。嘉靖三十六年（1557），知州柴应宾在内城造东、西敌台。嘉靖三十七年（1558）夏，城被雨水毁坏，分守顾翀拆卸旧城，增高四尺，并增厚。

嘉靖三十八年（1559），倭寇来犯，时值大雨，城又崩塌。都司张汉命令军民取杂木环城立栅，结战棚为守具。倭寇见无机可乘，退去。分巡道舒春芳重新修筑城池，西门月城，原填以碎石，现改为石梁，既坚且好。集匠300余人，城重修后周长1056丈，高2丈3尺，厚1丈3尺，东西南北设城门四个。嘉靖四十四年（1565），有倭寇经过，知州夏汝砺巡查，发现有疏漏之处，于是增造敌台8个，增建窝铺30间。

霞浦城东面临海，倭寇从海上来，必先到东郊，由东南田中间道直达城下太平桥。如没有防备，很容易被偷袭。明隆庆二年（1568），分守李纯命州同王守中利用早期两城旧址的石土，在东郊泰平桥附近筑东敌台，号"泰平台"。台址广48丈，袤14丈，高如城2丈4尺。知州陆万垓建筹边楼于其上，复设东北敌台并敌楼。筹边楼址高8尺，方7丈2尺。楼凡五楹，高3丈3尺，海上形势可一目了然。

万历十三年（1585），分巡徐用检命令砌城壁，下用石，上用砖。知州祝永寿、高汝梅相继修筑完成。万历十九年（1591），分巡李瑄倡议浚壕，知州史起钦负责其事。第二年四月，工程结束。明末，州城北抵龙首山，南止护城河，东起今城东路，西至今城西路，方圆6里许，形状如靴，故号靴城。

清顺治十八年（1661），分巡周文华、总镇吴万福重修城壁，城增高3尺，建城垛为703个，窝铺48间，炮台29个，大楼、角楼各4个。建泰平炮台、东敌台、八角楼、水关楼各1个，战楼11个。疏浚城濠，并植柳。康熙五十六年（1717），知州唐赓陶、总锁周士元协同浚城濠。雍正五年（1727），知州洪国彰、总镇颜光昕浚城濠。乾隆十二年（1747）霞浦知县蓝应袭、乾隆十五年（1750）知府秦仁，先后设法修浚城濠。而敌楼、雉堞年久圮废，河柳亦砍伐无存。

乾隆二十四年（1759），知府李拔见城垛坍塌，楼橹倾颓，捐资重建城垛、窝铺、敌楼、炮台。在筹边楼旧址改修兴文楼，更新四城门，名为宾阳、阜成、畅薰、拱辰。并率属沿城壕栽松柳。道光年间（1821—1850），知县王光锷率拔贡方辉、职员王作栋等增修城墙。光绪年间（1875—1908），县令成心中率绅董卢庆瑜、王邦怀等，重修城墙及城门敌楼。1939年8月，县政府以"抗战需要"为名拆毁城墙，仅存3门和护城河。1956年后，修建公路、汽车站和环城路时将城门拆除。

（二）城堡

霞浦的城堡主要建于明代，当时沿海村庄先后构筑城堡抗倭，至嘉靖末止，所建城堡有：大金千户所和青湾、高罗、延亭巡检司等4个城，松山、赤岸、三沙、牙里（牙城）、云阳、横山（江边）、南屏、上洋、沙洽（东、西堡）、古县、沙塘、下村（方厝城）、蚶澳（涵江）、洪江、渔洋、武曲、传胪、小麻（小马）、厚首、武崎、长溪、积石、罗湖、闾峡、棠源（长春）、竹屿、霞江（霞塘）、龙湾、塘边、文星明、砚江、下浒、塘头（北港）、赤崎（上屿）、台江、西庵、北堡、长头北壁（土堡）等39个堡。至今尚存许多堡寨或遗址。

1. 七佛城

位于水门乡玉山村玉山峰顶，旧名"五虎城"。明万历《福宁州志·舆地志》载：唐时有僧七人修炼于此，同日飞升。因此名为"七佛城"。玉山峰海拔1098米，七佛城就在玉山峰顶，据《霞浦县志·名胜志》载为唐大和年间（827—835）始建。城占地面积2351平方米，坐东北向西南，平面呈椭圆形，城郭极小，因地势而修建，只有百米方圆，堪称袖珍山城。城墙石砌，有的地方凭借山势城墙高度只

霞浦七佛城

有1米左右。残长280米，高4.2米，墙基宽5.1米。西南设一拱形城门，乱毛石砌筑。门高2.5米，宽2米，门额碑刻"七佛城"，两旁楹联"临山多野趣，对月有新诗"。

20世纪90年代，在城内出土8件唐、五代陶瓷器。城内嶙峋石壁上，镌刻"同日飞升"、"玉山灵迹，玉峰耸翠"等字迹。此城并非防御工事，主要是为了防风。因玉山一峰独高，常年风大，夏天有强台风肆虐，冬天有寒风刺骨，此城便有防台风、御寒之用。城中玉山寺，唐时又称"箬山寺"，因寺的周围净是鱼背般的陡壁和密密麻麻的箬竹而得名。寺内有七尊泥塑佛像及一块"箬山寺祀界"碑刻，记述其地理风貌、建寺缘起及当年香火盛况。

2. 间峡城堡

位于长春镇间峡村，距县城47公里，地处霞浦县东南部、东冲半岛东岸，与台湾一水相隔。城堡建于明洪武年间（1368—1398），嘉靖年间（1522—1566）拓宽。堡墙石砌，长1600米，高5米，墙基宽5.2米，墙顶宽3.6米。东、西、南、北各设一城门。南门为券顶门，城堡内保存"石敢当"9通，清光绪年间（1875—1908）石狮1对，石狮高2.1米。

3. 传胪城堡

位于长春镇传胪村，明嘉靖三十四年（1555）始建，用来抗倭。万历年间（1573—1620）重修。该堡周长640米，呈正方形，城内占地面积2009平方米，城堡部分已残破，高约4米，座基宽5米，墙顶宽3.5米，为花岗岩碎石干砌，原城辟有西、南、北三处城门。南城门于1988年重修，城门高5米，呈圆形，门外圆内方，城门内宽2.5米，

霞浦传胪城堡

内高4米，城门眉顶嵌刻黑底金字"皇明方伯里"碑刻。西城门因濒于倒塌，2003年民村自筹拆建，形成圆形城门，城门内宽2.4米，内高3.2米。因地处埠头，故在城门顶嵌"阜成门"，碑刻为黑底金字，三处均为块石砌体，城墙就地取材为碎石或鹅卵石干砌。城顶遍植岩柴树，300年来根深蒂固地盘在石墙上。

4. 积石城堡

位于长春镇积石村，明嘉靖三十四年（1555）建，用来抗倭。堡墙石砌，平面呈方形，长805米，高4米，基宽5米，顶宽3.5米。东、西、南、北各设一城门。南门城门原有泗州文佛庙。

5. 武曲城堡

位于长春镇武曲村，明嘉靖年间（1522—1566）建，用来抗倭。堡墙石砌，平面呈方形，长690米，高5米，基宽6米，顶宽3.5米。东、西、南各设一城门。在西城墙上有一石刻虎，高1.6米。因朱熹曾在此讲学，门额题刻"驻熹门"。城内有水井1口，上刻"熙宁己酉"（1069）。

霞浦武曲城堡走马道

6. 大京城堡

位于长春镇大京村，大京原称大金，因此原称"福宁守卫大金千户所"，居全省12个千户所之首。明洪武二十年（1387），江夏侯周德兴建。万历二年（1574）拓宽，初建"周长三里许，后扩建为五里"。城堡平面呈长方形，北面靠山，墙外护城河长850米。堡墙乱毛石干砌，长2815米，高6.5米，基宽5.2米，顶宽3.6米，有城垛8个。东、南、西各设一城门，东门为瓮城，也叫双重城。南门城墙书额"千户福宁"、"海涯屏藩"。砌石缝均以铁水浇固。城上窝铺、炮位等设备齐全，与外海烽火门、南日山互为表里，形成海滨防御体系。城内街道长1.2公里，以条石拼铺。保存有明万历年间（1573—1620）圆井和修城碑1通，清康熙年间（1662—1722）方井和木亭4座，分别名"天地、迎思、巷里、仓口"。

7. 厚首城堡

位于沙江镇厚首村，明嘉靖四年（1525）建，清咸丰三年（1853）重修。堡

霞浦大京城堡

平面呈长方形，堡墙石砌，长1192米，高4.5米，基宽5.5米，顶宽3.6米，高6米，总面积7127平方米。上有里亭、观音亭和亭下亭。东、西、南各设一城门，西门为双重门。城内保存清咸丰年间（1851—1861）修城碑，上记载明嘉靖二十五年（1546）福宁沿海建36处城堡。东、北两门均宽1.5米，

霞浦厚首城堡东门

高2.66米，西门宽1.5米，高2.2米，城门外为条石砌成，内用砖砌。

8. 古县城堡

位于沙江镇古县村，旧温麻县治。明嘉靖三十四年（1555）建。堡墙石砌，平面呈长方形。现存堡墙长1050米，高4米，基宽5米，顶宽3.5米。东、西、南、北各设一方形城门。

9. 八堡城堡

位于沙江镇八堡村，始建于明正德五年（1510），是当时由中原迁来的八个姓的先民联合集资出工兴建的，因此号称"八堡"，目的是防守抵御东南沿海日益猖獗的倭寇，后只存陈、林、梅、彭四姓。嘉靖三十二年（1553）重建，清同治四年（1865）重修。堡墙石砌，平面呈椭圆形，长1160米，高4.5米，基宽5.5米，顶宽3.6米。全部由2米见方的青石和红色花岗岩石块堆砌而成。

墙上残存走马道约100米。东、西、南、北各设一城门。西城门为双重门，又叫瓮城，上有望孔。城门宽1.6米，高2.5米，厚4米。东城门宽2.0米，高2.5米，厚4米，门上有一石碑，上面书写："东门，同治四年岁次乙年重修。"城内有3座木亭。相传朱熹曾在此城堡讲学。城内有两条呈"工"字形的古街，古街道路也是用青石板铺就，古街两边皆是青砖黑瓦的传统院落。在八堡古街中还保留三座粉砖黛瓦马鞍墙的高大宅第，门前屹立着三座旗杆夹石。在这些宅第的墙边，还保留三

闽台古城堡

霞浦八堡城堡东门

口掘于宋代的古井,水质依然清冽甘甜,深不见底。城堡外还保留着一条与城堡同行、宽约三米、深约两米的护城河。

10. 外浒城堡

位于下浒镇外浒村,明嘉靖三十四年（1555）建,历代重修。城堡平面呈椭圆形。城墙鹅卵石、块石垒砌,基宽5.5米,顶宽3.6米,长801米,高6米。有城门5个,东、北两城门为方形门,通高2.2米,宽2.2米,为方块石砌,西、南及南临三个城门为拱形门,高2.6米,宽1.7米不等,城内西北向城内墙垣筑一条"L"形走马道,残长近百米,高2.2米,宽近2米,整座基本保护完好。在古堡与沙滩之间,原有一条约半公里长的鹅卵石带。鹅卵石玲珑剔透,一尘不染,花纹多彩,人称凤凰蛋,唯外浒独有。西向百米城墙,残高4米许,全部采用小鹅卵石干砌,虽经四百余年风雨沧桑,墙体依然屹立无损。

11. 文星坪城堡

位于下浒镇文星明村，俗名"文星坪"。宋时朱熹逃难至此，仰观天象曰："文星其复明乎！"遂以名其村。明嘉靖年间（1522—1566）建。堡墙依山石砌，长401米，高4米，基宽5米，顶宽3米。东、西、南各设一城门。朱熹曾在此驻足讲学月余，并在村外凿井1口，后人称之"朱熹井"。

12. 上岐城堡

位于北壁乡上岐村，明代嘉靖年间（1522—1566）建。堡墙依山石砌，长480米，高4米。东、西、南各设一城门，均为方形。

13. 赤岸城堡遗址

位于霞浦县城东北5公里处，在古代曾为重要的海港，因其海岸山石呈赤红色而得名。唐代，日本高僧空海乘船来中国求法，途遇台风，于是在赤岸登陆。明嘉靖四十二年（1563）正月，为防倭寇，赤岸居民项祚、王德浩等带领民众建城堡，城墙长320丈，高2丈，厚2丈2尺，设四门，建敌楼2座。现留有城堡遗址。

二、宁德县古城

（一）宁德县城

宁德县城又称蕉城，是闽东交通要道。蕉城地处白鹤山下，历史上曾有鹤场之称，旧城形似蕉叶，故称蕉城。自置县始一直为县治所在地。旧为感德场，五代唐长兴四年（933），升场置县，址于四都陈塘洋，始筑土城。但土质疏松，迁移今址，仍筑土城。立四门：东为崇仁，西为和义，南为德化，北为朝天。宋代环以木栅。

明正德元年（1506），分巡道佥事阮宾檄高县令，以砖砌墙。开五门：东为跨鳌，西为憩亭，南为清晏，北为朝天，增小东门名登瀛。上各建楼。嘉靖四年（1525），县丞李诏捐资凿石砌北门，加固西南隅。嘉靖四十年（1561），倭寇攻陷宁德，县城夷为平地。嘉靖四十二年（1563），知县林时芳采石重造。辟四门：东名镇静，西名崇顺，南名永宁，北名遵化。塞登瀛门。周长592丈，高2丈1尺，广1丈6尺。游廊699个，敌台40个。内外马道，环以深濠，上通山涧，下接海潮。

清初又辟小东门。清顺治十二年（1655），于西、南、北门各设炮台一座；顺治十六年（1659），于东门和西北隅添设炮台两座。康熙二年（1663），知县张承瑞

闽台古城堡

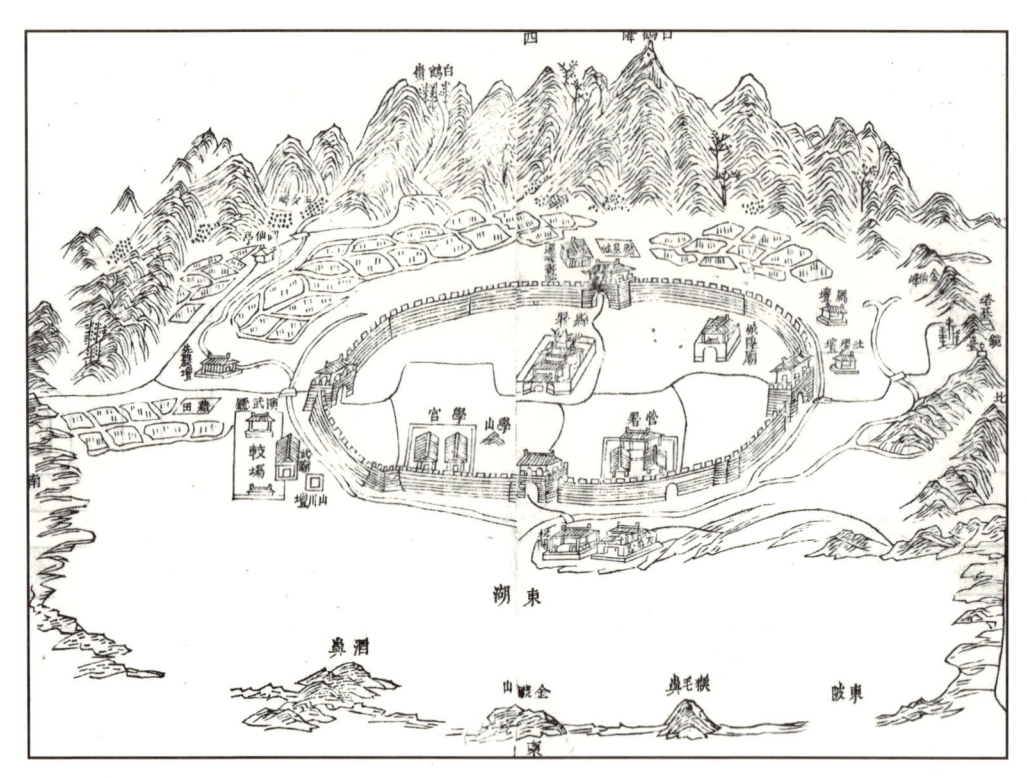

宁德县城图

宁德县城

82

在原来基础上，增高城墙3尺，增修垛340个，游廊640处。雍正初年（1723—1735），大风毁城墙；雍正九年（1731），知县费璜重修。乾隆初（1736—1795），城堞损坏，乾隆十八年（1753），知县朱景英修葺。嗣后，随圮随修。1939年，日本侵略军飞机数度轰炸县城，为便于兵民防空疏散，县政府决定拆毁城墙。

（二）城堡

1. 南门土堡

堡址位于南门外路旁，离城500米。东面海，西、南、北皆平地。明万历二十年（1592），知县舒应元建。土堡面积40.8平方丈，环堡21丈，建楼2间，为宁德城池前哨。

2. 东墙寨土堡

建于六都山顶，离县城15公里。东临海，西、南、北依山。面积23.8平方丈，高1丈，厚4尺。设东西两门，石块砌筑。

3. 闽坑寨土堡

建于九都山顶，离县城27公里，两面依山。面积22平方丈，高9尺，厚4尺。东、南、西门用石块砌筑。

4. 外表村城堡

位于霍童镇外表村东北，清代建。为关隘城墙，石构，全长33.7米，宽2.2米，高3.85米。中部有券顶拱门，宽2.7米，高2.5米，深2.2米。

（三）关隘

1. 白鹤岭关

白鹤岭位置十分险要。清乾隆时，知府李拔题"鹤矗鸾翔"于上。白鹤岭古官道是宋宝庆年间（1225—1227）铺设的一条省际古道。石阶层叠，盘山而长，长5公里，宽2~2.5米。由罗源叠石入宁德界首，过白鹤岭直抵蕉城区西门。

2. 飞鸾岭关

飞鸾岭位于宁德市蕉城区飞鸾镇境内，全长十多公里，岭上公路两侧山峰夹峙，该岭北临三都澳，南通罗源湾，是沟通福州、宁德两地区的陆上主要通道，为战时防守要地，也是福州到闽东第一大要隘。关离罗源县东10公里，与白鹤岭对峙，为最要隘，知府李拔题"西南屏蔽"于其上。

宁德白鹤岭官道碑

3. 界首关

在县西10公里，与罗源接壤，为两县之间关隘。知府李拔题"二郡鸿沟"于上。

三、福安县古城

（一）福安县城

福安县位于中部韩阳镇，平均海拔15米。仙岫、笔架、三台、旗顶、天马众峰环峙周围，富春溪中流，地势坦荡，自宋淳祐五年（1245）析长溪县地置福安县以来，韩阳镇即为县治所在。

福安县城在庞山下韩阳坂。宋淳祐五年（1245），筑土围墙，立四门。东为瑞应，西为礼贤，南为秦溪，北为衣锦。广袤各2里，周十余里。明正德元年（1506），分巡道阮宾采邑人郭廷美等议，檄州同知施隆、县主簿李友，改用砖砌。

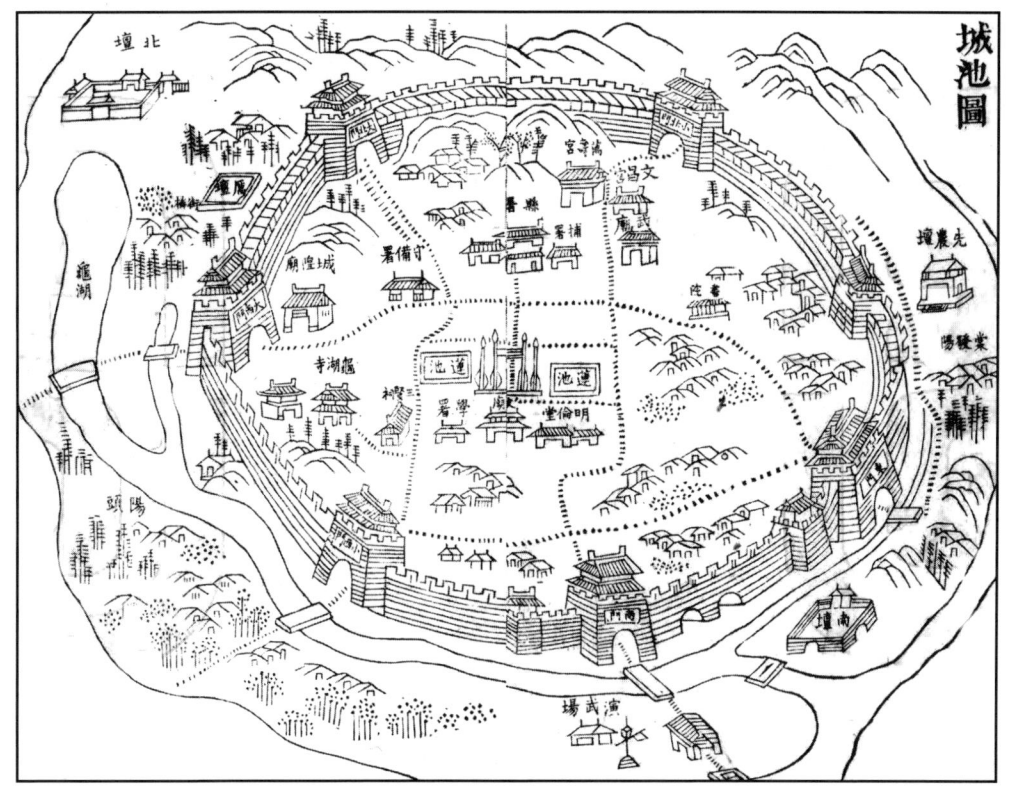

福安县城图

周长896丈5尺，高1丈1尺，厚1丈。女墙1692个。增小西门名凝秀。门各有楼。嘉靖六年（1527），巡按刘廷篁命署县事颜容端重修，始用石砌。嘉靖三十七年（1548）倭警，知县李尚德改造，高1丈3尺，厚1丈5尺。工未毕而倭至。嘉靖三十八年（1549）四月初五日，城陷，未逾月，淫雨，城俱圮。嘉靖三十八年（1549）十一月，卢仲佃接任福安知县后，对城基重新规划，北城外扩593米，西城外扩147米，北城内缩620米，南面亦稍加扩展。城墙周长仍旧保持2667米。壕由大西门抵南门，长296丈，广3丈，深1丈。增小北门名凤坡，增窝铺50个，楼橹5个，并把城壕上原来的石板桥改成木吊桥。嘉靖四十一年（1562），知县黎永清构屋城上。嘉靖四十四年（1565），知县李有朋重修。

万历九年（1581）七月初九夜，福安发生洪水，城墙三面被冲塌。知县汪美把城垣移建鹤山上，南面适当延伸，西向利用龟山、龙山险要地段修筑坝城。并在北城外 167 米处，择地构筑双面城垛敌台 1 座，作为北城外的防御工事。城周长 850 丈，高 1 丈 4 尺，坝高 1 丈 8 尺，而厚倍于城。移礼贤门于坝岭，称安磐；移凝秀门于龟峤，称立极，外筑重门；改瑞应门为就日；秦溪门仍旧名。西凿官沟以达莲池。水皆倒流，会于东南水关。万历二十四年（1596），改立极门为止水门。

万历二十一年（1593）正月，知县陆以载以鹤山处山高城低，改从平地故址起挖新壕 146 丈，砌筑旧坝 50 丈，高、厚视旧有加。万历三十年（1602），知县金汝砺依形家言，拓城于外山之巅，由东城门至北仙亭，长 197 丈。

小西门旧在湖边境。万历九年（1581），知县汪美移门龟山后颈。万历三十七年（1609），知县贺学易听民募疏，复门故址，龟颈门改水关，全城周围 797 丈。崇祯十二年（1639），知县章重增修。

清顺治十八年（1661），总督李率泰饬县重修。康熙五十六年（1717），知县严德泳重修。雍正三年（1725），知县傅植增修。雍正五年（1727），知县赵旭升修葺。乾隆九年（1744），知县周秉官重修。乾隆十六年（1751）水灾，城墙倒塌，县令夏瑚督率生员陈必遏等修复小西门及东门。

道光二十六年（1846）四月十二日，知县刘枢重新动工修建，至次年二月二十五日完成。修复后的城墙高 5.3 米，城基宽 5 米，周长共 3207 米，分设 6 个城门，设置枪眼 1200 个，垛口 600 个；恢复原设炮台，在城上配备重 500 公斤大炮 11 尊，并建哨棚、值宿所，每个门上加建重檐城楼，绕以回廊，增筑坚壁。道光三十年（1850），添铸 1000 公斤佛郎机，县城置 7 尊。光绪四年（1878），知县张景祁修补城墙崩塌部分及城楼炮台。光绪十年（1884），知县徐承禧补修。

民国后，政局动荡，城池失修。1918 年，刘宗彝率部攻打福安县城，知事戈乃康紧闭城门抵御，城池尚为有用。1932 年起，大部分城砖被拆，用于建造监狱、体育场检阅台等。1939 年，奉令拆除城垣。

（二）城堡

1. 廉村堡

位于福安市溪潭镇廉村，廉村原名石矶津，因里人唐代进士薛令之为官清廉，被御赐"廉村"、"廉水"、"廉岭"之名。明嘉靖三十九年（1560），筑城墙以御倭寇，称廉村堡。堡平面略呈椭圆形，周长 1258 米，现存 850 米。墙面用鹅卵石垒砌，中为泥土夯筑。墙基厚 4 米。顶宽约 2 米，残高约 3 米。东、西尚存三个城门，

福安廉村堡

用花岗岩条石叠砌。城堡内面积达10万平方米。有明代官道,中用鹅卵石拼花、纵向平铺三条条石,长500米,横贯城堡东西。官道两侧尚存大型明清时期民居26座,清代祠庙4座。城东有明代古码头2座,用鹅卵石铺砌,宽约3.5米,曾是通往大海的内河港口,也是沟通闽东北和浙南的水陆枢纽和物资集散地。沿溪是用鹅卵石铺就的古道,路旁并立几方石碑。码头边有一株直径约1.8米的古榕树。

2. 坦洋炮楼

位于社口镇坦洋村,清末建,用于防匪。炮楼占地面积20平方米,用土夯筑,单体,五层,面阔4.25米,进深4.7米。各层四面均设枪眼。四层除设枪眼外,四面墙体中部各凸出一个1.52~1.6米的小间,各间外向均开一枪眼,枪眼内宽外窄。依墙设梯,旋转到四层,四至五层另用小梯上下。以墙承重,四面坡攒尖顶,墙体与出檐相距0.63米。

福安坦洋炮楼

3. 三塘堡

位于甘棠镇。明嘉靖三十八年（1559），倭寇攻福安，乡民离散。知县卢仲佃檄三塘（官塘、外塘、南塘）百姓筑堡自卫。民感其德，因更其名为"甘棠"。堡周长47丈，设四门，外有护城河，河面宽14米。1939年10月拆除。

此外，还有赛岐苏阳堡、下白石黄崎堡、溪尾麂湾堡等。

四、柘荣县古城

唐宋时期柘荣为长溪县辖。宋代设库溪（今富溪）巡检司。明始设柘洋巡检司，清雍正十二年（1734）后隶属霞浦县。1945年10月设县，改称今名。县城双城镇位于县境中部偏东北，海拔667米，四面环山，是个山间盆地。

（一）双城城址

位于双城镇政府驻地，在龙溪上游东北侧和下游西南侧，各有一个城堡。两城隔溪相望，相距约百米，俗称"上城"和"下城"，合称"双城"。

下城又称"柘洋城堡"、"柘洋巡检司城"、"柳城"。元至正二十一年（1361）始建，福建行省参政袁天禄倡筑。明嘉靖十二年（1533）重修，清代废。城墙用鹅卵石砌造，据民国《霞浦县志》载，"周长840丈，高1.5丈，厚1.7丈"，上有巡行道、女儿墙。设有宣寅门（东）、纳福门（南）、拱仙门（西）、迎龙门（北）、小北门等5个城门，其中纳福门外加筑瓮城。1956年福温公路建成通车，在北门外建车站，为便利交通，拆除城墙，仅东边沿溪的一段作为古迹保留下来。

上城又称"东安新堡"、"龙城"。据民国《霞浦县志》载，是明代晚期为抗倭而建。城墙毛石砌造，周长910米，高4.1米，基厚4.5米，上筑女儿墙。东、南、西、北分设迎龙门、仁寿门、登龙门和衣锦门。1958年后，修建街道，南部城墙被拆除一部分，其余部分仍保留完好。

1976年后，因城市建设需要，拆除城墙1/3多。1997年修复衣锦门和北段城墙。现存城墙566米。

（二）半爿城城址

位于城郊乡山后村，建于明代。明万历三十七年（1609）修的《荥阳郑氏族谱》，绘有半爿城城图。城墙沿山后村南面的小溪而建，东西两端与村后山相接，平面呈半圆形，故称"半爿城"。城墙毛石砌造，高2.6米，厚1米左右，总长约500米，南有城门。城门高3.2米，宽2.1米。现存城门和东段城墙65米。

柘荣半爿城遗址

五、寿宁县古城

寿宁县位于福建省东北部，地处鹫峰山系洞宫山脉东麓，北邻浙江省景宁县，东与东北紧靠浙江省泰顺县,南与东南毗邻福安县,西北界浙江省庆元县,西连政和,西南同周宁接壤。明景泰六年(1455)八月,析政和县南里十都,北里十一都、十二都,东里十三都、十四都、十五都和福安县平溪里十一至十四都,置寿宁县,始称寿宁,隶属建宁府。清雍正十二年(1734),改隶福宁府。

(一)寿宁县城

县城鳌阳镇地处县境中部,海拔752米,古名杨梅村,因形似鳌鱼而得名。置县时,为就近控制官台山,维持治安,以及防止大宝坑银矿被盗采,遂选定杨梅村为寿宁县治。明弘治十八年(1505),由知县吴廷瑄募役构筑城墙。周长770丈,高1丈6尺,厚1丈多,城上架木,覆以陶瓦。建六个城门,两个水门。嘉靖五年(1526),知县钱亮改用石建城门,并以铁包裹。嘉靖二十三年(1544),知县张鹤年再加修葺。嘉靖四十年(1561),知县章锐改筑石城,并在城外建防御工事。嘉靖

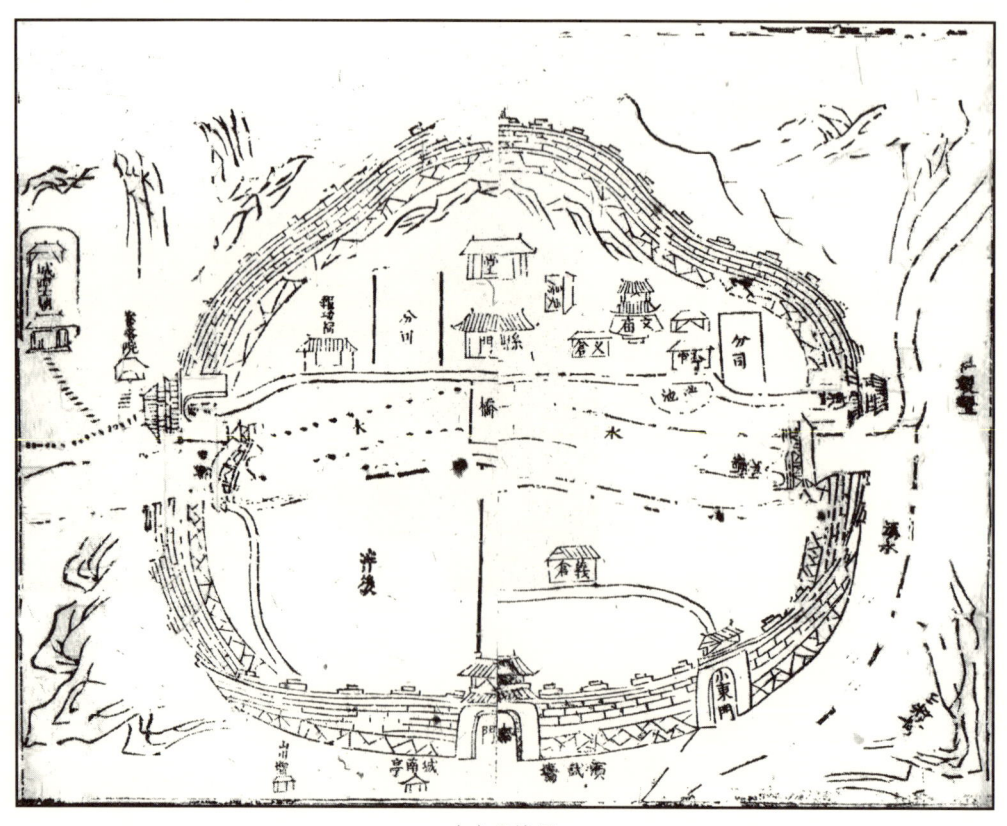

寿宁县城图

四十一年（1562）功甫毕，便被倭寇攻陷，雉堞尽坏。隆庆五年（1571），又遭洪水冲毁。万历二十年（1592），两院道府委政和知县沈柴，本县知县戴铛，会同勘议修筑。崇祯十六年（1643），知县区怀素捐俸修建，并命名东门为"日升"，西门为"怀勋"，南门为"望丰"，小东门为"宾阳"。此后，历经清代、民国多次修葺。1958年3月拓宽街道，拆除西门、南门，墙址也改作宅基地。

现仅存日升门，位于鳌阳镇横溪桥边，又称东门。门为石构，朝向东南，高2.68米，由地面砌条石到1.9米处起券，宽2.1米，深1.7米。门内进深3.05米，两边用条石砌到2.9米处，上横架梁木。门额上镶石匾一通，楷书"日升门"，款识"清康熙六年六月吉旦"，"邑令燕山李滋生题"。民国时期，在城门上建有两层门楼，为重檐歇山顶穿斗式梁架，土木结构。双坡顶，门楼四周墙用土筑，面阔4米，进深5米。

（二）关隘

明朝时，寿宁全县边境险要道口设关隘。嘉靖二十四年（1545），知县张鹤年依山脉、分水划定界线，在黄阳隘、院洋隘、碑坑隘、伏际隘、上下党隘等全县

寿宁县城日升门

边境隘口设立界碑，碑正面刻"寿宁县界"，左首小字"嘉靖×年×月"，右下落款"知县事贵州普安张鹤年"，背面刻"××隘"和东南西北至何处。据崇祯十年（1637）冯梦龙《寿宁待志·城隘篇》记载"有三关十六隘。隘之界庆元者十：曰佛际，曰青田，曰碑坑，曰峡头，曰榧子栏，曰杨婆墓，曰箬坑，曰双港，曰下党，曰杉坑。其界政和者曰石门。界福安者曰院洋。□□□□曰武曲。界景宁者曰黄阳，曰青草。界政和、宁德之间者曰葡萄洋"，"各隘扼要而居，山径尺许阔，高下曲折，非用武之地。虽有长枪大戟，无所用之。守隘之具，铳第一，弩次之，虽弓矢亦不逮也。多蓄硝磺，此最紧着"，认为"闽防在海，而福安正海艘登陆之地，昔年倭寇亦从此道。故（车岭、绝险、铁关、院洋隘）四隘特为要害"，而三关之设，迟于十六隘。1942年，为阻止日军侵入，县政府紧急下令破坏境内险要路段。7月29日至8月5日，车岭关、绝险关等处路面挖毁。

1. 黄阳隘

位于坑底乡长岭村铜坑亭1.5公里处。隘口东西走向，两边为小山，以山水流向为闽浙分界。隘口用石拱形成拱门，拱高2.9米，从1.6米处起拱；隘口过道北面石墙中砌有一龛，龛高0.5米，宽0.82米，深0.32米，过道两旁有供人歇息的石凳。隘碑原立隘口，现置铜坑尾三岔路边，断为两截。碑高1.4米，宽0.68米，厚1.5米，青石素面，碑首呈半圆形。正面中刻"寿宁县界"，右刻"嘉靖贰拾肆□□□□"，左刻"知县事普安□□□□"，背面中刻"黄阳隘"，右边刻"东至□田，南至本土山"，左边刻"西至人行路，北至分水界"。

2. 院洋隘

位于南阳镇院洋村，距村子1.5公里。隘口为西北—东南走向。隘两旁为小山，以山水流向为福安与寿宁的自然分界。隘口离福安市范坑乡吉坑村2公里。隘口原用石砌成门状，现仅剩部分石墙。隘碑高1.01米，宽0.55米，厚0.11米，碑座、碑身已分离。碑素面阴刻楷书，正面刻"寿宁县渔溪大蜀院洋隘"，右边直刻两行，内刻"嘉靖贰拾伍年捌月吉日谨题"，外刻"东南至折（浙）江福安界"。左边也刻两直行字，内刻"知县事贵州普安张鹤年立"，外刻"西北至东里折（南）交界"。北面中刻"建宁□守□古营寿汛东路至院洋接壤□□隘口交界"，右刻"东至岭口寨三十里"。左边直刻两行，内刻"西至寿宁县五十里"，外刻"雍正九年五月吉日"。

3. 上下党隘

又称石城，位于下党乡与浙江省庆元县西溪乡交界山凹处，亚桔秀村西北1公里，有石城一座，烽火台一座，现仅存残基。明嘉靖二十四年（1545）八月建。1981年出土"上下党隘"石碑一块，碑半圆首，高1.46米，宽0.53米，厚0.11米，四周刻卷草纹饰。碑正面中刻"寿宁县界"，右边内刻"嘉靖贰拾肆年捌月秋吉"，外刻"去县六拾伍里桥亭共拾三座"，左边刻"知县事贵州普安张鹤年立"，背面中刻"上下党隘"，右刻"东至浙江田，南至后洋山"，左刻"西至新坑口，北至浙江西溪"，现碑立于亚桔秀村中。

4. 青田隘

位于大安乡后西溪村，南距蛇林山约1公里。隘口至浙江省庆元县青田村2.5公里。隘口呈东南—西北走向，两边为山。隘之西南面有两处石砌墙体，面向寿宁的东南石墙，残高2.3米，上宽2.2米，下宽2.6米，深约3米。面向庆元的西北石墙，残墙高1.9米，上宽1.4米，下宽2.7米。

5. 石门隘

位于平溪乡南溪村，是一个穿山而过的岩洞。《福宁府志》载："石门在南溪村，横塞溪端，凿其中，以通往来。"寿宁有"三根蜡烛过岩洞"之民谣，可见此洞之长。此处地势险要，冯梦龙在路过时，写下《石门隘》诗，云："削壁遮天半，扪萝未得门。凿开山混沌，别有古乾坤。锁岭居当要，临溪势觉尊。笋舆肩侧过，犹恐碍云根。"1965年9月修南溪至政和公路时炸毁。

6. 箬坑隘

位于在托溪乡山口行政村，离村子2.5公里。寿宁至庆元古道由此通过，隘口为西北与东南走向，两旁为小山。隘口西向为箬坑坳山，海拔1527米，系闽浙界山。

7. 伏际隘

位于大安乡伏际村，俗呼洋头隘，隘口离庆元洋头村2公里。隘口为南北走向，东西为小山。以山水流向为闽浙分界。原有界碑，碑正面中刻"县界"，右刻"前任知县张鹤年立"，左刻"现任知县尹镳重建"。

8. 碑坑隘

位于下党乡碑坑村与浙江省庆元县西溪乡荡口村交界处的隘基，离碑坑村约15华里。1991年出土"碑坑隘"石碑一块，现仅存断碑下半截，纹饰同"上下党隘"碑，二碑当系同一时期所立。碑下中刻"县界"，右边刻"□月孟秋吉日"，内刻"桥亭共拾四座止"，左边刻"张鹤年立"，背面中刻"隘口"，左边刻"至浙江后坑口"。

9. 车岭关

位于清源乡小车岭村南1公里。明万历二十一年（1593），知县戴镗增设车岭关，在县城南20公里，斜滩镇与清源乡交界处。《寿宁待志》载："车岭关即车岭头，去县二十五里，一线千仞，仰关者无所措足。东南路第一险峻处，有匾曰'南门锁钥'。"原关用石砌成门状，现仅剩两边残墙。墙残高2.1米，长约3米，路面宽约2.1米。关东南—西北走向，两边为山，东南面为悬崖峭壁。车岭古道从岭尾到岭头海拔落差569米，长5公里，路面宽1.3米，有石阶4480级。

寿宁车岭关

10. 绝险关

位于斜滩村南1公里。西临斜滩溪深潭，东为悬崖绝壁。有诗曰："峭壁临溪凿不成，雄关高倚路峥嵘，一丝绕抱崖腰过，万丈滩流地底鸣。"此关在光绪十六年（1890）曾由村民捐资重修。1958年，福寿公路取道绝险关，该关遭炸毁。

11. 铁关

即武曲隘，在绝险关下8公里，今武曲承天大桥头，距武曲村约200米。因关门用生铁铸成而得名。关南北走向，西临斜滩溪，东为悬崖绝壁。

12. 平氛关

位于斜滩镇镇政府驻地北3公里。清道光二十年至二十三年（1840—1843），知县龚文灏和继任知县冯立模在斜滩上游的狮潭岸凿壁砌石，建成"平氛关"，其关门和匾额至今尚存。该关南北走向，西临斜滩溪，东为悬崖，用石块砌关门，高2.5米，宽1.5米。门框上用砖砌短垣顶盖，顶盖砌帽、脊，正中嵌石匾，竖书阴刻，中刻"平氛关"，右上款"道光二十一年十月吉日"，左下款"知县龚文灏、冯立模、渔溪司石文炳立"。清福安人郭兆桂题诗赞叹平氛关之险峻："山高夹出碧澄潭，路窄危悬险径行"，"这间形胜真奇绝，一士当关敌万夫。"

（三）堡寨

明代，境内主要村落交通要口设41个堡。东路有南阳、仙峰、犀溪、黄阳堡；西路与西南路有韶托、九岭、九岭尾、张广地、芹洋、硋窑、尤溪、平溪、南溪、庚岭、泗洲桥、葡萄洋、禾溪、赤岩、筼竹溪、托溪、圈石大柰、上下党、上下屏峰堡；南路有三望洋、青竹岭、大洋、斜滩、元潭南澳、钱塘、东岭后、兰田、大石、墟兜、长洋、基德、余坑堡；北路有大安、青田、大熟、当归洋上东稠林山、地源村堡。另有官台山、官前场、大洋、南阳、黄家洋、楼下洋、四大村、安昌、韶托、后村、梅杨仔等11个寨。如今都难以寻觅，仅剩一些门墙遗址。

1. 葫芦门

位于平溪镇平溪村。宋末元初，周氏族人修堡筑寨，因村子形似一只硕大的葫芦，故将堡门命名为"葫芦门"。门高3米，宽2米，厚3米，状如城门。堡墙用河卵石垒砌，堡门以雕琢方整的青石环拱。门楣上浮雕楷书"葫芦门"三字。距葫芦门百来米，与葫芦门岭相连的就是当年宁德县通往政和县的官道。

2. 石桥头城门

位于南阳镇南阳村，明嘉靖十七年（1538）为防倭寇而建。城门券顶，块石砌筑，门洞高2.4米，宽1.6米，厚1.6米。上筑单间土墙门楼，面阔3.6米，进深2米，双坡顶。1995年修建公路时拆除。

六、周宁县古城

周宁县位于福建省东北山区，东邻福安，西接政和，北连寿宁，东南与宁德接

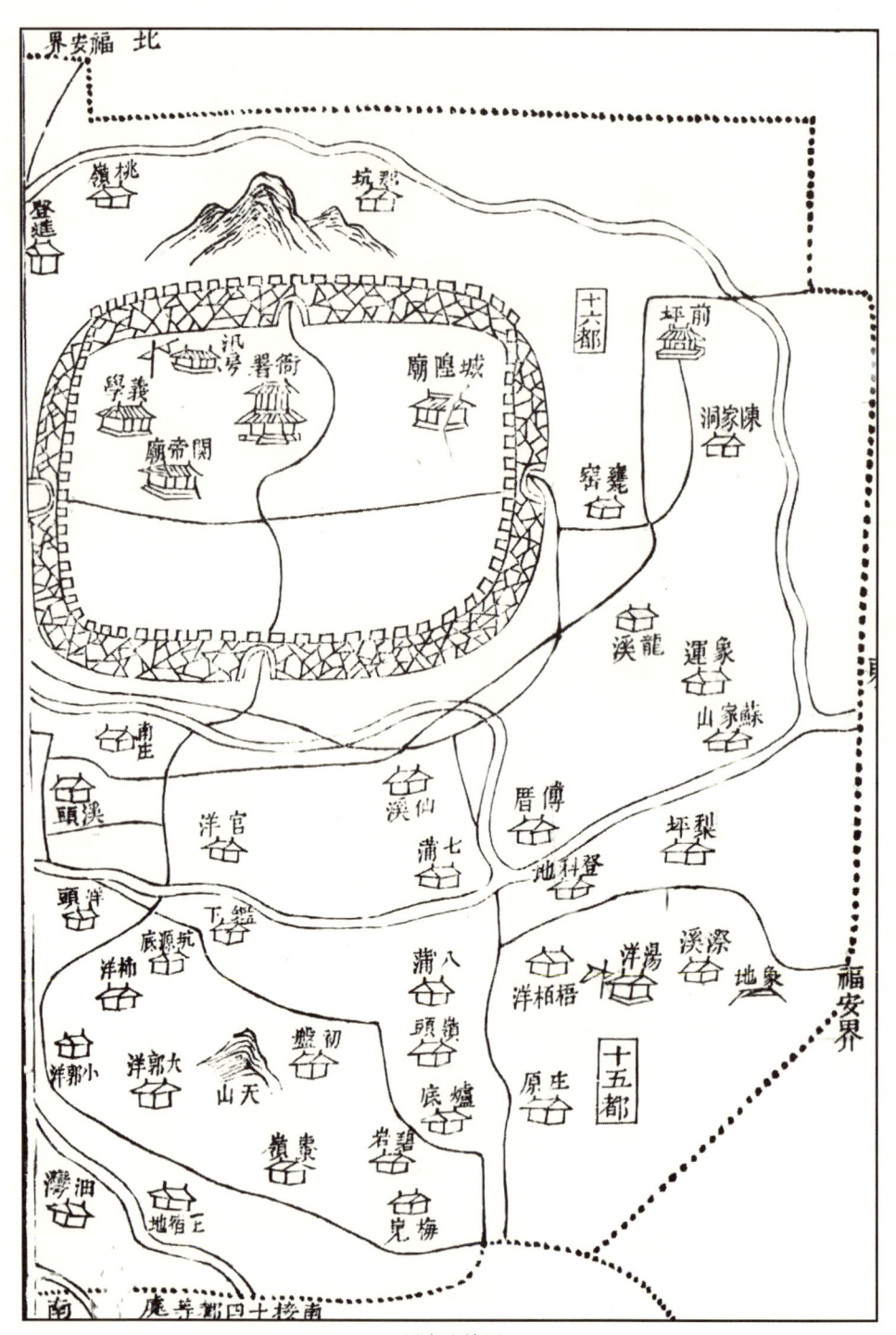

周宁古城图

周宁县城

壤，西南与屏南隔溪相望，是闽东通往闽北的咽喉。县城称狮城，位于县境中部的东洋溪畔，海拔880米，原称东洋。宋、元至明初均为宁德县青田乡东洋里治。明宣德间（1426—1435）为麻岭巡检司驻地，称麻岭司堡。嘉靖三十五年（1556），福建省按察使金事舒春芳拨款建筑城墙，改名周墩，并以城北狮子冈为象征，称狮城。清雍正十三年（1735），为宁德县县丞驻地。1945年建县，为县政府驻地。

明嘉靖三十五年（1556），福建省按察使金事舒春芳，责成宁德县主簿张天福修筑周墩城墙，长约1.6公里，基宽4米，顶宽2米，高4~5米。墙体用大块乱石与条块石混砌，内填沙土。墙顶附筑土质女墙厚0.4~0.6米，高1.5~2.0米，全城设东门、南门、西门、北门和小北门。其中，西门至北门段，部分墙体于1947年被拆，其余在20世纪50年代被拆。

七、福鼎县古城

福鼎位于福建省东北部，东南濒东海，东北界浙江省苍南县，西北邻浙江省泰顺县，西接柘荣县，南连霞浦县。清乾隆四年（1739），析霞浦劝儒乡之望海、育仁、遥香、廉江四里置福鼎县。县城桐山镇位于福鼎县北部，地形南北长，东西窄，形如船。东西两侧有桐山溪和龙山溪双溪夹流。桐山原为霞浦县劝儒乡廉江里十七都，旧称桐山堡，为海防重镇，后改名桐山镇。

（一）城池

1. 县城

县城也称桐山城。明嘉靖三十八年（1559），高姓乡人筑石堡防倭。清初，为防水灾，修补旧堡。康熙八年（1669），总兵吴万福奉文拨帑缮筑，设游守，调八府

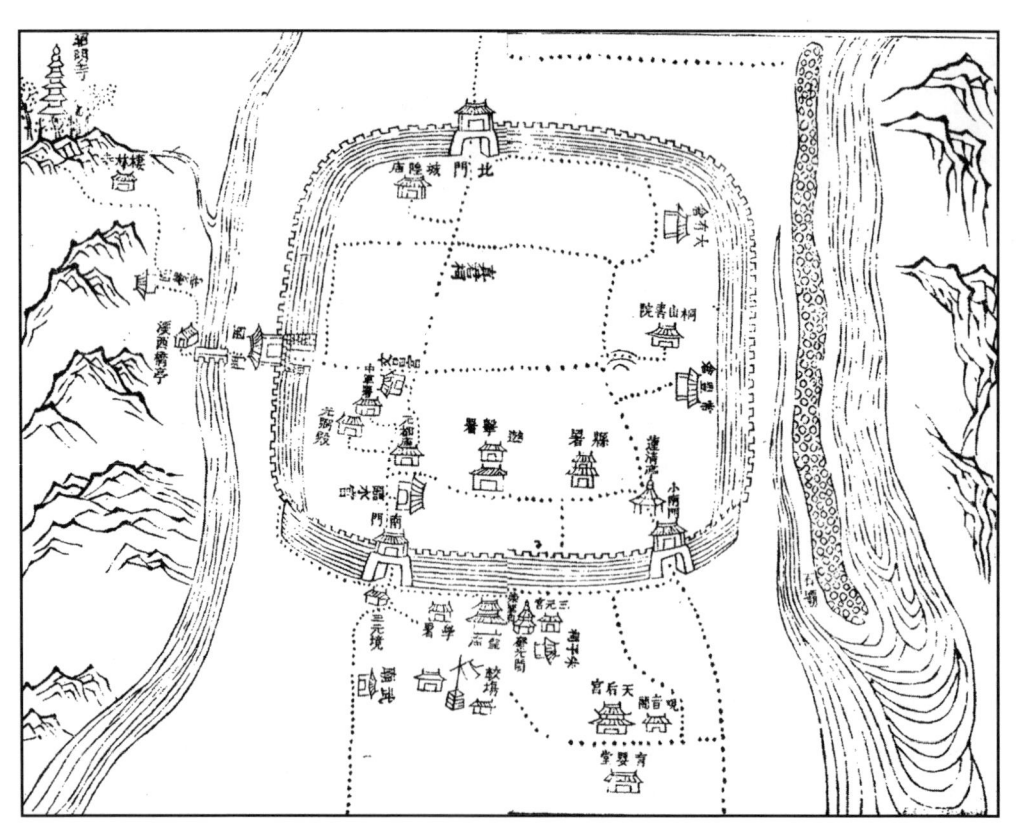

福鼎县城图

兵，置桐山营。康熙五十六年（1717），城墙损坏，总督觉罗满保、巡抚陈瑸、藩司石沙木哈捐俸重修。乾隆四年（1739）置县时，把旧城堡改为县城城墙，周长483丈6尺，高1丈5，厚一丈有奇，加女墙5尺，建有敌楼、炮台各4个，垛口330个，外有走马路。墙脚掘4个洞，供排放城内的水到桐山溪和后门溪。同年，城墙东角毁坏，知县傅维祖复葺。乾隆十六年（1751）和乾隆十九年（1754），东城墙又两次被洪水冲毁，知县高琦、何翰南先后修复。因东门易受水患，故堵塞，另开小南门。不久，小南门和西城墙又毁坏，县萧克昌重修。城墙共开4个门：南面叫迎薰门，西面叫庆成门，小南门叫和旸门，北面叫承恩门。1939年，为便于市民在日机空袭时及时疏散，遂将大部分城墙拆除。城池于明嘉靖三十八年（1559）浚，广三丈余，清乾隆四年（1739）时已淤塞。

2. 秦屿城

位于秦屿镇，始建于明嘉靖十七年（1538），由土官陈登倡建。万历四十六（1618），巡检张绘对城堡进行了一次较大规模的维修。清康熙五十六年（1717），再由总督觉罗满保、巡抚陈瑸、布政使石沙木哈捐资重修。嘉庆十年（1805），当时守备苏明登率领乡民重新修葺。几经修复之后，秦屿城拥有七个城门，分别为岐口门、望海门、怀远门、崇礼门、敦化门、永清门、涌金门。城墙周长760丈，高2丈5尺，厚1丈2尺。垛口305个。

秦屿与烽火山对峙，烽火门水寨驻扎秦屿，外临大小嵛山诸岛，内对黄崎海汛，与沙埕、三沙港相为掎角，成为沿海重要关隘。明洪武二十一年（1388），江夏侯周德兴增设巡检司，就在秦屿外海设烽火门水寨。清康熙二十三年（1684），游击王祚昌在秦屿建造烽门营参将署，设水师守卫。乾隆二十四年（1759），福宁府太守李拔视察烽火门，题留四个大字——"闽海波澄"。乾隆三十一年（1766），秦屿巡检司在秦屿城成立，建有巡检司署。同时建有守备署、演武厅、军器局、制药局。在秦屿北门城边，建有一座"义勇祠"，祀奉明末抗倭勇士张鸾山，以及同时英勇牺牲勇士的名字，其中包括陈氏姑娘。在秦屿积石山，建有"威灵宫"，奉着江夏侯周德兴、土官陈登、巡检张绘、民族英雄戚继光。虎头峰下，抗倭义冢旁立着高大的塑像，分别是：王建楠、张朝发、程伯简、张鸾山、陈氏姑娘。

（二）关隘

五代后梁时期，闽王王审知为御吴入侵，命长溪县构筑分水关、叠石关、后溪关（在柘荣）、营头关（在霞浦）。分水、叠石二关为福鼎境内最早的关隘。除上述二关外，还有沈青关、天竺关、贯岭寨、烽火门关、水北关、昭仓隘、白琳寨、五蒲隘、杜家隘、蒋阳隘、孤岭隘、岩前隘、马山头隘、荄阳隘、官田隘、王孙隘等20多个关隘。

1. 分水关

分水关位于贯岭镇分水关村，在距福鼎县城东北15公里的闽浙分水岭上，海拔300米，自古为闽浙两省交通的重要关口，故历代均在此筑关守卫。明嘉靖年间（1522—1566），福宁知州黄良材造隘房并派福宁卫军防守。崇祯十七年（1644），福安进士刘仲藻为抵御清兵入闽，征召民工重修分水关，并扩建关口左右城垣数百米。清乾隆年间（1736—1795），福宁知府李拔在关上题书"分水雄关"。

福鼎分水关全景

关墙东西走向，平面呈一字形，墙体石构，内夯碎石混土，前后为修建闽浙公路和沈海高速时，关隘多次被拆，公路直穿而过，现仅存部分残墙。东面残长120多米，西面残长180多米，总残长305.9米，面积2000平方米，残高3~6米，厚4~7米。2000年局部发掘，发现石构关隘门道、驿道等。清乾隆学者俞樾过此时留题诗：岭上岩岩分水关，令人回首故乡山。归途倘践山灵约，雁荡天台咫尺间。

2. 叠石关

也称大洋关隘，位于闽浙边界叠石乡叠石村，距县城44公里，是福鼎通往泰顺的咽喉要道，历代驻兵防守。《方舆纪要》载："叠石、分水二关，俱闽王时筑，以备吴越。"依山而建，南北走向，花岗岩砌成，墙体残长50米，高5米，厚约2米，面积100平方米，于两山之间山凹处设一关门。

3. 坑里洋定福门

位于白琳镇坑里洋村双株岭，建于清同治元年（1862）。古代此处为贼寇必经之路，因此设此门以御贼寇。坐东向西，花岗岩石砌成，由定福门及两旁残墙组成，残长16米，高3.7米，厚8.4米。门宽2.05米，门顶一花岗岩石块，书"定福门"三字，阴刻楷体，后有款"同治元年瑞月建"。

（三）城堡

明洪武年间（1368—1398），福鼎境内建有城堡30多座。主要有：桐山城、秦屿城、冷城、前岐堡、古城堡、蔡澳（今彩澳）堡、窑口堡、巽城堡、关盘堡、屿前堡、店下堡、水澳堡、官城堡、甘家岐堡、南镇上澳堡、南镇中澳堡、钓澳堡、澳腰堡、黄岐堡、屯头堡、小筼筜堡、大筼筜堡、才里堡、才外堡、石兰堡、藤屿堡、沈青堡、塘底堡、流江堡、小澜堡、沙埕堡等。今主要城堡如下。

1. 玉塘城堡

旧名塘底堡，位于桐城街道玉塘村，明嘉靖三十九年（1560）为抗倭而筑，是福鼎保护较完整的古堡之一。平面呈方形，北侧顺山势突出，南沿海边环绕，城墙属花岗岩石砌成。总长874米，高3.6米，厚3米，有东、西、南三门。西门和南门拱形，高3.5米，宽3.1米，进深2.6米；东门长方形高3米，宽1.7米，进深1.7米。东门方形。爱国将领戚继光曾驻兵于此。堡内明清古居，古香古色，布局合理，山墙多变，灰墙黑瓦，古朴大方；古街古巷，卵石铺地，设有七巷、七井；街傍城边，水渠川流；堡内民居，门窗梁栋，精雕细刻，是典型的江南民居。

福鼎玉塘城堡

2. 潋城城堡

又称冷城城堡，位于秦屿镇潋城村，原称"蓝溪村"，明代改为"潋城村"。使用简化字后，当地人将"潋"字用"冷"字代替。城堡建于明嘉靖十七年（1538），为了抗倭，叶、杨、王、郑等族人分段兴筑，建为乡堡。清乾隆四年（1739）置县时，徙杨家溪巡检驻此。城堡北面靠山，平面呈圆形，以花岗岩为主，杂鹅卵石、青石质地等，周长1127米，平面近似方形。城墙高5~6米，宽4~5米。垣墙高1.5米，厚1.2米，环城设四座炮台，仅存北门炮台，炮台面阔9米，进深7米，高6.3米。设东、西、南三城门，东门外城墙上镶嵌着清康熙四十七年（1708）重修蓝溪东门桥碑1通，花岗岩质地；东门内有泗洲文佛石室1座，青石质地；南门外5米处有明正统二年（1437）重造六面经幢1座，花岗岩质地；西门内10米有七层宝塔1座，花岗岩质地；北门内30米有齐天大圣宫1座，木构建筑；古堡内有古井3口，分布于城堡各处。

3. 沈青城堡

位于管阳镇沈青村，旧为芦门城，明正德间（1506—1521）徙水澳巡检于此。嘉靖末年，徙桐山。城堡花岗岩石块砌成，平面呈长方形，原长650米，残长300米，面积15000平方米。墙高3.5米，厚3米，设东、南、西三门。目前三个城门

福鼎潋城城堡

及南面墙体均已毁。

4. 屯头城堡

位于太姥山镇屯头村内，建于明嘉靖二十三年（1544），由黄氏族人依托山海之势，修建城堡。城堡花岗岩石构，平面略呈梯形，总长550米，面积为15000平方米。城墙高2.4米，城墙设北、西两门。

5. 旧城城堡遗址

位于沙埕镇，建于明代，为沿海抗倭的遗址，面积2000平方米。大部分已废，仅存一截200多米残墙。

6. 玉岐城堡

又称甘家岐堡，位于龙安开发区玉岐村，明洪武年间（1368—1398）筑。清嘉庆四年（1799），监生王斯清、里民王功宏倡修。城堡依山而建，平面略呈三角形，长700米，总面积3669平方米。城堡由花岗岩石块砌成。设东、北、南三个门，现仅存北门和南门。

7. 关盘城堡

位于店下镇阮洋村关盘自然村，始建于宋祥兴元年（1278），明代乡民为抵御倭寇来犯而筑。依山面海而建，平面呈方形，城堡现已被新修公路拦腰截断，残长160米。仅东南面存一城门。

8. 双华城堡

位于佳阳畲族乡双华村南侧，建于明代。依山而建，呈线形，东西走向，南面设两门，城墙由花岗岩石块砌成。总长300米，面积13000平方米。堡内有数栋石块砌成的古厝残墙。

9. 上城城堡

位于沙埕镇黄岐村上城自然村，为抗倭御寇而筑。旧名黄岐堡，明洪武二年（1369）筑，置福宁卫军防守。城堡依山，平面呈椭圆形，占地面积2000平方米。大部分已经被拆除，现遗留仅存东门以及近百米残墙。

10. 南镇城堡

位于沙埕镇南镇村，旧名南镇上澳堡，明洪武二年（1369）筑，置福宁卫军防守。城堡坐北向南，平面近似梯形，面积1000平方米。现仅存南门及百余米残墙。

11. 水澳城堡

位于沙埕镇水澳村，建于明洪武二年（1369），置福宁卫军防守，又称水屿堡。

城堡花岗岩石块砌成，平面呈方形。城设东、南、西、北四个城门，依山岛而建形成环卫形，城堡坐北朝南，向小澳湾。东门宽1.4米，深1.3米，高2米，门内到地面总高3米，为方形门，门旁有两个门柱柱础，门旁置一米余宽的小道。东门面朝大海，对面就是冬瓜屿。西门宽1.6米，深1.7米，高近4米，为拱形门。置女墙高60厘米，厚70厘米，城墙厚1.4米。北门于1993年重修，高3.5米。城墙总长近1200米，按地形而修筑最高达16米多，低处也有6米多，总建筑面积达十余万平方米，现城墙总存200余米。

福鼎水澳城堡

12. 官城尾城堡

位于沙埕镇官城尾村，城堡北顺山势，南沿海边环绕，始建于明代，由花岗岩石块砌成。平面呈梯形，北侧依山而建，全长450米，面积13000平方米。原开东、南、西、北四门，现仅存东门，为方形，城墙大部分已毁。

13. 石兰城堡

位于福鼎市硖门乡秦石村，城堡依山而建，平面略似梯形，始建于明万历年间（1573—1620）。城堡为花岗岩石砌成，周长 1200 米，总面积 37000 平方米。现仅存北侧城门及部分残墙。堡内古宗祠、古宫庙、古民居、古池、古井、古巷弄遗址星罗棋布。

福鼎石兰城堡

（四）楼寨

明清时期，为加强要地防守和观察、通报敌情，在沿海突出部和关隘制高点筑土堡、炮台以自卫，设烟墩（亦称烽火台），遇敌焚烟以报警。明洪武年间（1368—1398），在南金、金家山、三石、大峰、黄岐、白岩、南岭、白鹭、水澳、沙埕等 10 处筑有烽燧，由福宁卫拨军哨守。清桐山营、烽火营在各分驻汛地筑炮台或烟墩数十座，今多已废。

1. 点头烟墩

位于点头镇观洋村岐尾自然村，建于明嘉靖年间（1522—1566）。坐东向西，花岗岩石块构，呈方柱形，长8.2米，宽7.8米，高3.5米，占地面积64平方米。烟墩底部有一小石梯可通往烟墩顶部。

2. 南阳烟墩

位于山前街道南阳村，建于明代，花岗岩石块砌成。正方形，边长8.9米，面积82.77平方米。顶部稍窄，边长7.6米。

3. 李家尖烟墩

位于贯岭镇，建于明代，为花岗岩石构。平面呈梯形，面积100平方米。底座正方形，顶部长方形。烟墩上原有屋，现已毁。

4. 牛栏岗炮台

位于太姥山镇牛栏村，建于清代。坐东北向西南，炮台外为花岗岩石构，内为木构。通面阔7米，通进深11米，面积77平方米。门宽0.9米，高2米，设3个窗户，四面各设一炮口。炮台东北面，设有女儿墙。

5. 楮楼炮楼

位于管阳镇楮楼村，建于清代。坐北向南，二层土木结构，通面阔5米，进深三柱5.5米，面积27.5平方米。设12个炮口。

6. 南峰寨遗址

位于贯岭镇，建于明代。面积30000平方米，平面近似圆形，四周环绕有围墙，墙体石构，墙内有战壕，长1000米。现仅存西门，山顶正中有寨土墓。原有烟墩，现已废。

7. 寨子顶山寨遗址

位于沙埕镇，始建年代不详，明代属海盗土匪驻扎之处。面积160平方米。大部分已废，仅存80米左右残墙。

第三章 闽北古城堡

第一节 建宁府古城堡

建宁府地处闽北，与浙江、江西接壤，原为建州。宋绍兴三十二年（1162），升建州为建宁府。元至元元年（1264），隶属江浙行中书省，至元十五年（1278），改为建宁路，属福州行中书省。明洪武元年（1368），恢复建宁府。清承明制。清建宁府治建安、瓯宁（今建瓯市），辖建安、瓯宁、建阳、崇安、浦城、政和、松溪7县。1913年废除建宁府。

一、建宁府附郭建瓯县古城

建瓯县简称"芝城"，西北邻建阳，东北接政和、屏南，东南与古田、南平相毗邻，西南与顺昌相连。县政府驻在芝城镇。东汉建安初年（196—220），析候官北乡土地，设置建安县，以年号为县名。三国吴永安三年（260），设建安郡。唐武德四年（621），改建安郡为建州。宋绍兴三十二年（1162），改建州为建宁府。1913年，裁建宁府，合并建安、瓯宁2县，各取首字命名为建瓯县。

县城芝城镇位于建瓯县中心，地处松溪（东溪）、崇阳溪（西溪）交汇处，也是建宁府城。三国吴永安三年（260），建安守王蕃始筑城于溪南覆船山下。南朝宋元嘉元年（424），太守华瑾之迁于黄华山之麓，即今县城址。唐建中元年（780），刺史陆长源改筑县城为州治。把符山、旗山、芝山围在城内，城垣周长9里343步（4614米），高2丈2尺。设9门，南为建溪，东南为资化，西南为建安，东为宁远，西为水西，水西东为西津，后改万石，西津南为临江，东南隅为通安，北为朝天。唐天祐年间（904—907），刺史孟威添筑南罗城。后晋天福五年（940），建州节度使王延政增筑，周长达10公里。后晋天福八年（943），王延政在建州建立殷国，改元天德。南唐保大四年（946），南唐兵陷建州。如今耸立在市中心的鼓楼，就是当时王宫的大门"五凤楼"。

宋绍兴十四年（1144），郡守张铢重建宁远门。绍兴二十年（1150），郡守黄韶重建朝大门。淳熙元年（1174），郡守傅自得重建通安门。端平二年（1235），郡守姚瑶重建建溪、资化、建安、水西、万石、临江六门。元至正十二年（1352），总营赵饰因旧址修筑，周长9里30步，改宁远为高门，万石为西门，通安为卷秋门，建溪为南门，资化为长桥门，建安为市门，后改为管门。明洪武二年（1369），指挥

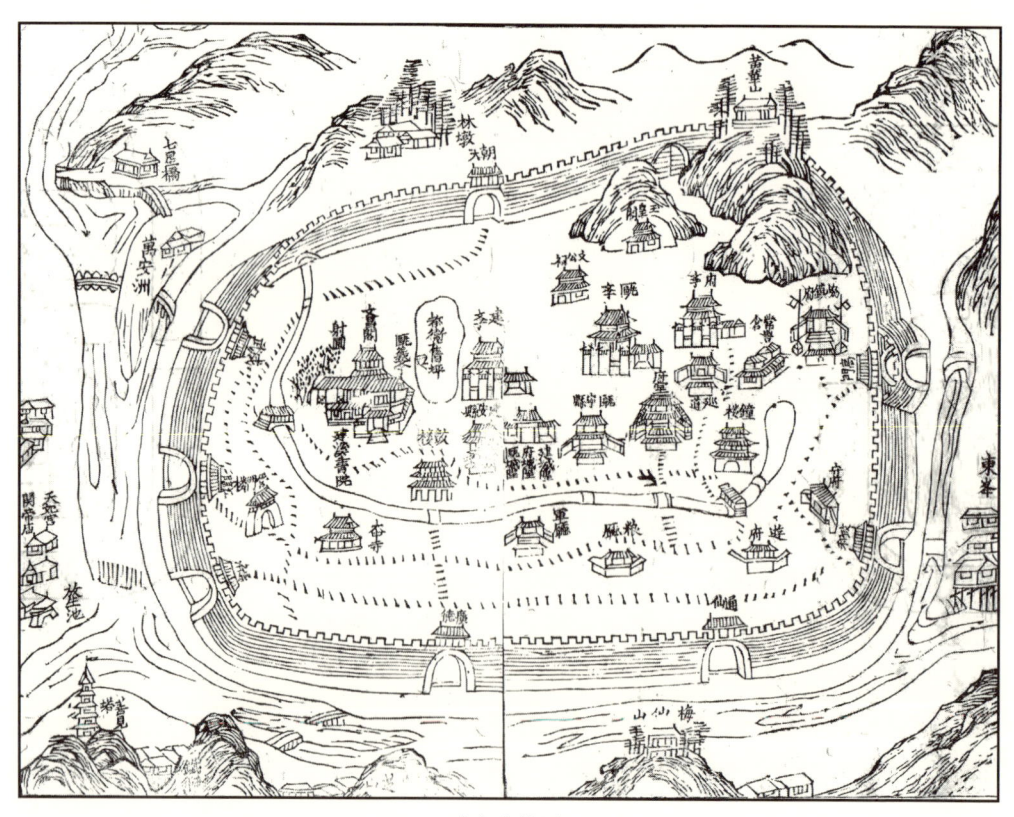

建宁府城图

沐英拓西南隅，管门外为通济门，改高门仍为宁远门，卷秋为政和门，长桥为逝仙门，南门为广德门，西门为威武门。洪武十九年（1386），指挥时禹又拓广，包黄华山于城内，增辟拱北、朝阳二门，周长10里198步，高1丈9尺，建24座楼，76个窝铺，3138个女墙。正北依山，西南滨溪，东北自黄华山下至政和门，西北自威武门到拱北门，挖濠长531丈1尺，深1丈5尺，阔5丈5尺。弘治年间（1488—1505），佥事彭诚于各楼前建8亭，为永清、太清、肃清、涵清、得清、宪清、廓清、善清。嘉靖年间（1522—1566），佥事张俭又建楼于广德门城隅，匾额"汇江"，即旧八角楼故址。万历三十七年（1609）大水，威武门楼及临江通济、通仙、广德诸门皆圮，知府张璇、瓯宁知县易应昌修建。仍八门城，垣高2丈8尺，3800

建瓯鼓楼

个垛，女墙高6尺，城楼8座。

清康熙五年（1666），瓯宁知县章可程、建安知县余光鲁同修。康熙二十五年（1686）夏，东西二溪水暴涨，六门城墙皆圮，瓯宁知县邓其文修。康熙五十年（1711），宁远门城楼崩塌。次年，建安知县崔铣重建。乾隆年间（1736—1795）水灾，城墙毁坏，建安知县邓扬元、瓯宁知县孙馨祖重修。后城垣屡有损坏修葺；至抗日战争期间，城垣基本完好。

20世纪50年代，建荣军休养院，修建人民会堂，改造钟楼前道路，都拆取城垣砖、石砌墙基，用以筑路面；建水（吉）—（建）瓯公路，废朝天门为通道。1958年大炼钢铁，拆取城垣砖砌高炉。1963年建（建）瓯—政（和）公路，拆平高门北侧一段十余丈城垣为通道。1984年，钟楼村建仓库，拆取高门砖、石。1988年，高门至东门，再至长桥门的城垣砖、石残存，城头被占作民居、厂房；长桥门至南门，城头辟为公园游廊，尚留城墙根基；南门至八角楼，菜圃连片，城垣依稀，砖石无存；八角楼至通济门，再至临江门，再至西门的城墙尚在，但城头被占作民居；

建瓯通仙门

建瓯威武门

建瓯临江门

通仙门上太保楼

建瓯通济门

建瓯城墙

西门至朝天门，再至高门，城垣砖石无存，城头占作农地。2000年前后，通济门两侧上千米的古城墙被拆，只有通济门保存下来。

现城墙为明、清时期所筑，保存部分南城墙和西城墙。城墙砖构，残长约1.2公里，宽3.6米，高约5.5米。城门存四座：西面有威武门、临江门、通济门；南面有通仙门，上筑城楼"太保楼"。城楼为两层楼阁，面阔三间，进深四间，穿斗式木构架，歇山顶。四座城门均为拱形券顶，高4米，宽4.5米，进深7~21米。通济门外是古码头。

二、建阳县古城

建阳县位于武夷山南麓，别称潭城。县政府所在地潭城镇，是全县政治、经济、文化、交通中心。汉建安十年（205），贺齐析上饶地及建安之桐乡置建平县。西晋太康元年（280），因建平县与荆州建平郡同名，改建平县为建阳县。

建阳县城图

建阳县城在大潭山下，西北跨山，东南临溪。汉武帝时，东越王余善于此筑城以拒汉军。因下瞰大溪，名为大潭城。汉元封元年（前110），汉武帝出兵平息余善反叛，摧毁大潭城。后梁开平三年（909）四月，闽王王审知复筑城于大潭山，加强守备。元至元二十七年（1290），福建省平章政事陈友定筑城于大潭山坳之开福寺。西北跨山，东南临溪。立为四门：东名景阳，西名景肃，南名景舒，北名驻节。明永乐十四年（1416），东西两门被大水冲毁。唯存南北二门。弘治元年（1488）知县张津再度重修，开始用砖石砌门，各门上建楼。周围1128丈，高2丈5寸。仍旧建四大门，又建两个小水门，名永安、永宁。设窝铺36间。

明嘉靖二十四年（1545），知县余爌增高西北二门。嘉靖三十七年（1558）发大水，毁南部城墙，知县冯继科重修。乃匾景阳门"东阳胜览"，景肃门"西陆奇观"，景舒门"潭阳保障"，驻节门"闽海上游"。嘉靖四十年（1561），邵武流贼将入境，知县邹可张凿西北门外二壕，西长40丈，深广各2丈。西门外"南闽阙里"牌坊右建西敌楼。万历二十五年（1597），知县魏时应奉檄勘城，增城堞3尺，又增

建阳大潭城遗址重建

西北隅2敌楼，东南隅江河庙复建敌楼，增砖围护。万历三十七年（1609）大水，永安、景阳二门及西北二窝铺俱圮，知县叶大受、董暹相继修筑。

清道光二十八年（1848），知县复凯重修城垣。光绪五年（1879），知县费荩臣重修。光绪三十年（1904），知县俞秉焜重修。1912年，知事刘宝玉增修。1915年，知事曹昭威增修，起春庵旁建东敌楼，水南街尾建南敌楼，北门外去思亭左建北敌楼。1943年，驻建阳警备司令钱东亮下令将南北城及西北沿大潭山一带城墙拆除，将砖石拿来铺设县城的中山路街道。现在仅水西桥头、东门至北门皮革厂沿河及潭山一带尚有些城墙遗迹，墙高4~5米，宽1.5~2米。

三、崇安县古城

崇安县位于福建省北部武夷山，东连浦城，南接建阳，西临光泽，北与江西省

崇安县城图

铅山县毗邻。东、西、北部群山环抱，峰峦叠嶂，中南部较平坦，为山地丘陵区。宋淳化五年（994），析建阳县崇安场为崇安县。

（一）县城

县城崇城镇为崇安县县治所在地。古称四隅里，历史上曾经称为温岭镇、清献镇、城关镇，位于崇安县中部黄石山麓，东、南、北三面与城东乡接壤，西与洋庄乡毗连，三面环山，南面地势较为平坦。最高山峰双山八角亭海拔454米。置县初期开辟的清献河从北而南流经城关。

明正德二年（1507），崇安县推官马敬周始筑城墙，位于今百花岩山麓，沿瓜子山、吴家山至营岭，东南临溪，用河卵石垒建。设四门：东称朝宗，南称阜民，西称瑞成，北称拱极。但不久即倒塌。嘉靖四十年（1561），旧城被叛卒火毁。隆庆二年（1568），知县余乾贞上建城条议，得请创筑，城墙迁至白华山麓今址。西北据白华山麓，东南临崇阳溪，城区略呈椭圆形，崇安人称"猪肚形"。城墙周长5里，高2丈4尺，厚1丈2尺，有垛口936个，城楼炮台27个。设四门：东名朝宗，南名景阳，西名庆丰，北名拱极。在东、南各开一处水门，称毓秀、盐埠，后又开一小门称集贤，东北开2个门，称太平（也称毛家水门）和埂头，沿溪共开5个水门。此次修筑城墙历时两年。

清顺治五年（1648），驻防曹天寿修筑城墙南门、西门、北门。至康熙四年（1665），城墙经知县韩士望、署县严云官、驻防张光龙、知县戚凤举4次修建。康熙四十三年（1704），知县王梓修建城楼，并题额匾，东称"碧水朝宗"，南称"名山在望"，西称"爽气西来"，北称"环星拱极"。乾隆十七年（1752），知县毛大周重修。乾隆三十四年（1769），知县宋瑞金修东城楼并各城堞。

民国建立时，城墙仍然存在。1933，闽北红军占领县城，发动群众拆毁城墙，将城墙砖用于公益事业。1952年，又将所剩的城墙砖拆用于修建城关街道。现城墙仅存沿崇阳溪的部分城基和集贤门。

（二）城村汉城

城村汉城建于汉武帝时期，遗址位于兴田镇城村西南的低山丘陵，距县城约30公里。城址的平面呈不规则长方形，城墙大部分建在起伏的山丘上，依山脊修建，就地取土，夯筑而成。城墙南北约860米，东西宽550米，周长2896米，面积约

闽台古城堡

崇安城村汉城遗址

崇安城村汉城遗址碑

48万平方米，方向北偏西25度，城墙宽6~8米。墙外少数地段地形陡削，大部分有护城壕。城门4个，东门位于东城墙南段，南门位于南墙中段，西门位于西墙南段，北门位于东墙北段。东城门外左、右两侧，有两个人工筑成的小土岗，当地俗称"南岗"和"北岗"。北岗经发掘证明，是庙、坛基址。

城内有大型建筑群基址，已知有高胡南坪和胡北坪的宫殿建筑，以及下寺岗和马道岗，以高胡南坪建筑规模最大，面积达2万平方米，由前庭、中宫、后院三部分组成。前庭，平面呈长方形，东面长75米，南北宽30.5米，中间地面平整，四周环绕花纹砖铺砌的人行走道，庭外东西南三面为厢房，南面开两个大门，北面与中宫相连接。中宫，有主殿和两侧殿，呈东西向排列，主殿位于两侧殿之中，进深24.7米，宽37.4米，面积约930平方米，墙壁面用草拌泥抹平再抹白灰，部分残留彩绘。地面采用石础和横木架铺木地板，木地板高出地面0.4米。西侧殿面积450平方米，地面结构与中间主殿相同，都是架高于地面木地板，均属干栏式建筑。东侧殿大部分已被后期破坏，仅存水池1处，同西侧殿的天井相对称。后院，位于主殿和侧殿后部，地势较低，平面呈狭长形，主要建筑有廊庑和连接主侧殿的台阶、道路以及水井等设施。

（三）关隘

崇安县由西经北至东边境上，由武夷山地貌结构形成八大关隘，自古以来就在隘口设置关防，依序称桐木关，在星村镇桐木村；童子关，在洋庄乡大安村；分水关，在洋庄乡大安村；观音关，在洋庄乡大安村；温林关，在洋庄乡坑口村；寮竹关，在洋庄乡坑口村；焦林关，在吴屯乡上村村；岭阳关，在岚谷乡岭阳村。宋朝起，分水关有兵驻守。自清乾隆五十八年（1793）始，正式驻兵把守各关，其中桐木关、分水关、寮竹关设有炮楼防卫。

1. 桐木关

位于星村镇桐木村，过了这道关卡便是江西省。此处是武夷山脉断裂垭口，海拔高度1100米。闽赣古道贯穿其间，系古代交通与军事要地，曾筑垣而驻戍卒，为武夷山八大雄关之一。立关北望，两侧高山耸峙入云，"V"形的大峡谷犹如一道天堑，直向江西铅山县伸展。这是地质活动造成的桐木关断裂带，为著名断裂带之一，极其雄奇壮观。过桐木关，折而向东北，就正式进入原始林区。

2. 分水关

分水关又名大关，位于崇安西北分水岭上，接江西铅山界，当闽赣交通的要冲，自古有八闽第一关之称。五代时在此置寨。宋开庆元年（1259）并置大安驿。元废。明洪武初（1368—1398）复置关，设巡司戍守。由崇安至江西铅山县界，路

闽台古城堡

武夷山桐木关

武夷山分水关

程 80 里，只有从分水关到车盘一段长 10 里的路比较崎岖，西向铅山，一路平芜，成为闽赣孔道。这里是福建最北部闽赣交界水流分向处，因此称为分水关，历史上是兵家必争之地。

3. 温林关

又称温岭关，位于洋庄乡坑口村温林自然村，面积约 200 平方米。山体南北走向，海拔约 1050 米，关因南邻温林村而得名。一道约 30 米的旧城墙，将峡谷横锁，关隘外侧城墙垂直高峭处过 4 米，最低处也超过 2 米，城墙上有一块刻有"国务院 1997 年第 4 号"字样的闽赣界碑立于正中。花岗岩石条的门梁、门楣、门柱均已坍塌，纵横交错于隘口地上。

4. 岭阳关

位于岚谷乡的岭阳村，村民称绵羊关。一堵石墙立于道旁，为大块花岗岩条石所垒。另一面墙及门梁均已坍塌，满地条石。当地村民或其小儿生病不愈，便到关上供香火，将鞋子丢到关外，表示"过关"。此关最北，出关下行就是江西方向。

武夷山温林关

武夷山岭阳关

（四）山寨

山寨共 8 处，设有寨防，管辖地方治安。分别为：杜葛寨、刘官寨、铁郎寨，都在武夷山景区；翁伉寨、杨原寨，在五夫大将村；棠岭寨，在黄柏村；檀香寨，在城关以北 20 里；闽王寨，在分水关内。在武夷山景区内的 3 个寨现保存遗迹供游客观赏，其他各寨都已废。

杜葛寨建于武夷山景区杜辖岩内牛栏坑顶上，传为杜氏、葛氏两姓族长率众纠集乡兵在此以抵御山寇，故名杜葛寨，并勒此三字于岩壁。后以隐士居此，杜绝车辖之意，改称杜辖寨。寨门由石块砌垒而成。古代乡民则以谐音俚语题其门额曰"土国在"，寓"乡土之国永在"之意，石寨门至今犹存。

武夷山杜葛寨

四、浦城县古城

浦城县位于福建省最北端，闽浙赣三省交界处。与浙江省江山市、遂昌县、龙泉县，江西省广丰县，福建省松溪县、建阳县、崇安县毗邻。东汉建安元年（196）后、建安五年（200）前，析东侯官地置县。时以国为号，名汉兴县，后才改为浦城县。县城南浦镇位于县中部，南隔南浦溪与水南乡相望，东越金鸡岭抵万安乡，西接莲塘乡，北界仙阳镇及莲塘、万安乡。

西汉建元六年（前 135），东越王余善在闽北筑 6 座城抗汉，浦城境内有汉阳城、浦城、临江城 3 座，浦城后来作为县城。

（一）县城

汉建元间（前140—前135），东越王余善在此筑城抵御汉朝。旧城墙沿粤山（又名越王山，今称仙楼山）脊，自东向西延伸，西、北为开阔地，东南濒临南浦溪，以筑城临浦，故名浦城。汉元封元年（前110），余善兵败，城废。

东汉建安年间（196—220）置县以后，长期未建城。一直到元至正二十三年（1363），元守将岳承祖守县城，按照汉旧址筑城。范围东至越王台，北包皇华山，南濒大溪，西堑深壕，广袤各7里，辟有四门。至正二十六年（1366），朱元璋部将张指挥攻克县城后，以城太广阔不易守而缩东向一半，改筑新墙。明洪武二年（1369）后，罢守御兵，城墙废圮。洪武十二年（1379），知县张宗颜拆城墙扩建民房。正统十四年（1449），县丞何俊筑土城抵御矿工起义部队。成化六年（1470），都御史滕昭巡抚至浦城，认为"此地为闽首邑，不可无城以守"。成化九年（1473）九月，按察司副使刘城建城，次年十二月告成。城长1800丈，高1丈9尺，宽3丈8尺，上立埠堞，下浚深沟。墙体外用坚石，中填以土。分列5个城门：东为金凤

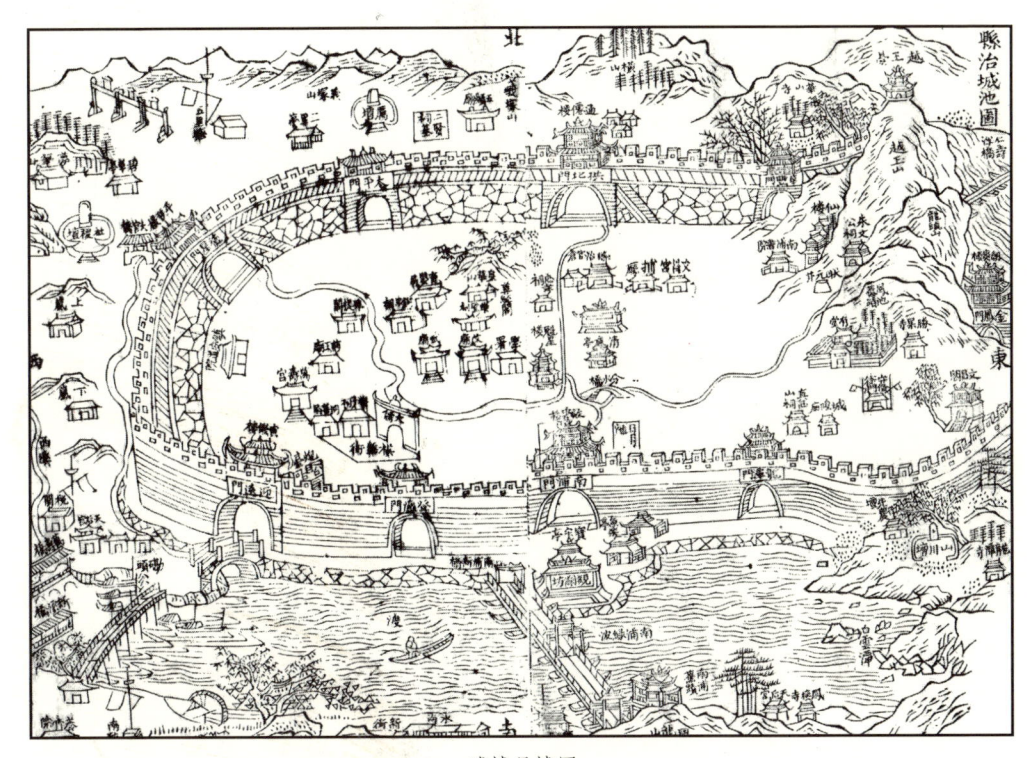

浦城县城图

门，在龙头山首，西为迎远门、德星门，南为南浦门，北为拱北门。又附5个小门，以利通水。万历年间（1573—1620）知县黎民范、方道通，天启年间（1621—1627）知县高钦舜，崇祯年间（1628—1644）知县杨鹗都增修城墙，比原来高数尺。知县丁辛增高雉堞，设敌楼，筑女墙。明末，依堪舆之言，金凤门移建金鸡岭，仍称原名。

浦城城墙

清顺治四年（1647），知县李葆贞同镇将李绣依照旧城重修，重修后的城墙周9里13步，长1600丈，高2丈4尺，宽1丈2尺。次年，增设城铺40所，以南浦天关、地杰人灵、金凤来仪、越台嶂叠、华丰耸翠、拱北朝阙、万策遥临、德星序列、悦近迎远、奠安闽浙40字编号，派兵守卫。雍正二年（1724），知县徐球将金凤门由金鸡岭移建龙头山旧址。雍正七年（1729），知县张秉纶修葺城楼。乾隆二年（1737），知县杨允玺增筑女墙。乾隆七年（1742），修华丰门。乾隆十七年（1752），邑人孟绣捐资，重修全城2779个垛口、9座城楼、9座炮台、9座卡房。

嘉庆五年（1800）夏，洪水冲毁临南浦溪的城墙。嘉庆十五年（1810），邑人祝乾封妻祝徐氏独自捐资修筑全城，由当时兵部侍郎祖之望监修。修建后的城墙长1600丈，高2丈4尺，底宽2丈5尺，顶宽1丈8尺；建垛口3464个，炮座9台，卡房9间，地下室厅2处，堆房5间，石桥3座，照墙4处。大城楼5座：东为金凤楼，称朝爽；南为南浦楼，称瞰碧；西南有迎远楼，称寅饯；西有德星楼，称平秩；北为拱北楼，称通仙。小城门4座：东北为华丰门，东南为龙潭门，西南为登瀛门，偏北为太平门。城垣加长增高，长1600丈，高2丈4尺，址厚2丈5尺，顶厚1丈8尺。垛口3464个，炮座9个，卡房9间，城下官厅2座，堆房5间，石桥3座，照墙4堵。城砖长36厘米，宽22厘米，厚11厘米。

咸丰七年（1857），全面修治城墙垛口、城楼、炮台、卡房。咸丰八年

浦城龙潭门

浦城登瀛门

（1858），太平军攻浦城，激战中，城楼、卡房全部毁坏。光绪四年（1878）夏大水，登瀛门、龙潭门附近城墙各冲圮数十丈，随后重修。光绪二十二年（1896），全城的卡房、垛口、炮台修建完整。光绪二十六年（1900），洪水泛滥，龙潭门左城垣冲决数丈，迎远门外店屋扫荡成墟，城内幸赖城墙得以保全。宣统三年（1911），对城墙进行修理。

1912年，将金凤门从龙头山移建金鸡岭，改称为万安门。1913年，城关发生闹米事件，堪舆家将发生原因推为移城门所致，万安门复塞。城外百姓以交通不便为由，数次力争，万安门得以复用。1931年，征集捐款，修理德星门等部分城墙。

1951年后，单位和私人擅自拆城墙占地建房。1963年7月17日，县人委发出《关于严禁拆毁城墙的通知》，拆毁城墙现象被制止。1966年后，滥拆城墙用其砖，或占用其地的现象复出现。至1988年仅存龙潭门、登瀛门两座小城门。

今有遗存四处：

1. 越王台遗址。余善建烽火台于粤山顶端，海拔333米，后人称为越王台。地表散布印纹硬陶片，文化层堆积厚约40厘米。采集标本有石斧、石戈、石箭镞、陶网坠、陶纺轮等，陶器可辨的器形有罐、盂、豆、鼎，另有原始青瓷豆。纹饰有席纹、方格纹、绳纹、椎点纹、刻划纹、复合纹等。

2. 东越王余善行宫遗址。在县东越王山下，今心胜果寺。出土器物有：席纹硬陶罐、匏形陶壶、弦纹陶罐及陶钵等。

3. 龙潭门、登瀛门。均面临南浦溪，城墙约80米，城高均4米，基部厚6.2米。城门均半圆顶、双层，高3米，宽2.3米，向外开的一层较小，向内开的较大。门上分别额书"龙潭门"、"登瀛门"，每字30×30厘米，石质阴刻楷书。城砖长34厘米，宽21厘米，厚10厘米；上模印"清嘉庆十五年祝徐氏捐修全城"等字。

4. 后阳城。东倚吴山，北靠小敛，西和南均临南浦溪，将军山、越王山怀抱东南，城北遗址盆地约7平方公里，已辟为农田。

（二）汉阳城

为汉代遗址，位于仙阳镇管九村溪东大王塝山。城址东濒柘溪，西倚山，南北为开阔地，包含两个相连的山丘，高出河面50~200米。城址长方形，范围约20万平方米。城墙遗迹可见，宽2~5米，高20~30厘米。城墙顺山脊向沟谷底部延伸，残长南北约600米，东西约200米。南面的一段城墙，筑于陡峭的岩壁上，居高临下，地势尤为险要。城墙中部，山岗突兀，成墩子状，为全城最高点，海拔343米。经探测，发现土层中夹杂红烧土块、灰烬和陶片，为当时的报警烽火台。城内有平整的台地，约1000平方米。东侧开阔地现存一段残城墙，长30米，高3米。

汉阳城遗址

（三）临江城

又名锦城，为汉代遗址，位于临江镇锦城村。城址东濒临江溪，溪出观前汇入南浦溪，西倚金鸡山，南为开阔盆地，北为鸡山垅，范围约20万平方米。城址内大部分被开垦为水田，尚存遗址分列各点：（1）金鸡山，由5座低矮的山丘绵亘一脉，南北长1500米，东西宽600米，海拔最高368米，高出河面50~100米，地面暴露大量印纹硬陶及汉代绳纹板瓦、筒瓦的残片。（2）鸡山垅，南北长50米、东西宽40米的山丘。地面暴露印纹硬陶器残片，水沟断面有厚约50厘米的文化层堆积。

临江城遗址

（3）越王庙台址，城址内靠西部有一台地，高出地面 1~2 米，面积 280 平方米，台地边缘有一层绳纹板瓦的瓦砾层，个别柱础暴露于外。宋诗人真山民题《东越王庙》诗："颓栏斜照网蛛丝，陈迹凄凉万古悲。柘水尚鸣亡国怨，山松曾见受封时。碑因苔蚀无完字，城为田侵失旧基。当日东瓯知几战，如今赢得一荒祠。"（4）城墙遗址，在田畈中，土筑，长约 30 米，宽 5 米，高 3 米。在城墙内侧发现有残损瓦当 1 件，只剩下半部分。上面一左一右刻有"央"和"阳"字样，据推考为"汉阳未央"的瓦当。附近水田有零星印纹硬陶片。（5）烽火墩遗址，存松树墩、苦槠树墩、亭后墩和河墩等遗址。

（四）关隘

明嘉靖年间（1522—1566），浦城县有隘 19 处，为塔岭隘、筋竹隘、小峰隘、刘源隘、长叫隘、严坑隘、毛源隘、小坑隘、南溪际头隘、寨岭隘、葛山隘、黄二仰隘、牛岭隘、豪岭隘、翁源岭隘、际溪隘、靖安隘、枫岭隘、竿头隘。

清顺治年间（1644—1661），全县设关 9 座，即高泉关（界龙泉）、大石郑坑小关（界松溪）、翁源关（界松溪）、太平关（界永丰，即界今广丰）、二渡关（界永丰）、枫岭关（界江山）、金竹关（界江山）、安民关（界江山）、柳营关（界江山、永丰）。有隘 20 处，在东乡设秦家隘、上叫隘、葛山隘、小坑隘、毛源隘、岩坑隘、麒麟隘（又名南溪漈头隘）；东南乡设翁源隘、东岭隘、水北隘、茅洲隘、相思林隘；西乡设洋源隘、梅溪隘；西北乡设木城隘、梨岭隘、老鼠岭隘、三枋隘、上墟隘；东北乡设寨岭隘。

同治十年（1871）有关 6 座，即枫岭关、高泉关、金竹关、二渡关、太平关、梨岭关。有隘 20 处，即上叫隘（又称长叫隘）、葛山隘、小坑隘、毛源隘、岩坑隘、麒麟隘、梅溪隘、寨岭隘、翁源隘、豪岭隘、塔岭隘、小峰隘、靖安隘、刘源隘、王二仰隘、筋竹隘、竿头隘（明正德七年曾立匾曰"新关"）、牛岭隘、溪源隘、际溪隘。

光绪二十三年（1897），有关 5 座：二渡关、梨岭关、柳营关、安民关、木城关（木城隘改）。有隘 22 处：溪源隘、小坑隘、毛源隘、岩坑隘、上叫隘、葛山隘、麒麟隘、翁源隘、际溪隘、豪岭隘、塔岭隘、梅溪隘、太平隘（太平关改）、双亭隘（洋源隘改）、刘源隘、王二仰隘、寨岭隘、牛岭隘、筋竹隘、枫岭隘（枫岭关改）、渔梁隘、靖安隘。

1. 毕岭关

位于浦城县忠信镇村桥村与官路乡李处村之间的毕岭关垭口，始建于明代，最后一次整修为清乾隆三十一年（1766）。原为福建浦城与浙江江山界关之一，关隘横截两峰之间，地势险要。关分为东西两关，相距约30米，关内有毕峰亭和毕峰寺。东关向忠信镇，西关向官路乡，关墙均用不规则岩石垒砌而成，东关总长13米，厚2.5米，高3米。关门青砖砌成，半圆拱状关顶，高2.5，宽1.4，深2米。西关总长22.4米，厚4.9米，高3.3米。关门方块岩石砌成，半圆拱状关顶，高2.9米，宽1.5米，深3.4米。

毕峰亭建于清乾隆三十一年（1766），保存完整，亭为东西开口，悬山顶，南北靠墙，

浦城毕岭关

河卵石铺地。墙用青砖叠砌而成，两端开半圆拱状亭门，门楣上嵌石质匾额，阳刻楷书"毕峰亭"，北墙开长方形门可直通毕峰寺，亭脊檩上墨书"大清乾隆叁拾壹年岁次丙戌孟冬月吉鼎兴建立"，上金檩墨书"钦赐文林郎知浦县事正常加三级记录三次"。亭内南墙嵌有当时捐造人姓名及捐资数额的砖刻一方，字迹清晰。毕峰寺也为清代建筑，坐北朝南，木结构，硬山顶，抬梁穿斗式梁架，与毕峰亭连接，中轴线上依次为前廊、过雨亭、大殿。

2. 浦城小关

位于盘亭乡庙湾村前村自然村北侧龟山凹，是仙霞古道上的重要关口。关往北

过柳墩村、深坑村，穿枫岭关出福建省，往南过九牧镇黄碧洋村、忠信镇上同村至浦城县城。宋代始建，关墙呈东西走向，均为块石和河卵石堆砌，断面上窄下宽呈梯形，西侧关墙长8.5米，东侧长6.1米，高2.7米，关门正面呈梯形，上宽3.3米，宽2.2米。四周生长一片数百年的古树林，有红豆杉、樟树、苦锥树等，东侧关墙北面有一空坪为凉亭遗址。

3. 太平关

位于古楼乡石村的茶梨坑自然村北约400米，距县城约60公里，出关通江西省广丰县境。关筑于山峰险峻、巨石壁立的峡谷溪畔，南北走向。两侧以河卵石砌基，距底处1.1米起用砖砌半圆顶关门洞，高3.3米，宽2.2米，长8米。砖均为青色，规格为32×16×6厘米。关门西向，已毁，痕迹可见。关内半圆顶与两壁砖已裂缝，顶部丛生灌木。前后有石级台阶，地势险要，西侧紧邻茶梨坑溪。

4. 枫岭关

位于盘亭乡深坑村枫岭半山腰，距县城45公里，为浦城与江山县界关，横截两峰之间，地势险要。关用岩石垒砌而成，顶半圆拱状，门洞高3.1米，宽2.3米，深3.4米。关总长20米，宽3.4米，高4.2米，保存完好。

5. 寨岭隘

位于忠信乡海溪村柘岭，距县城50公里。隘口块石砌成，横截于两峰之间，中为石级古道，出入口均为拱状石门，顶已毁，两壁仍存，总长38米，高3.5米，宽1米。

浦城枫岭关

6. 二渡关

位于盘亭乡界牌自然村西部山麓，距县城60公里。关两侧山岭耸列，地势险要，为闽赣界关，出关通往江西广丰。盘亭溪自东南向北绕关西流去，关距溪约70米，两面出入均须渡溪，故称二渡关。1933年兴建的广浦公路穿关而过，关被拆毁，今仅遗址。关内50米处有山坪约500平方米，原为兵营，今已杂草丛生。

7. 木城关

位于盘亭乡刘田村，距城约70公里，出关通往江西广丰。关筑于山顶隘口，已圮，今存乱石颓垣，荆棘丛生。残墙高2米，宽3米，长15米。

8. 梨岭关

原名梨岭隘，始建于唐代，清改名梨岭关。位于九牧镇九牧村高步亭自然村五显岭，距县城35公里。关筑于两峰之间，东西两面峻岭崔嵬，地势险要。山因盛产梨，称梨岭。唐贞元初（785—805），莆田林藻与其弟林蕴联袂进京赶考，在岭头题下姓名，后两兄弟均科举及第，故称为折桂岭。岭有五显庙，俗称五显岭。为闽、浙、赣界关之一，是仙霞古道中最为险峻的关隘之一，也是北上中原的必经之路，历来是兵家必争之地。

浦城梨岭关

明洪武元年（1368），浦城知县张鹏举于岭畔树华表，匾书"梨关"。正德七年（1512），重立关门。清嘉庆十五年（1810），重建关楼，南面书"全闽锁钥"，北面书"越闽砥柱"。关为南北走向，关墙残长30米，高3~5米，下宽9米，上宽6.5米。关门残高3.2米，厚6.5米，宽3米。在关南侧顶部还有营房遗址和石砌圆形泉水井一个，井深1.5米，直径0.65米，泉水甘甜爽口。关原总长约80米，关门用片石砌成，顶为半圆拱状，1933年，建造江（山）—浦（城）公路时被毁一半，称"福建第一关"。

9. 双亭隘

位于永兴乡萧家村后，为通往崇安主要古道要隘。隘在两亭之间，故名双亭隘。隘两侧山峰耸列，唯中间一条石级古道，居高临下，地势险要。隘建筑物已圮，今存隘口遗址呈长方形，约30平方米，隘口块石砌成墙基高约3米，长5米。

10. 海溪关

位于浦城县忠信镇海溪村北侧约 7500 米处，柘岭南侧的半山腰上。仙霞岭路未开通前，浙江入闽大路，皆自处州龙泉，逾柘岭（今苏州岭），达于浦城。过岭东去遂昌，北去江山，四周地势险要。海溪关始建于汉代，后历代均有修葺，现仅存部分关墙及关门。关墙用不规则岩石垒砌而成，中开长方形石门，门高 2.4 米，宽 2.1 米，深 2.5 米，关墙总长 23 米，宽 3 米，高 3 米。在关北侧有长 3.5 米台阶 11 级直接登顶，每级台阶长 0.85 米，宽 0.35 米。在关附近尚留营房、十八店等遗址，为闽北地区保存年代最早和最完整的古关隘之一。

11. 葛山隘

也称隘门洞，位于富岭镇莲塘坂村葛山自然村，始建于宋代，明、清两代都有修葺。关两侧都是高耸山峰，关位于中间垭口。关墙南面走向，石砌，高 2.8 米，厚 1.6 米，长 7 米。门洞宽 1.6 米，高 2.2 米，西宽东窄。原有关门，今无存。残存碑座、兵营遗址，位于关隘两侧 20 米处。

浦城海溪关

（五）营寨

1. 黄巢寨

又称百向山寨，位于仙阳镇东北百向山上，唐乾符五年（878），黄巢驻兵于此。南距县城15公里，距仙阳3公里。百向山有八面，又名八面山。西临柘溪，南与油果山对峙，北为汉阳城遗址。黄巢寨有一寨二寨，一寨尚存寨门、插旗石。寨门用块石垒成，高约2米，宽约1.5米，前后均有石阶。插旗石为一较平的巨石，约200平方米，在石的中心处，有人工凿成的方形小坑4个，成正方形排列。坑深10厘米，边宽20厘米，各坑相距约1米，是放置旗架的地方。一寨与二寨之间，有开阔地，约2000平方米，可用于操练兵马。

2. 汉泉山营

位于忠信乡海溪村柘岭，闽越王居保泉山即此。汉泉山营故址在仙霞岭主峰寨岭隘下，雷公寨与棋寨的中间，山高岭峻，仅有1条通道，地势险要。

3. 汉大泽营

在吴山下。汉时有吴国六千户别屯大泽，即此地。吴山下位于县城东部，距城5公里，今属万安乡村头村。

汉泉山营

五、松溪县古城

松溪位于福建省北部,地处武夷山脉北端,仙霞岭南麓,北接浦城县,南连政和县,西邻建阳县,东与浙江省庆元县交界。后晋天福六年(941),王延政改东平乡为松源镇。南唐保大九年(951),升松源镇为松源县,县治设今旧县乡政府所在地。宋开宝八年(975),宋灭南唐,迁县治于今址,改名松溪县。

(一)县城

县城松源镇位于县境中部,古名五斗金,属东平乡东关里。宋开宝八年(975),松源县改名松溪县时,县治从皈伏里(今旧县)迁此,改名松源镇。初无城墙,明弘治二年(1489),知县徐以贞奉命筹建,仅粗立基础,适逢灾年而中断。嘉靖五年(1526),因盗寇猖狂而续建,建成后城墙周长955丈,高1丈6尺,厚1丈,立4门,东称寅宾门,南称平政门,西称迎恩门,北称永宁门。嘉靖十四年

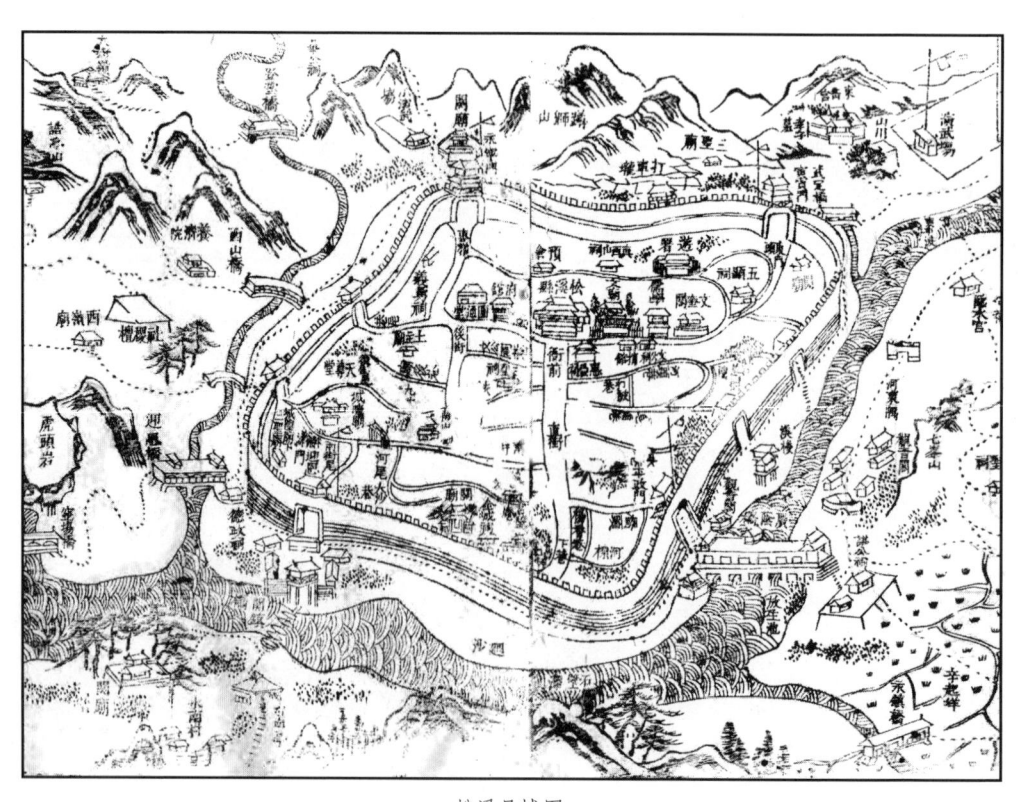

松溪县城图

（1535），知县黄金将城西北隅原用碎石砻砌的墙，改用砖砌。造二水门以泄潦。万历三十七年（1609），洪水将城墙冲毁，知县刘一灿捐俸修筑。崇祯十六年（1643），知县钱嘉征重修城墙。

清顺治初年（1644—1661），先后开辟4个水门排水入河。顺治十六年（1659），知县伍达行增修城墙。顺治十八年（1661），洪水泛滥，雉堞多坏，但没有完全修复。康熙二十五年（1686），洪水冲城墙，崩塌共计160余丈，以后陆续修复。光绪二十年（1894）五月洪水，沿河城墙被冲毁。八月，知县王士骏主持重建。根据松溪水情，加固墙基，城墙以统一烧制的青砖砌建。光绪二十四年（1898）竣工，费银3.4万两。重建后城墙周长990丈，高1丈6尺，厚1丈。城墙整齐、坚固，大小八门建有木结构城楼，城楼内朱梁红柱，颇为壮观。

20世纪50年代后，拆毁西北城墙，以扩大城区建设。东、南、西傍河的城墙，大部分只拆雉堞，保留墙体防洪。大东门（寅宾门）、小南门、小东门和大西门（迎恩门）的城门尚保留完整。

松溪县五福桥门

（二）关隘

松溪县为浙西南入闽要道，历代兵家均在此设防。宋代在岩下东建梓亭寨，隶属松溪县，兼管龙泉、遂昌、政和等县防务，元代改隶龙泉县，明代隶庆元县。

元朝在松溪县境置两寨九隘。两寨：一是东关寨，元皇庆年间（1312—1313）置，设在东关里遂应场。明洪武二年（1369）改为巡检司，迁仰屯。永乐年间（1403—1424）迁马鞍岭，嘉靖时（1522—1566）迁铁岭。万历年间（1573—1620）又迁峡桥，后又迁东关，距城仅5里。清初迁入县城。乾隆三十一年（1766）撤；二是二十四都寨，元皇庆间（1312—1313）设在豪田里，距城80里。明洪武二年（1369）改为巡检司，嘉靖九年（1530）迁渭田，1912年后撤销。九隘：即东关里的铁岭隘、寨岭隘，皈伏里的岩下隘，永和里的黄沙隘、山庄隘、黄土隘，豪田里的荷岭隘，庆原里的翁源隘，杉溪里的红门隘。明初各隘设兵守备，嘉靖年间（1522—1566）撤除，后又以富豪充当隘官，招募壮丁守卫，清代撤废。

六、政和县古城

政和县位于福建省北部闽浙交界处，东西长72公里，南北宽46公里。东与寿宁、周宁，西与建阳，南与建瓯、屏南，北与松溪以及浙江省庆元等7个县相邻。五代时期为闽国关隶镇，镇治设在西里天王寺北。宋咸平三年（1000），设关隶县，县治移至感化里东岸口黄熊山麓，政和五年（1115）更名为政和县。

（一）县城

县城熊山镇位于政和县中部，西部同石屯乡毗邻，东、南、北三面与星溪乡接壤，地处星溪中游的河谷盆地，境内中部低，四周群山环抱。七星溪由东向西穿城而过。置县以后，历宋、元，俱未筑城，多次遭流寇侵扰。明弘治元年（1488），流寇劫掠仓储，知县柴曦筑土墙百余丈，后奉部符改用砖筑，周长2030丈，高8尺，垛口3600个，窝铺14间。城门3座：东称崇德（旧称柔远），西称尚义（旧称顺令），南称移风，通星溪桥。嘉靖年间（1522—1566），知县高士楠进行修葺，改东门为寅宾，西为顺令，南为南薰。嘉靖四十一年（1562），倭寇攻陷城池。万历初年（1573—1620），知县张应图将城墙移筑半山，平面椭圆形，北依黄熊山，南傍星溪河，周长843丈，高2丈，比旧城范围缩小但高度增加许多。建1504垛口，门5

座：东称和阳，南称南薰，西称尚义，北称拱极，西南称顺令，开水门4座。

清顺治十八年（1661），沿溪城圮。康熙三年（1664），知县马之彦倡修。乾隆年间（1736—1795），13个垛口倒塌，知县谭垣修复。嘉庆年间（1796—1820），河水暴涨，自东南隅三圣庙至星溪桥下，冲塌城垣三段，共105丈5尺，知县陆镆详报，但未修复。光绪三年（1877），水冲城垣数十丈。光绪七年（1881），知县唐志燮修复。

清末至民国时期，城墙逐渐残破。20世纪50年代，因城市扩建需要，相继拆除城门和半山城墙。现残存星溪河畔文明路下的水门一段，残长约200米，残高4.5米，宽6米。水门为石构拱形，高2.15米，宽1.15米，进深6米。城墙顶现已辟为文明路，水门已隐埋路下作下水道。

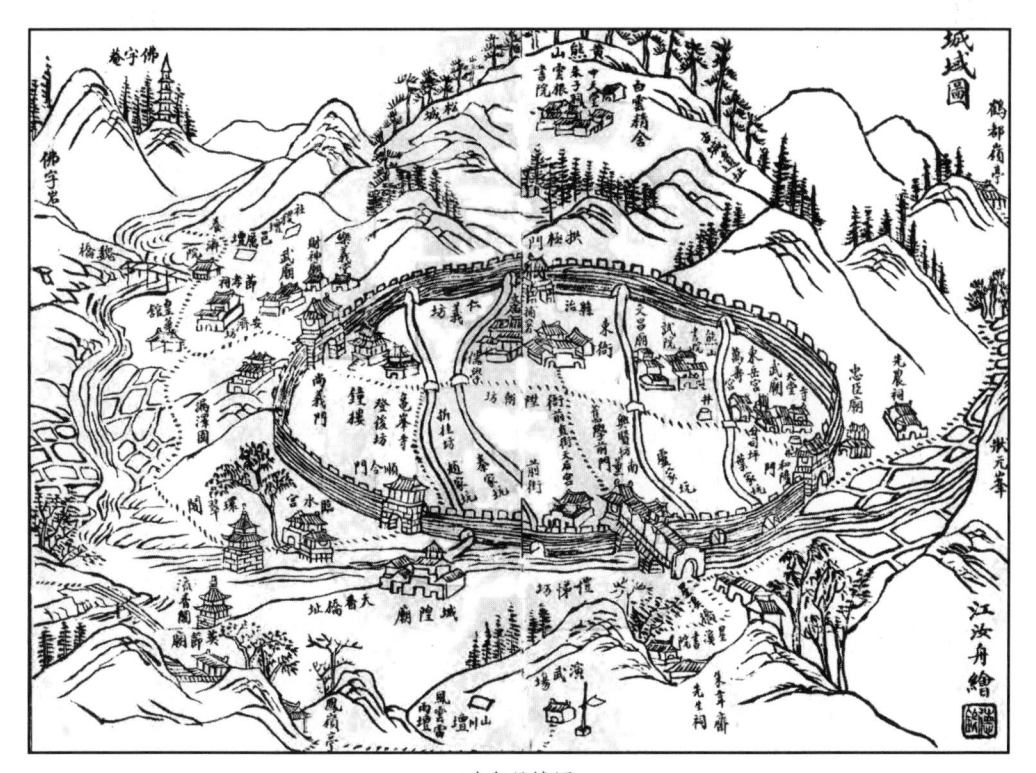

政和县城图

政和县西门环岛

（二）山寨

1. 节山寨

位于石屯镇西津村西南 2.5 公里节山岗顶。唐乾符五年（878），黄巢农民起义军由浙入闽，曾在节山岗设寨屯兵，先后三次歼灭追剿的官军。第一次在东际，相传东际营即为时任御史中丞、建州刺史李彦坚部扎营之处；第二次在倪屯；第三次在铁山九战丘一带。寨址平面呈不规则圆形，占地面积约 8000 平方米。现存石垒工事、营房基址、瞭望台、水井、石臼等遗迹。

2. 黄念山寨

位于星溪乡念山村，现黄念山村后一坪岗叫黄巢坪，相传为黄巢练兵之地。唐乾符五年（878），黄巢起义军由浙入闽，首战政和，在政和设两寨屯兵，一为西津村节山岗，一为黄念山。起义军以黄念山为据点，围歼福建招讨使张谨所率领的十八将校及其数千人马。当地人民为怀念黄巢起义军，立庙纪念，并改村名为黄念山。现今庙、寨址已毁，仅存黄巢坪、黄巢井。黄巢坪，位于黄念山村东南方向约400米处，占地面积约1000平方米。黄巢井位于黄巢坪东南方向的高山脚下。

第二节　邵武府县古城堡

邵武府位于福建省西北部，明洪武元年（1368），改邵武路为邵武府。清承明制，府治邵武县，下辖邵武、光泽、泰宁、建宁4县。1913年废除。

一、邵武府附郭邵武县古城

邵武地处福建省西北部武夷山下，东北邻建阳县，东南连顺昌县，南接将乐、泰宁县，西与江西省黎川县毗邻，西北与光泽县交界。汉元封元年（前110），余善在北坪山一带筑乌阪城抗汉。吴永安三年（260），设昭武镇，同年升为昭武县，县治在乌阪城，属建安郡。西晋元康元年（291），惠帝司马衷为避其祖司马昭讳，改为邵武县。宋太平兴国四年（979），置邵武为军治，在紫云溪（即富屯溪）以南、登高山之东筑土城，设昭阳镇，军、县治所迁入。

（一）古城台

1. 县城

昭武县的县治设于故县，南临富屯溪，东北接将军排、一都，西北依北坪山，面积约20万平方米，未筑城。宋太平兴国四年（979）置邵武军，由故县迁至紫云溪（富屯溪）南，筑土城。东至王墓墩，南沿城壕，西跨登高山、西塔岗，北临富屯溪，周长5公里。辟城门7座，即东行春门、南武德门、西朝天门、北小北门、东北小东门、西北车阑门、西南樵岚门。

南宋以后，两次被战争摧毁。绍定五年（1232），知军赵以夫等在旧址增建，但高于旧城。元初城毁于水，至正十二年（1352），达鲁花赤吴按摊不花修复。至正十八年（1358），总管魏刘家奴重修，城壁改用砖砌，东自涂家曲到白塔街，西自武德桥沿壕至王墓墩，向内缩0.5公里；北沿溪如故。改城门为4座：东称行春门，西称镇安门，南称武宁门，北称樵溪门。至正二十四年（1364），总管常赞改用花岗

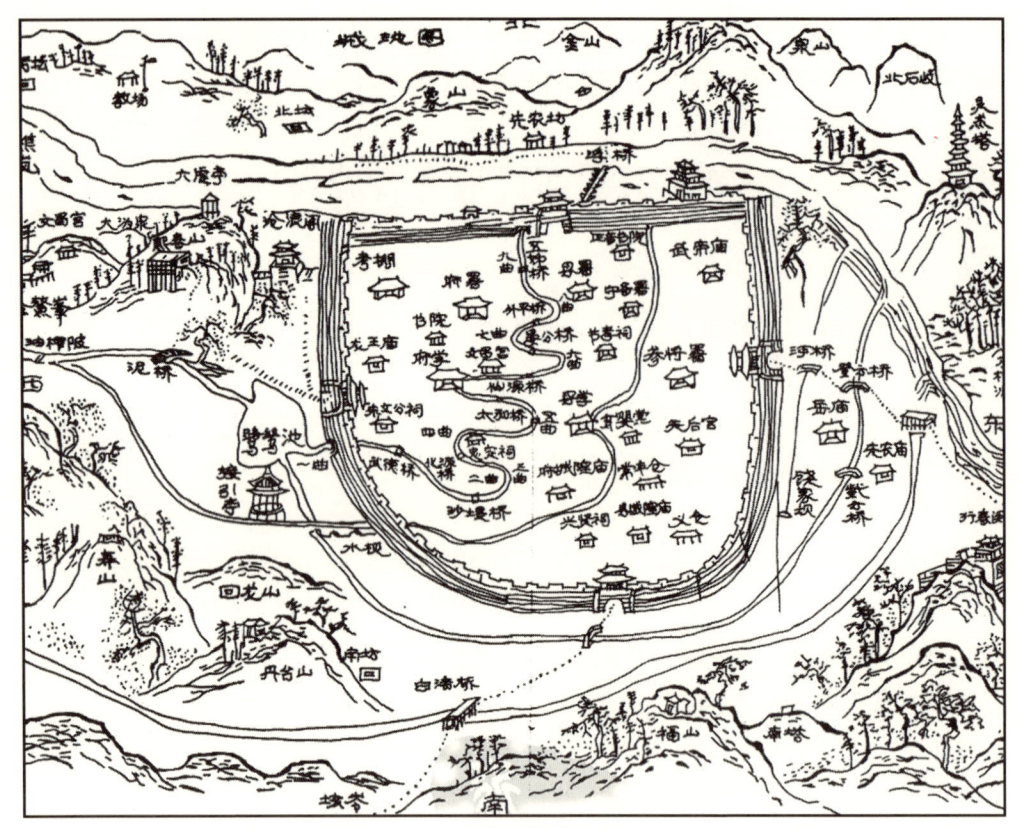

邵武府城图

岩石砌基，城上外沿增建女墙。

明洪武元年（1368），城垣旧址修缮，周长4463米，高9米，女墙高2.25米，疏浚东、南、西3面护城河，深17米，宽10米。洪武五年（1372），指挥蔡玉增建门楼4座，敌楼46座。洪武九年（1376），指挥车济增建城上房屋1112间，守宿铺50间。永乐十四年（1416）秋，一半城墙被大水冲毁，不久修复。弘治十年（1497），指挥高槐重修。弘治十八年（1505），知府夏英重建东、西、南3门总楼，北门左右2楼。万历十三年（1585），知府司马祉重修。万历十八年（1590），同知况于梧修复南门总楼。万历四十年（1612），南门总楼倒塌，知府陶人群委指挥丁文耀重建。崇祯十四年（1641），东门城楼毁，指挥曹大器重建。

清顺治五年（1648），贡生黄甲葵、丁人杰等将4门城垛增高至1米。顺治十六年（1659），知县胡扬俊在城上建屋20间。康熙六年（1667），知府汪丽日将城墙垛口加高至 1.7 米。康熙七年（1668），知县王公辅建造周城炮台 42 座。康熙十年（1671），连雨弥旬，溪水涨溢，城圮数十丈，两处城楼亦圮。知府汪丽日兴工修筑，改南城门为"通泰"。康熙十五年（1676）十月十二日，耿精忠叛，兵毁东、南、西三门城楼。康熙十六年（1677），知府侯显爵、知县崔岳宗重建城楼。康熙十七年（1678），北门城楼毁。康熙十八年（1679），知县徐琦重建。康熙二十一年（1682），南门城楼为烈风所摧；八月，知县吴朝选重修。康熙六十一年（1722），知县周伟重修。

此后多次重修。雍正八年（1730），知县渠辅帮重修。乾隆九年（1744），知县王廷枢修筑。乾隆十二年（1747），王廷枢复修。乾隆十四年（1749），水溢，城圮数丈，知府高霱申请修筑。乾隆二十九年（1764），水大涨，城圮 20 余丈，知府秦廷基捐俸，檄知县王勋劝谕绅士捐修。乾隆三十四年（1769）夏，西北南城隳数丈，知县沈之本劝谕捐修。嘉庆十六年（1811），知县何廷璟劝谕修筑西隅 32 丈。嘉庆二十一年（1816），南门城楼毁，知县郑家兰重建。道光十三年（1832），西门城楼毁，知县杨乾初重建。道光十四年（1833）夏，东西北城圮 100 余丈，知县许延敬、曹衔达劝谕绅士捐修，并葺周城女垣。咸丰二年（1852），西南城圮数丈，知县李公正芳捐廉修葺。咸丰三年（1853）夏，西南城圮数丈，知县郭应辰重修，并修四门城楼。城墙上安放重约 500 公斤大炮 4 门，250~300 公斤大炮 47 门。

到清朝末年，城池几经修缮加固，城墙周长约 4170 米，高 9.33 米；女墙高约 2.33 米。城墙每隔 120 米修一座突出城外的敌台（又名马面），高度与城墙同；两座敌台之间距离的一半，恰好在弓箭有效射程之内。墙外侧用长 38~44 厘米、宽 20~22 厘米、厚 10~12 厘米的青灰砖砌造，砖上印有"八思巴文"、"洪武五年"、"弘治十八年"、"康熙七年"等铭文。墙内侧用不规则的岩石砌造。墙心用黄土拌砂石夯打垒实，用三合土封面。

到 1949 年，城墙已颓废，城楼也已毁。1950 年以后，城墙陆续拆毁，护城河填平。1970 年，残存的西南侧城墙被取土填鱼塘，墙基辟为农地。1978 年，南城墙又被开拓为马路（古城路）。同年，对仅剩下的北侧和东侧共约 1100 米长的残垣断墙采取保护措施。1988 年，市政府拨款由建设部门负责修复北樵溪古城门、部分城墙及重建樵溪楼（城楼），于 1989 年年底基本建成。如今，古城遗迹有：古城井，位于古城路西段北，建于宋代。1982 年，在宋代内城墙基址上发现。井呈圆形，内径 0.65 米，深约 5 米，内壁以青砖迭砌，砖上砌两层鹅卵石，再上为厚 0.12 米的石井圈。井圈上以0.1米厚木板覆盖，城墙即砌于其上。今以石板覆盖，路筑其上。

樵溪门，原城关北门，位于溪南路，建于明代，又名"小北门"。北宋太平兴国四年（979）始建，为邵武七城门之一，北临富屯溪。宋绍定五年（1232），砌砖石券顶，上建门楼名"眺江楼"。元至正十八年（1358）改建邵武城，易名"樵溪门"。至正二十四年（1364）重修城垣，累石为基，砌砖为墙。明清时期数度修葺，至今城墙上尚可见"洪武五年"、"弘治十八年"和"康熙七年"等纪年铭文城砖。1986年，重建砖木结构城楼，重檐歇山顶。现存城墙东西走向，长约300米，通高9.3米。城门券顶，高4.5米，宽4米，深6米。门额嵌黑页岩石匾，上刻楷书"樵溪门"。

行春门，位于市区东关，建于明代，俗称东门。元至正十八年（1358）始建，明清修葺。现存城墙主要为明代建筑。城墙砖石结构，断面呈梯形，长约200米，高8米。城门宽4米，深7米，上建木构城楼。

邵武樵溪门

2. 乌阪城

位于水北镇故县村三里溪北，北坪山上，建于汉代。西汉时闽越国筑六城，邵武乌阪为其一。吴永安二年（260）置昭武县，乌阪城为县治，为邵武最早的城址。元黄镇成诗：北坪山上越王城，猎骑如云此驻兵。瓦砾不随尘土化，市朝空逐海田更。鸿泥云点深无迹，雁翅罗纹碎有声。访古独来舒望眼，望峰浮翠入天明。

3. 越王台

位于县西北2.5公里，富屯溪北岸，越王村之东，水北镇政府驻地。汉代东越王余善筑高台以操演兵马，后人名为越王台，其地亦名为越王村。宋黄希旦诗："荒台枕古丘，伊昔越王游。辇路今何在？凄凉草树秋。"台址呈长方"凸"字形的土堆，土层中夹杂红烧土块，高约2米，东西长27.5米，南北宽16米，出土灰色细绳纹板瓦和大量印纹硬陶。1958年，农场垦荒，台基被毁。1986年10月，省、市博物馆在越王村北约1.5公里处的山坡上采集到石斧3件，石锛1件，西汉四乳四螭纹铜镜1面，西汉匏壶1件，西汉双耳罐2件。其中西汉壶、罐与崇安汉城遗址发掘出土的陶器风格一致。

邵武越王台

（二）关隘

据清咸丰五年（1855）《邵武县志》载，邵武为入闽隘道，全县共有关隘23处，其中与邻县接壤有19处，主要有：

1. 黄土关

位于金坑乡关上村金坑马岭闽赣边界线上，黄土关古时又称黄土隘，为古代闽赣界关，始建于元至正十九年（1359），明天启五年（1625）年重修。清道光十五年（1835），县令曹衔达修。咸丰三年（1853），知府周揆源重修。关上修城楼两层，两翼设雉碟，并有兵房数间。关隘建于黄土岭两山之间的垭口处，呈南北走向，关门向西，关两侧山岭起伏跌宕，关下涧深崖危，中间石梯如悬，上入层云，下临深涧，只可独步，不能并肩。如一道天然的屏障，扼住由赣入闽的要道。在关前远可瞭望江西省黎川城郭，近可俯瞰关外山脉、田野、村庄。关隘两侧隘墙和垛口已毁于战火，现仅存石砌关门，为双层半圆拱状，两旁有门洞；关墙为片石叠砌而成，厚实而坚固。元代开始在黄土关设立巡检司。元末陈友定与邓克明、清代南赣总兵官刘进宝与靖南王耿精忠等，为抢关夺隘，都在这里交战过。1933年第五次"反围剿"期间，红军和国民党重兵曾在这里激战，史称黄土关战役。

邵武黄土关

2. 行春关

在东郊石岐山下，即猴子颈。清咸丰三年（1853），郡守周揆源嘱绅士李郁园等，建关于东门外石岐山，筑石建楼，添设炮台，数月落成。登楼凭眺，见关凌百仞，门容单骑，天险雄关。周揆源因东门为行春门，命其名为行春关，并写七律诗一首：独辟蚕丛万岭间，城东又峙此雄关。七闽户待重云锁，五色星真一手攀。伏虎居然添猛士，啼猿不敢啸前山。最宜庾亮南楼夜，高踞胡床月正弯。

（三）山寨

邵武历史上群雄对峙，据山建寨，寨址遍及各僻乡扼地。因开山造林或筑路建房，许多寨址已毁，遗存计26处，主要有：

1. 黄龙山寨

在市郊垓岭后山，为唐代寨址，是南面进出城区的第一山寨，面积约2000平方米，有练武场，可容千余人。

2. 天罗际山寨

位于县城东吴家塘铁罗村对面山，宋时建寨，号称天乐国，面积约7000平方米。山下第一道寨口叫天门阵，地势险要，易守难攻，后建庵于此，名天乐庵，已毁。明末清初，耿精忠部曾驻守此寨，现尚存房屋基础与练武场遗址。

3. 七台山山寨

宋、明时寨址。地处顺昌、将乐、邵武3县交界处，面积约2000平方米，有练武场。

4. 锅顶山山寨

明代山寨。其山形似锅底，故称锅顶山，地处金坑、沿山、光泽交界处，面积约3000平方米。相传明农民起义军邓茂七从邵武撤退后，曾据守此地。今仍有邓氏后裔在附近居住。

5. 凌云山山寨

在今何厝村边2.5公里处，至今尚保留石建寨门，地扼邵武、顺昌、将乐3县要冲，面积约2500平方米。凌云山主峰高4333米，上有庵，名真君观，铁瓦覆盖，为当时县东区道教胜地。清咸丰五年（1855），太平军与清军相持于此。

6. 和平镇城堡

和平镇位于邵武南部，建置始于唐代，是古代邵武通往江西、泰宁、建宁、汀州的咽喉要道，为兵家必争之地。全镇外围城堡式建筑，保留了完整的古街巷。城堡内有两条分别连接东西城门和南北城门的街，街道两侧纵横交错的大小巷道都是中间铺青石板，两边铺河卵石，有的全部铺河卵石。

邵武和平古镇

现存东、北两座谯楼。东门谯楼是三重檐歇山式，而其他三座谯均是两重檐的。东门谯楼门洞用石条砌成，墙体用大块的卵石筑成。北门谯楼当地人称"武阳楼"，因它对面的山叫武阳山，清同治年间（1862—1874）翻修过。城门的门洞用条石砌成，比东门门洞高大。城门两边各保留了一段用鹅卵石筑成的明城墙，城门古朴。

二、光泽县古城

光泽县地处闽西北部，武夷山脉北段。东邻建阳县，东北连崇安县，南临邵武市，西接江西省资溪县，北界江西省铅山县，西南与江西省黎川县、西北与江西省贵溪县毗邻。宋太平兴国四年（979），升财演镇为县。当时财演镇辖鸾凤、光泽二乡，取光泽为县名，属邵武军。

（一）县城

县城位于杭川镇。宋、元时期有战城，但建废无考。明洪武十九年（1386），知县林孔孙建东、西二城门；嘉靖三十九年（1560），为防寇盗，知县吴国器增建南、北二城门及4处水门，筑城墙周长641丈，自此县城城池完备。万历三十五年（1607），县令罗希尹重修。

清顺治十二年（1655），知县边靖增筑城北堤。康熙五年（1666），知县刘祖向增高城墙5尺。康熙十年（1671）五月大水，城自西而北决百余丈，县令王吉修复。康熙五十二年（1713），城墙又倒塌。康熙六十年（1721），县令吴堂复修，城砖有"雄"、"亘"字。乾隆十四年（1749）大水，水位高西、北城5尺，冲决城墙110丈，并冲塌东北隅水门及南门城楼。乾隆十六年（1751），知县蒋廷芳倡邑人捐修，至乾隆十九年（1754）全部修复完好，并为四城门命名：东名朝宗，西名宣德，南名见龙，北名杭川。沿溪一带又用石加固城基。嘉庆九年（1804），知县谢坛重修，但因陋就简，未及30年又倒塌30余处。道光二十年（1840），知县盛朝辅倡民捐修。

咸丰七年（1857），太平军围攻光泽县城，知县蒋仁瑞在城内用炮轰击，击伤太平军多人，太平军攻城不下，撤围而退。不久，太平军再次攻城，从西城门外紫阳书院挖掘深丈余地道，通至城墙，用棺木装运火药炸塌城墙6丈余宽缺口，终于

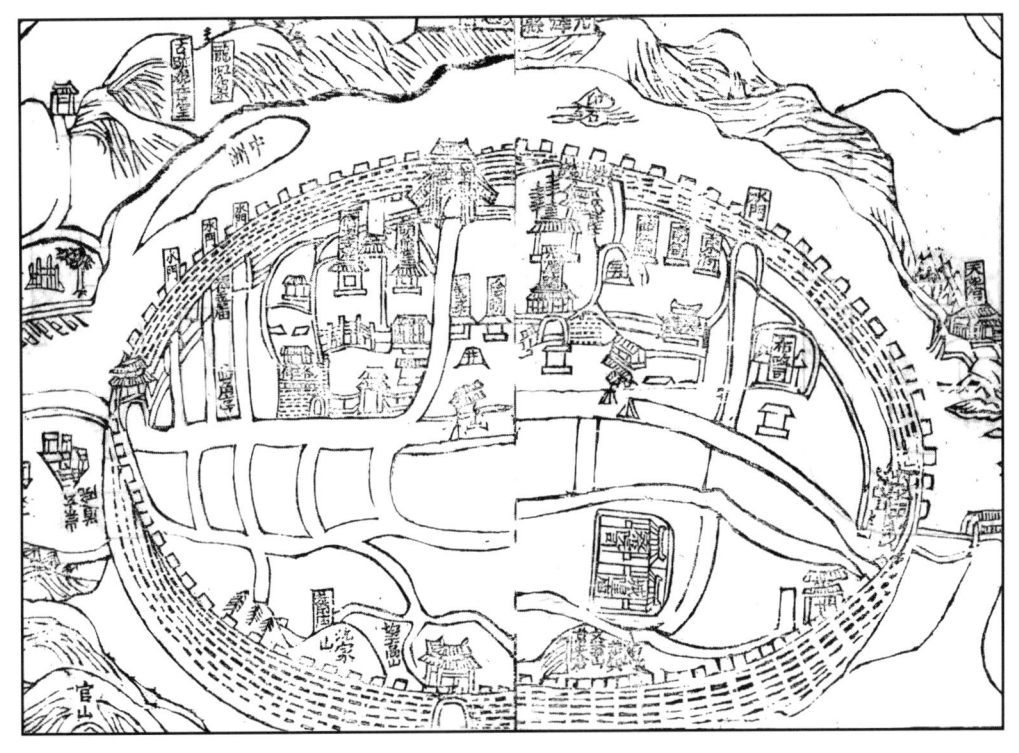

光泽县城图

攻入城内。咸丰九年（1859），县令陈源豫修复。

同治二年（1863），知县沈茂荫倡邑人捐资修复全城，凡被火药爆破之处皆改动，次年竣工。光绪十五年（1889）大水，城四隅各圮十余丈。光绪十七年（1891），知县李子茂修复。民国时期未修复过城墙，城墙逐年损坏，至1952年，尚保留东、西二城门及部分城墙痕迹。1953年，光泽城门、城墙被全部拆除。

（二）关隘

光泽县位于闽赣边陲，地势高峻，四面环山，是历代兵家必争之地，自古有战城之称。县境四周高山险道都是历代争战留下的关隘。大口为关，小口为隘。关隘相间，遥相呼应。从北向南有鸭母关、马铃关、云际关、火烧关、山头关、分水关、铁牛关、杉关、王际坳关等九座山关和金家隘、蛇岭隘、台尖隘、孔坑隘、白虎隘、牛田隘、风扫隘、羊头隘、岩岭隘、杨公隘、义角隘、毛家隘、仙人隘等13座山隘，这九关十三隘都设在地势险要、易守难攻之处。

1. 杉关

位于光泽县北 90 里的杉关岭上，出杉关即江西新城（黎川）县境，属止马乡杉关村。关依杉岭而设，左有猪石山，右有黄狗岭，南北山脉绵亘巍峨，在山脊筑城建堞，一色青条石的关墙，木石关门建筑，高数丈。关内为闽地，地势险要高峻；关外为赣境，地势渐低平缓。此处石山堑绝，仅容单车。杉关始建于唐广明元年（880），因地处杉岭山脉源头而得名。明洪武三年（1370），于山脊筑城垣屏障于闽赣边界。关门两侧有耳房、瞭望孔，关顶楼阁炮台耸立，关内营房。清咸丰七年（1857），毁于兵燹。光绪四年（1878）复建。

杉关两翼城墙，大多利用山脊作为基础，外侧用石块砌垒，墙内侧比较平缓易登，有的地段铺有石砌磴道，墙外侧则十分陡峭。墙内高 1~2 米，外高 4~5 米，下宽上窄，墙面厚约 0.4 米，有的地方残留有砖砌痕迹，残长约 1500 米。1936 年修闽赣公路时拆损，1956 年因修建鹰厦铁路装运大型器械而拆除，但两翼城堞尚存。关门仅存遗址，关门有石匾一块，花岗石质，长 140 厘米，宽 56 厘米，厚 21 厘米，镌刻楷书"闽西第一关"字样，此石匾现存放于止马乡政府。

光泽杉关

2. 铁牛关

位于县城西部华桥乡铁关村老鸦桥自然村牛岭坑山口。唐广明元年（880），建关于大禾山铁牛岭。清顺治四年（1647）迁至这里，咸丰三年（1853）和咸丰七年（1857）相继重修。关口地势险要，为西北赣闽要冲，素有"闽赣咽喉"之称。相传山形如牛，以石牛为镇，铁者，喻其坚固，故名。黄石口岭上两山相连，中凹成路，垭口嵌夹，行者不能并肩而行。关外石瓮堑前，旁扼巨滩，崖峭壁立，溪漳环护，有如天然屏障，进可攻，退可守。至今关墙、关门保存完好，西北拱门镌刻"铁牛关"石匾仍存，但炮楼、瞭望棚、营房已毁。今鹰厦铁路穿过关下隧道，国道316线公路从其山麓经过。

光泽铁牛关

3. 云际关

在县城北部司前乡云际村北5华里云际岭的垭口上，以云际村"高与云齐"之意命名。关口海拔780米，始建于五代，重建于明弘治十四年（1501）。宋邑人李吕吟诗赞其胜景："凌空石磴三千丈，匝地瑶林百万花。自有眼来方见此，直疑身已到仙家。"如今云际关古道还在，但云际关已毁，只剩两个大土墩。

4. 山头关

位于光泽县寨里镇山头村，目前只剩两个城堞还在，关门及关匾不知所终。

5. 马铃关

位于光泽县司前乡司前村境内，关墙和关门保存基本完好。马铃关前的山路陡峭，当年从江西过来的商旅队伍走到山下时，山上的守关士兵就能听到马铃声，故得名马铃关。

6. 分水关

位于山头关和铁牛关之间。关口海拔1180米，在关隘中最高，木石关口。山

149

峦叠翠，怪石昂立，峡谷深险，涧溪密分流，山道崎岖。

7. 牛田隘

位于县境西北面。海拔 925 米，险地陡峭，道口扼住由此入闽的要道。

三、建宁县古城

建宁县地处闽西北边陲，与江西省接壤，境内地势四周高，中间低。武夷山脉中段绵亘全境，千米以上高峰有 35 座，县境东南部金铙山主峰白石顶海拔 1858 米，与江西交界处有关隘 26 处。吴永安三年（260），析建安郡校乡西偏地置绥安县，县治在今建宁城南约 1.5 公里处。南唐中兴元年（958），升永安场为建宁县，迁治于今濉城镇。

（一）县城

县城濉城镇地处县境中心偏东，位于凤山之东、濉江之北，海拔 310 米。置县以后多年未建城。宋咸淳二年（1266），知县宋秉孙倡修城墙。城墙以石为基，上面砌砖，周长 580 丈，高 2.4 丈，宽 1.2 丈，共辟 4 个城门：东称朝天门，南称迎薰门，西称庆丰门，北称拱辰门。又在东门左右辟两个小门，称小南门、小北门，俗称为水弄。各门上均建有城楼。此后，城墙时坍时修。咸淳四年（1268），被水冲毁。咸淳六年（1270），宋秉孙以余监钱重修；又以税钱万余缗置田，备缮修费。元至正四年（1344），城被水冲毁，仅存迎蕉门。

明弘治六年（1493），知县马昇按旧址扩建县城，西倚凤山，三面临溪。新筑的城墙高 2 丈，宽 7 尺，长 793 丈，雉堞 2540 余个。改东门为朝阳门，小北门为顺济门，小南门为通津门，并在各城楼上设置牌匾。正德十二年（1517），知县周必复修缮城，加高 3 尺，徙迎薰门于学宫右边。嘉靖二十一年（1542），拱辰门毁，嘉靖二十二年（1543），朝阳门毁。嘉靖二十三年（1544），知县何孟伦、丞金玠重建，改朝阳门为朝天门。嘉靖二十四年（1545），复筑拱辰门。嘉靖三十四年（1555），朝天门又毁。嘉靖三十五年（1556），知县孙大学再建。嘉靖四十年（1561），知县吴金重修。隆庆四年（1570），因认为自改南门后，五十余年间城内多火灾，登科者仅二人，风水不利。署县同知包柽又改南门于青山之麓。城外山直冲射，建关帝庙以阻挡。然而，城内仍然多事故。万历六年（1578），知县梁应球改建迎薰门于长吉

建宁县城图

寺前，居民乃安。崇祯三年（1630），东城楼毁，知县郑汝说重建。

清顺治三年（1646），东城楼复毁，署县孙志儒重建。顺治四年（1647），大水冲毁北城墙。顺治六年（1649），知县傅元弼奉檄修葺，周围加高3尺，增置女墙510垛，各砌阶数尺，以便守望。又作窝铺510间。不数年，西南一带窝铺为镇兵毁废。顺治十七年（1660），防兵叛，毁各门城楼。随后，知县袁植重建。康熙五年（1666），知县袁植同防守李得胜奉檄在城西南建筑敌台3所，又增建敌楼4所，以便守望。康熙十年（1671），东、南、北三面城墙尽圮于水，知县陈于逵修。康熙二十二年（1683），洪水冲塌东南城墙数十丈，知县檀光熿修。康熙三十二年（1693），拱辰门毁。康熙三十八年（1699），署县延平通判曾植捐俸重建。康熙四十三年（1704），东南城墙又被水冲毁。康熙四十八年（1709），知县康兆元修。乾隆八年（1743），东南城墙圮于水有数十丈，西门崩塌十数丈。乾隆十年（1745），知县王文昭领帑银修葺。乾隆十三年（1748），东北城墙崩塌数十丈，知县黎芝劝修，未竣。乾隆十六年（1751），南门一带圮于水，共38丈。乾隆十八年（1753），知县王定国劝民捐修。嘉庆五年（1800），大水冲城门。绅士徐光翔、王筼捐修东二门、北二门，杨揖古捐修南门，刘垂凤捐修西门，城复完固。嘉庆九年（1804），督宪亲临劝谕富绅修筑，至嘉庆十年（1805）竣工。嘉庆十四年（1809），猝遭洪水，冲坏东南北三门城墙垛口、城楼。咸丰二年（1852），知县李含苞、马炳章先后劝谕重修。邑绅何懋龙独修495丈，建造东西城楼二座，东、西、南、北城门四阁；徐惇勋独修20丈，建造北门城楼一座；谢姓建造南门城楼一座。

光绪二年（1876）、光绪三年（1877），迭遭水患，南门一带城墙垛口复圮，知县刘珏劝谕富绅捐资修复四门城楼。光绪十四年（1888）洪水，北门城根地裂数十丈。光绪十九年（1893）五月十三日，东门火灾，城楼毁。是年十二月，北门大街火灾，城楼毁。光绪三十四年（1908），知县李九盛修北门城，重建东北城楼，修西南城楼。

建宁县朝阳门

建宁县东、南、北三面城外大溪环绕，城中地高。城内沿城有沟，水源在西门外凤山，暗流入西门过北门，曲折而经东门至南门，汇入大溪，俗称北水朝南。历年既久，暗沟淤塞，水至北门即从城洞流出。堪舆家认为这是文风衰歇，人民因此穷困。数十年来屡有人建议开沟，皆以无款中止。1915年，城内士商金请县知事筹款开工，修复故道。1943年，改建东门楼，用红条石凿刻"中正门"3字，楼上设图书馆；又将古北门迁靠河畔，改名"中山门"，门上增建城楼，以县长的别号起名为"镜宙楼"。后县长因此被弹劾免职。1949年后，因县城规划建设需要，旧城墙陆续被拆。

建宁城址现保存沿溪城墙700余米、朝阳门城楼及残缺的迎薰门。朝阳门楼位于濉城镇民主居委会，始建于宋咸淳三年（1267），历代修整。门楼南北长12米，东西宽7米，高11米，坐西向东，平面呈长方形，重檐歇山顶。迎薰门位于濉城镇复兴居委会，始建于宋咸淳三年（1267），门拱形，砖构，高2.4米，宽2.9米，深2米。门内两侧各有浮雕石狮一只。

（二）关隘

境内关隘31处，东乡有叶竹隘、曾家隘、茶庵隘、南山隘、邱家隘、寨头隘、分水隘、云山隘、五百隘（通黎川、泰宁）；南乡有松根隘、长岭隘、岭门隘（通归化）、三都隘（通宁化）；西乡有马鞭隘、邱坊隘（通宁化）；北乡有黄家隘（通新城）、百丈隘、青山隘、朝凤隘、狐狸隘、菜窠隘、松子隘、甘家隘（通南丰）、百结隘、射弓隘、木瓜隘、老虎隘、船顶隘、湖沙隘、茱萸隘、卷亭隘（通广昌）。关隘地势险要，有"入闽有三道，建宁为险道"之说。

（三）兵寨

清初，县内有12处兵寨，即东山寨（在东山）、乌龟寨（在俞家潭上）、罗汉寨（在县城北门）、将屯寨（在将屯，五代镇将谢望曾屯兵于此）、楚王寨（在楚上保）、青龙寨（在赤下保今隆下村）、饭罗寨（在饶村保今水西村）、军口寨（在均口）、西安寨（在里心保）、永平寨（在新城保）、龚家寨（在大南保）、巢隔寨。其中青龙、饭罗二寨易守难攻，每逢战乱，多有百姓避战其中。清朝虽有兵寨，但驻军多在城内占据民房为兵营。

四、泰宁县古城

泰宁县位于福建西北部武夷山脉中段东南侧、杉岭山脉之阳，故别称杉阳。东邻将乐，南接明溪，西连建宁，北界邵武。金铙山、白石顶等高峰环绕境外，金溪及其支流蜿蜒境内，山奇溪秀。唐乾元二年（759），原绥安县地分置归化和黄连二镇，归化镇即今泰宁县，黄连镇即今建宁县。南唐保大四年（946），归化镇升为归化场。南唐中兴元年（958），升归化场为归化县。宋元祐元年（1086），改名为泰宁县。

（一）县城

归化县初置时，县城在今前坊街，背倚蓦湖坳，坐北向南。宋代，将县治迁至杉城镇。此地位于县境中部略偏东北处，地处绵亘于县境西北部的杉岭山脉的东南面，因而又名"杉阳"。背倚垆峰山，三面环溪，坐西向东。原来有一低矮平缓的小山梁由学宫前方向东延伸，横穿福堂上经陈姓大屋、何家坪，至何家陂大溪埠，将县城一劈为二。后经挖坡填壑，至今仍有旧痕可寻。宋代未建较牢固的城墙，只是依民居环城筑土墙，于东、南两面设隘为门，晨昏启闭。

明嘉靖三十九年（1560），郡守邵德久命县令熊鹗筹款，县丞刘应绍、主簿王宪、县尉吴汉分工督建城墙，七载落成。墙北、东、南三面基本沿河，西面沿垆峰山而筑，把山顶和半个山围在城内。城高1丈6尺，立四门，东为左圣，西名右义，南叫泰阶（后改中山），北称朝京；又立四小门，东为昼锦，西为靖远，南为蔽仁，北为青云。万历二十一年（1593）六月大水，城崩，县令谭佐发帑金修造。万历三十七年（1609）复大水，坏城260余丈，北关基址尽倾，县令吴祯请公银1680余两，命典史谭汝鸿修复。崇祯十一年（1638），县令袁世芳加高城垛一级。

清朝顺治三年（1646），驻防将曹尔楷、贺逢圣、鲁云龙等设炮台数处。顺治十二年（1655），县令王誉命奉檄加修。康熙十八年（1679）五月十六日，三溪暴涨，城河水深丈许，城垣多圮。县令王肃详请得旨，各官捐助，次年八月开始修复，至康熙二十三年（1684）九月，县令韦圣翊任内告竣，其费巨万。乾隆二十四年（1759），邑令汪瀹原率绅士重修护城石路，自小东门至小西门。乾隆二十五年（1760），县令王润捐修240余丈城墙。乾隆三十四年（1769），城圮数处，县令文施铸督修。嘉庆二十一年（1816），县令孙企宗又修。道光二十三年（1843），简潜德

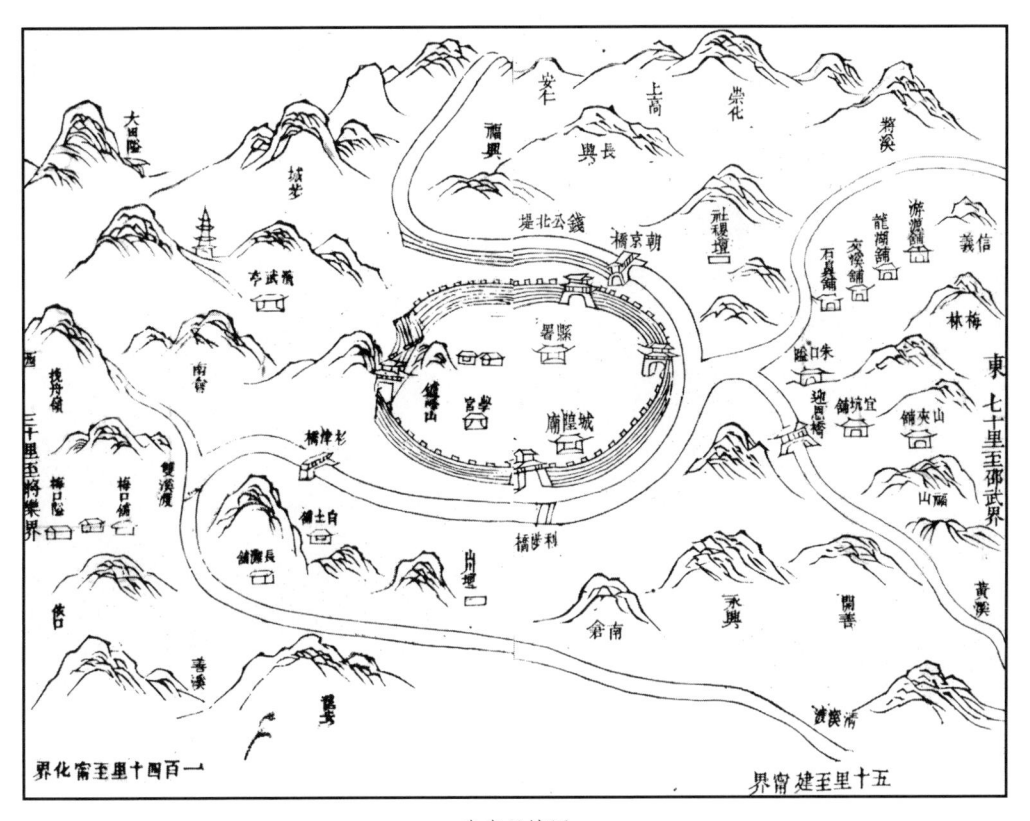

泰宁县城图

教谕额小西门"西隅古门"。光绪十七年（1891）三月，西南门城垣因飓风圮十余丈，县令刘钧重修。光绪二十一年（1895），县令梁锡志募修，添砌砖石。

1932年，驻守国民军五十六师以城内防守维艰为由，将靠山城墙拆除，扩大范围，把垆峰全山围入城内。1935年，改城北朝京门为中正门，城西右义门为共和门。

1949年以后，城墙陆续拆除。至1984年，城墙全部拆除，仅留小东门一段城墙及城楼。如今现存城墙位于杉城镇环城路，长210米，高6.5米，厚5.25米。条石砌筑2.8米高，以上砖砌。城砖有厚薄两种。厚的长0.3米，宽0.145米，厚0.09米，上刻楷书"泰宁县"。1981年重修时，拆除城门楼并修成水泥垛口。城门昼锦门位于环城路东河边，石条砌成拱门，高3.65米，宽2.25米，有双重门，前后门相

泰宁昼锦门

间 1.4 米。城门内侧两旁石上有门臼。臼径 0.16 米，深 0.13 米。门楣上刻篆书"昼锦门"，门左阳刻直下楷书"溪埠上下不许堆放积，违者罚钱六百"。

（二）山寨

1. 虎头寨

位于梅口乡主中村金湖西畔鹤鸣山，又称梅岩，岩前一石形似虎头，因此得名。杉、滩两溪在寨前交汇，为昔时泰宁水上交通要津。寨址面积 380 平方米，悬崖陡壁。通山寨石阶小径曲折，长约 0.5 公里。设东西 2 座堡垒式隘门，地势十分险要。寨内有"双溪书屋"、"明镜山房"、"桂馨楼"等遗址。寨址前有 1 口约 0.45 亩的"天池"，长年积水，周环垒石条，左边石台上凿了 2 口石臼、石坪，有一枯井，后崖壁有一洞穴，临湖滨有一棋盘石，曾建有"远眺亭"。有瞭望台、哨卡、水牢、卫兵室、兵营等遗迹。

宋绍定二年（1229），统领刘纯屯兵于此。元至正十二年（1352），福建宣慰使副元帅彭庭坚统兵屯守于此。福建行省平章政事陈友定也曾结寨聚党于此。明代寨废，募民兵驻守。在遗址上采集有宋至民国历代瓷片、瓷器。保存有清乾隆年间（1736—1795）碑，上刻楷书"梅岩"两字。

2. 钟石寨

位于杉城镇洋川村狮子山上，海拔457米，周环峭壁，形如覆钟，山顶平坦，有泉和鹅髻石，北溪绕山麓而过。寨面积约320平方米。元至正十八年（1358），本地农民、抗元首领高日新率众在此建寨，协助张世杰攻打驻邵武的元军。今寨址处建有寺庙。

3. 南石寨

位于朱口镇石辋村西南2公里南石山，悬崖峻峭，石皆南向，下有"龙井"，北有"筲箕石"，山顶夷平。为明末清初村民避难处。寨面积约510平方米，山坳有池，周围壁立，地形险要。仅南面崖壁间凿出回转曲折的石阶路，长约0.5公里。半腰间凿建隘门，长10米，宽3.8米。东壁台坪筑土墙，西壁临深谷。清顺治三年（1646）九月，清兵副帅李成栋破寨，屠杀万人。

4. 黄石寨

位于梅口乡梅口村金湖左畔，与猫儿山隔湖相望，呈犄角势。环山奇峰如笏如剑，如人如兽，千姿百态。寨面积约280平方米。寨上建有房舍，明万历年间（1573—1620），太仆寺少卿江日彩在这里读过书。

第四章　闽西古城堡

第一节　汀州府县古城堡

汀州位于武夷山脉和博平岭山脉之间，福建省西部，与粤、赣两省交界，通称闽西。唐开元二十一年（733），始开福、抚二州山洞置汀州，因长汀溪以为名，治所在晋代新罗县址。天宝元年（743），改为临汀郡；乾元初年（758—760），复称汀州；大历年间（766—779），移治白石乡，即今长汀县。元朝改汀州路。明洪武元年（1368），改汀州路为汀州府。

一、汀州府附郭长汀县古城

（一）汀州府城

汀州府城在长汀县治所。唐开元二十四年（736），于九龙水源长汀村置长汀县，属汀州。天宝元年（742），改汀州为临汀郡。乾元元年（758），复名汀州，时县治已附于州郭，后随州治迁至东坊口，县治仍附州郭。大历四年（769），又随州治迁白石村，即今长汀县治所在。刺史陈剑筑城于卧龙山阳，西北负山，东濒河，南据山麓。大中初年（847—860），刺史刘岐创筑敌楼179间，称"雄镇"。后来城池扩大，把城围在中央，因此称为子城。

宋治平三年（1066），郡守刘均拓州城，城墙周长5里240步，城面积约0.67平方公里。城墙地基广3丈，面宽1丈，高1丈8尺。城墙自北部龙山沿东北山势穿南麓至西北龙山右脉。开6门，东北名兴贤，东名济州，东南名通远，南为颁条，后塞。又有门名鄞江，西为秋成。绍兴年间（1131—1162），郡守黄武增修城垛。隆兴元年（1163），郡守吴南老又增修敌楼510间。嘉熙年间（1237—1240），郡守戴挺招窑户置窑于东郊，用陶砖瓦包砌颁条、济川、兴贤三门。

明洪武四年（1371），汀州卫指挥王硅塞颁条门，只开五门。改济川为丽春，秋成为通津，通远为镇南，鄞江为广储，兴贤为朝天。全城包以砖石，于卧龙巅创总铺一间，窝铺81间，女墙1195个，箭眼814个。弘治十二年（1499），汀州卫指挥张韬建广储门楼。后又建丽春门楼。

弘治元年（1488），郡守吴文度认为府城内大半皆山，县治居民环列城外，建议在城外建县城，范围自通津门西去数百丈，迤逦而南。东至济川一带。但因其离

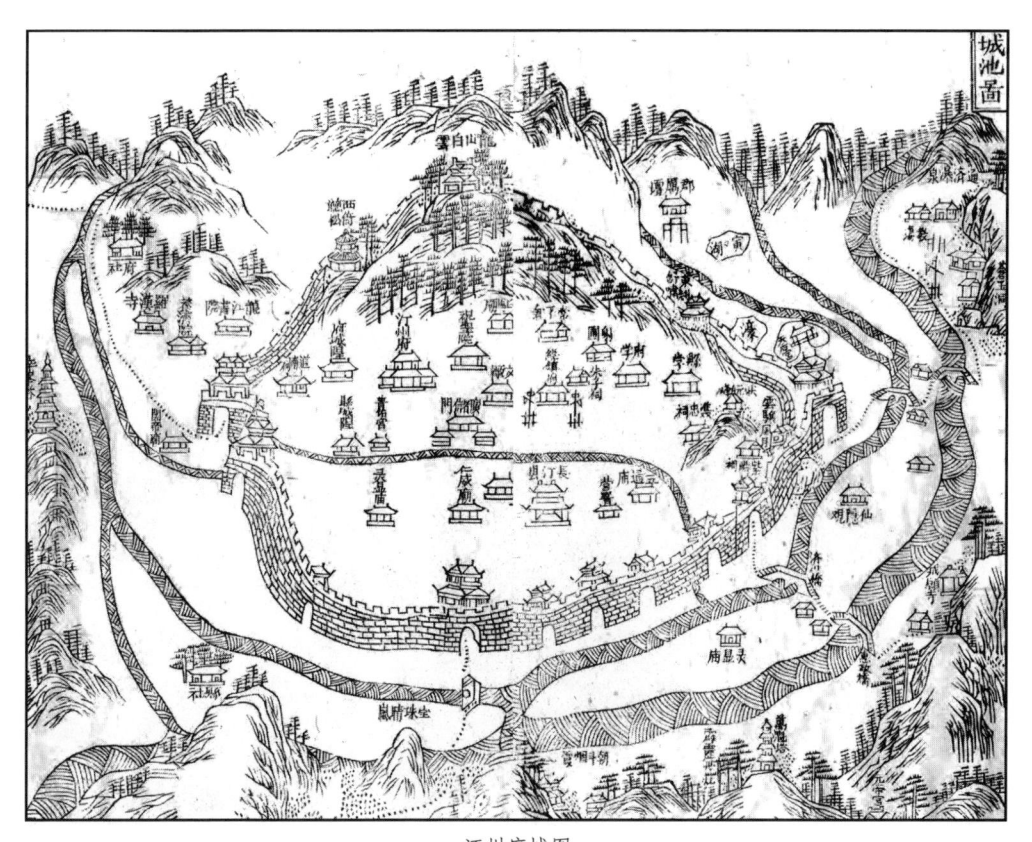

汀州府城图

任而没施行。至嘉靖四十年（1561），遭受寇盗，郡守杨世芳率知县王逊如前议，筑土为县城。设七门，东名会川，南名五通，又有惠吉、富有、常丰，西有西瑞、通金。城墙长619丈9尺，其上城堞2180多个。当年十月兴工，次年三月告竣。

隆庆四年（1570）春，知县陈金以陶砖包砌。由于城垣卑薄，郡城的镇南、广储两门占着地盘而无用。万历四十三年（1615），郡守沈应奎倡议撤郡城城墙把县城围入，合郡县为一。由于有士绅反对，暂缓实行。崇祯四年（1631），巡按罗元宾与郡守开始施行，委郡丞黄色中督修。自挹清门至通津门建城，共长660余丈，凡149堞。旧墙高1丈3尺5寸，加高4尺，外墙石脚砖灰结砌。墙底阔3尺8寸，墙标旧阔1尺，加阔1尺。内堤用粗石筑边，散石蔽面。旧堤阔5尺，加堤底阔1丈4尺，堤面阔1丈1尺。内堤近塘者，仍砌塘奎扣底。起高3尺2寸，阔2尺8寸，共86丈。外墙近河者，自惠吉门至富有门，共45丈，仍砌石堤，以护城脚。与县城交界的府城墙拆除，府县两城合一。这时城墙以汀江为界，从东向南绕到西，从卧龙山顶向东、西蜿蜒而下。远远望去，山像坐佛，城墙好像挂在佛脖子上的珠，因此风水家称为"佛挂珠"，民间称"观音挂珠"。

汀州涌金水门

郡北三面阻山，年久卑塌。崇祯八年（1635），郡守唐世涵、郡丞黄色中、司理唐锡蕃议增筑。崇祯九年（1636）八月兴工。东南自丽春至元武，计460丈。西自通津至元武，计215丈。增筑高厚，东城旧高1丈5尺，加高4尺。西城旧高1丈4尺5寸，加高5尺。腰墙旧厚1尺，加厚1尺5寸。垛上合尖加厚1尺。旧城堤，丽春至东阁，通津至西阁，俱窄险难行，各增阔1丈4尺。旧山上城道，坎坷陡绝，皆修整宽平。高者石砌阶级，平者小石甃面。城垛之下，仍作小护堤，以防雨渗透。计增城675丈，共1200垛，窝铺24所，楼橹皆重为鼎新。十月报竣。郡守唐世涵又在卧龙山顶上建玄武楼，崇祀玄帝，总名为北极楼。

清顺治三年（1646），改城东门为朝天门。谯楼毁于火，月城亦圮，郡守鄢翼明、邑侯潘世嘉重修。其余五门楼橹倾圮，未有所建。康熙三十五年（1696），知府王挺抡捐俸重修北极楼。此后，城墙、城楼几经重修。到民国时期，城垣周长为1283丈，高2丈2尺，有雉垛2100余个。

1924年，修筑市区道路，拆城墙砖砌路面及暗沟，环城城墙砖毁大半。1932年，拆子城城墙，辟为公园。20世纪70年代以后，群众多在城墙上建房。1980年，

汀州济川门

朝天门、广储门、宝珠门及其城楼，列为文物加以保护。1993年，拆除沿江墙上民房，修复城墙367米，重建城垛和2个烽火楼。

现存的古城古迹如下：

始筑于宋代的东门城墙。沿汀江向南延五通门、惠吉门到宝珠门，约长2500米，墙高5.75米，宽6.47米，筑于明代。

始建于宋的广储门城楼。在今汀城和平路，坐北朝南。宋代称鄞江门，明洪武四年（1371）改为广储门。崇祯六年（1633），建文成祠讲堂于其下，纪念明代哲学家、教育家王文成。取意祈望长门多出状元、会元、解元，因改额三元阁。城垛和城楼已毁，清康熙、嘉庆间（1662—1820）均有重修。1928年城楼被拆除，1938年恢复重建，1999年维修。现存三元阁城楼为双层土木结构，面阔三间，进深三间，穿斗式木构架，重檐歇山顶。砖砌城门，进深三层。第一层2.65米，第二层2.8米，第三层3.1米。城墙基高0.85米左右，均为花岗石筑。拱门高3.4米，跨度第一层4.4米，第二层6米，第三层6.1米。城门垛上有一座唐式八角基座复盆式柱

汀州古城墙

基。

始建于宋代的朝天门城楼。在汀城东大街，建于宋治平三年（1066），坐西朝东。宋代称兴贤门，又称东门。明代扩建改称朝天门并建城楼。现有拱门甬道进深13米，宽3.3米，拱高3.4米。清初已焚于火。康熙间（1662—1722）重修，历代又有维修。现存楼阁式双层，砖石、木结构，面阔三间，进深二间，穿斗式木构架，重檐歇山式。

始建于明代的宝珠门城楼。在汀城南大街，城的南门，始建于明嘉靖四十年（1561），因面对宝珠峰故名宝珠楼。清道光间（1821—1850）修复，坐北朝南。为二进式城墙，中间联结二城为马房。现存构件大部分为明代城墙砖，基座为石构，墙为砖筑，高0.8米。城楼为木构重檐楼阁式建筑。现存二层楼阁为后期所建，保存基本完好。城门甬道进深23.8米，宽3米，拱高3.1米。甬道中段辟有天井，两边置马厩。崇祯十年（1637）建城楼，清道光年间（1821—1850）重修，1993年

汀州古城楼

闽台古城堡

汀州古城墙上走马道

汀州城墙上龙潭烽火台

汀州卧龙山城墙

大修。现存城楼面阔三间，进深三间，穿斗式木构架，歇山顶。内存木匾1方，宽2.3米，高0.8米，上刻楷书"邦家之基"，落款为"知长汀县事加二级潘世嘉，康熙三十年季春月谷旦立"。

始建于明代的北极楼。位于汀州镇北面卧龙山的山顶，又名玄武楼，主祀玄天上帝，可俯瞰全城。始建于明崇祯九年（1636），清康熙三十五年（1696）重建，道光元年（1821）及1935年维修。楼占地面积约2000平方米，坐北向南，由金沙寺门楼、大雄宝殿、吕仙楼、藏经楼、侧房组成。大雄宝殿面阔三间，进深二间，抬梁式木构架，歇山顶。楼内保存有清康熙三十年（1691）重建碑1通和民国期间重修碑1通。1988年重建金沙寺门楼和吕仙楼。

（二）城濠

宋代筑州城时修建城濠，于西河筑南拔陂引水东流至济川门侧入河以为濠。历360年，濠池多为驻军所占。明嘉靖五年（1526），开卧龙山西侧西峰寺至通津门濠，长82丈，阔7.5丈，深0.55丈。修通津门至广储门旧濠，长160丈，阔8丈，深0.4丈。自广储门至镇南门濠，长65丈，阔8.5丈，深0.55丈。镇南门至丽春门

汀州城与濠

濠，长65丈，阔8.5丈，深0.55丈。丽春门至朝天门，原濠长26丈，阔12.5丈，深0.8丈。濠中有夹洲。濠自南向北通龙陂水，长8.6丈，阔8丈，深0.6丈。塘1口，深0.45丈。卧龙山东北面，山下有塘3口，逼近城墙，共长40丈，阔8丈，深0.5丈，均造为官濠。至此，东引龙陂水，西引西河水，除卧龙山东阁、西峰背面皆山石外，绕城均濠。郡县合城时，府城南垣基地及濠池两侧地均售予居民充筑新宅用，除西门至丽春门濠池成为城内排水道，龙山东北至朝天门尚存濠塘2口外，其余均废。如今，始建于宋代的濠池遗迹仅留一小渠，时称官圳，供排水与居民洗涤，俗称塘湾。

（三）关寨

长汀县境内历史有3关12隘14寨。如今可考的主要有：

1. 古城寨

位于古城镇，这里有一条古道，是闽西与赣州的交通要道，五代闽国时王延政在此筑城，名古城寨。宋绍兴年间（1131—1162），设同巡一员，军兵150人于此守卫。后设交换文书的驿站。在古城镇的大隘山凹里有隘岭关，俗称罗坑隘，建于宋嘉定元年（1208），明、清均有修葺。现存砖石拱门一座，高 3 米，内宽 2.5 米，长 5 米。拱门顶上原有珠楼，早已毁，周围现有几十间商店、客栈的残垣痕迹可辨，占地面积约 1500 平方米。出土有清康熙三年（1664）立的界碑残块，可惜内容不全，无法考证更多的史料。现存的古驿道是河卵石砌成的官道，从山凹一直延伸到古城镇旁的井头村。驿道宽 3 米，长约 2 公里，是车马道，可容车骑通过。

2. 南寨

位于大同镇南寨村，地处长汀县城南部，南屏山麓，汀江河旁。建于宋绍兴十三年（1143），驻官兵 1200 人。

3. 河田寨

位于河田镇，宋嘉定年间（1208—1224）创，有轮差禁军 38 人。

4. 靖远隘

距县南 110 里，通上杭。明天启六年（1626）筑，崇祯十年（1637），陶砖叠石重建，有隘楼 3 间，兵房 15 间。

5. 黄峰岭隘

在县西南 120 里，路通武平县。崇祯五年（1632）建，有敌楼一座，旁有兵房。

此外还有城关、西关、皇祝岭隘、镇平寨、九隘、桃杨隘、七岭半岭隘、牛母山下隘、分永凹隘、龟龙隘、佛子凹隘、鸡笼隘、白花寨、何田铁山寨、牛岭寨、西天寨、护龙寨、曹坊寨、酒瓶山寨、虎忙寨、凉伞凹寨、刘坑小寨、菠荻寨等。

二、永定县古城

永定县位于福建西南，居闽粤边陲。明成化十四年（1478），从上杭县析出置县，取永久平定之意而命名为永定。县界东连南靖县，东南与平和县交界，西南与广东省大埔县、梅县接壤，西北和上杭县相连，东北与龙岩市毗邻。

（一）县城

永定县城设在凤城镇，置县前，镇区属溪南里第五图，称"田心"。置县后，以其山形地势如龙似凤，曾称"龙岗"、"凤城"。又因其为县治所在，而称"城关"、"城厢"。也曾以"里"名称"溪南"，而称凤城、城关最多。地势由东北向西南倾

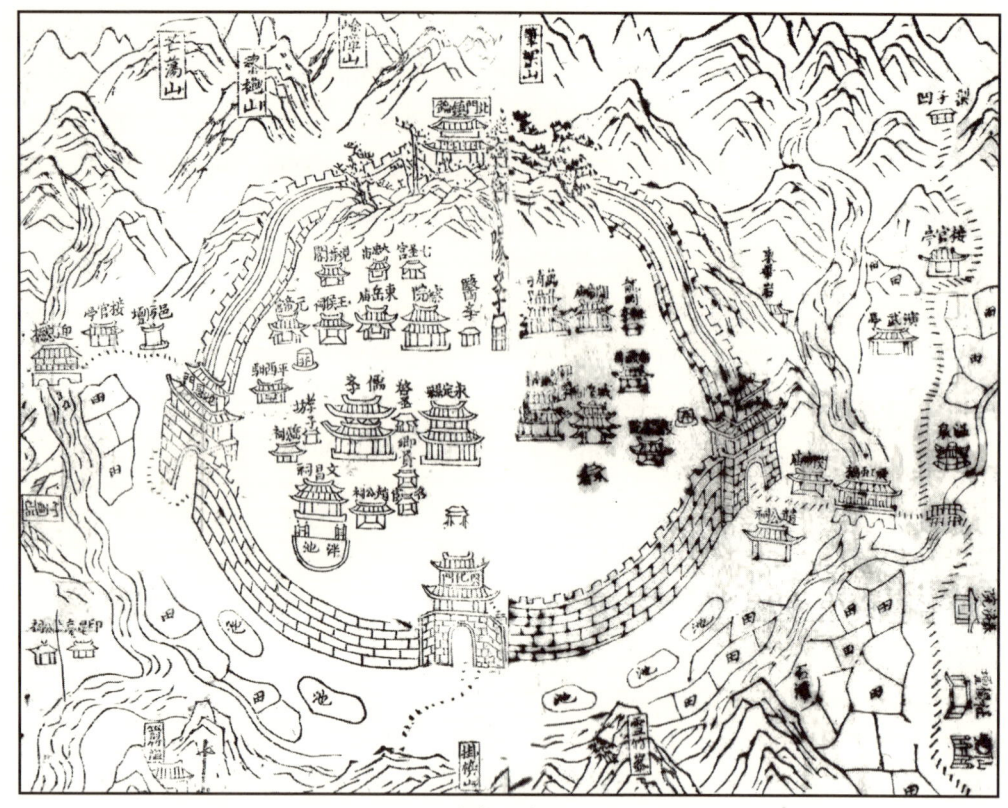

永定县城图

斜，是依山傍水、景色秀丽的山城。明成化十四年（1478），永定在此置县，北凭北门山，南临永定河，为环山缓坡地。首任知县王环督建衙署，但未建城。

弘治七年（1494），知县陈悦开始兴建永定县城，到弘治十年（1497）建成。城墙形势半挂山巅，半垂平麓。周长766丈6尺，用条石为基，以陶砖砌墙，墙基宽2.5丈，墙面宽为底宽的1/3。墙南临田，高2丈9尺；北倚山，墙内外马道宽1丈5尺。开东西南北4个城门，东名太平门，西名迎恩门，南名兴化门，北名得胜门。各城门上建城楼1座，门内分别设有盘诘所1间，周城建窝铺16间。弘治十七年（1504），知县陈济因防虎害用砖把北城门砌堵。嘉靖三十四年（1555），知县许文献重修东、西、南三门城楼，并添设窝铺11间。嘉靖三十六（1557）年，在城南门增裹铁叶，除已有横闩两根外，再增加直闩一根。嘉靖三十八年（1559），在北门砌砖处又填上三合土加固。北门岭外空旷，城下无壕，钉苗竹钉，阔1丈，长298

丈 7 尺，以防攀越墙垣。同年四月，西城崩塌 15 丈，知县陈文献督工修复。隆庆二年（1568），知县陈翡重修西、南二门城楼。崇祯年间（1628 — 1644），知县徐承烈继修西、南二门城楼。

清顺治三年（1646），西门城楼毁，知县赵廷标重建，高不及旧楼数尺。康熙十四年（1675），南门城楼毁。康熙四十八年（1709），知县曾九寿重建。康熙四十九年（1710），倡修北楼。雍正八年（1730），知县顾炳文重建西门城楼，高又不及赵廷标重建旧楼。乾隆四十四年（1779），知县吴永潮修城垣垛眼并南门城楼。嘉庆十五年（1810），知县霍大光重修东门城楼，祀魁星于内。

1913 年，北门城楼因年久失修，完全倒塌。1917 年，知事李德峻会同邑绅募资重建。1918 年春，地震复塌，旋即修复，加架骑楼于内。1929 年，红四军入永定，城墙尽废，四城楼皆毁。1932 年，粤军独立第一师第二团驻永定，团长叶维浩就北楼基址建敌楼。同年，粤军独立旅一团团长何联芳，在西、南二城楼基址暂建敌楼，城垣亦稍事修补，并立木栅于上。后来陆续拆毁。

永定县城

（二）抚民馆城

位于峰市镇锦村西南1公里。明嘉靖三十七年（1558），汀州府在此设抚民馆，修筑城堡，驻扎军队。城墙长500余米，高4.5米，北面设城门。城内建公馆1座，公馆两侧各建兵房5座，还有官房7座、民房6座。隆庆五年（1571），维修城墙和公馆。万历四年（1576），增建"兵备行台"，同时设置"上杭分县"。在河头坪再筑新城后，此城遂废。现仅存北门及15米长城墙。

（三）河头城

位于峰市镇河头村，明万历四年（1576），抚民馆城升格为"上杭分县"，直属汀州府，便在峰市河头坪建筑分县城。城周长487丈，高1丈8尺，设东、西、南三门，北为水门。崇祯元年（1628）裁撤。因城筑于河头坪，故名河头城，又称"文衙"。此地面临汀江，是水上交通要道。尚存明代临江门和清代县衙汀州府公馆。临江门为石砌拱门，高4米，宽3米，进深4米。汀州府公馆坐北向南，面阔五间，进深十四间，抬梁式木构架，悬山顶。2000年，淹没于棉花滩水电站。

（四）上杭故城

位于高陂镇北山村，原名艺梓堡。唐大历四年（769），在下堡（今永定县湖雷镇下湖村）置上杭场，辖今永定、上杭两县地域。南唐保大十二年（954），上杭场迁至艺梓堡，筑木栅为城，面积约1平方公里。宋淳化五年（994）升场为县，辖今永定、上杭及长汀县南部。宋至道二年（996），上杭县治由此迁至白沙（今属上杭县）。现尚存西门城壕和古码头。码头位于该村居民聚落点至关帝庙之便桥侧，石构，残长25米，宽10米。

（五）山寨

1. 金山寨

位于高头乡高北村承启楼后侧金山山顶，宋祥兴二年（1279）建。占地面积约1500平方米，坐北向南，平面呈圆形。寨墙两圈，尚存2层高均为3.5米的寨底石砌平台，下层直径比上层直径长6米，上层面积约600平方米。墙体以上已废。

2. 仙鹤寨

位于仙师乡芦下坝对面山顶上，永定河旋绕其下，为永定河水口寨址。

3. 兴化寨

在城郊乡古二村北 300 米的小山包上，明洪武五年（1372）设兴化巡检司于此。占地面积约 1500 平方米。

4. 石寨

在坎市镇长流村中华山上，系里人为避战乱而建。距地面高 70 余丈，周长 300 余丈，有岩洞，可容百余人。清嘉庆年间（1796—1820），乡人依岩建中华书屋、岩旁的中华庵、岩顶的魁星阁。

5. 文天祥抗元营垒

位于龙潭镇铜联村北 4 公里圆岭山。宋景炎二年（1277），右丞相文天祥领兵在此筑垒抗元。清代在此建文山亭纪念，并于亭侧立碑以纪其事。垒、亭已废，碑尚存。

6. 仙鹤寨

位于仙师乡芦下坝水电站东 300 米，永定河与汀江交汇处。南宋永定河与汀江航运业发达，与广东的贸易逐渐兴盛。芦下坝为闽西与粤东货物的中转码头，明代在此以石筑寨，驻兵防卫。占地面积约 500 平方米，平面呈圆形。

（六）关隘

明成化二十三年（1487），漳南道金事伍希闵上奏朝廷，委武平千户所官 1 员，领兵 62 名，在县境南部的箭竹凹设隘守御。接着，在县内水陆险要地方设立关隘 9 处，陆路有杨梅崇隘、园岭隘、箭竹隘、锦丰隘、大阜隘、蔡坑隘、水槽隘；水路有河头隘、摺滩隘。

三、武平县古城

武平位于福建省西南部，武夷山脉最南端。东邻上杭，西接江西省会昌、寻乌，南连广东省蕉岭、平远，北靠长汀，是闽粤赣三省结合部。境内多山，西北部峰峦重叠，沟壑纵横。

（一）县城

县城平川镇位于县境中南部平川河中游河谷盆地，唐开元二十四年（736）设南安镇，南唐保大四年（946）与武平镇合并为武平场。宋淳化五年（994），升武平场为武平县，县治由武溪里（今中山乡）迁平川，但未筑城。绍兴四年（1134），使相张浚派官构筑土城，周长280步，设永平、南安、人和三门。端平年间（1234—1236），知县赵汝讟重修，不久倒塌。元至正年间（1341—1368），县尹魏侃夫在原址修建，仅留2门。明成化中（1465—1487），知县李俊巫修。弘治十三年（1500），兵部主事王琼奏请改筑砖城获准，遣大参刘孟、宪副张雷勘察设计，郡丞黄冕、通守刘渊采砖扩旧址增筑，至弘治十五年（1502）十月竣工。城垣长736丈，高2丈余，设城垛1530个，窝铺16处，开迎春、南平、秋成、北高4门，又在东西各开水门，以排洪水。筑县城费用取于武平县丁粮和上杭河税。王琼私人捐助银八百两。崇祯元年（1628），知县巢之梁将城墙加高3尺。

清顺治十八年（1661），知县朱之焜修北门城楼。康熙十一年（1672），知县刘旷捐资重建南北二城楼，于城西北要隘建官房1间，窝铺40间，并修饰各城垛。康熙二十九年（1690），知县裴振唐倡捐重修。康熙三十八年（1699），署县赵良生以雉堞残缺，四隅私开小径出入，捐资整葺。

武平县城图

1935年，粤军严应鱼部驻扎武平时，在城垣周围加筑炮楼十余处。至1949年，全县只有5条窄小街道，私人小店近200间，城区面积仅0.6平方公里。1951年，开始拆除城墙，方便交通。现存宋代建的南安门及部分砖砌墙基。南安门为石砌拱门，进深9.5米，宽3.34米，城内门通高4.3米，门洞高3米。城外门通高6.32米，门洞高4.9米。

（二）万安堡

位于万安乡上镇村，俗称"城子里"。明洪武年间（1368—1398），武平县尹魏侃夫卸任后定居万安，为防御贼寇率百姓修筑。堡平面近椭圆形，东西长约400米，南北宽约500米。夯土堡墙周长约1.5公里，高约6米，宽约2.5米；原有城垛和四个城门，现仅存部分墙基。

（三）武平所城

位于中山镇老城村，明洪武二十四年（1391），汀州卫指挥黄敏创筑。平面呈三角形，砖包土墙，东西长约400米，南北宽约600米，周长约1.3公里。正德元年至嘉靖十九年（1506—1540），在旧城东北角增筑新城和片月城。新城平面不规则，片月城平面呈半圆形，三城并立，互相沟通。城周有护城河及濠沟。新城东朝阳门外有教场，为旧时练兵地。原有城楼5座，城门8个，名为迎恩门、永安门、平定门、常乐门、通济门、朝阳门、水门和文明门。

如今城已毁，仅存残城墙10米和迎恩门。城门石砌拱形，进

武平所城迎恩门

深11.9米，内侧高4.5米、宽3.6米，外侧高4.1米、宽2.8米，顶部横刻楷书"迎恩门"。尚存城楼石柱残段2根，上刻楷书"人间文字无权全凭阴德，天上主司有眼独看心田"。县博物馆收藏有"平定门"石匾，高0.53米，宽1.32米。中部横刻楷书"平定门"，右侧竖刻"洪武贰拾肆年建立"，左侧竖刻两行"崇祯元年冬月重修"、"康熙甲戌年正堂囗囗囗囗囗张囗囗重修"。

（四）岩前城

位于岩前镇灵岩村，明崇祯五年至六年（1632—1633），知府竺继良、同知王色中、上杭知县陈正中勘址，汀州府及武平、上杭两县捐银1万余两建成。城平面呈椭圆形，城墙由石、砖构筑，东西长约700米，南北宽约600米，高4.8米，宽2.5米。设城门4座：称喜迎门、靖远门、早安门、宝艮门，均有城楼。现仅存西城门"靖远门"的一段石城墙，残高3.84米，残宽1.3米。

（五）山寨

1. 四姑寨

位于武东乡美和村西南3公里，为清代的防卫建筑。寨建在海拔988米山上，依山势而筑，占地面积约5000平方米，平面呈椭圆形，东西长约600米，南北宽800米。石砌寨墙，厚1.4米，最高处6米。东、东南、南、西各设一石寨门。寨门高2~2.3米，宽1.8米，进深1.4米。寨内尚遗部分墙基。经发掘有清代石臼、砖、瓦、陶残片共20余件。

2. 云霄寨

位于湘庙乡七里村南1.4公里，俗称八里城，清咸丰年间（1851—1861）筑。平面略呈三角形，蜿蜒于三座山头，贯穿10个自然村，东西长约600米，南北宽约800米，周长约2.5公里。现仅存约20米长的土石混砌寨墙，残高1米，宽2.5米。城中保安宫内有石碑2通，碑文记载奉官府之命，为躲避太平天国军的袭击而建此寨。

3. 何屯营

位于县城东5里何屯岗下。五代时，何统使部武艺军于此屯驻，筑小城，故名。周长2里许。城已毁，故址犹存。

此外，还有象洞寨、永平寨、布心寨，始建于宋代，设巡检司，派兵驻守，清初毁。另有南安寨、天马寨、帽子寨、七里寨等，主要是民间避战乱所设，尚存遗址。

（六）关隘

明代设八大隘：水口山下隘、金鸡隘、檀岭隘、处明隘、湖界隘、钵盂隘、控头隘、大岭隘。八小隘：黄田隘、禾平隘、蟠龙岗隘、悦洋隘、麻姑墩隘、水东隘、悬绳隘、牛牯口隘。另有檬树岗隘。清代中期仍有8名防兵驻守，清末亦毁。

四、上杭县古城

上杭位于福建省西南部，东接龙岩，西连武平，北倚长汀，东北毗连城，东南邻永定，西南与广东省梅州市、蕉岭县接壤。地势从东北向西南倾斜，属高丘低山类型。唐大历四年（769），析龙岩湖雷下堡置上杭场，隶汀州。宋淳化五年（994），升场为上杭县，县治设在秋梓堡（今属永定县高陂）。

（一）县城

宋至道二年（996），县治从秋梓堡迁鳖沙，位于县东北白砂乡碧砂坑村。咸平二年（999），县治从鳖沙迁语口市，位于今县北旧县乡全坊村坝头。语口市地处丘陵地带，河流从北向南，流经旧县汇入汀江，舟楫方便，商贾云集，经济繁荣。市内街道长50多米，宽3米，两旁有米坊、肉铺、布店、赌场和修补店，并有县署、孔庙等建筑。天圣五年（1027），县治从语口市迁钟寮场，位于县北才溪乡四坊荣石村，并立木为城。境内有县署、天五院、东竺寺等建筑。乾道四年（1168），县治从钟寮场迁郭坊（今临江镇），此地位于县境西部，地处汀江中游中段北侧的河谷盆地。地势东北高西南低，海拔185米，地理位置险要，三面环水，易守难攻，向为兵家必争之地。

宋端平元年（1234），知县赵时钺在县城郭坊筑上杭城垣，其时周围才160步（267米），注水为濠，覆盖茅竹。不久，毁于火。淳祐六年（1246），知县赵希滚又筑，缩小范围，但不久又被大水冲毁。宝祐二年（1254），知县潘景丑重修，石基礕甓并用瓦覆盖。元至正年间（1341—1368），颓圮殆尽。摄县事郑从吉在原城址上扩展修筑，周围515丈，高1丈，开7门，并在门上建楼。但不久后又倒塌。明洪武十八年（1385），知县邓致中再次修筑。但年久失修复圮。景泰四年（1453），知县黄希礼奏请复筑，景泰六年（1454）兴工。

成化二年（1466），汀州御史朱贤认为城太小，难以驻军，令知县胡钺拆除旧城扩建。成化八年（1472）竣工。全城周长1426.6丈（4755米），墙基宽2丈，南临汀江，用条石砌造，高3丈余；东、西、北砌以城砖，高1丈。周围挖城壕，宽2丈，深1丈；顶部建城垛2328个。东、南、西、北依次开昭阳、通济、通驷、迎恩4座城门，各建城楼其上。并设33间窝铺，以驻守军。东、西、北3门都筑月城加固。临汀江城墙自东而西另辟兴文、阳明、太平3座水门，并砌造装卸码头。正德十年（1515），南门敌楼坏，知县谢浩修造。隆庆四年（1570），知县周裔登浚西北城濠。万历四十四年（1616），知县李自华重修雉堞，俱改用三合土涂塞加固。崇祯十年（1637），知县卢跃龙增城垛5尺，为东、西、北三门命名，东月城为扶桑，西月城为臻成，北月城为从龙。

清康熙十六年至十八年（1677—1679），部分城墙倒塌，知县宁维邦重修并改筑。康熙二十年（1681），南门敌楼为雷火所焚，知县蒋廷铨捐俸重修。康熙二十

上杭县城图

年（1685），北门敌楼倒塌，知县蒋廷铨捐俸重修。康熙四十三年（1704），北门敌楼又圮，知县翁大中倡修。康熙五十二年（1713）大水，城崩117丈，知县周宗濂倡修未成。康熙五十三年（1714），在兴文门以东再开"登瀛"门。至此，共有城门8座。康熙五十九年（1720），城裂11丈，知县马义修筑。雍正元年（1723）洪水，部分城崩。雍正八年（1730），南楼倾圮，知县徐林与邑绅士重建。并将登瀛门增高1丈2尺，上建魁星楼。乾隆元年（1736），知县蒋廷镛将雍正元年所有被灾及城崩情形详请动项修筑，至乾隆二年（1737）竣工。乾隆八年（1743），知县史阆捐俸，将所有全城垛增补完固。乾隆十二年（1747），知县赵成捐俸重修北楼。

嘉庆元年（1796），西门三元阁城崩十余丈，知县诺明阿捐修。嘉庆十九年（1814），城下濠池年久淤塞，知县沈士煜等倡捐资疏浚。道光十一年（1831），通济门下、福德祠左的城崩12丈5尺，知县李新畲倡令诸绅捐修。道光十三年（1833），太平门东面城崩10丈，知县李协同绅士捐资督筑。道光十六年（1836），通济门西边、李姓祠门首城崩13丈2尺，本邑绅耆请知县张用糦题捐修复。道光二十二

上杭县城阳明门

年（1842）七月，连日大雨，溪流陡涨，冲毁部分城墙。道光二十四年（1844），知县陆友仁捐俸力修。道光二十七年（1847），南城楼失火，知县黄宜之率同绅士捐资重建。咸丰二年（1852），知县王肇谦捐修城墙，并创建炮位16座。咸丰七年（1857），太平军于东关外开地道，爆破东城14丈。九月，汀漳龙道英朴令知县协同邑绅修筑复旧，并于四城角地势平衍处，傍城增筑大炮台四座。光绪二十年（1894），南门东畔码头为水冲激崩溃3丈余，阳明门下畔城崩12丈6尺。知县贺沅偕邑绅修复。到清朝末年，整座城墙具有"高、广、坚、壮"的特点，被称为"铁上杭"。

1925年，驻杭军阀曹万顺部，在南门城楼失火之后，拆除两边店铺，扩建大街。1929年，红军攻占上杭，城墙破坏严重。1950年后，除南临汀江的城墙为防水患几经加固外，其他三面因扩大市区需要拆除，砖石则作为公共建筑材料。今尚存临江码头至阳明门码头一段旧城墙，长297米，残高9米，残宽0.36米。

（二）山寨

上杭历史上计有梅溪、雷公、石壁、武婆、王家、丁光围、狮子、西天、天宝、古塘、郑坑、老虎、石城、凭风、鸡冠等寨。

1. 梅溪寨

位于上杭县旧县乡梅溪村，唐代为军事要寨，称梅溪寨。地形似梅花状，境内穿有沟圳水与河流汇合，故称梅溪。宋淳化五年（994），在此驻兵，维护水路安全。寨子在紫金山脚下，上杭县城东北13公里，有风景秀丽古石岩。明通判刘廷曾题诗云："径转梅溪望独尊，异人曾此问灵根。古坛秋回云霄渺，高阁天开日月奔。瑶岛只应呼伯仲，罗浮不许笑儿孙。朱弦一曲松风梦，云鹤排空度海门。"古石岩凭河巍立，极为壮观，有如天然屏障。

2. 武婆寨（摩陀寨）

位于庐丰畲族乡下坊村境内汀江东岸，距上杭县城东南12公里处，武夷山脉西端。宋天圣五年（1027），当地村民为避寇而结庐，命名"武婆寨"。淳化五年（994），在此驻兵，维护水路安全。后此处因佛教传入设观音庵堂，香火渐盛，便改称摩诃山。相传在观音庵堂有一位叫毛桃姑娘的尼姑，心地善良，素为人们喜爱，故又有人把此寨俗称为毛桃寨。今演变成摩陀寨。这里还有保存完好的普济门、城墙、石梯及多处古寨石垒，为上杭保存最完整的古寨遗址。

上杭武婆寨

上杭武婆寨门

3. 宜春王寨

位于县东太拔乡双康村福园山。明末清初，李鲁为反清复明在此筑寨，聚集乡民，屯田教战。建草庐名"采微深处"，联为"风摇彼忝声如诉，雨过山微泪不甘"；又联"时事浮云留不住，我心非石确难移"。结忠义社，誓志恢复明朝江山。明隆武二年（1646）九月初四日，李鲁去世。翌年，镇江中书何应祐奉宜春王朱琳到此，以土石为料，修建土城周长1500米，宽2.3米。寨长方形，城北建有王殿，西有西门岗，为练兵之地；东南有将坑，为将领抵抗之地，湖梓里还有丘氏宗祠等建筑。历时三载，终因势孤力单，弃城离散。现城毁房倒，尚存城墙基石及将军潭等遗迹。还有明嘉靖年间制造的大龙碗等明王宫遗物。

（三）关隘

明弘治元年（1488），设有水归、吊钟岩、驴子岭、牛皮、佛祖高、白鹏、双髻山、通桥等8隘。弘治六年（1493），巡抚都御史金泽设狗闷岭、新长岭、寒陂隔、径石矶、桃牌岭、羊蹄岭等6隘。嘉靖十九年（1540），设濑溪口、胡卢岗、兴化岗、柯树岗、虎岗、上南坪、庐丰、檀岭、鲜水塘、银子凹、郭公口、军营前、彩眉山、板寮等14隘。

五、清流县古城

清流古称黄连，位于福建省西北部，东与永安毗连，南与连城交界，西与长汀相接，西北与宁化相邻，东北与明溪接壤。宋元符元年（1098）置县，因清溪环绕，碧水萦回，故名清流。

（一）县城

县城龙津镇，后晋时为宁化麻仓里清流驿，宋置县后为清流城关，位于县境偏西北，龙津河中游，三面临河，地处闽赣交通要冲。宋元符元年（1098）置清流县时，建有子城，周长200丈。有四门：东名迎思，西名登瀛，南名平陂，北名拱宸。绍兴年间（1131—1162），郑思诚纠集流散民众筑土墙。岁久倾圮，仅存故址。

元末，陈友定为加强县城防御能力，凭借南山险峻，垒石为城。但城小，山占其半，形似荷包，东西两桥如左右带。堪舆家认为像渔翁撒网，向南看楼像人形，而城圆似网罟。明正德四年（1509）春，流寇攻破宁化，知县林湜沿河道重修城墙，总长440丈。寨城长420丈，高6尺。每丈筑垛子三座，共计3000余垛。城址面积约1.8平方公里，平面呈椭圆形。城设四门，城砖规定每块重18斤，由殷户捐献。正德七年（1512）兵乱，城关雷春等人呈文恳请县衙，清理沿河占用马道建房的住户，增砌垛眼，以便守御。后通判戴旦增设窝铺12间，敌楼1所。城墙自东门起，围筑上南山顶，顺南坡直下，沿龙津河岸，围筑至西、北，汇接到东。

嘉靖五年（1526），因特大洪水，城墙倾塌，敌楼、窝铺全部冲毁。此后多年，城厢内外无界，百姓称便。万历年间（1573—1620），清流人吏部尚书裴应章主持重修，由原平垛式改修为梅花垛式。万历二十九年（1601），知县蒋育馨担心城墙矮小易受攻击，又运石加固。崇祯五年（1632），重修沿城马道。崇祯十五年（1642），

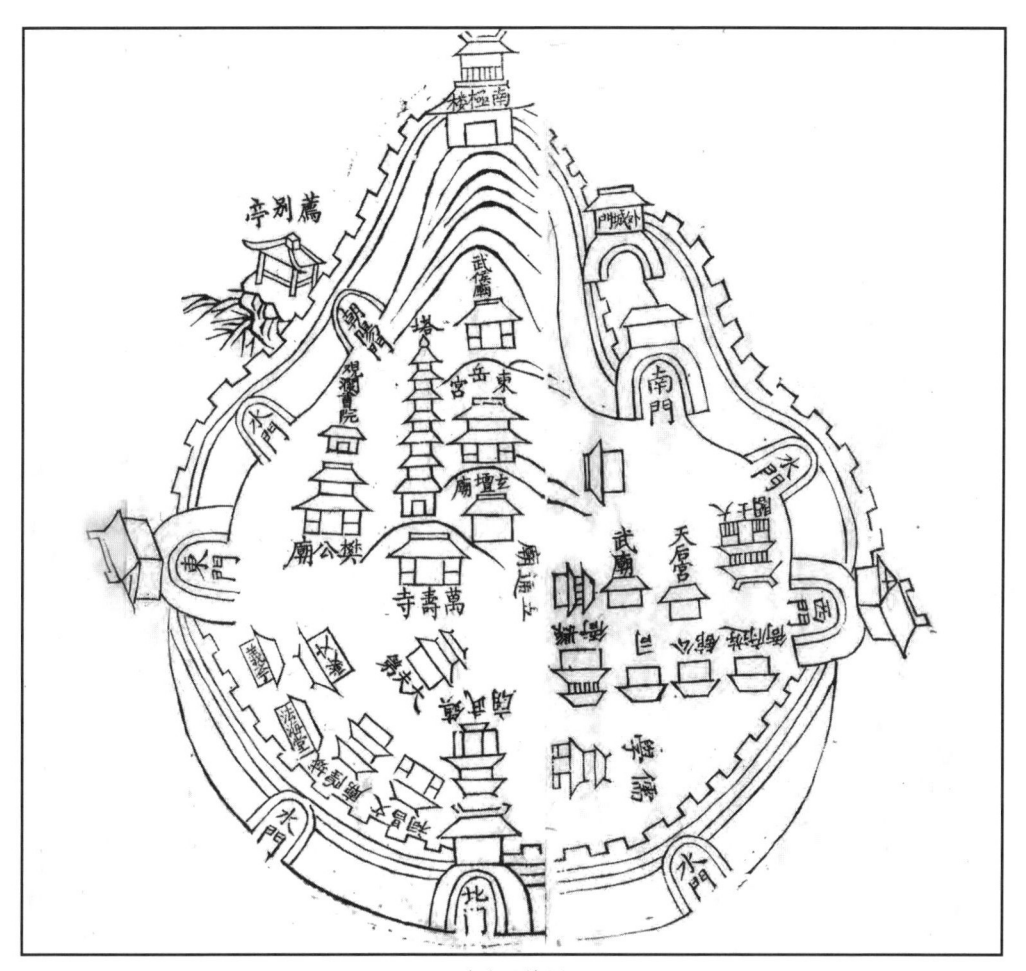

清流县城图

县民龙川令、伍仪捐资用铁包裹五个城墙大门。清嘉庆五年（1800），洪水冲毁大部分城墙，后重修。除南门外，东、西、北三门均有水门。

  1950年后，随着城区建设发展，残留的城墙相继拆除，城门被填埋，仅留下沿河墙基作护河堤用。20世纪80年代，由于旧城改造拆毁。现仅存南山顶残垣和炮楼废基，南山坡小部分断垣残基400米，位于龙津镇渔沧居委会东南。

(二) 山寨

1. 北寨

也称关寨，在县北屏山（北山）顶部，下险上平，顶部可容千人，派兵守御，可控制整个城关。宋建县初期，县令刘叙建清高亭于上。元末，陈友定在此垒石建寨，驻扎军队。民国初年，军阀混战，攻打城关，莫不先攻占屏山。苏区时期，红军曾派兵在此守御。

2. 石龙寨

也称石洞寨，又名青华山，位东华乡暖水村境内，县城北20华里处。其地四面险峻，在山顶可直视宁化。宋乾道元年（1165），为防流寇入侵，县令黄藻下令在此修建兵寨，屯兵守御。后因年久失修而废弃。元末战乱，伍玄宝率族人重新修砌，陈友定派兵扼守，断绝往来通道。

3. 南寨

在县城南部的南山顶，山势险峻，山顶宽平，可容千人，是进入县城唯一的陆路通道。元末，陈友定在山顶修建兵寨，屯兵守御，建有寨墙，俯瞰县城，一人一马皆无所遁形。若敌寇入侵，只需坚守寨城，县城便可安然无恙。明初，通判戴旦建南顾楼于寨墙前，后遭火灾，知县邓应韬奉知府唐世涵令重修。清康熙年间（1662—1722），知县汤传榘增修敌楼一所，后废弃。嘉庆十年（1805），知县邓万皆重建，几年后又遭毁坏。1934年，陆军五十二师驻防清流，在南寨左右筑碉堡4座。

4. 仁和、仁安寨

在永得里距高地东西各5华里处，东设仁和寨，西设仁安寨。元末，当地人垒石为堼，抵御贼寇。

5. 石达开屯兵处

在沙芜乡洞口村对面的燕子岩，洞口宽阔，洞内大洞套小洞，通道蜿蜒曲折，主洞宽可容数百人。民国《清流县志》称："咸丰七年（1857）五月，石达开部将率太平军十万余众入清流城。"现仍存垒筑的石阶、隘口、瞭望台。

6. 古群寨

在长校乡至连城四堡乡30余华里，凭临小路的数十座高山之巅，多为清咸丰年间（1851—1861）建。其分布为：江坊、沙坪、长校、大连坑、赤土岗、留坑等村落。留坑的笔架山三座山寨遥相对峙，互为呼应。山寨用石块筑砌、垒筑土墙，

清流石达开屯兵处

四周有枪眼,前后有大门,寨内宽可容千人之众。

(三)关隘

1. 牙虎山隘

在县东铁石洞口。明正统六年(1441),设立铁石矶头巡检司,派弓兵40人驻守。清代沿袭,派兵驻守。此隘为永安安砂进入清流境内的水陆交通要道。

2. 金钱隘

在县北30华里处的暖水塘,为宁化进入清流要路。

3. 五通凹

在县北与明溪交界处,两座山峰的夹缝中,是明溪进入清流的陆路通道,地势险要,易守难攻。

4. 玉华峡

在县北永得里玉华洞处，地势陡峭，谷地狭长。两峰山势险峻，峡中有一曲折小径，至山顶有一石门，是唯一通道，固守石门，居高临下，易守难攻。明洪武三年（1370），知县朱仲恭建玉华驿，派驻兵士以传递军情。

5. 东隘

在县城东部，上依悬崖绝壁，下临激流险滩。一夫当关，万夫莫入，在此可阻击由嵩口、田源等地来犯的敌人。明正德五年（1510），知县林湜因武平发生暴乱，遂于山顶上修建一敌楼，招募民壮守御。崇祯二年（1629）重修，民国时期废弃。

6. 崆峡岭关

在距县城东15华里处的龙津河畔山崖上，山势陡峭，山崖中有一石道小径，可通达石岭的最高处。元末，陈友定在此垒石建关，修建敌楼，派重兵防守，抵御由东南入侵之敌。

7. 分水岭

在县城东25华里处，元末，陈友定曾在此屯兵守御，是崆峡岭关的前关。

六、宁化县古城

宁化古称黄连峒，位于武夷山东麓，闽西边陲，东临明溪、清流县，南接长汀、连城县，北连建宁县，西邻江西石城、广昌县。海拔千米以上山峰25座，主要分布在边境上的武夷山主脉和两条斜贯县境的支脉上，县城海拔320米。隋义宁二年（618），县人巫罗俊在黄连峒筑堡开发。唐乾封二年（667），置黄连镇。开元十三年（725），升黄连镇为县，县署设于黄连冈（今城郊乡高堑村的江下）。后唐同光二年（924），迁于竹筱窝，即今县城。

（一）县城

县城翠江镇位于县中部，海拔317米，属河谷平原。后唐同光二年（924）设县署至宋初，共筑城墙280步（一步约1.66米），面积1.2公顷。北靠山，南沿溪，东临民塘。设四门：东门"连冈"、西门"通赣"、南门"爱道"、北门"朝宗"。宋端平年间（1234—1236），知县赵时馆增筑城墙500丈，改连冈为迎春，通赣为通圣，道爱为端平，朝宗为朝天，增建东门称宾阳。开庆元年（1259），为防洪水，知

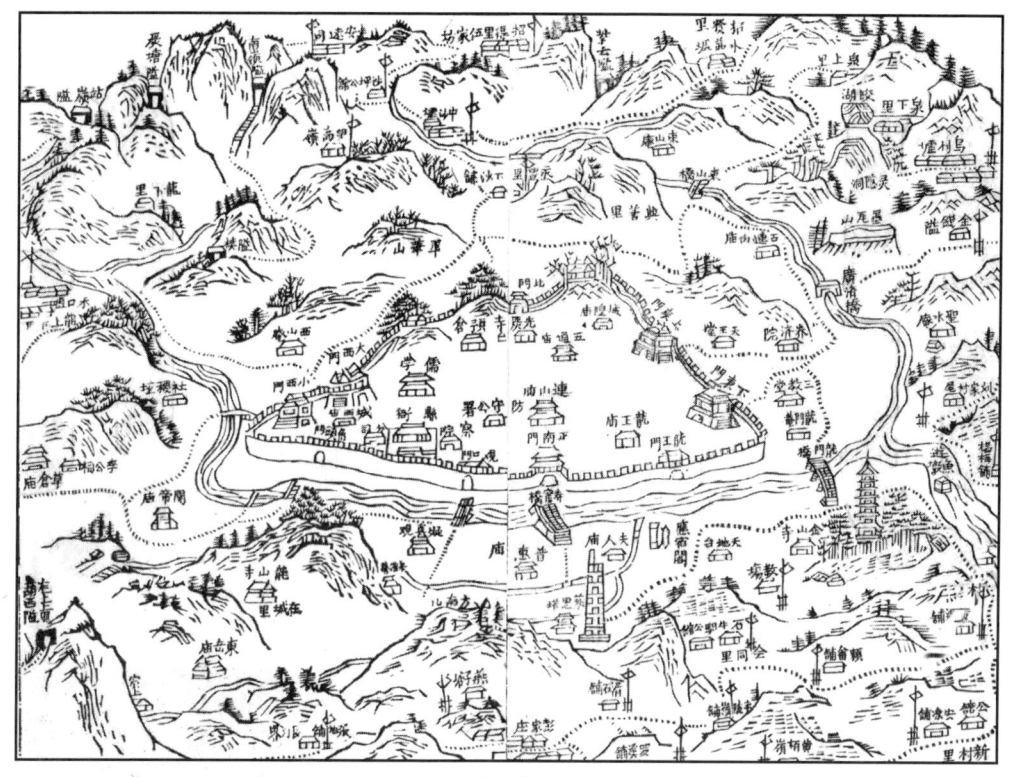

宁化县城图

县林玉以砖砌北门,架屋其上。

明正德五年(1510),知县周楫补筑土城。正德九年(1514),知县何鉴改筑砖城。正德十一年(1516),同知唐淳以砻石陶砖通城包砌。共砌筑砖墙812丈,城楼5座,水门4座,窝铺60处。西门临溪,面积约61公顷。城北包山,东临民塘,西南临溪,作为城濠。

万历二十四年(1596),知县梁元祯重建北门城楼。万历三十年(1602),知县唐世济重建南门城楼。天启元年(1621),知县彭德馨重修西南城墙。崇祯元年(1628),通判李应午重建西门城楼。崇祯五年(1632)三月大水,冲毁沿河城路,邑孝廉阴维标督率邑长张士俊修城,始于四月初旬,告成于十月下旬。所修城60丈,女墙70丈,马路120丈。

崇祯十三年(1640),知县徐日隆下令修城,捐俸银二百两为倡。墙全修者300丈,半修者250丈,通城增高5尺,增厚3尺,修葺谯楼1座。

清顺治七年（1650）四月，两河暴涨，平地水丈余，滨河之城崩圮殆尽。同治年间（1862—1874）重修。光绪二十二年（1896），全城大修，计全城周围898丈8尺。东北负山一带全修者为24丈，半修者为211丈。西南滨溪一带全修者为9丈，半修者为55丈，修女墙为189丈。上东门至东门马路、西门马路、城楼仍旧，整饬者四座，又新建四座，东西炮台各一座。1944年，兴修南门城楼作警报楼，城墙则屡有修葺。1949年后，古城为人偷拆，破坏严重，政府曾公告禁止。1983年，因城区建设古城全部拆除，余河岸部分与路面平，用于防洪。城墙现仅存沿溪段。

（二）堡寨

宋初始在安远、泉上、石牛、禾口、水茜设兵寨，驻兵布防，绍定元年（1228）被毁。元朝初年再设兵寨，至正年间（1341—1368）又被毁。明洪武初年复设，正统十三年（1448）再毁。天顺年间（1457—1464）重建，后废。今主要

宁化黄连镇城墙遗址

有：

1. 潭飞寨

位于方田乡泗坑村西2公里，原称黄土寨，宋时更名南平寨，后又称南城堡。寨地处高山之中，只有一条小路可进入，易守难攻。宋代在此建寨屯兵。绍定二年（1229）二月，南城盐商晏彪在此举行武装起义，席卷泰宁、将乐、宁化、清流、长汀及江西石城等。

2. 石凌寨

位于城南乡蓬源村东南5公里，城南乡（原横锁乡）与清流县东华乡交界处，海拔688米以上，地势险要。山顶茅草丛生，平坦宽阔，有涓涓小溪可供汲饮，为元末将领陈友定屯兵处。立足山巅，可见宁化、清流两县。残存山寨遗址系毛石砌成，高3~6米，宽1.2米。山顶平坦宽阔，方圆约500米。寨门面向清流县境，四面开有通道。现仍可见四周残存的寨墙及一间40平方米的石室，四面往山下的通道

宁化石凌寨

依稀可辨。距寨门 1 公里处有寺庙 1 座，为明清建筑。

3. 千家围

位于石壁镇石碧村北 5 公里，又称千家寨。石壁张氏一世祖之六世孙张瑞桢，在宋宝祐年间（1253—1258）逃亡时，避难居住于此。元朝末年，陈友定曾在此屯兵。此寨方圆约 1 平方公里，随处可见断壁残垣和墙基。

4. 泉上土堡

明末清初，李世熊筹建于泉上镇。土堡墙厚 6 米多，高 10 米，周长近 500 米，墙上筑有瞭望碉堡。四周有深宽丈余的水沟，南北有两个大门，墙内四周有丈余宽的交通路，分三条横街、九条直巷，方圆近 0.5 平方公里。四周埋有铁钉、竹锹。1933 年被摧毁。

（三）关隘

宋代以后全县设关隘 18 处：南通清流的丘源迳、石灰岭、杨梅迳，通长汀及江西属地的寨头岭、芒冬迳；东通清流的金钱口；西通石城的凤凰山、堑头、站岭、黄柏岭、狐栖岭；西南通长汀、连城的木马栋、竹嵩岭、利磜；北通邵武、建宁的石溪、严塘、车桥岭、紫云寨。这些关隘都驻兵防守。明崇祯年间（1628—1644），官府派员集资修建关隘。

七、明溪县古城

明溪位于福建省西北部腹地，东邻三明市三元区、梅列区和沙县，南毗永安，西接清流、宁化，北界将乐、泰宁、建宁。境内四面环山，峰峦重叠。西北部和东北部崇山峻岭，海拔 700~1000 米。南部稍低。明溪县置县前，疆域分属清流、宁化、将乐、沙县。宋绍兴年间（1131—1162），置明溪镇巡检司，址设今雪峰镇。明成化六年（1470），同知程熙奏准析清流县的归上、归下里，宁化县的柳杨、下觉里，将乐县的兴善、中和里，沙县的沙阳里合置归化县。1933 年 4 月，因与绥远省归化城同名，改名明溪县。

（一）县城

县城雪峰镇原名归上里，初无城池，民夹涧而居。明弘治六年（1493），巡按

归化县城图

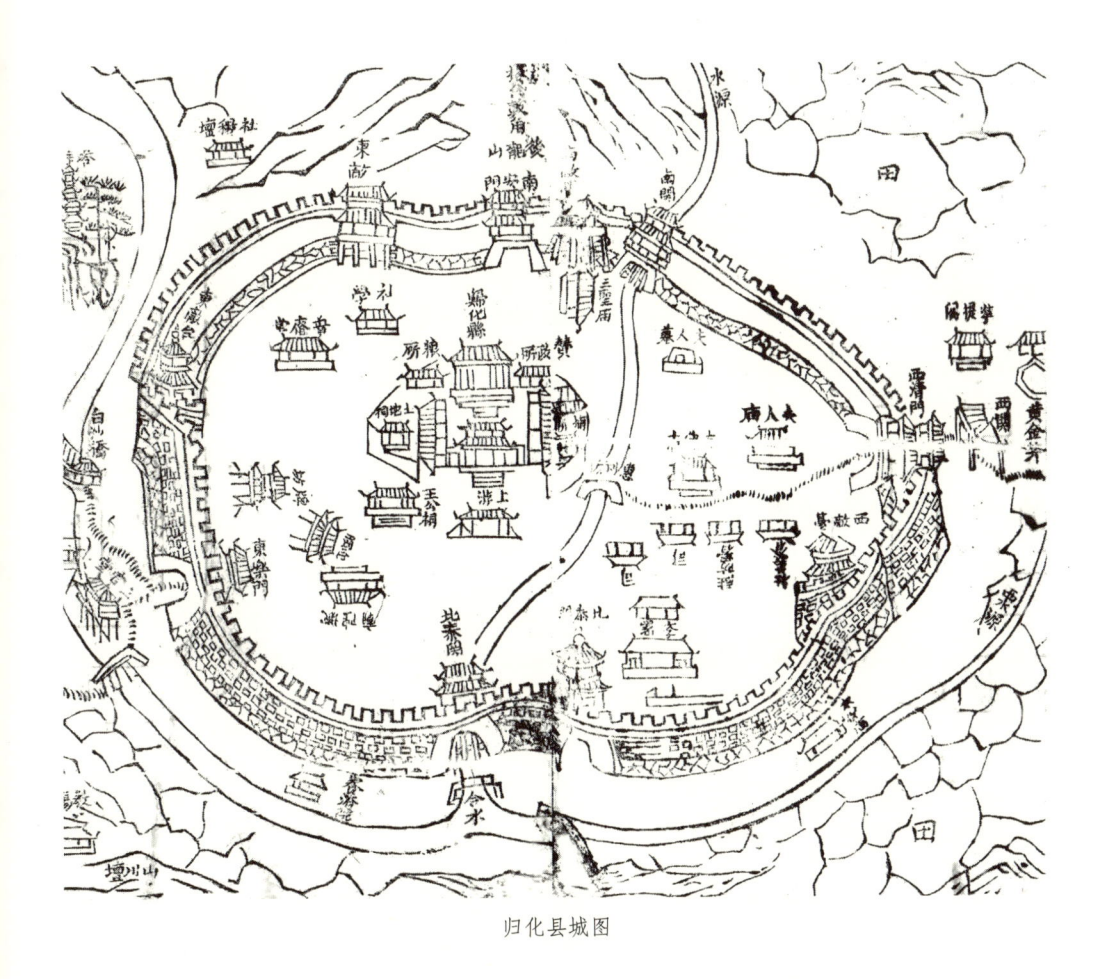

陆君完奏准勘筑。正德九年（1514），县令杨缙请诸当道，始兴工营筑。城墙周围长3公里，高4.3米，厚2.33米。墙上建瞭望楼3座，高2.7米，设窥视窗81口，垛眼1600多个，窝铺24间。城门4处，分别称东乐、西清、南安、北泰。建造南、北水关各1座，关上建有楼台。嘉靖三十七年（1558），县宰杨一昂将城墙增高1.6米。崇祯十七年（1644），县令吴国斗重修城墙，周围加高0.66米。

清康熙十三年（1674），城楼垛铺毁坏殆尽。康熙二十年（1681），知县王国脉捐资重建。咸丰七年（1857）九月，太平军进逼明溪，城墙被炸塌16垛。光绪二年（1876），南北关复圮于水，知县黄崇悝修复。光绪八年（1882），北关又塌，县令赵家琦重修。1916年9月，北关桥楼毁于火，乡绅赖礼隆、杨宗鼎等捐资重建。1922

年，北关又为洪水冲破，旋亦修复。1931年，工农红军与国民党军在县城激战，城墙大部分毁坏。1952年，拆除城墙，修建公路。

（二）堡寨

1. 万安寨

在县西20多公里。明代柳杨里有位叫宋鲁氏的妇女在此连结五寨，抵御敌寇，后敌寇被平定。旧址现在尚存。

2. 子城

在县治西。元末，陈友定因邻邑有警报而用溪石砌筑子城，用来保障乡间，绕城一周有0.5公里，旧址仍依稀可辨。

3. 平安寨

在县后芜山之巅。元末，陈友定立栅屯戍，墙基尚存，距城南5公里，海拔1003米。寨门以青石板作门框，四周围墙设有大、小不等的斜形视孔，寨堡形如一座小城池。

（三）关隘

1. 铁岭隘

在县东北三十里铁岭，明溪与将乐分界线上。形势高峻，岭顶有隘楼。因流寇毁坏，清康熙二十一年（1682）五月，知县王国脉捐资建复。

2. 夏坊隘

位于县西北70公里，与建宁、宁化分界。因常发生匪贼抢劫事件，清康熙二十二年（1683），知县王国脉请求拨兵20名屯驻，以便行旅。后几经换防撤减，屯兵时有时无。咸丰元年（1851）后无屯兵。

3. 紫云隘

亦称紫云台，位于城东45公里，与三元区分界。宋朝末年，抗元英雄文天祥在江西万安县被元军打败，来明溪募兵。文天祥到紫云歇宿时，目睹一朵祥云徐徐飘落，即挥笔留下"显盖紫云"，紫云因此得名。这里防守兵力最早有十几人，后时有增减。

明溪紫云隘

八、连城县古城

连城县位于武夷山南段东侧,地处于闽、粤、赣三省的结合点,东邻永安、龙岩,南界上杭,西接长汀,北倚清流,原为长汀县辖地。宋元符年间(1098—1100),置莲城堡,以东面莲峰山而得名。绍兴三年(1133),析长汀县的莲城堡及古田乡2个里、4个团,置莲城县,隶属汀州。元至正六年(1346),改莲城为连城。

(一)县城

县城莲峰镇是沙溪的发源地,大部分为平原。宋绍兴五年(1135),知县事丘钦若筑土墙300丈,周长1里140步。乾道二年(1166),知县事杨立中加以修葺,建三座城门,东门名朝京,西门名腾骧,南门名龙川。淳祐三年(1243),以砖石拱筑城门。

宋绍定元年(1228),城被盗毁,知县事米巨宏复筑。淳祐三年(1243),罗

连城县城图

应奇修土城，作瓮门，改朝京为通京，腾骧为秋成，龙川为薰风。元至正六年（1346），邑人罗天麟造反，城被毁。至正七年（1347），县尹王成吉修筑。至正二十一年（1361），红巾军袁景攻入，城复毁。到明初，仅存4瓮门。

明正德四年（1509），知县蒋玑增筑土城700余丈，并在四周围筑木栅栏。还修建城门6座，其中大城门4座：东门名寅宾，西门名秩西，南门名安阜，北门名拱北；小城门2座：东水门名福汲，西水门名清泰。并在城门上修建城楼。正德九年（1514），改土城为砖城，共筑砖城墙770余丈。正德十四年（1519），县丞黄钟岳又加固城墙，城高增至1丈7尺。至此，城墙基本定型。崇祯八年（1635），知县陶文彦捐俸委主簿刘芳修内城垛、东水门城楼窝铺，知府唐世涵令增城高3尺。崇祯十四年（1641），知县顾祖奎增修城垛。

清顺治四年（1647），知县徐承泽建北山楼三层，添设木城。十二月，城被攻破，城垛颓圮。顺治五年（1648），裘良怡修。先设楞栅，后立木城，修北山楼，建敌楼3座，窝铺10间。嘉庆四年（1799），知县孙廷锦重修。城墙负山面水，安阜、福汲、清泰三门濒文溪，东、西、北无濠。

1927年，福建省防军混成旅补充团团长罗藻，计划修县城至朋口的公路，拆除了西水门城门。1934年，第八十三师陈武旅进驻连城，拆除东门城门，扩大城内公路。1939年，县长池彪拆除南门至东门城墙，将城基卖给商人建商店。1953年，县城扩建，全面拆除城墙。

（二）城堡

1. 汤背寨

俗称新城，位于新泉镇新泉村南200米，是连城南境重要隘口。为防御盗寇侵扰，明正统十一年（1446），设置隘堡，并筑土寨御敌，为连城九隘之一。嘉靖四十年（1561），在新泉汤背寨（今新泉村）筑土围400余丈。隆庆四年（1570）秋，朋口、新泉大水，土围被冲塌。万历三十年（1602），县令徐大化重修汤背寨城，改土墙为石墙，共筑墙506丈，高1丈5尺，设城门5座，东门为启明，西门为涌金，北门为崇庆、锡极、浴德。崇祯十三年（1640），原汀州府卫参军林尧培协同知县雷同声，增修寨城女墙和城楼，并更改五城门名称：启明改晋明，涌金改拥金，崇庆改集庆，福汲改朝宗，浴德改日新。中华人民共和国成立后，因扩建市场和民居，大部分城墙已拆除，今遗存拥金门和部分城墙。

2. 北团寨巡检司城

位于新泉镇西村南200米。明嘉靖年间（1522—1566），在新泉设置北团寨巡检司。隆庆五年（1571），县令陈三俊在新泉公馆前（今西村）筑新泉北团寨城墙，周长约2000米，高约5米，东、南、西向大部分为砖墙，北依山部分为土墙。设南门、西门、北门三个城门，并在北山筑堡一座，当地俗称老城。现存部分城墙和城门遗址。

3. 冠豸山寨城

也称竹安寨，位于莲峰镇大坪村东100米，冠豸山在宋代以前称东田石。元至正二十六年（1366），县尹马周卿改名冠豸山。因山势险峻，上有平地，可以避盗御寇，马周卿辟南、北堑，垒城凿池，在山上修筑寨城。明弘治五年（1492），县令关铨重修冠豸寨，增筑新城50余丈，设南、北2门，并在最险的石道旁，筑石栏杆护卫。后人又在"一线天"中部筑东寨门，名天堑；在"丹梯"上筑西寨门，名云瞩。清咸丰八年（1858）九月，太平军入连城，从南寨门进攻冠豸山寨城，寨门被毁。今尚存东、西、北门寨门洞和部分城墙。

连城冠豸山寨西寨门

连城冠豸山寨城

第二节　龙岩州古城堡

龙岩位于福建省西南部，东连漳平，西接上杭，北邻连城、永安，东南与南靖交界，西南与永定毗邻。地处闽粤赣三省边区的要冲，境域四周为海拔800多米的群山环抱，境内山峦叠嶂，山岭与河谷相间，形成"三山夹二谷"之势。唐开元二十四年（736），置新罗县。天宝元年（742），以城东翠屏山有名胜龙岩洞，改称龙岩县。清雍正十二年（1734），升龙岩县为直隶州，下领漳平、宁洋2县。

一、龙岩州附郭龙岩县古城

（一）县城

县城原称苦草镇，现称新罗区。宋初编竹为界，后易土墙，岁久倾圮。绍定三年（1230），知县事赵性夫在西岗筑官寨。淳祐九年（1249），知县事赵宗揆甃以石。元至正初年（1341—1368），县尹黄仕龙在寨麓筑土墙，县署在城东。至正四年（1344），邑人卢仲义倡议再筑一城把县治围在内。至正十七年（1357），县尹赵昱建城，于是有上下二城。至正二十年（1360），监县达鲁花赤以二城不便守，于界处联筑为一城，挖濠沟护城。至正二十四年（1364），县尹赵琏以西逼高山不利，拓大城墙。四周城墙长872丈，高2.1丈；濠沟长959丈，深1.5丈。

明洪武八年（1375），知县刘文彧建6座城门和城南小水门，城门上建门楼，东为寅宾，西为西成，南为南津，北为北阙。成化八年至十三年（1472—1477），兴化、泉州、漳州三府资助，知县韦济辟城的西北隅，建守御千户所，砌筑新城。城墙周长增至1092丈，上为女墙，筑马道，设警铺10间，门楼5座，小水门1座，水函2个。嘉靖三十三年（1554），知县汤相出资于城外筑河为堤，自南迄东，长180余丈，以捍水患，名为汤堤。同时，重建城门楼，东为宾阳，南为迎薰，西为留晖，北为拱极，西北为永宁。嘉靖四十年（1561），汤相又增高城垣5尺，凿濠广1丈5尺，周围增建敌楼41座。塞北门，建最高亭于西北城堞，以资守望。

隆庆四年（1570），南门楼圮于水。万历二年（1574），知县黎绍诜修筑。万历四年（1576），知县马章重建南郭门。万历四十五年（1617）六月，洪水暴涨，西南至东楼墙俱圮，知县朱泰祯重筑城 224 丈，增高南门楼数尺。天启元年（1621），水冲毁南隅城 30 余丈，知县张日群修筑。崇祯十七年（1644）六月，洪水冲毁西东南一带城垣并南门楼，知县董汝昌修筑，但缩小南门。

清顺治十四年（1657），知县王有容重建南门，扩大与四门相同，改为文明门。康熙二十二年（1683），知县左岘增高东门楼数层。康熙二十四年（1685），知县江藻修城浚濠。康熙五十二年（1713），大水冲毁南北西三门城垣，知县陈人文修筑。雍正六年（1728），知县万物觐修。雍正十三年（1735），东门楼右及西、南、北城垣毁坏。乾隆元年（1736），洪水冲毁南门一带城根，知州张廷球捐修。东、南二门外汤堤崩陷百丈，乾隆二年（1737），张廷球重筑。道光二年（1822），南门楼毁，署州吕志恒重建。道光五年（1825），西北隅城圮 3 丈，知州尚维昂修。雨淋浸渍周围城垣多倒塌，北门左右尤甚。道光九年（1829），知州彭衍堂捐俸修。

1929 年，陈国辉部接防龙岩，修筑街道和环城公路，拆除部分城墙。20 世纪

龙岩州城图

70年代后，拆除南门沿河城墙，新建、扩建街道。

（二）铜城

位于江山乡政府驻地东侧20米。宋景炎二年（1277）春，郭铉、郭链为响应文天祥抗元所筑。原城墙周围50丈。今剩城门，高3.5米，宽1.2米，进深3米。城门券顶有阴刻"铜城"石碑。城墙一段，长10米，城墙外壁用条石、卵石砌成，内填土。城墙宽1.5米，高2.5米。

（三）关隘

1. 东屏关

位于城东15公里平林岭，为龙岩达漳平、宁洋必经之地。清咸丰三年

龙岩铜城遗址

（1853），知州马百庆营建。

2. 南屏关

又名建安关，位于适中乡，距城约40公里。经此出境，可达和溪、漳州、厦门。

3. 西屏关

又名九曲岭隘，位于大池乡双髻山，经此通永定、上杭。

4. 北屏关

又名采眉岭隘，位于小池与上杭县古田交界采眉岭。经此可通上杭、连城。

5. 雁石关

位于厦老与雁石镇交界山岭，与平林岭对峙。明正统十一年（1446），在此设巡检司。

另有肖坑隘，位于东肖镇肖坑村。倒岭隘，位于适中乡坂寮岭，通南靖、平和，岭势盘曲峻绝，为漳州入龙岩必经之地。缘岭隘，在适中乡，路通永定、南靖。三峰岭隘，在县东北百里。黄坑、林槽、东坑隘，在红坊乡，通永定、上杭、武平、南靖。廖天山隘，在万安与连城、永安毗邻处。

（四）堡寨

1. 西寨

位于大尉山，宋绍定三年（1230）知县赵性夫建，寨可容四五千人。

2. 林田堡

位于适中乡颜中村。明万历年间（1573—1620）曾在此建公馆。崇祯年间（1628—1644），知县邓潘锡建堡。清顺治十一年（1654），知县王有容重修。

二、漳平县古城

漳平位于闽西东部，九龙江北溪横切漳平中部，戴云山、玳瑁山和博平岭三大山脉雄结于此。古为汀、漳、泉、延四郡交接处。明成化六年（1470），从龙岩县九龙乡划出居仁、聚贤、感化、和睦、永福5里设县。县居漳河上游，千山中地稍平衍，因名漳平。

（一）县城

漳平县治设在小菁村。建城后，名菁城。位于漳平县中部，九龙江（北溪）上游北岸，古称居仁里。初无城，立木栅守卫。明正德八年（1513），知县徐凤岐动用官费以砖石砌筑城墙。城呈椭圆形，东起山川坛、水车尾，西至社稷坛，南临九龙江，北界福满洋。城墙周长620丈（约2066米），高1.8丈（约6米），分设四门：东名迎恩，西名偃武，南名朝阳，北名拱辰。筑城楼及7个窝铺。南北面临江，设有上、中、下3个水门。东面和北面挖有护城濠。城呈长方形，东西长约850米，南北宽约320米。

明嘉靖年间（1522—1566），知县陈世俊、桂懋实先后修，署县朱召重建。清康熙六年（1667），知县郑琬修，重建窝铺。康熙十九年（1680），知县查继纯修。乾隆二年（1737），知县傅维祖修。道光九年（1829）冬，知县蔡世钹捐廉百金倡修。

1928年，陈国辉部驻漳平时，设工务局，拆除旧城墙，拓宽为马路。城区逐渐

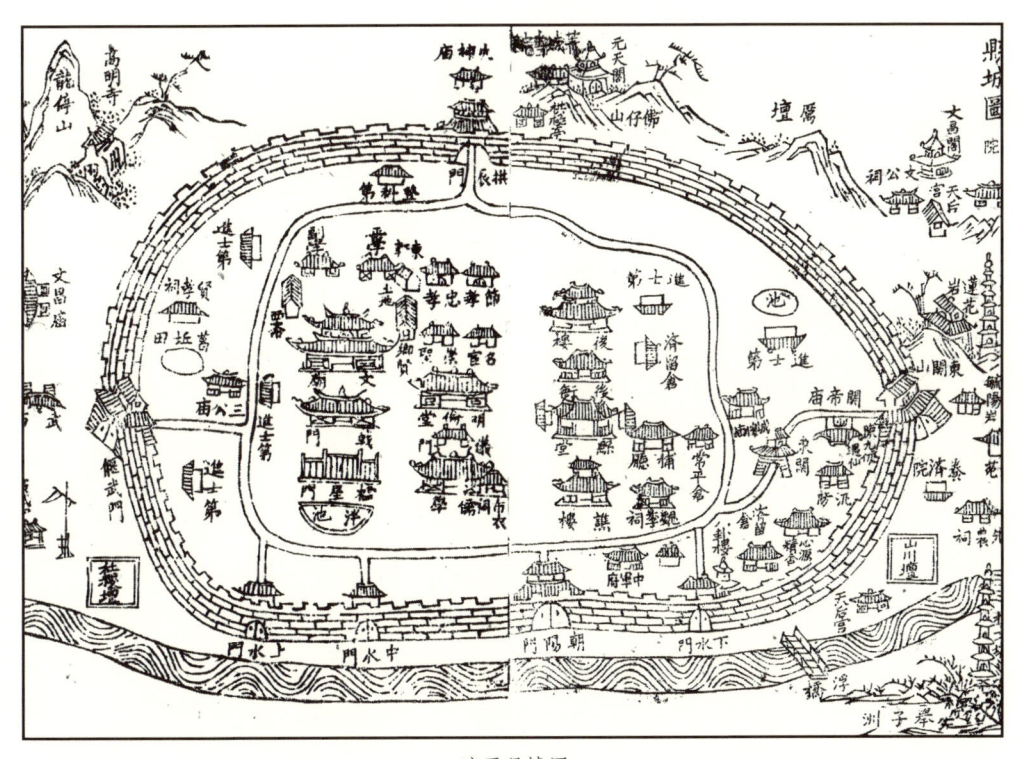

漳平县城图

向西北面扩展。现存南面临江和北面解放北路中段城墙基础各一段,共长175米,高约4米。

(二)堡寨

1. 西雾寨

位于和平镇和平村西的西雾寨山上,海拔615米,寨址面积1200平方米,梯形3围。元代农民为避匪乱在此垒石砌寨。现残存寨墙长50余米,宽1.5米,高1.5~2米。

2. 天柱寨

位于新桥镇西埔村西北,元代农民为避匪乱在此筑寨。占地面积约2500平方米,四周条石砌墙,平面呈长方形。现存残石墙长60米,宽3米,高2.5~4米不等。

3. 石寨

位于桂林街道桂林居委会西南3公里,明末农民起义军曾在此砌寨为营。寨址在海拔435米的悬崖峭壁上,占地面积约800平方米。平面呈长方形,东西长70米,南北宽18米。现存残墙高约4米。寨址内有碉堡和哨坑遗迹,地面有砖块、碎瓦、瓷片、古铜钱和腐朽的木构件。

4. 龙头寨

位于赤水田头村西北方与永安吴地村接壤处的大山上,海拔1122米,设主寨和辅寨,面积约8000平方米。明嘉靖三十九年至四十三年(1560—1564),以廖选、苏阿普、曾东田、马元湘等为首的农民起义军数千人据此寨为营。寨址尚存石砌残基和部分石墙,地面上发现木块、瓷片、碎瓦、铁渣和乱石堆等遗物。农民军遭官兵镇压后,朝廷将龙头寨改名为"杀狐岭",在岭下路边大石上刻石以纪。所刻"杀狐岭"3字,每字约40平方厘米。

5. 参周寨

又称永安楼,在溪南乡长荣村内的小山上,寨址面积约380平方米。明崇祯年间(1628—1644),天津兵备道陈六始,号参周,退居故里,在此筑寨抗拒清军,名"桃源"。清顺治四年(1647)二月二十五日,陈参周携家人在此堆柴举火自焚殉节。遗址面积约400平方米,平面呈椭圆形。北面有石砌拱门,高1.9米,宽1.05米,进深1米。现存土石墙长80米,宽2米,高2~4米。在寨址地面上发现瓷片、碎片和雕纹陶砖等遗物。

6. 龙停山寨

位于菁城镇西郊龙停山,海拔408米,是县城西部的制高点,古为兵家必争之地。寨址面积约400平方米,四周尚存壕沟和残石基等遗迹。

7. 泰安堡

位于灵地乡易坪村,清乾隆年间(1736—1795)建。堡依山而筑,占地面积约2000平方米,坐北向南,面阔33米,进深34米,平面呈"回"字形,两层楼,穿斗式木构架,悬山顶。内有前厅、后楼、走廊、后舍、水井、谷仓等。外墙厚2.35米,用块石砌至高3米,以上用生土版筑,墙上密布枪眼。门廊和厅沿台阶用石板铺砌。

漳平县泰安堡

三、宁洋县古城

明隆庆元年（1567），析龙岩、大田、永安部分县地置宁洋县。县境东、西、南三面皆山，北面稍平坦。北溪发源马山，南流至宁洋城侧与西溪合，称为鹭江，向东南流。北至永安，有马山之险；东至大田，有水路之便。1956 年 7 月 31 日，撤销宁洋县建制，原宁洋县大陶区划归永安县，双洋区划归漳平县，小溪区（7 乡）划归龙岩县。

（一）县城

双洋镇为宁洋县城所在地，地处漳平市北部，九龙江北溪上游。全境南北长，东西窄。境内山峦起伏，地势北高南低，千米以上山峰有 8 座。明隆庆元年（1567）建县城，以砖石砌筑城墙，高 1.8 丈，周长 480 丈。开四城门，东名翔凤，对金凤山；西名登云，对梯雪山；南名瑞麟，对麒麟山；北名佩玉，对玉岗山。城占地

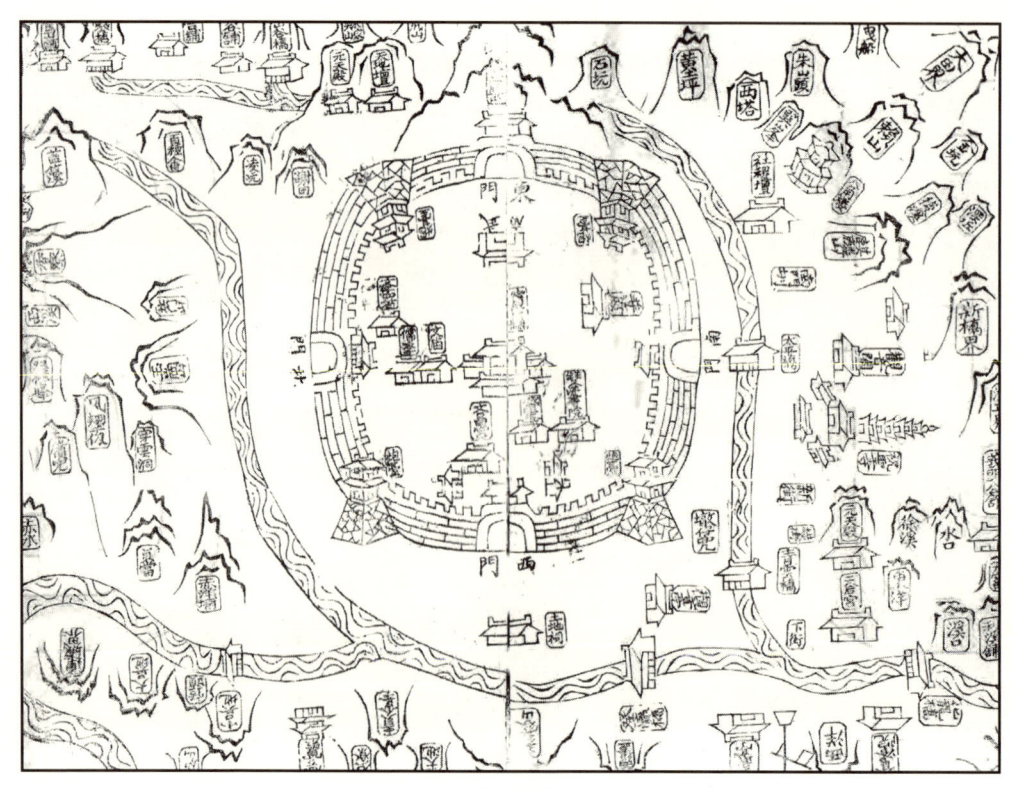

宁洋县城图

宁洋古城

面积约 12 万平方米，平面呈长方形，东西长 380 米，南北宽 295 米。原城墙周长 1350 米，高 6 米，厚 5 米，有四座门楼。县城一面靠山，三面临水，西南面建 4 座廊柱式风雨桥通往城外。万历十四年（1586），知县陈德言以四门额不称，更改城门额，东为瑞应，西为文明，南为清波，北为翔凤。

清顺治十一年（1654），土寇郑鹏烧东南二门。顺治十三年（1656），知县萧亮重建二城门，并架敌楼各三座，修治旧窝铺四间。康熙二十三年（1684），知县李文然重修。康熙二十八年（1689），知县沈荃增修城垣、窝铺。道光三十年（1850），知县吕文炘率民增修。1958 年拆除城墙，拓宽街道，新建公路。部分残墙于 1997 年全部拆除。

（二）堡寨

三山寨位于吾祠乡留地洋村合溪坪南，海拔 862 米。寨址面积约 3000 平方米。明嘉靖四十四年（1565）苏阿普起义，在此砌寨以拒官军。占地面积约 3000 平方米。现存石墙长 150 米，高 2~4 米。寨址尚存石砌残基，地面上发现木块、瓷片和砖石堆积物。

第五章 闽中古城堡

第一节 延平府县古城堡

东汉建安元年（196），析候官北乡置南平县。东晋太元四年（379），改南平为延平。唐武德三年（620），在南平设延平军。上元元年（674），延平军改为剑州观察使。南唐开运二年（945），复名为延平军，次年改名剑州。宋太平兴国四年（979），改剑州为南剑州。元至元十五年（1278），改南剑州为南剑路。大德六年（1302），改南剑路为延平路。明洪武二年（1369），改延平路为延平府，清沿明制。延平府位于福建中部，地理位置十分重要，为历代兵家必争之地。

一、延平府附郭南平县古城

南平县是闽中重镇，为历代府城所在地。东汉建安元年（196），析候官北乡置南平县。明洪武二年（1369），改延平路为延平府，南平县隶属延平府。

（一）延平府城

延平府城即南平县城，南平县城位于闽中大谷地的最低处，闽江上游建溪、沙溪、富屯溪的汇合处。北部是武夷山脉向东南延伸的支脉南端，东北是鹫峰山脉西南坡，南部为玳瑁山脉北坡，西部为丘陵地带。四周峰峦环绕，丘陵蜿蜒，唯有闽

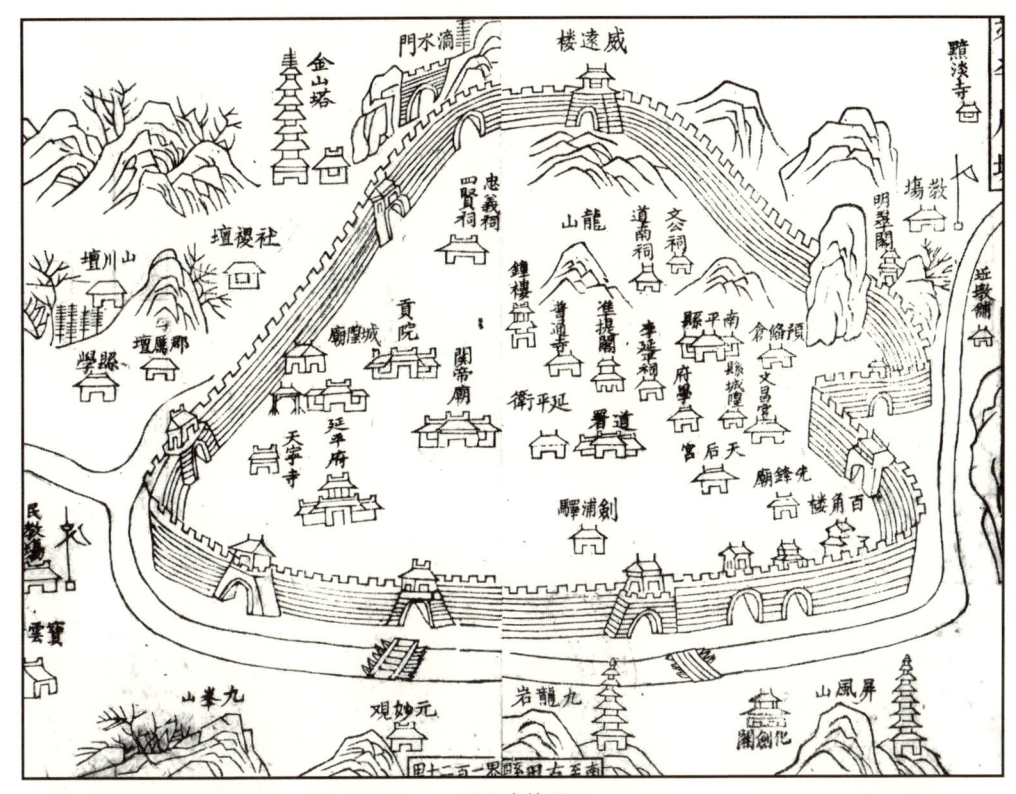

延平府城图

江河流侵蚀下切所形成的河谷，留下一条通往福建东南沿海的天然通道。

南平县治选在延平津畔狭窄险要地带，依山面水，据险守卫，一直到宋代才开始筑城。宋端拱二年（989）十二月，修筑城垣，东西长，南北短。周长9里180步，高2丈5尺，厚6尺。墙垛2400多个，门11座，窝铺61个。城分子城和大城，大城连接子城。子城开7城门，东门称镡津门，南门称崇化门，又称开平门，西门称延安门，北门称崇仁门。临溪城墙开延安门、延清门和披云门。大城开四门，东门称建安门，南门称通福门，西门称将顺门，北门称延泰门。嘉定十七年（1224）、淳祐十二年（1252），城垣两度因洪水严重坍塌，后来先后重修。德祐二年（1276），文天祥在南平抗元，在北门利用峭壁悬崖和天然山脊，夯筑宽4~5米、高3米的土城垣5000米。明初重修城垣时，南平城垣改城门为9个。万历三十七年（1609），再次全面修筑，改城门为8个：延禧门，有城楼，原东门建安门；延恩门，即小东门，又呼垆坑门；延安门，即上小水门，有城楼临溪；延宁门，即下小水门，有城楼临溪；延福门，即旧通福门，有城楼；延寿门，即旧将顺门，为南门，有城楼；延城门，即旧延安门，为西门；延泰门名称不变，为大北门。原有小北门堵塞。

清乾隆二十九年（1764）洪水冲城，崩塌78丈，知县卫克堉补葺。嘉庆四年（1799）又被洪水冲垮，知县何茹莲勘报于大府。道光三十年（1850），水溢塌甚，知县黄铨重修。光绪二年（1876）水灾，延福门城基陷20余丈，由于工程浩大，长期未能修复。

1912年，延寿门崩。延平府知事李焕主持修建。1913年，建安道尹蔡凤机任上又加固，并重建城楼。1914年，又重建延禧门。1919年，建东门大路，开始拆墙砖铺路。1935—1942年，修中正路、中华路、林森路，大量拆除城墙。1950年后，旧城改造、城市建设，古城垣几乎废弃。如今有以下几处遗址：

1. 鬼城墙

位于梅山街道金山塔居委会，在市北省林业学校后山延至新体育场后环城路后山之巅，为夯土所筑，地面部分无存，唯地下部分尚存。传为南宋末年文天祥开府

南平鬼城墙

南剑州时，为抵御元军，亲率军民日夜赶筑而成。城垣旧址全长约 5000 米，面宽 4.5 米，高 3 米，外侧利用自然山脊为陡峭工事，部分地段用石头垒砌。鬼城墙得名有三种说法：一为文天祥筑城之速，似有神鬼相助；二为南平人随文丞相勤王，死难于此的忠魂义鬼为数众多；三为以风水理论，城东北城门为"鬼门"。

2. 西门城

位于四鹤街道办事处辖区流水坑一侧，古为西门。元、明时称延安门，清代称延成门。流水坑即护城河。1990 年 11 月，发现一段城墙，约 50 米长，残高约 7 米，底部距地高 1.2 米，为石砌基础。其上城墙为错缝叠砌墙体，砖色青灰，尺寸为 43×14×21 厘米，十分坚固。中部有一敌楼台突出墙体，突出部分 1.3 米，面宽 14.4 米。

3. 沿江城墙

从延福门向东至延安门，即上小水门，沿建溪河边尚可见城墙残断。城墙残高 6.7~7 米，底部宽 1.7~2 米，墙头宽约 1.5 米。城砖为青色，尺寸为 43×14×21 厘米，甚为坚固。这一带原有延福门城楼、延安门城楼等，尤以延福门城楼最为著名。

4. 延寿门

位于西溪河西岸，市区江滨公园一侧，始建于元至元年间（1264—1294），原名将顺门，近代俗称南门。因水库建设由原地向上游迁移 30 米。延寿门残高 6.72 米，底部用八层石条砌至 3.05 米处起券。石券为筒形，高 4.82 米，内高 4.22 米，内宽 3.10 米。上嵌一石匾，刻楷书"延寿"二字。城门两侧各有城墙残断，底部 1.2 米左右为石墙基。城门基部一石件刻有"元至元三年"字样。少数城砖印有"延郡城砖"楷字。城砖尺寸为 42×21×11 厘米和 31×22×10 厘米。

南平延寿门

（二）堡寨

1. 三千八百坎古堡

位于城西北茂地（古称蓼地）乡，有三千八百坎（石阶）古道。古堡建在山顶，由卵石垒砌而成，横截于两峰之间，出口、入口均为拱状石门，内部形状似一座瓮城，可设伏兵于其中，倘有入古堡者，即围而歼之。始筑年代尚未做出准确调查论证。明代称古道，县志卷首有《三千八百坎图》，可见古堡城楼有雉堞模样，为古道关隘。

2. 苍峡寨

位于樟湖镇北岸香山村以东沿江一带。该处闽江边有峡谷，谷内流泉飞瀑，景致清幽，名为苍峡。古时为驿站，设巡检司，有水军步卒十余人戍守，以保水运畅

南平三千八百坎古堡

通，地方绥靖。现于苍峡边滨临江岸处，尚存地基和残壁断垣，即苍峡寨旧址。

3. 筼筜铺

位于王台乡九坍村北的筼筜岭上，古为南平至顺昌、洋口古道间的一座铺驿。古道中部铺一块竖向青砖，两旁为卵石。许多路段已支离毁损，杂草丛生。岭上下全是石阶，周围有数十株大树，夹杂着翠竹。附近有1亩见方的旧基，基面可见陶瓷残片。

4. 岩头堡

位于茂地镇筠竹村东南1公里，建于宋代，是建在山顶的关隘，平面呈椭圆形，占地面积约1000平方米。堡墙以鹅卵石垒筑，残长37米，宽2.5米，残高约5.2米。开有东、西拱门。东门高3.23米，宽2.46米，进深1.5米；西门高2.53米，宽2.01米，进深1.7米。道旁有萨镇冰题刻石碑1通，方首，高1.9米，宽0.8米，上刻楷书"义声载道"。

（三）关隘

南平有崇山峻岭之扼，湍溪深谷之险，易守难攻，设关隘为战守要地，与府城共同防守，称作"铜延平"。

1. 中军帐

在县城西北广节营后山（今市立医院住院部一带），宋郡守张觷建，招讨使陈韡重建。有鹅鼻头尖寨与之配合。

2. 鹅鼻头尖寨

在城北考栗岭上十三峰，平地耸起，高十余丈，中有捷路通郡城中军帐，后通峡阳，前通溪源诸处，宋郡守张觷建立。

3. 湖头寨

在城东10里，面溪背山，前建浮梁，宋郡守张觷设伏于此。

4. 卤水岭寨

在城西长砂上里，背山枕溪，上下壁立万仞，路仅通步，招捕使陈韡建寨，与中军帐、鹅鼻头尖寨因警而设。

此外，还有黄墩关隘，在城西25里的黄墩；麻州头关隘，在城北梅岐里来舟。

二、将乐县古城

将乐位于福建省西北部，地处武夷山脉东南面、闽江支流金溪中下游。东临顺昌，西接泰宁，南连明溪，北抵邵武，东南与沙县毗邻。三国吴永安三年（260），析建安县校乡设将乐县。因水来自将溪，东越王乐野宫在此，又以邑在将溪之阳，土沃民乐，故得名将乐。

（一）县城

县城古镛镇位于县境中部，依山傍水，北有龟山蜿蜒，南有五马驰逐，金溪南来，龙池东注。自古以来，这里一直为全县政治、经济、文化中心，又是兵家必争之地。

元至正四年（1344），为防寇盗，县民吴克忠雇工筑土城墙，北据华山，东临旷野，西包石壁，南滨金溪，全长9里93步。设6门：东门为攀龙，南门为金黎，

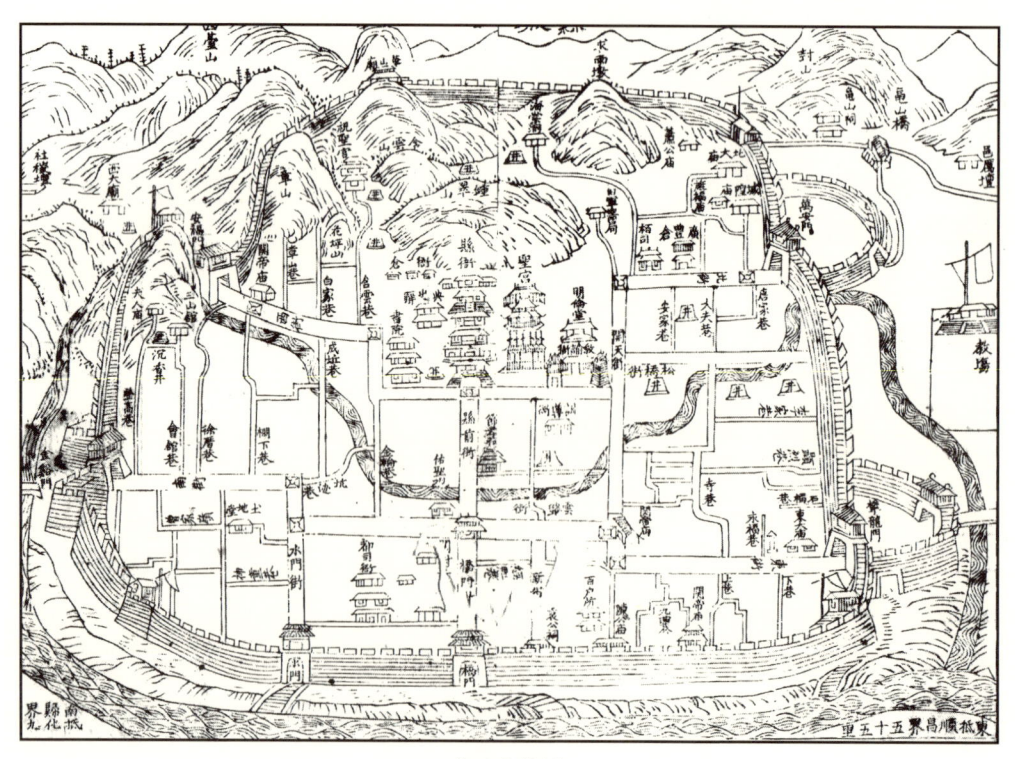

将乐县城图

西门为安福，北面为万安，另有桥门、水门。城外挖水濠 144 丈 9 尺，干濠 280 丈。元至正二十六年（1366），陈友定主持改筑石城墙，缩小城池，周长 5 里 40 步，6 门依旧。东南临溪流，借为濠；西北据山险，壕堑延长 395 丈。

明洪武元年（1368），设立守御千户所。时千户李济、韦淮以西南隅山谷空虚，砌砖加固城墙，西南面城墙移缩 500 余步，东、北两门设重月门，东南设吊桥，各门建城楼。弘治七年（1494），重建南门楼。弘治十四年（1501），知县李熙重建东门楼。至此，城垣有城上楼 72 座，月城楼 5 座，窝铺 28 间，正城垛 1815 个，月城垛 116 个。嘉靖四十一年（1562），知县俞一中增高女墙 3 尺，并在城墙金溪门外加筑 2 座炮台。嘉靖四十三年（1564），县丞罗俨重修被水冲毁的水城门。万历九年（1581），各城楼毁坏，知县戴相尧修葺。万历十三年（1585），桥门城楼毁于火，知县黄仕祯修建。

清顺治八年（1651），知县宋可发重加增筑，连三垛为一垛，窝铺 28 间。至雍正六年（1728），知县冯景曾重修。1940 年，城墙新开新将门，北门易名龟山门。

将乐新建仿古城

后城墙和门楼或倒或拆,仅存水门至新将门一段墙。1983年,水门重建一新,并篆书"水门"两字。

(二)堡寨

1. 万安寨

位于万安镇万安村,距将乐县城28公里。宋代属万安里,清代辖东西市、南北市、观前市。1939年后,为第三区署所在地。尚存古巷3条,总长1100米,和部分清代建筑。

2. 狮子寨

位于县城北狮子山腰,面积1300平方米,后改为道坛。尚存寨房断墙和夹木泥块。

三、沙县古城

沙县位于武夷山与戴云山之间、沙溪下游,古为沙村县。因县治在沙溪北岸,故别称沙阳。传说沙溪城关河段有一"虬",故城关又称"虬城"。晋义熙年间(405—418),析延平县南部区域设沙村县,县治设在今琅口乡古县村。唐武德四年(621),改沙村县为沙县。中和四年(884),汀州府司录兼摄沙县事曹朋将县治由古县迁往凤岗镇。

(一)县城

县城凤岗镇在县境中部偏西。明弘治四年(1491),延平府知府苏章、沙县令陈光泰主持修筑城墙。翌年,陈光泰调京城任职,顺昌县令兼摄沙县事费诚续建。弘治七年(1494)竣工。

县城前临溪,后枕山,城墙厚一尺多,花岗岩石墙基,砖砌墙体,墙上加雉。墙高21尺,周长1401丈,雉堞2800个。开正四门,东名迎恩,西名永安,南名延福,北名昌乐。又开四小南门,称小水门、师古庙门、三圣门、文昌门,以通水道。开小北门一个,以便樵采。嘉靖三年(1524),知县何亦尹构窝铺15间。万历十四年(1586),洪水浸淫城墙,雉堞半圮,崩坍亦多,知县袁应文筹款修。崇祯十三年(1640),知县程绍儒增高雉堞。

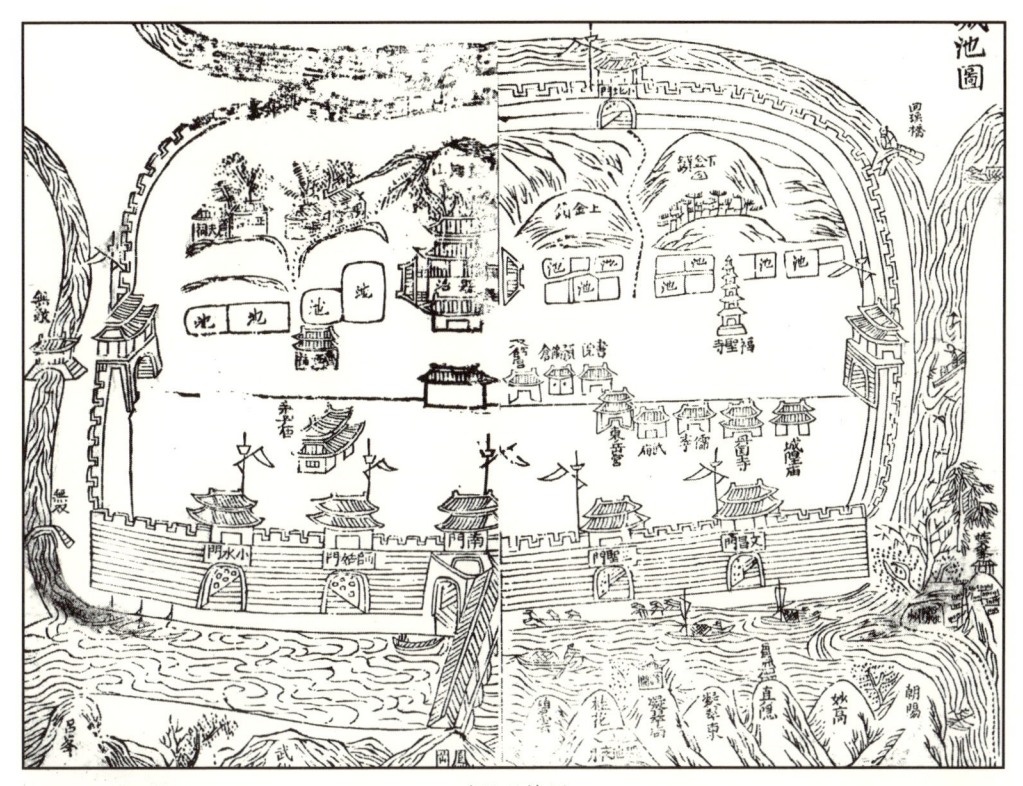

沙县县城图

清康熙三十八年（1699），知县林采修南楼，次年修东城。雍正十一年（1733），知县戴大冕重修城楼。雍正十三年（1735），知县方邦基重修炮台。乾隆六年（1741）三月初一夜，东城楼受灾，同年冬重建。乾隆七年（1742），知县石白重修城垣。乾隆二十九年（1764），洪水冲塌城垣51段，共62丈，又倒坏城垛287处，知县戴洪恩倡募修筑。同治五年（1866），知县陈培桂募捐修缮。同治七年（1868），知县向熹续修。

1949年后因建设需要，城墙大都被拆，仅余南面沿河部分，在凤岗镇沙溪北岸，东起东溪与沙溪汇合处，西至沙县大桥

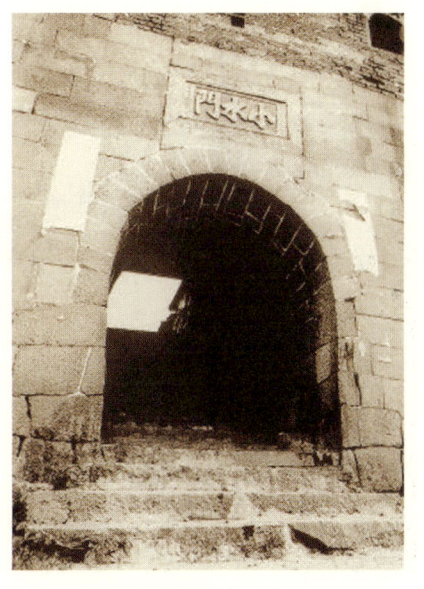

沙县小水门

桥头，长约 1000 米的残段。城门仅存小水门、庙门两处。小水门上嵌有明弘治五年（1492）的"乾坤正气"木匾。部分城墙被埋于现文庙路、滨河路下，沿河尚能看到部分墙体及垛口。

（二）堡寨

1. 陈山寨

又名将军寨，位于大洛镇陈山村西北 3 公里，明时建于海拔 1537 米的锣拔顶山上，占地面积约 1 平方公里。寨内三望坪是邓茂七当年的练兵场，尚存一旗杆石。明正统十三年（1448），邓茂七在此揭竿起义，号称"铲平王"。

2. 水美土堡

位于城西 7 公里的虬江乡水美村。堡主张家三兄弟按照福州官办设计局提供的图纸，建造双吉、双兴、双源三土堡，合称水美土堡。清同治元年（1862）落成，占地面积 8666 平方米，为正方形建筑，东、西、南、北 4 个大门均用花岗岩条石砌

沙县陈山寨

成。围墙高 18 米，厚 3.5 米，墙顶建有房间，四角设有炮楼，炮楼及围墙上明、暗枪眼密布。堡内 99 间屋舍相连，曲径相通，梁、窗均雕有花鸟鱼虫山水人物。堡内掘有水井，备足粮食后，数百人可数月不出堡。

双吉土堡建于清道光初年（1821—1850）。堡占地面积 1090 平方米，建筑面积 420 平方米，坐北向南，平面呈前方后圆，为四合院式建筑，两侧有护厝，横向设厅与上、下堂相连，形成窄长天井。正堂面阔五间，进深三间。上、下堂均为穿斗式木构架，悬山顶。

双兴土堡建于清道光晚期至咸丰年间（1821—1861）。呈横放钟状，高 18 米，底层为石墙，厚约 3.5 米；上层为土墙，厚约 0.8 米。墙有两排枪眼 72 个、98 个，两排炮眼 27 个、46 个，两排瞭望窗 9 个、13 个；有 3 个炮楼，高 20 余米。堡占地面积 3152 平方米，建筑面积 2132 平方米，坐南向北，平面呈前方后圆，建筑依山势前低后高，为四合院式建筑。由上、下堂和两侧护厝组成。上、下堂均面阔五间，进深二间，穿斗式木构架，悬山顶。正面两侧有碉楼，围墙设枪眼及水槽。四周墙基石砌，墙体夯土。墙厚 2.45 米，高 5.66 米。墙内侧设廊环绕。北面设正门，东西面各设边门。

双源土堡建于清同治元年（1862），呈横放钟状。堡占地面积约 6000 平方米，建筑面积约 5100 平方米，高 18 米，设大门 1 个，偏门 2 个。底层为石墙，厚约 3.5

沙县水美土堡

米,上层为土墙,厚约0.8米,墙上有两排枪眼72个、98个,两排炮眼27个、46个,两排瞭望窗9个、13个,有3个炮楼,高20余米。坐西向东,平面呈前方后圆,建筑依山而建,前低后高,由下堂、正堂、后楼、两天井组成。下堂面阔五间,进深一间,砌上明造,硬山顶。正堂面阔五间,通进深12.05米,明间前部为正厅,后部作后厅,次间梢间前后为耳房,安复水椽,穿斗式木构架,硬山顶。后楼面阔五间,通进深7.54米,高三层,砌上明造,穿斗式木构架,硬山顶,两山砌封火墙。山墙两侧各建两排护厝(外排建二层楼房)。正面两侧及后部中间有碉楼,围墙广布枪眼及水槽。四周墙基石砌,墙体夯土,墙内侧设廊环绕,东面设正门,南北各设边门。

四、顺昌县古城

顺昌县位于福建省的西北部山地丘陵区。境内山脉源于武夷山系杉岭支脉,分别由东北部、西北部和西南部向中部延伸。除东南部外,边境均有千米以上群山环抱,最高峰郭岩山,海拔1384米。富屯溪、金溪两条主要河流,分别由西北、西南向东南流入,汇合于县城双溪镇,再向东流入南平汇入闽江。县境分别与建阳、建瓯、南平、沙县、将乐、邵武6县市接壤。后唐长兴四年(933)置县,县名取顺而昌之意。

(一)县城

县城双溪镇位于县境的南部,古称蠲科镇、将水镇,因地处富屯溪、金溪的汇合处,1940年改名双溪镇。置县以来,一直为县署所在地。县城位于富屯溪畔,依山傍水,地势狭窄,建县后长期没有筑城。

明正德元年(1506),巡按御史饶榶到顺昌县巡视,下令延平府通判罗环经营区划,委任将乐县义官白瑞会同本县义官余聪、谢俊等12人分工负责修建城墙,于正德二年(1507)秋天开工,正德四年(1509)冬完工。城墙北枕山,南临水,从北向南顺山沿河而下至富屯溪畔,城墙全长883丈,高1丈7尺,墙基宽1丈。设城门五座,称东安门、西宁门、南平门、北定门、通津门。还有小水门四座,称朝天门、安靖门、神佑门、得胜门。窝铺5间,城垛1342个,门各有楼。北面濠沟一条。城墙内总面积为0.9平方公里。正德十五年(1520)大水,沿河一带城墙大部

顺昌县城图

分被冲毁，后来陆续修复。

　　清顺治五年（1648），奉总督陈临阅面谕，依山一带两垛砌为一垛，计高2丈3尺。康熙二十年（1681），东、西、南三面城墙部分倒塌，到康熙二十二年（1683）才修复。康熙四十五年（1706），知县刘德亮重修。康熙四十六年（1707）大水，城塌。康熙四十八年（1708），知县郭锳重修。乾隆二年（1737），知县李飞详请修造，改南平门为南津，建镇北楼于北最高处，建垛口1517个。

　　光绪十三年（1887）五月，知县程森重修城墙，委乡绅高联梯等负责。1919年3月，洪水冲崩南门城墙六丈余，县知事夏侯楷募捐重修，委乡绅高世恩等负责。1931年4月，南门城墙复被洪水冲崩一丈余，县长郑仲常重修，委乡绅吴爵深负责。1933年8月，城墙垮二丈余。县长邱功夔集士绅高登鳌等修，不两月即告完竣。

　　1949年后，因建设需要，除沿河一带有防洪作用的城墙仍保留外，大部分城墙相继被拆。现存延福门往西少量墙基及墙体，保存下来的城门有小水门，城门圈及城楼已毁。在印刷厂宿舍建筑工地上，发现带"光绪三年"和"邑人程森"年号和款识的墙砖，砖长32厘米，宽20厘米，厚9.5厘米。

　　水南大桥右边南大门原南津门城楼已毁，仅存城门及部分城墙墙体。城门石构券顶，高3.4米，宽3.03米，墙体厚2.9米。门额上横刻阳文楷书"南津门"三个大字。城砖上可见"邑令朱善骥"、"咸丰四年修"等字样。城门左前侧0.8米处立一石柱，高1.8米，直径0.25米，上刻清"道光八年南门公立"八字。西边沿有小水门一座，城门圈顶保存完整，城楼已毁。东边沿有小水门一座，城楼和圈顶均毁。原南平门城楼已毁，城门圈保存较好。历次修建的墙基均采用四方和长方形岩石错缝叠砌构筑，墙体上的城砖面有修建年代和主持修建工程人的姓氏印模。

（二）堡寨

　　现存有蜈蚣寨，在洋墩乡南面4公里的蜈蚣山上，四周森林环绕。整座寨用不规整的岩石构筑围墙，圈成寨堡。寨内建筑分上、下两厅，厅两侧有数间厢房，左边围墙开一道山门通往山外。相传，此寨为一刘姓寨主所建，聚集兵马，立寨为王。

顺昌县城

地方官员恐其势力发展，调大军进剿歼之，寨堡被毁，现存残垣断壁。

另外，还有石湖寨，南唐保大年间（943—957）修建，在县西北石湖口，已废。同巡寨，宋代修建，在县西，又名兵寨，已废。仁寿土堡，清代修建，在仁寿乡境内，有炮台四口，已废。

五、永安县古城

永安位于福建中部偏西，地处沙溪上游，居于武夷山脉和戴云山脉的过渡地带。东邻大田，西靠连城、清流，南连漳平、龙岩，北接明溪。永安古名浮流，分属沙县、尤溪县境。明景泰三年（1452）设县，属延平府管辖。名为"永安"，寓永久安定之意。

（一）县城

永安县城位于县境中心，龙溪和巴溪两水汇合于城内西门，形似燕尾，故城区又称"燕江"。自置县起，历来为县治所在。城区负山阻溪，壕堑天成。永安置县后，在沙县、尤溪两县交界筑永安城垣，弘治十八年（1505）完工。县城东、西、北三面以溪水为堑，独南面凿地注水为池。周围5里32步。开四门，东名德化，西名清流，南名通漳，北名延平。西北门之间开一小水门，城濠自东环北而西延袤710丈。窝铺16间，城垣周围1333丈，城垛883个。四门上建城楼，东为星聚，南为纵目，西为来爽，北为拱极。城南有南塔，又称登云塔；北有北塔，又称凌霄塔。

清乾隆十六年（1751），城崩30余丈，知县邵应龙倡众捐修，有碑记。南门外城濠为居民所侵，架屋其上17年，知县刘善植督拆，濠乃疏通，立碑官池头。乾隆二十九年（1764），洪水冲塌城墙22丈8尺，知县王裕增募捐修筑。道光九年（1829），知县李新畲捐廉修葺四处城垣。道光十四年（1834），城墙及四门城楼崩塌，损坏严重，窝铺也都倾圮。1928年，增辟利民门。1938年，福建省政府内迁永安。1939年冬，日机先后十余次轰炸当时省会永安城，为便于疏散居民，省政府下令拆除城墙。

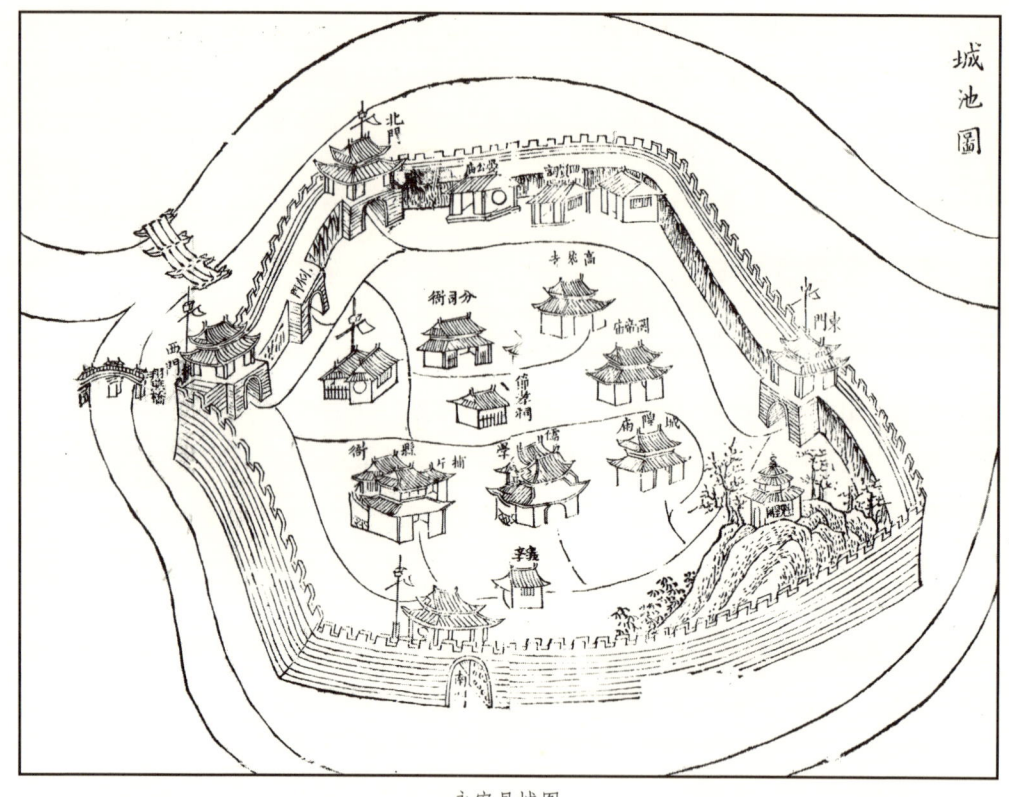

永安县城图

（二）堡寨

1. 贡川堡

位于贡川镇。明嘉靖三十九年（1560），盗匪入侵。嘉靖四十一年（1562），知府周贤宜委官督造，贡川士民捐资筑堡。全堡仿城池建筑，城墙东、南两面环水，西、北两面依山，依地势而筑。城墙长 623 丈，高 2.4 丈，有墙垛和瞭望口。墙基用河卵石和花岗石等砌筑，墙体青砖包砌，砖上印有"贡堡"、"贡川"字样。设四个城门和四个小门，现大城门仅存东面攀龙门和西面延爽门，小门只存临津门。1988 年开始，政府进行维修。

2. 安贞堡

位于槐南乡洋头村，又名池贵城。始建于清光绪十一年（1885），历时 14 年竣工。采用闽西围龙屋的设计，周围是石头和夯土建造的堡墙，在堡墙的前面和后侧还修建了三座碉楼，碉楼内备有土炮、火药和铁砂；围绕土堡一圈的堡墙上开设了 90 个瞭望窗及 180 个射击孔；大门由厚木板制成，外面还包了一层铁板。

永安县安贞堡

安贞堡大门

安贞堡占地15亩，建筑面积3182平方米，坐西向东，平面呈前方后圆。建筑随地势而建，中轴线对称布局。外墙高9米，墙基厚约4米，向上逐渐收分，墙体下部毛石垒砌，上部黏土夯筑。堡前埕坪面积1200平方米，以矮墙围绕。旁边另有附属建筑。堡两侧有凸出8米的角楼，互为犄角。正门花岗石券顶门洞，上方设两个泄水孔。堡后正中还悬出一间小屋。堡内大小房间350间，正堂、下堂18处，厨房12间，水井5口，练兵场可容数千人。环堡走廊宽3米，长数百米，墙上布满枪眼和泻水管。屋檐上有《三国演义》《西游记》《水浒传》等人物主体浮雕，还有飞禽走兽、牡丹吐艳、腊梅迎春等壁画，并设有客厅、卧室、书房、粮仓、天井、下水道等。

3. 会清堡

位于西洋镇福庄村，建于清代。占地面积2310平方米，坐西向东，平面呈前方后弧。以厅堂与外环建筑组成，左右对称布局。大门在南面，小门在北面。外墙通高9米，基厚3米，由块石与三合土垒砌。墙体黏土夯筑。墙内立柱建两层承重的穿斗式木构架屋，设内廊，硬山顶，自西而东层层跌落。廊屋一层不开窗，二层开窗并设射击孔。内部院落由燕诒堂、天井、后院组成。燕诒堂左门为石拱门，门额"会清"，右门额"闩梁"。

4. 石头城

在安砂镇附近的钱纛山，当地人称寨山。约建于明末清初，占地80余亩，四周筑有防御城墙700多米，一直延伸到九龙溪边，便于取水饮食。山顶有许多房子，清雍正二年（1724）建。

5. 龙口寨

位于城东莲花岩上，周围均系峭壁，有小径直通至岩巅寨内，仅容一人行。元、明、清时代，凡遇战乱，附近居民均在此避居。

六、尤溪县古城

尤溪县位于福建省中部、戴云山脉北段西坡，唐开元二十九年（741）建县，以境内尤溪为县名，属福州。五代南唐保大六年（948），划属剑州；明、清属延平府。全境以中低山地和丘陵为主，地势东、西高，中部低；尤溪由西南向东北流贯县境中部，注入闽江。

（一）县城

县城城关镇位于县境中部，宋、元无城郭。明弘治四年（1491），礼科都给事李孟阳陈言尤溪筑城一事，勘行知府苏章创建，委通判应元徽督造。城墙周围略呈卵形，西部窄小，东部稍宽。北围玉釜山、伏狮山，西达翠帷山顶，南临青印溪，东临尤溪。两溪汇合形成天然护城河。城墙周长1555丈，高1丈5尺。设城门6处：东称东溪，俗名永丰；西称西津，俗名宝城；南称南薰，俗名宣化；北称北平；东南称沈福，俗名福州；西南称玉溪。但城墙广泛迂卑，西北一带，陡仄难守。嘉靖二年（1523），城被汀州寇攻破。寇退，分守道蔡潮议更筑，但仅立窝铺44座。嘉靖六年（1527），巡按刘廷篑力主重建，檄知府陈能、推官陈禹卿、知县李文充分工负责。将西北角墙围内缩，建新城墙290丈，增设窝铺5处，设水门2处，水关各3处，城门6处。嘉靖三十三年（1554），知县钱贞重修。嘉靖四十年（1561），

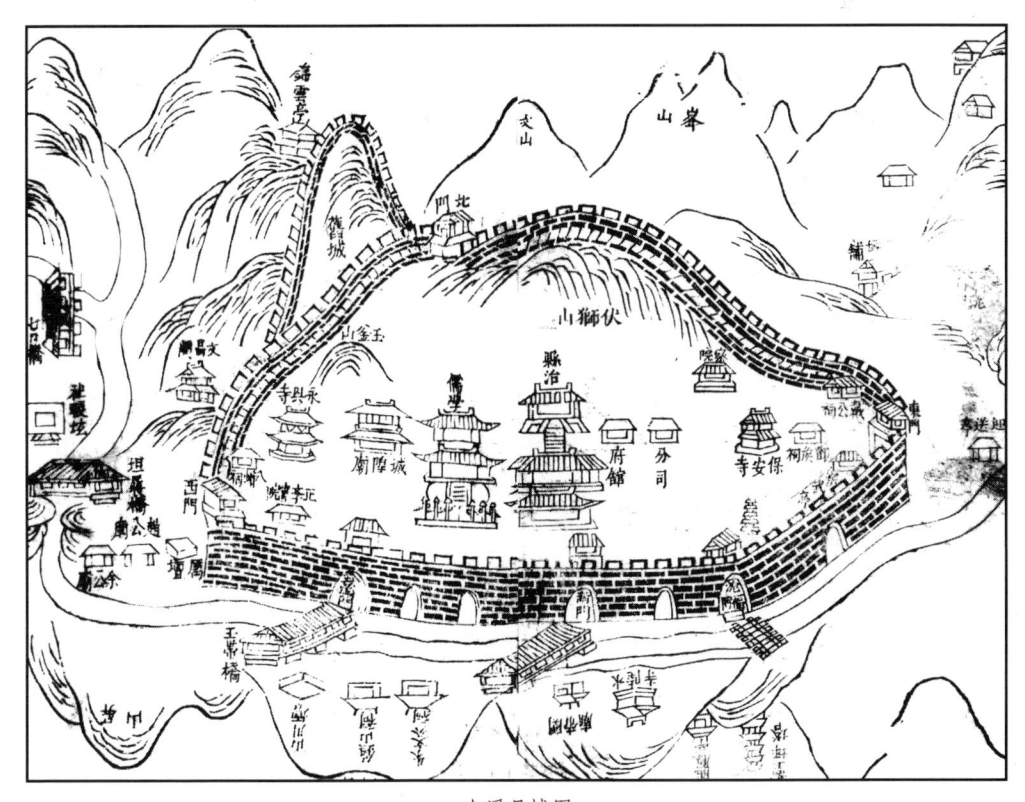

尤溪县城图

尤溪县沈福门

知事戴朝恩增高城墙3尺，合二垛砌为一大垛，每十垛建敌楼一座。万历十四年（1586），淫雨坏东门城脚，知县刘观德修；崇祯年间（1628—1644），知县邓一麐又修。

清乾隆八年（1743），洪水冲坏城楼垛口，知县蔡林修整。乾隆三十九年（1774），知县焦长发重修。咸丰四年（1854），知县萧作霖巢官仓存粮，又向各富户派款，开始大修，经3年竣工。光绪十二年（1886），知县汪学澄改建保安寺门，并修四城门。1924年6月22日，特大洪水冲毁东南方大部分城墙，西北方也多处崩塌。1925年，师长卢兴邦维修城墙。民国时期，尤溪城垣周围1209丈4尺，高1丈5尺。城门6处，城楼6处。水关5处：北平门至西津门3处，登云坊1处，崇文坊1处。水门9处：昼锦坊1处，登云坊2处，通驷坊2处，宣化坊1处，崇云坊1处，兴贤坊1处，积善坊1处。窝铺25间，敌台140座。

1950年后，城墙逐渐拆毁，仅保存沿青印溪的部分城基和东门沈福门。城门位于城关镇城东居委会，俗称"福州门"，明弘治四年（1491）建。门洞进深9米，宽4.4米，高5.6米，用花岗岩石条石起券。门洞上方建有城楼，面阔三间，进深三间，抬梁式木构架，歇山顶，高3.8米。

（二）关隘

1. 牢城关

位于县治北崇岭顶，南宋建炎三年（1129）设鹿寨，名牢城关。自县治西滏坑起沿山北接高源，南至小村皆设寨。

2. 西津卡口

位于西津门外里许，两岸石岩峭立，下临深潭，旧系木桥。流贼不时出入，难于守御。清乾隆十五年（1750），知县于从濂以此地为西关险要之区，改木桥而建石桥。桥面可聚数百人，桥头设卡口，营弁拨兵防守。

另外，在与沙县交界的滠头塘，与永泰交界的吉花塘，与德化交界的萧坂塘设隘口，派兵驻防，在梅仙的关兜叠石为卡。

（三）堡寨

1. 枕头山寨

位于洋中镇下仙岭村西北3公里，建于清代。明末清初，反清复明人士在此聚集抗清。山寨建在悬崖峭壁上，块石垒筑，有马腰寨和兴隆寨两座。马腰寨长200多米，宽约15米，乱毛石砌筑的寨墙残高3.5米。南门、东门、北门依稀可见，南门为主要寨门。兴隆寨长46米，宽约27米，寨墙高约5米，宽1.8米。墙顶有女儿墙，高约1.2米，宽0.5米。西向辟一寨门，宽0.8米，高约2.4米。寨内呈三进阶梯式建筑，中间留有通道。

2. 聚奎堡

位于中仙乡西华村南300米，又称"寺坂寨"。清乾隆十九年（1754）建，道光十二年（1832）重修，光绪十四年（1888）重建。占地面积6552平方米，三进，每进面阔五间，进深三间，悬山顶。共有200多个房间，左右各有护厝两栋。每进均用防火墙隔离，周围有厚2米的夯土围墙。保存有清道光年间（1821—1850）"文魁"匾2方，"璧水声光"匾2方。

尤溪聚奎堡

第二节　兴化府古城堡

兴化府位于福建中南部，又称莆阳、莆仙，北连福州，南接泉州，西依戴云山脉，东南濒临台湾海峡。宋太平兴国四年（979），置太平军，辖兴化县。太平兴国五年（980），改太平军为兴化军，析平海军的莆田县和仙游县归兴化军。景炎二年（1277），升兴化军为兴安州。元至元十五年（1278），升兴安州为兴化路。明洪武二年（1369），改兴化路为兴化府。

一、兴化府附郭莆田县古城

莆田县位于福建省沿海中部，东南濒海，北连永泰，东北与福清毗邻，西与仙游接壤。地势自西北向东南倾斜。南朝陈光大二年（568），析南安郡东部地置莆田县，县治在延陵里，不久撤销。唐武德五年（622），复置莆田县。圣历二年（699），析莆田西部地置清源县，后改名仙游县。

（一）府城

县城城厢镇地处莆田县中央，莆田自置县时起，治所一直在城厢。宋初，兴化军治从游洋迁莆后，城厢先后为兴化军、兴安州、兴化路、兴化府治所所在地。

宋太平兴国八年（983），兴化军治从游洋移设莆田，知军段鹏创建军城。内筑子城，周2里318步，以护卫官署衙门；又筑土垣为外城，以护卫城区居民。宣和三年（1121），建筑砖城，高1丈5尺，基厚7尺5寸，周7里83步。设5个城门：东名望海，南名望仙，西名肃清，北名望京，东北名宁真，门上都建有门楼。引北涧水为濠，绕城至东南，和西南沟堑相连。绍定三年（1230），郡守曾用虎建府城，表里砌石，周长1298丈8尺，高1丈8尺，内外砌石墙，顶覆砖，设楼垛。元至正十四年（1354），同知关保修。

明洪武三年（1370），指挥李斖修建。洪武十二年（1379），为防倭寇筑新城

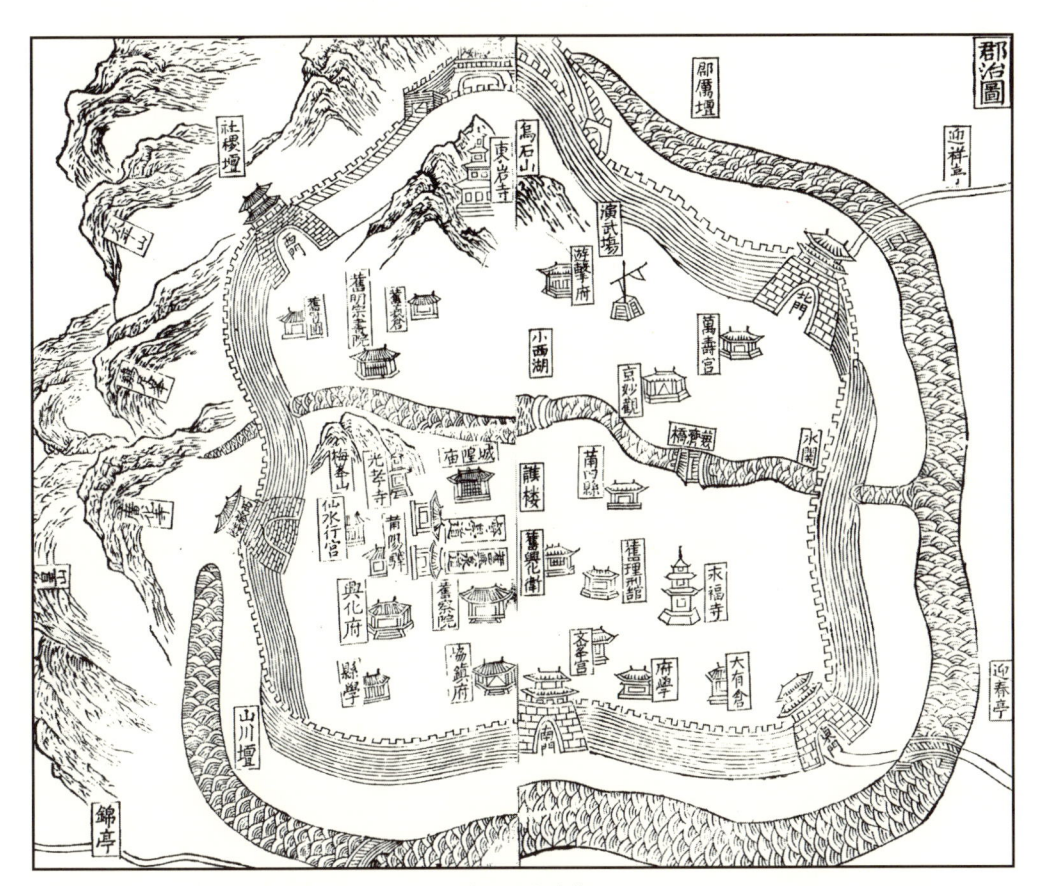

莆田兴化府城

垣，指挥程升把城墙增长加高，全部用石砌筑，由西绕乌石山腰，东经前埭、后埭与旧城接合。周长2830丈，基宽1丈6尺，墙高1丈8尺，垛高6尺，共高2丈4尺，垛2962个，警铺49间，敌楼27座。废宁真门，设四个城门，东西仍用旧名，南门改名迎仙，北开新门名拱辰，其上都建有门楼。设东、西水关；东通舟楫进城，西以石为栏，仅容水出入。延长城外濠池，左起乌石山麓，引延寿溪之水注入；右起下磨溪，绕城南与木兰陂之水合于枋尾，计长2722丈，宽2丈6尺，深2丈。西北依山凿旱壕，长593丈，深2丈，宽2丈6尺。成化七年（1471），巡抚张瑄、知府潘琴重修。

嘉靖三十七年（1558），倭寇到城下，参政万衣增雉堞、砌垛口，筑两敌台于西北。嘉靖四十一年（1562），城被倭寇攻陷。嘉靖四十三年（1564），知府易道谈在城西北筑墙，高7尺，北门至西水关筑土墙450丈，西水关至西门筑石墙634丈5尺，增设敌台6座。隆庆年间（1567—1572），知县徐执策、左参政分守杨准因城腰墙过高，立守不便，在堞下筑建副阶。万历九年（1581），知府陆通霄吸取倭寇攻城的教训，拓建城西北垣，将乌石山（东岩山）高冈围入，长85丈5尺，高2丈，阔1丈，俗称重城。并建敌楼1座，警铺2间，方门2座，垛182个。万历十九年（1591），知县孙继友修葺旧城。万历三十六年（1608），知县何南金重修，砌以砖石，楼堞、副阶一新。万历四十一年（1613），知府徐穆开疏浚城濠，长600余丈，各深6尺。

清代屡有修缮。雍正八年（1730），知府张嗣昌、知县汪郊修。乾隆五十九年（1794），知府安汛修。咸丰三年（1853），绅士陈池养修。光绪八年（1882），知府施启宗、知县徐承禧修城墙及楼堞、警铺。

1928年，修建福州至厦门公路，经城厢，拆南北两处外城墙，设第五城门和第六城门以通车。抗日战争爆发，日机轰炸频繁，城墙使城厢居民难以疏散出城。1939年，第三战区命令拆除莆田城墙。

现存谯楼，别称天一楼，位于县城中心。宋太平兴国八年（893），知军段鹏建，为兴化军治子城的城门楼。绍兴六年（1136）火毁，知军刘登重建，并置更鼓刻漏于其上，故称鼓楼。明嘉靖四十一年（1562）倭乱，楼毁。隆庆五年（1571），郡守陈武卿重建，匾为"壶兰雄镇"。清康熙九年（1670），知府熊大颜重建。康熙二十一年（1682），被火焚；现存建筑物为清康熙五十六年（1717）知府卞永嘉重建，于楼门洞南面的门额上画坎卦之象以制火。嘉庆八年（1803），知府马夔陛重修并书门额。今楼上还镶有一通嘉庆重修天一楼记的碑刻。

谯楼城台大体上仍是宋代原构，坐北朝南，高约5米，底边长42米，宽15米。东、西两端有向南凸出的"伸手"，原3~4米，今存1.5米，该型制是汉代雉门的残余形式，如北京故宫午门。城台门洞前后之间上面架横梁，为宋代规制。门洞两侧以条石层层相叠，逐渐加挑，顶部再盖以5米长石梁。门拱曲线由二段弧线光滑地连成的三心圆弧线，这样，拱矢长度比一般城门洞的拱矢短。

莆田古谯门石匾

城台上的谯楼是木构建筑，原是无门窗、无隔墙的通透空间建筑，面阔七间，进深三间，柱子贯通上下两层，柱头无斗拱。整体木结构系抬梁结合穿斗结构的营造方法。屋顶采用中段高、两侧低的三段式坡距顶。上层山墙外出廊檐成为歇山顶，上、下两重檐之间的外围是用小尺度的廊柱、栏杆石。整体建筑物为三层，底层基台保存宋代城阙形制，券门上嵌马夔陛书"古谯门"石额，有100根木柱，用材保存明末清初原物。

莆田谯楼

（二）城堡

1. 平海卫城

在县东 90 里，原为卫所，地名南啸。明洪武二十年（1387），江夏侯周德兴创立卫所，建平海卫城，兴化卫指挥吕谦监筑。拆东角遮浪堤石建城，周长 806 丈，广 1 丈 4 尺，高 1 丈 8 尺，垛高 6 尺，共 1310 个，警铺 30 个。建东门、西门、大南门、小南门，各建楼其上。三面靠海，不凿堑，城北据山筑台，望见岛屿。正统八年（1443），焦宏奉命巡海，命卫指挥王茂增筑敌台数十座。嘉靖四十二年（1563）二月，倭寇陷城。八月，知府易道谈命邱鼎宝修复。隆庆四年（1570），风雨坏垣，知府林有源重修。明学使王世懋《平海卫观大海》诗：一瞬已千里，何人更九州。乾坤尽积气，日月在中流。飓起尼鳌极，云归失蜃楼。茫茫竟何底，身外欲生愁。

清顺治十八年（1661）截界后，军民内迁，城毁弃。1939 年，县政府奉令拆城。

2. 莆禧守御千户所城

位于忠门镇莆禧村，忠门半岛南端，与湄洲岛隔海相望。东南北三面临海，地

莆田平海卫城隍庙

| 第五章 | 闽中古城堡 |

莆田莆禧城门

莆田莆禧城墙

势高，晴天朝阳照海，岚光海雾幻作一袭绛纱披挂其间，前人美其名曰"浮曦"，方言演为寓意吉祥的"莆禧"。明洪武二十年（1387），卫指挥吕谦建莆禧守御千户所城，驻兵 1000 名，隶平海卫辖。拆镇海石堤筑，城周长 590 丈，基厚 1 丈 2 尺，城墙高 1 丈 3 尺；城垛 1049 个，警铺 24 间；开城门 4 座，上筑城楼，并筑月城；城外西面凿山为旱壕，宽 2 丈，深 8 尺，长 210 丈。另外三面与海吻合。嘉靖二十三年（1544），莆禧军民在兴化卫中所千户白十二、分巡姚风翔的率领下，于此击败倭寇，俘敌 14 人。嘉靖四十一年（1562），倭寇围城 50 余日，终被戚家军围歼。1939 年，县政府奉命拆毁部分莆禧城。

现保存城墙 1335 米、东北城门及瓮城。城内尚存天妃宫、城隍庙、十字形石板路、明代石碑等。城外有明代八卦井 1 口。

3. 迎仙寨巡检司城

位于待贤里鼓楼山（今江口锦江中学），宋熙宁四年（1071）建，置巡检司，有寇准书"迎仙寨门"额。明洪武二十年（1387），移于江口，卫指挥吕谦重建。城周长 150 丈，广 1 丈 3 尺，垛 308 个，警铺 8 间，门 2 座，各建楼其上。1929 年开始修公路、建小学，后又筑堤，城陆续被拆。

4. 冲沁巡检司城

位于东兴福里（今北高乡冲沁村），明洪武二十年（1387），卫指挥吕谦建冲沁巡检司城。清顺治十八年（1661），因截界而拆毁。

5. 嵌头巡检司城

位于府东武盛里（今平海乡嵌头村），明洪武二十年（1387），卫指挥吕谦建嵌头巡检司城。莆禧设千户所后，巡检司迁于此。清顺治十八年（1661），因截界而拆毁。

6. 青山巡检司城

位于府东奉谷里（今埭头镇附近），明洪武二十年（1387），卫指挥吕谦建青山巡检司城。巡检司原设南啸，设平海卫后迁奉谷里。清顺治十八年（1661），因截界而拆毁。

7. 吉了巡检司城

位于忠门镇梯吴村吉了，宋熙宁四年（1071）创设，名系蓼城。时商贸盛行，海船聚泊城下。明洪武二十年（1387），卫指挥吕谦将巡检司从仙游潭边迁于此。重新修建寨城，周 150 丈，高 1.8 丈，厚 1 丈，建垛 308 个，警铺 8 间。开城门 1 座，建门楼 2 座。清顺治十八年（1661），因截界而拆毁。现存寨墙一段，长 116 米，宽 2.9 米，高 3.3 米。

8. 小屿巡检司城

又名小屿堡，在府东南醴泉里小屿山（今秀屿镇秀屿）。明洪武二十年（1387），卫指挥吕谦监造。嘉靖十三年（1534），仙游知县萧宏鲁迁巡检司，城毁。嘉靖三十八年（1559），倭寇来，乡民请自筑，知府陈瑞将旧寨改建，周长 900 丈。万历三年（1575），知府吕一静据地方呈称，城北地势外高，难以守卫，命检校王价改建，增长 30 丈。清顺治十八年（1661），因截界而拆毁。

9. 大洋巡检司城

在广业里，与福清交界，地当要冲。明万历十七年（1589）春，草寇曹廷邦啸聚为乱，旋就擒。巡抚周寀从知县孙继有建议，疏请设大洋寨巡检司。万历十八年（1590），筑土城于大洋，周长 160 丈，高 1 丈 3 尺。

清顺治十八年（1661），实行截界，将界外沿海居民迁于内地，把明代为防倭而设的城堡一律拆毁，砌筑界墙。沿着新界线，按一定距离，选择要冲地点，另建新寨。康熙元年（1662），共筑十余处。每五里筑一座石寨。康熙八年（1669），离界十五里，再筑三座大寨、四座小寨。康熙二十年（1681）复界后，界墙、寨台逐渐废圮。

（四）寨城

1. 越王台

位于白沙镇宝阳村古院山。东越王余善叛汉，武帝派会稽太守朱买臣率兵讨伐，余善在此筑台据守顽抗，现尚存石台基础十余层，旁有三燧峰，传为东越王举烽火报警之所。

2. 五斗寨

位于庄边镇五斗村。元末兵乱，五斗村民为自卫而建。寨踞山巅，占地 3300 平方米，平面呈圆形，周长 1800 米，夯土墙，外砌石块，高 2.5 米，宽 1 米。今石块多崩坏，土墙外露。开 2 个寨门，今均毁坏。整体保存尚完整。

3. 新兴寨

又名樟江寨，位于新县乡仙安村，建于海拔 598 米顶峰。南明唐王时为抗清义士所建的据点，占地 1000 平方米，寨墙石砌，现存残段长 3000 米，高 5 米，顶宽

1.3 米，基宽 2.5 米。东西南北四面开门，北门有石横刻"新兴寨"3 字，其下 8 直行文为"天干十五丈五尺，地干十三丈五尺，人干十五丈，通共四十四丈，太岁乙酉闰六月十一日，信士林瑞宗、黄汉发等众同立石"。石高 140 厘米，宽 50 厘米。保存较完整。

4. 清芳寨

位于新县乡巩溪村夹漈山上，距夹漈草堂北 1000 米。寨门额刻"山色清芳"4 字，故名，俗称书亭寨。在峰顶，西、北 2 面临悬崖，周长 1000 米，椭圆形，占地 1000 平方米。寨墙石砌，高 7~8 米，宽 1 米，内侧筑有附阶，可通行。朝南开门，石条搭架，高 2.4 米，宽 1.2 米。今保存较完整。

5. 朝天寨

位于白沙镇长兴村南的山上，在海拔 613 米顶峰。明代建造，依险构筑，形如花瓣。占地 6600 平方米，周长 1500 米，巨石筑墙，高 2.5 米，宽 1 米。南、北各开 1 门，已毁废，墙亦多处严重崩坏。今存有石臼等。

6. 鹭峰寨

位于东峤镇百叶村西南 5 公里鹭峰山上，始建于元末。南明隆武至永历年间（1645—1661），东阁大学士朱继祚重建，为抗清据点。今残存石寨墙长 2000 米，高 4.5~5 米，宽 1 米。有东、南、北 3 门，占地 5000 平方米。寨内有创建于元至正年间（1341—1368）鹭峰岩精舍，清光绪二十八年（1902）重修。寨门内崖壁上刻"双松径石"、"少室"、"灵月池"、"独木桥"，以及龙、虎图像。

7. 崎头堡

位于埭头镇鹅头村西北 500 米，俗称鹅头堡。明嘉靖三十九年（1560），乡民为防倭寇而建。嘉靖四十二年（1563）被倭寇攻陷。万历二年（1574）重建，圈入小高地，杂石砌墙，占地面积约 5000 平方米。今残存墙长 2000 米，高 0.5~2 米，宽 1.5 米。寨内存有房屋基址、古井、街道遗迹。原有一处崖刻"钓鳌处"，被采石所毁。现只存一处摹米芾书的"第一山"3 字。

8. 九龙寨

位于南日镇港南村东南 800 米，俗称薛刚寨，明代建。平面呈椭圆形，占地约 2800 平方米，南北长 70 米，东西宽 40 米。块石砌墙。今残存高 1 米，厚 70 厘米。朝南开一门，残坏严重。

9. 定庄堡

位于黄石镇定庄村东 300 米,清康熙年间(1662—1722),提督吴英奉旨入籍莆田时所建。堡平面呈长方形,周长 262 米。今残存外墙长 10 米,高 5 米,宽 1.46 米。内一小寨,俗称寨七,内墙长 104 米,宽 1.4 米,高 3~4.8 米。寨内尚存吴英府第旧址和康熙御书"作万人敌"石匾一块。

10. 红花寨

位于华亭镇长岭村,为清初红花教所创,占地面积约 3000 平方米。东北面垒砌石寨墙,高约 2 米,宽约 1 米。西南面为峭崖,下临深壑。寨东北山下为五里碑村,西南为南湖村,与东南对山的山外寨遥遥相对。

二、仙游县古城

仙游县位于福建省东南沿海中部,东界莆田,西连永春、德化,南与惠安、南安、泉州鲤城区毗邻,北与永泰接壤,东南濒湄洲湾。唐圣历二年(699),析莆田县西部,以俞潭(今盖尾仙潭)为界置清源县。天宝元年(742),清源县更名为仙游县。

(一)县城

县城鲤城镇地处县境中部木兰溪中游平原,唐圣历二年(699)置清源县时,鲤城镇就作为县治。鲤城镇在大蜚山南 2.5 公里处的木兰溪北畔,置县后几百年未筑城墙。宋绍兴十五年(1145),知县陈致一始筑城墙。乾道年间(1165—1173),知县赵公绸建四城门,东为九仙,西为甘泽,南为流庆,北为横翔。元至正十二年(1352),毁于兵乱。明正德元年(1506),尚书郑纪请于御史韩廉,檄通判汪凤翔摄县督以石作基筑土墙,墙上盖屋,不久倒塌。正德六年(1511),佥事宗玺视城,由知县范珪重修砌砖。正德八年(1513)完工。嘉靖四年(1525),知县萧宏鲁委典史苏廖镕以砻石固基,陶砖包城墙,筑敌台 28 个。因西北隅地势低而高筑战楼 1 座,用旧砖筑拦腰垛墙 1080 米。嘉靖八年(1529),通判王万年、知县刘进修扩建城垣,周长 3285 米,高 3.78 米,厚 14.58 米,垛高 1.5 米。改四门名,东名宾曦,西名爱晓,南名迎薰,北名拱极。嘉靖四十二年(1563)十一月,倭寇攻城,知县陈大有、典史陈贤与民死守 55 日。十二月二十六日,军门谭纶、总兵戚继光提浙兵来援,尽

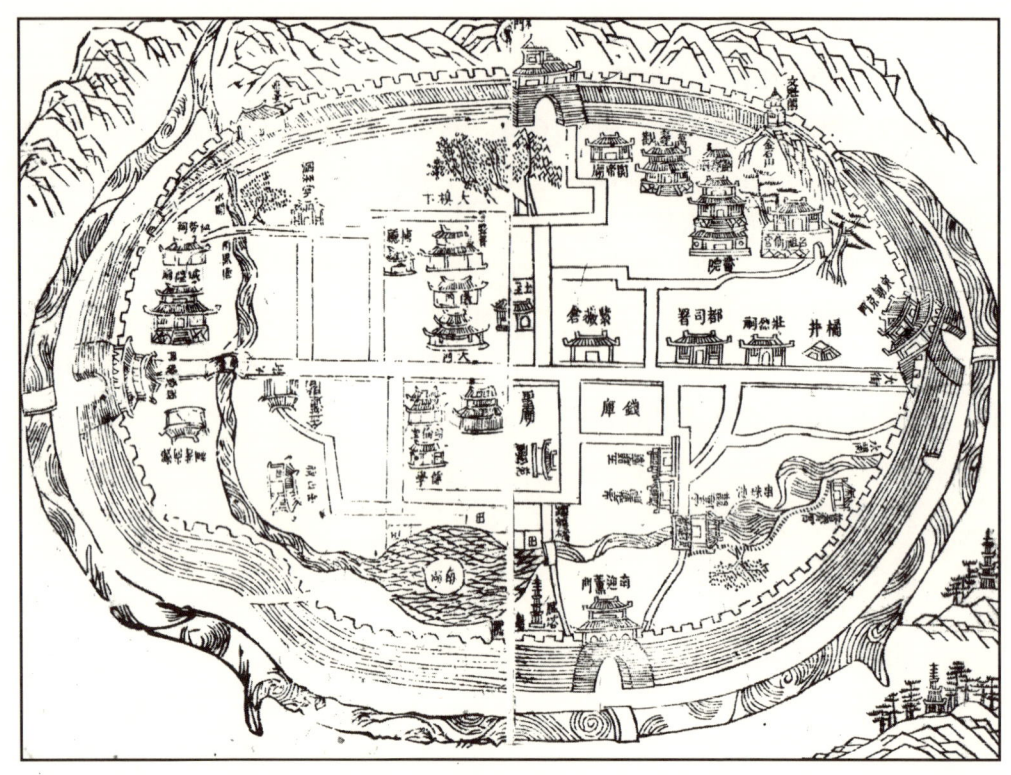

仙游县城图

歼倭寇。万历四十二年（1614），知县徐观增高东门。

清顺治十二年（1656）正月，郑成功部将攻城，东门城垛毁坏数百垛。次年，分守苏宏祖重修增高1.5米，内培土加厚6米，筑马路二层，垛合二为一。清康熙年间（1662—1722），为封锁郑成功抗清队伍，清政府下令沿海迁界。康熙七年（1668）正月，莆田沿海开筑界墙。仙游县从郊尾长岭至枫亭筑界墙，界墙宽四尺，高六尺。界城外挖有界沟，溪河中钉立木桩，以封锁船只出入。康熙八年（1669），展界5里，按新界线，每十里筑1座石寨和1座烟墩。仙游界墙长7.5公里，设下桥、枫亭寨。

乾隆三十六年（1771），知县胡启植捐俸修城，周长3636米，高5.7米。城垛1312个，垛高1.5米。炮台12座，窝铺12处，城门楼4座，马路宽3米多。城廓南北窄，东西长，呈鹅卵形，方圆1.1平方公里。此后，城墙多年失修，城垛日渐颓圮。光绪二十七年（1901）四月，大修城墙，城门以铁皮包裹。1924年，修筑仙郊公路，拆城墙。1939 年，政府命令削平城墙，如今城基荡然无存。

（二）汉城遗址

1. 鸡子城

亦称汉城，为闽越国建立。位于榜头镇泉山村西北 1500 米处。于 1958 年发现，1987 年 6 月考察核实。遗址东南向的城墙保存较完整，城基断面上夯土层厚 13~14 厘米，残存墙高度东南为 5~6 米，西北 1~2 米；东西长 400 米，南北长 200 米，面积 8000 平方米，相对高度 25~50 米。城址西北靠山，东南距木兰溪 200 米。城内原有用汉砖砌筑的墓葬，已被破坏无存；仅在地表上零星采集到硬陶片，与崇安汉城相类似。

2. 蛇湾城

俗称土城埔，在钟山镇鸣和村东南约 1500 米处，为汉代遗址。面积约 500 平方米，1987 年 6 月普查发现。城墙被毁坏，尚存东、西、南、北城门及城内跑马道遗址。在地表上采集到席纹硬陶片和夹砂陶片等遗物，旧址破坏严重。

仙游鸡子城

3. 龙穿城

位于游洋镇里洋村东北8000米处,为汉代遗址。1982年普查发现,是一座四周由巨石山峰构成的天然石城。高200米,方圆3公里,面积约20万平方米。四壁犹如斧劈刀削,中间一马平川。且在距地面100米的石壁上有一条像巨龙般贯穿而过的凹槽,环绕峰腰,犹如廊道,可通人马,故名龙穿城。山顶有汉代闽越王所筑的越王台。

仙游龙穿城

(三) 关寨

1. 鳌峰寨

位于园庄镇高峰村东北100米,原称新安全庄,又称大埔城,俗称鳌峰寨。始建于五代末,南康郡王陈洪进为防御山寇侵扰,发动乡邻,用鹅卵石沿山砌筑城墙。城平面呈椭圆形,周长564米。城墙用鹅卵石砌筑,中间填以毛石和泥

仙游鳌峰寨

土，高10米，上部外侧筑短垣，高1米，内有跑马道。南、北、西三向设城门。城门长方形，高4.5米，宽3米，深4米。

2. 东乡土寨

位于榜头镇坝下顶厝洋，始建于清代。总面积约3亩，寨楼占地0.6亩，墙身厚3尺，以土、石灰、沙、桐油、糯米为材料混合而成。楼高5丈，上下三层，上层墙壁开有窗口和枪眼，内设有粮仓、水井，置有锅灶等。

3. 白岭寨

位于度尾镇埔尾村，与永春县交界，海拔800米。明嘉靖三年（1524），乡兵垒石为寨。中为关门，西崖绝顶设木滚石防寇。嘉靖十六年（1537）于此设巡检司，刻石题"西门锁钥"。

4. 何岭关

位于榜头镇北部，与钟山镇接壤，海拔600多米，是仙游县东部的主要关隘。何岭古道从岭麓盘山蜿蜒而上，长5公里，铺砌石阶4045级。1958年在其西侧修建有10公里的盘山公路。

5. 麦斜岩山寨

位于钟山镇麦斜村，上有云居寨、燕子寨等，古代是土匪山寨。1930年，仙游县地方武装中国工农红军第108团在此诞生。

仙游何岭关

第三节　永春州古城堡

永春位于福建省东南部，晋江东溪上游。东邻仙游，南接南安、安溪，西连漳平，北与德化、大田交界。古称桃林场，隋开皇九年（589）建场。五代后唐长兴四年（933）升为桃源县，后晋天福三年（938）改为永春县。以"众水会于桃溪一源"，故名桃源；"四时多燠"，故称永春。宋、元、明均隶属泉州。清雍正十二年（1734），升为直隶州，辖德化、大田两县。

一、永春州附郭永春县古城

（一）县城

永春县内戴云山脉自德化南伸，绵延全境。地势由西北向东南倾斜。县治原在上场（今桃场村），宋开宝二年（969），迁到大鹏山南麓的桃城。此处位于桃溪北岸，水陆交通便利，又在全县中部。建县以来，长期未筑城。明嘉靖初年（1522—1566），为防寇盗，知县柴镰建土城于白马山麓的环翠亭前，筑永辉、永丰、永薰三门以备防守。嘉靖三十九年（1560），倭寇自仙游突至，攻县三门，公署、民居

永春县古城

尽毁。知县万以忠因失守调去，始议更筑，委德化知县张大纲督建。砌石墙，高1丈多。嘉靖四十年（1561），又增筑，周围518丈2尺，广8尺，高1丈9尺。嘉靖四十一年（1562），知县林万春完成工程，建门四座，东名迎晖，西名来德，南名文明，北名拱极，用石砌，覆以连房。城外东、西、北三面挖城壕，南临溪。不久又建西南城隅城楼一座。万历二年（1574），洪水泛涨，知县许兼善修筑，设警铺52间，敌台4座。崇祯十年（1637），知县杨允升把城增高6尺。

清顺治十二年（1655），城因战乱毁。后来署令欧阳思，知县郑名、王共赡相继缮葺，改门名，东名宾旸，西名延晖，南名迎薰，北名拱辰。不久又于南门东西面各启一门，名为水门、河通门。乾隆十二年（1747），知州杜昌丁以水近城基，筑西坝。乾隆三十七年（1772），知州张所受在西城壕外筑双基，上接旧坝，下达水门，堤长370余丈。光绪年间（1875—1908），游击乐文祥重修西坝，并以砖筑城上雉堞，建城门楼。1920年以后，因修道路，城墙、城楼逐渐拆毁。

（二）堡寨

1.昆仑寨

位于东平镇冷水村南200米，俗称港头寨，明嘉靖末年为抵御倭寇而建。寨依山而筑，占地面积约2250平方米，平面呈

永春县城

永春昆仑寨

圆形，东、南、西、北各设拱门。寨墙部分已塌，残高 2.4 米，厚 0.8 米。寨内有明隆庆元年（1567）建的昆仑古庙，祀关羽。庙坐东向西，面阔三间，进深三间，抬梁、穿斗式木构架，重檐歇山顶。

2. 万春寨

位于五里街镇仰贤居委会西北 700 米，又名公孙寨。明嘉靖年间（1522—1566）为抵御倭寇而建。寨依山而筑，占地面积约 2500 平方米，平面呈圆形。寨墙部分已塌，保存东、西两个拱门。寨内有关帝庙，共三进，大殿面阔三间，进深三间，抬梁、穿斗式木构架，重檐歇山顶。

3. 上场堡

又名万全堡，位于石鼓乡桃场村、桃星村的魁星山下，原为唐代桃林场故城。土人多称之为上场城，其宽广与县城几乎相等。明嘉靖四十年（1561）垒土为堡，周围 500 丈，费银 1600 两。因为是兴泉道万民英下令建的，遂名为万全堡。清同治年间（1862—1874）部分毁坏。

4. 汤头堡

位于蓬壶乡汤城村，为尤姓族人所筑，民间称为汤头城。

5. 湖洋堡

位于湖洋乡湖城村，俗呼翁城，其实是土堡。明万历年间（1573—1620），刘献佶筑。现西门临溪仍有一段青卵石城墙。

6. 升平堡

又名美山寨，位于蓬壶乡美山村，建于明万历年间（1573—1620），占地 8000 平方米，墙高 2.6 米，堡内已辟为农地。

7. 全宗堡

又名仙溪寨，位于湖洋乡溪西村，建于明万历三十二年（1604）。寨内有块石上刻有《全宗堡歌》。

8. 月山堡

位于湖洋乡桃源村，俗呼月城。明嘉靖四十一年（1562），刘姓族人共建，费银 700 余两。现堡内聚居千人。

9. 金龟堡

位于湖洋乡清白村，永春四中后山，俗呼金龟寨。明万历三十年（1602），刘思化、刘思遇、刘思弘三兄弟捐建，费银 2500 余两，建房屋 400 余间。金龟堡与月山堡对峙，互为犄角。

10. 巽来庄

又称山美土楼，位于五里街镇仰贤村。清乾隆四十二年（1777）建，土木砖石结构，占地3000平方米。

11. 垂裕堡

位于蓬壶乡美山村，小型堡垒，仅900平方米，而墙厚3.3米，高4米。南北拱门上方镌"垂裕堡"，东西门上刻"跨鳌"、"倚门"。

二、大田县古城

大田县别称岩城，位于福建省中心地带，戴云山脉西侧。东邻德化，西靠永安，南连永春、漳平，北与三明、沙县、尤溪毗连。明嘉靖十四年（1535），延平府通判林元伦建议，巡按御史白贲奏请朝廷，析尤溪、永安、漳平和德化四县之边隅

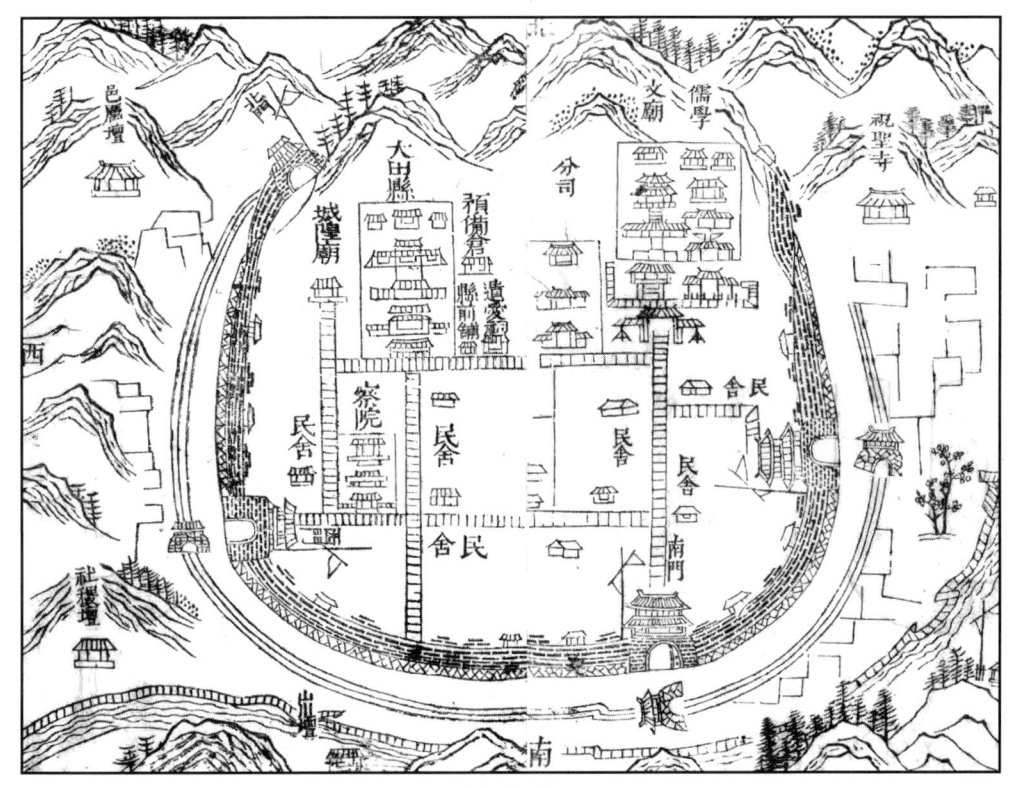

大田县城图

地合置一县。因在大小田村建衙设治，故取名大田。置县时，隶属延平府。清雍正十二年（1734），永春县升为永春州，大田县改属永春州。

（一）县城

大田县城四海寨位于县域南部，海拔350米，属山间盆地。县署设于四海寨南麓。明嘉靖十五年（1536）六月筑城，依凤山巅逶迤而下，四海寨围在其中。城墙全长680余丈，城基宽1.5丈，高1.6丈，表里均用石砌，城垛用砖。建城堞110个，以石灰匝缝。城内马道阔8尺，城外马道阔1丈5尺。环护城河宽1.5丈。东寅宾门；西钱日门，后改丰登门；南太平门，后改鸣凤门；北拱辰门。每个城门各设城楼1座，窝铺12间。嘉靖二十二年（1543），大雨，城圮60丈。知县谢廷训令四坊长各修一门，守门兵助工役，石工堆砌完缮。嘉靖二十四年（1545），又圮40丈。知县叶振甲重修。

1924年5月大水，北门城圮60余丈，县长梁柏荫募款修筑。又以城廛起架，占及官沟街道，致碍交通，令各一律拆改，仍还官有，平治马路，便民通行。1941年，拆东门至凤山、东门至南门、北门至四海寨城垣，取其砖石铺路建房，改建街道。

（二）堡寨

1. 安良堡

位于桃源镇东坂村，明万历四十七年（1619）建。占地面积约2000平方米，坐北向南，平面呈不规则椭圆形。堡楼回廊形，房间48间。建筑物有前楼和后楼两座，前后楼高差近12米，均悬山顶。南面设大门，门顶部有螺旋形的漏水斗。东面设小门。

2. 琵琶堡

位于建设镇建国村，全称广平祠琵琶堡，明崇祯年间（1628—1644）建。占地面积850平方米，平面如琵琶形。堡墙高7米，加上硬山顶达9米余。环堡通道宽1.7米，西向设门。土堡为回廊式，跑马道宽2米。建筑共三进，面积540平方米，坐西北向东南。一进又称龟头祠，为游姓宗祠，面阔三间，进深三柱，穿斗式减柱造木构架，悬山顶。厅内设神龛，供奉游姓列祖神位。两侧有寝室和储藏室8间。后堂为佛厅，为诵佛念经之处。

大田县安良堡

大田县琵琶堡

3. 芳联堡

又名芳联堂，位于均溪镇许思坑村，张姓开基祖始建于清嘉庆十一年（1806），道光二十六年（1846），张元梅续建，咸丰五年（1855）张应滥又建。外围东西宽60米，南北长59.3米，高约9米。占地面积约4300平方米，建筑面积2147平方

閩台古城堡

大田芳聯堡

米，坐北向南。土堡由22栋组成，房间总计160间。堡后呈半圆形；前为二层，其他三面为三层；底层共48间，左右共设三门，两边各一角楼。外围墙体石基厚2.3米，土堡二层走廊长230米，围墙共有40余个窗口，可凭窗自卫和通风；堡楼为双回廊、单回廊两种混合结构，楼高6~12米不等。楼前设有两个角楼。内屋有上下两厅堂，左右设厢房和护盾等，重檐歇山顶。内有两口水井、一个石碓和其他生活设施。

4. 鸿禧堡

位于广平镇广平村，清光绪十九年（1893）建。占地面积2623平方米，坐北向南，平面是方形，由堡楼和内屋组成。堡楼为回廊结构，有18个房间。南面为券顶大门，东面设券顶小门。内屋由下堂厅、正堂厅和楼厅组成，东西两侧配护盾，计有63个房间，设三个厅。堡外两侧有池塘。

5. 潭城堡

位于广平镇栋仁村，清光绪年间（1875—1908）建。占地面积约3000平方米，坐东北向西南，三面临河，平面呈圆形，内径65米。堡内建筑物已拆毁。

6. 步云堡

位于广平镇栋仁村，明末清初建。占地面积约2000平方米，坐北向南。平面呈方形，四面四廊，硬山顶。

7. 龙会堡

位于广平镇铭溪村，清嘉庆年间（1796—1820）建。占地面积约 2000 平方米，平面呈方形，三层。

8. 延庆堡

位于广平镇丰庄村，明末清初建。占地面积约 3240 平方米，坐西向东，平面呈方形，左右双梯上环堡小道。墙厚 3.5 米，高 11 米。共三进，前进和中进单层，后进双层，穿斗式木构架，悬山顶。

9. 攀贵堡

位于湖美乡旺建村，清乾隆年间（1736—1795）建。占地面积 4095 平方米，坐北向南，平面呈正方形。楼穿斗式木构架，前低后高，里外双回廊，四周设 64 个瞭望窗。墙基厚 4 米。全堡共有 153 个房间，设 8 个厅。内侧有雨披，檐下出挑用木雕莲花吊柱，左右檐分五层叠落，悬山顶。

10. 泰安堡

位于太华镇小华村，清咸丰年间（1851—1861）建。占地面积约 1700 平方米，坐东向西，平面呈圆形，三层，穿斗式木构架，悬山顶，有 60 个房间。墙基高 5 米，底宽 3.2 米，上宽 1.3 米。左右设有角楼，高 15 米，四层，坡顶。

第六章　闽南古城堡

第一节　泉州府县古城堡

　　泉州府地处福建南部沿海，与台湾隔海相望。枕山面海，以山地及丘陵为主，戴云山脉雄踞西北，其支脉和余脉向东南部延伸。地势西北高、东南低，呈阶梯状下降。地貌由中低山向丘陵、台地、平原递变，晋江中下游为泉州平原。

　　三国吴永安三年（260），置建安郡东安县，治设今南安丰州。晋太康三年（282），东安县改为晋安县，隶属晋安郡。梁天监年间（502—519），析晋安郡置南安郡。隋开皇九年（589），南安郡撤销，晋安县改为南安县，隶属泉州（治设今福州）。唐嗣圣元年（684），析泉州南安、莆田、龙溪三县置武荣州，州治在今南安丰州。景云二年（711），改武荣州为泉州。开元六年（718），析南安县东南地置晋江县。

一、泉州府附郭晋江县古城

　　泉州府城也是晋江县城，今为鲤城区。古城南有晋江，北有洛阳江，地为泉州平原，北邻仙游，东毗惠安，西与南安接壤，东南泉州湾与台湾隔海相望。四周有清源山、紫帽山、葵山、罗裳山。泉州古城历史悠久，按内外之大小分，有衙城、子城、罗城、翼城；以植树及形似分，有刺桐城、葫芦城、鲤鱼城之名。

（一）泉州府城

1. 唐城

唐久视元年（700），武荣州由丰州东迁今泉州城区。景云二年（711），武荣州改称泉州，开始建城，称唐城。开元二十八年（740），泉州城南北两门，北曰泉山，南曰镇南。大和年间（827—835），刺史赵棨增开仁风、素景东西两门，合四门，北城墙建有立候楼。

2. 子城

唐末，王潮攻占泉州，但也把城池损坏。光启二年至大顺二年（886—891），王潮筑子城以自保。子城以钟楼为中心，东、西、南、北各有1条街，称十字街，周围3里160步。有四门，上筑门楼，东名行春，西名肃清，北名泉山，南名崇阳。子城建成后，王潮即统兵向福州进军，后死于福州。泉州民众感念王潮筑城保民功

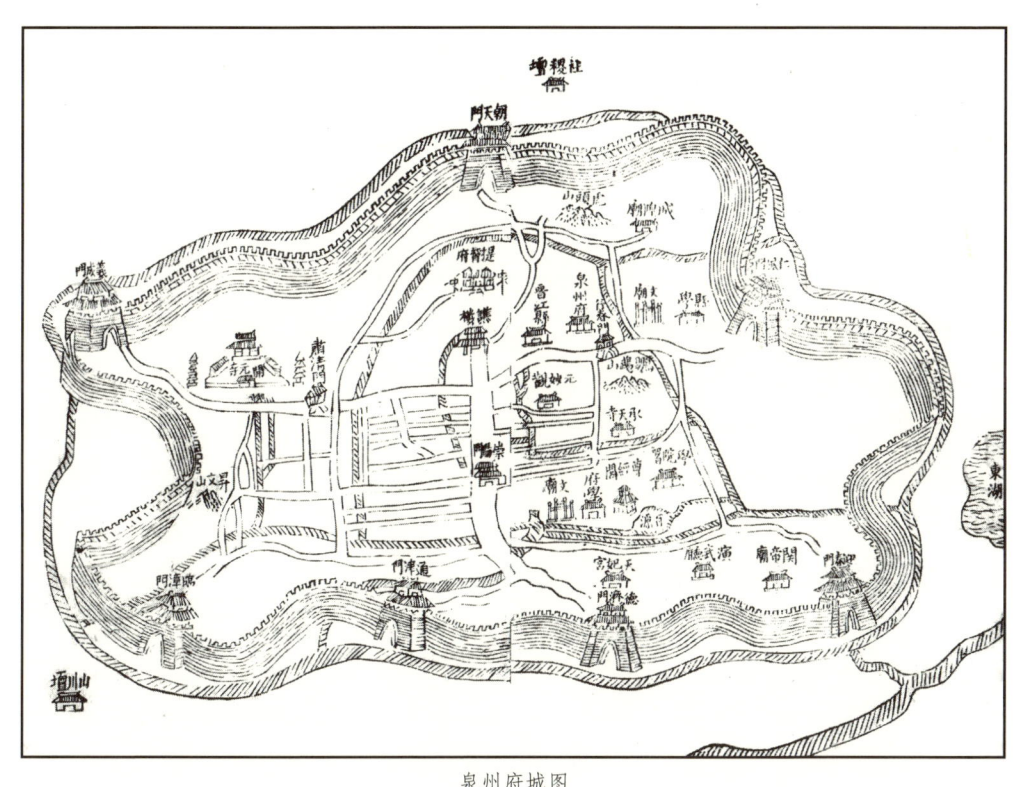

泉州府城图

德，在崇阳门设庙祭祀。明苏茂相《登崇阳楼谈刺史王潮遗事》诗云："鼙鼓中原沸似波，将军闽峤远横戈。匡扶无望唐襄武，保障差强汉尉陀。事定千年无战伐，时清万户有弦歌。英雄遗迹依稀记，暮倚高楼一啸过。"明万历年间（1573—1620），知府蔡善继、同知舒有翼重建子城。天启年间（1621—1627）重修。

五代南唐时，留从效为泉州刺史，他笃信风水，认为泉州城的龙脉自白虹山到清源山，沿赐恩岩而下，越过城东北角的"牛臂石"进入城内，到云山迤北折西而止。这山势走向环抱成一个三面高冈的穴地，地理上称汭位，风水学上称明堂位。于是，留从效在此建泉州治所，四面筑墙，号衙城。衙城既背风又向阳，地处子城中心略北，自建成以来长期是泉州治所府衙。但明初重视边防，把泉州府衙改为泉州卫指挥使司，迁泉州府衙于东街。泉州卫面对南大街，按风水理论大路冲大门为不吉，故在卫前置一巨型石狮以避凶趋吉，称为风水狮，简称风狮。子城周围环植刺桐，所以泉州城称为刺桐城。

子城外有濠，环绕子城，广深丈余，濠皆有桥。子城内排水系统称为八卦沟，由一条主干沟和四条支沟组成。主干沟由新门水关通往涂门水关出口，即从西南的临漳门流向东南的通淮门出口。沟用石砌成，宽3~6米，深4~5米，唐代时是引水渠，北宋时作为护城濠，南宋时把它圈入城内，作为排水沟。八卦沟的北面有三条支渠，把城西北区、中心区、东北区的水汇入八卦沟。八卦沟地势较低，位于北面丘陵与南面平原的交界处，易于城北排水。南区支沟由于地势较低，沟体甚大，流水通畅。

八卦沟大小沟渠四通八达，其沟体大小不一，都比主干渠小，分布于大街小巷，总长4000多米，汇集五道出水口。从登仙桥、宜春桥分注于东南洼地、涂门水关，从鲍厝巷桥、放生桥、水尾流沟分注于大濠干渠。这些支沟所形成的排水系统若是不畅，城内积水影响生活，民众将其取名为八卦沟，是想借助八卦的神奇威力，保佑排水系统畅通无壅。还有一说是泉州是鲤鱼城，城中八卦沟是鱼身的脉络分布。流水通畅，则鲤鱼血脉通，充满活力，鲤鱼吸东湖及晋江之水，八卦沟用于吐故纳新，能使泉州人才辈出，兴旺发达。

3. 罗城

留从效建衙城后，认为子城太小又残破，于后晋开运三年（946）扩建。此前，子城曾有拓建，即王延彬于唐天祐元年（904）权知军州事，其妹入西禅寺为尼，王延彬为不使西禅寺在城外，拓城西地，把西禅寺包入城内。留从效扩建后的城叫罗城，周围20里，高1丈8尺，有7门楼：东名仁风，俗称东门；西名义成，俗称西门；南名镇南，俗称南门桥头；北名朝天，俗称北门；东南名通淮，俗称涂门；西南名临漳，俗称新门；另在临漳门北建通津门。元代时通津门废，在临漳门南建一门，名南薰。留从效建的罗城为子城面积的7倍，使泉州城发展成为大都市。子城废，泉山门也废，只存行春、肃清、崇阳三门。元至正间（1341—1368），监郡偰玉立建谯楼，名威远。明正德五年（1510），行春门毁，知府向一阳重建。

留从效死后不久，军政大权落入部将陈洪进手中。陈洪进拓建罗城，把城东松湾地区圈入城内，并在该地建千佛庵，后改名为崇福寺。经过拓建，泉州城北之东西隅稍宽，形似葫芦，俗城葫芦城。宋代统治崇信道教，迷信风水，认为葫芦为道家法器，十分吉祥，于是对城墙加固维修。宋宣和二年（1120），郡守陆藻增筑城墙，外砖内石，基横2丈，并有加高，后历经重修，使罗城更加巩固。罗城外濠环绕罗城，广6丈，深2丈余。三面通流，潆洄如带。独东北一隅，磐石十余丈。地势高仰，潮不能通。嘉定四年（1211），太守邹应龙大修。

现存涂门水关遗址位于鲤中街道涂门街，为宋代新罗城的通淮门（即涂门）水关，明、清两代均有重修。水关石构，拱形，长2.5米，宽2米，高5米。1998年旧城改造时拆除。

泉州城原有七座城门，即东门、南门、西门、北门、涂门（通淮门）、新门（临漳门）、水门（南薰门），皆设有水关以宣泄来去之水。元至正十二年（1352），郡守偰玉立南拓罗城，原南护城河成为城内濠沟，并在沟上建石桥。原有桥24座，现仅存8座石梁桥，即祖师桥（在涂门祖师巷），清真桥（在涂门街清真寺后），井巷桥（在新门街井巷），叠芳桥（在新门街叠芳巷），通津桥（在新门街北中段），鹊鸟桥（在水门街竹街西），通籴桥（在马坂巷水仙宫南侧），八兴桥（在马坂巷西侧）。近年部分桥面改铺水泥。

罗城濠沟位于后城头至菜市口南，唐代始建，初为城外濠，后形成城内河，元、明、清各代均有疏浚。现存为城内河之一段，长约100米，宽6.1米，河岸由条石迭砌。上有清康熙五十二年（1713）严禁在濠沟上违章建筑的碑刻1通。河上横跨祖师巷桥。

4. 翼城

宋绍定三年（1230），郡守游九功为加固城防，于各城口增筑瓮城，东门增筑两个瓮城。又于南城外拓地增筑，形成翼城。翼城是城外城，用以保护罗城。翼城东起浯浦，西抵甘棠桥，沿江为蔽，建成石城长438丈，高近1丈，基阔8尺。重建后的泉州城周长30里，高2丈1尺，城东、西、北基各广2丈4尺，外砌以石。南基广2丈，内外皆石。有城门七座，东、西、北、东南、西南门皆沿用旧名，唯改南门为德济门。废通津门，而于临漳门与德济门之间建门，称南薰门，俗称水门。这种城外城的格局到元代才被打破。元至正十二年（1352），监郡偰玉立废罗城关口，南门直接翼城。

明洪武元年（1368），指挥李山修筑城墙，增高5尺，基广均为2丈4尺，凡内外皆以石砌。建六座城门的月城，仅南薰门无月城。门各有楼，又在东城墙上建望海楼，北城墙上建望山楼。建完之后，整座城形状如鲤鱼。又在仁风、通淮两门之间建小东门。《闽书》云："门直东湖之嘴，早日初升，湖光潋滟，如鱼饮湖水者然，因号为鲤鱼城。"明代重视科举，中举者称为鲤鱼跃龙门。泉州城称为鲤城，即取鲤鱼吸水，飞跃龙门之意。此后，鲤城的风水无人敢破，城虽有重修扩建，但大体上都维持原貌，鲤城之称亦延续到现在。

嘉靖三十八年（1559），德济门毁坏，知府熊汝达重建。改通淮门为迎春，南薰门为通津，后复名南薰。并修各月城。兵备万民英以城北外濠磐石不能通水，乃建小城楼，临濠围以木栅，筑羊马墙以备倭。后倭平无事，嫌压断龙脉，撤去。万历三十二年（1604）十一月，大地震，楼铺雉堞倾圮殆尽。副使姚尚德、郡守姜志礼请帑金修复。委生员詹仰宪、千户张振宗等负责，旬月告成。城旧用砖砌处，至此尽易以石。

清顺治十五年（1658），总督李率泰檄各府城，依关东式改造。于是，提督马得功、兴泉道叶灼棠、知府陈秉直改筑泉州城，拓建翼城堞2315个，月城堞205个。每堞高7尺，厚3尺，宽1丈5尺，垛口宽1尺8寸。康熙三年（1664），城被水淹，康熙四年（1665）重修。窝铺再增高，建敌楼6处，炮台12位。康熙十七年（1678），海寇围城，德济门一带颇多坍塌。知府张仲举、知县沈朝聘重修。雍正九年（1731）重修。乾隆五十八年（1793）重修。

1923—1929年，拆城辟路。抗日战争期间，福建省政府下令拆城断桥，城池逐渐被夷为平地。1949年后，人民政府沿城基修筑环城公路，连接东、西、南、北4门及新门、涂门等市区出入口主要通道，城墙、城门大部分被毁。20世纪80年代后重建的城门楼有：

威远楼，位于开元街道中山北路。原名谯楼，五代始建，南宋及元至正九年

（1349）重建，明、清多次重修。1969年拆毁，1987年于旧址北约100米处重建。建筑面积约1100平方米，坐北向南，两层楼，歇山顶，正面二重檐，侧面三重檐。

北楼，唐故城北墉之立候楼，在洲顶（今华侨新村爱国路东一带）。唐末王潮据泉州创子城，以故城北墉为子城北墙，因此，北楼即子城北门之泉山门楼。宋太平兴国二年（977），太宗诏堕三城（衙城、子城、罗城），子城毁，北楼遂废。政和五年（1115），知州郑南重建。绍兴十三年（1143），知州吕用中复修。乾道五年（1169），知州王十朋大修，写《重修北楼记》。宋末元初复废。2003年，依唐五代旧制复建。

朝天门楼，即罗城北门城楼。五代南唐保大年间（943—957），清源军节度使留从效拓罗城创建。历代均有修葺。20世纪20年代拆毁。2002年，泉州市人民政府依宋元旧制重建。

临漳门楼，在新门街西端。五代南唐保大年间（943—957），留从效扩城建。历代均有修葺。20世纪20年代拆毁。2003年，泉州市人民政府依明清旧制重建。

泉州威远楼

泉州泉山门楼

泉州朝天门

闽台古城堡

泉州临漳门楼

（二）城堡

1. 安海城

位于晋江县安海镇海边，古名湾海。唐代易湾为安。宋为安海市，州遣吏榷税于此，号石井津。建炎四年（1130），创石井镇。绍兴二十六年（1156），海寇突至，镇官方玺筑土城，垒石为五门。明代改为安平镇。嘉靖三十六年（1557），倭寇入侵，知府熊汝达檄知县卢仲佃筑城。才筑一半，贼猝至，庐舍化为灰烬。寇退，乡绅柯实卿自造100丈城墙，又拆东洋桥石筑城。城周长1027丈，高1丈3尺。开4门，各有楼。窝舍28间，水关8座。隆庆元年（1567），知府万庆增建东北两敌楼。清顺治十二年（1655），海上武装首领郑芝龙弟郑鸿逵拆安海城石，造东石寨，城遂废。

2. 永宁卫城

位于在三十都海滨，今石狮市永宁镇永宁居委会东1.3公里。宋代为水寨。明洪武二十年（1387），江夏侯周德兴建永宁卫，遣指挥童鼎筑城。周长875丈，基广1丈5尺，高2丈1尺，窝铺32间。开5城门：南名金鳌，北名玉泉，东名海宁、东瀛，西名永清，各建楼其上。城外濠广1丈6尺，间碍大石，深浅不同。永乐十五年（1417），都指挥谷祥增高城垣3尺，各门增筑月城。正统八年（1443），都指挥刘亮、指挥同知钱辂，于各门增置敌台。成化六年（1470），门楼圮，指挥使杨晟重建。清康熙年间（1662—1722），总督觉罗满保、巡抚陈瑸修。现存残夯土城墙长162米，宽0.8米，高约1米。城内有石碑2方，摩崖石刻3处。

3. 福全所城

位于在十五都，今晋江金井镇福全村。明洪武二十七年（1394），江夏侯周德兴造。周长650丈，基广1丈3尺，高2丈1尺，窝铺16间，开东、西、南、北4门，建楼其上。永乐十五年（1417），都指挥谷祥增高城垣4尺，并筑东、西、北3月城。正统八年（1443），都指挥刘亮、千户蒋勇，增筑4门敌楼。清康熙十六年（1677），总督觉罗满保、巡抚陈瑸修。城墙现存长85米，残高2~3米，及南、北两处水关。

泉州石狮永宁卫镇海石

晋江福全所城西门

另有碑刻2通，摩崖石刻9方。如今，陆续修复古城的城门与城楼。

4. 祥芝巡检司城

位于二十一都，今石狮市祥芝镇镇政府驻地，明江夏侯周德兴造。周长150丈，高2丈，窝铺6间，有南、北二门。清康熙五十六年（1717）修。

5. 乌浔巡检司城

位于十六都，明江夏侯周德兴造。周长150丈，高1丈8尺，窝铺4间。有东、西二门，各建楼。

6. 深沪巡检司城

位于十六都，明江夏侯周德兴建。周长150丈，高2丈，窝铺7间。有南、北二门，各建楼。清朝康熙五十六年（1717）修。

7. 围头巡检司城

位于十四都，明江夏侯周德兴造。周长160丈，高1丈8尺，窝铺4间。有南、北二门，各建楼。清朝康熙五十六年（1717）修。

8. 狮峰烽火台

位于晋江深沪镇狮峰山顶，明嘉靖年间（1522—1566），为防倭而建。长16米，宽8.4米，高9.4米，条石垒砌，分三层。最高层并列3个烽火灶，烟囱高3.6米。烽火台后有一小寨，内有水井，前有一条三合土构筑的濠沟。

9. 国姓城

位于晋江东石镇白沙村，又称白沙城，与南安石井扼安海港出入口。清顺治十二年（1655）四月，郑鸿逵拆晋江安平城墙石料修筑东石、大盈、前埔等要塞以及白沙城，作为郑成功退守金门、厦门的前垒。白沙城为郑成功铁军衙门所在地，城东有水师舰船泊地，城东门有一条3米多宽用赤土建成的走马路。村前有国姓井，村中

晋江白沙国姓城

有古战场遗址。

（三）关寨

1. 石湖寨

位于石狮市蚶江镇石渔村，北宋熙宁初（1068—1077）建。明洪武初（1368—1398），置巡检司，后移于祥芝。万历间（1573—1620），迁浯屿水寨于此，把总沈有容重建。周长52丈，基广1丈4寸，高1丈4尺，寨门一座。崇祯四年（1631），曾樱以右参政分巡兴泉道，招抚海上武装首领郑芝龙，遂开海禁，让居民下海贸易；抑制豪强横征暴敛，一郡获安。因曾樱要外调，泉州一带兵民挽留，皇帝诏许"再借"。民怀其德，在石湖立碑怀念。今有遗址再借亭。明末清初曾为郑成功抗清据点。现存残寨墙长16米，宽4米，高3米，条石砌筑。

石狮石湖寨

2. 万安寨

位于三十八都洛阳桥南。明嘉靖三十七年（1558），倭入寇，桥亭改为寨隘。周长68丈8尺，基广1丈，高1丈6尺，门2座。崇祯十一年（1638），县令汤有庆、署令李沾于寨中建镜虹阁。以城扼桥，以门凭城，垛口47个，巨石崇墉，号称闽南第一关。

3. 朋山关

位于泉州城北朋山。宋代洛阳桥未建时，避舟险者，出北门，经朋山岭隔，迤白虹山，左入仙游，而至省城。于是在朋山岭隔顶立关。岭高而南陡绝，人马未易猝下，故颜其前后门石，一为"天分南北"，一为"地储祯祥"。

4. 法石寨

位于东海镇石头街（法石村）。宋淳熙十三年（1186）建，嘉定十一年（1218）增兵设寨，扼守泉州湾由晋江入府城的水道。

5. 金山寨

位于东海镇后亭村金山上，为后渚港制高点。原为宋、元两代望海舶、观风云的地方。明代为防倭而增建寨堡，控扼后渚港。占地面积约441平方米，坐北向南，平面呈方形，每边长21米。寨墙乱石垒砌，残高3.98米，宽2.3米，南北有石阶。寨门拱形，宽15米，高4米，进深6米。已残，尚存炮眼两孔。

6. 后渚寨

位于东海镇后渚港边小山上，与金山寨互为犄角。已废。

7. 鹧鸪寨

在东海镇蟳埔村鹧鸪山上。明天启七年（1627），在山上筑寨，置铳台，安大将军铳9门，配置百子铳、神飞弩，控制晋江入海河道。

8. 山门寨

位于东岳山通洛阳的山口上，于两座小山之间建寨置门，为东面通泉州城的隘口。

9. 吴觐寨

位于洛江区罗溪镇大坑村西南500米。吴觐，罗溪人，于清顺治四年至五年（1646—1647）发动农民起义，以此山寨为大本营。寨址包括前哨寨、跑马场、外寨和内寨。占地面积约10平方公里，东西宽125米，南北长355米，周长825米。设东、西、南三门。东、南两门已毁。西门方形，高3米，宽2米，进深2.5米。

石砌寨墙依山崖而筑，残高 5 米，厚 3 米。现寨址内存有残炮楼 1 座，鼓楼基 1 处，房基 112 处，古井 1 口。

10. 东石寨

位于晋江东石镇东石居委会。清初，郑成功在此安营扎寨，整军练武，由施琅、冯云、黄梧等人分守。东石寨依山临海，平面呈长方形，现存石砌寨墙长 30 多米。有两个寨门，清康熙十六年（1677）建，东名得胜门，西名镇海门，现仅存石门额。寨内有郑成功操练水师的水操台，占地面积 1300 多平方米，四周石栏杆。寨内一石耸立，上方横刻楷书"棣径"，中部竖刻楷书"丹心"，相传为郑成功所题。

11. 华表山寨

位于晋江罗山镇苏内村西，清康熙十八年（1679）建。时值三藩之乱，郑经自台湾率兵进驻泉南沿海，清军筑寨以守。寨平面呈椭圆形，东西宽约 50 米，南北长约 180 米。墙花岗岩块石垒砌，基宽 3 米，残高 1~3 米。有两寨门，已倒塌，构件尚存。

12. 谢氏土楼

位于洛江区马甲镇就南村，清乾隆年间（1736—1795）建。占地面积约 625 平方米，坐北向南，平面呈正方形，歇山顶，通高约 8 米。正门朝南上嵌"玉树流徽"石匾额。东、西两侧开石砌边门。墙基石砌，墙体三合土夯筑。四方向的墙体上部，各有石构瞭望孔 5 个，铳眼 6 个。土楼内为前后两列五开间，两层楼，其间以回廊连隔，共计 28 间。土楼中部天井里有井 1 口。东北角略有塌落，二楼回廊木栏破损较严重，其余保存完整。

13. 曾氏土楼

位于洛江区马甲镇后坂村，建于清乾隆年间（1736—1795）。占地面积约 600 平方米，坐南向北，平面呈正方形，两层，四坡顶，通高约 6 米，边带双护厝，中心天井八角形。墙基石砌，墙体三合土夯筑。墙各向均设枪眼 5 个。楼板腐朽严重，外观基本完好。

二、惠安县古城

惠安县地处福建省东南沿海突出部，介于泉州湾与湄洲湾之间，东濒台湾海峡；西南与泉州鲤城区接壤；西北与仙游毗连。一面依山，三面环海，地势西北高，东南低，由西北的低山过渡到东南的丘陵和台地，林辋溪、黄塘溪、菱溪、坝头溪循山势自西北向东南，注入台湾海峡。宋太平兴国六年（981），析晋江东乡十六里置惠安县。

（一）县城

县城螺城镇位于县域中部，惠安置县时，县治即设于此，但长期未筑城。明嘉靖三十一年（1552），因防御倭寇侵扰，中丞王忬始建城墙，翌年竣工。城背西北面东南，西部自南而北有莲花山、火山、科山、螺山、大坪山、岳山、潘山等山峰环抱，螺山负邑，形如螺蛳吐肉，故县城别称螺城。城墙周长986丈5尺，基阔1丈2尺，上阔1丈，高连女墙1丈9尺，雉堞1875个，内外皆筑以石。门4个，南称通惠，北称朝天，东称启明，西称永安。西北设水关，称冬莲门，接通莲花山之水，入龙津陂。

嘉靖三十八年（1559），署县兴化同知李时芳增筑，月城门各建城垣，增3尺，又以西北山高，设敌楼2座，敌台3座；嘉靖三十九年（1560），知县符良佶环城

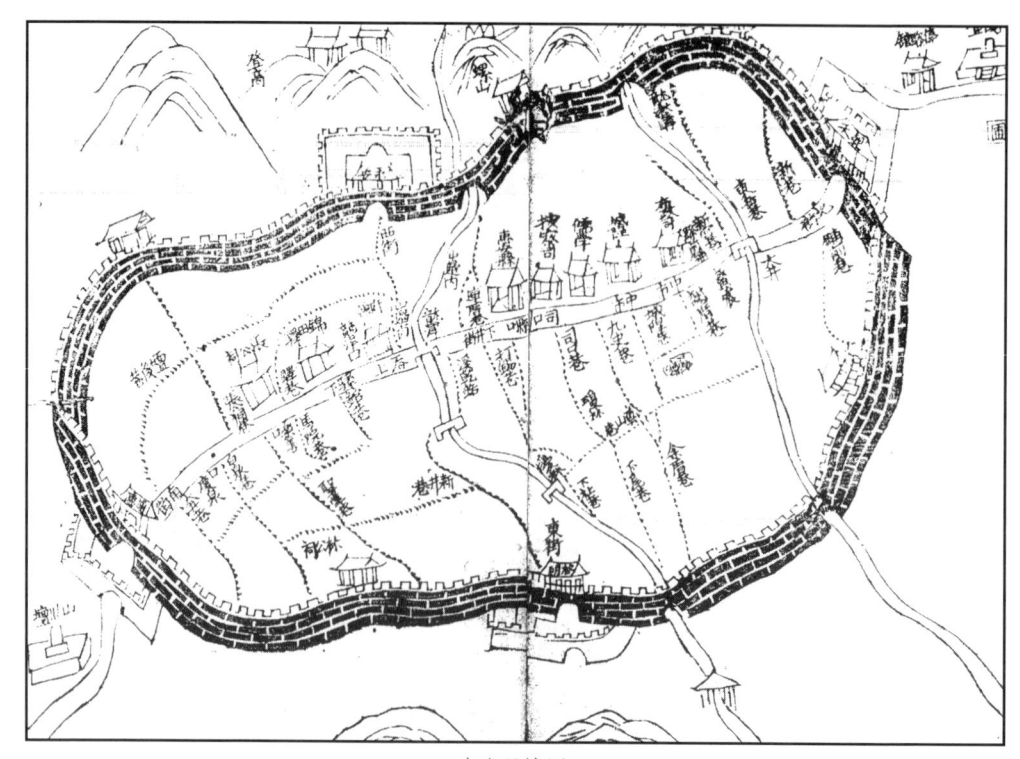

惠安县城图

浚濠，周围1030丈，广3丈深2丈，干涸无水。嘉靖四十年（1561），知县陈玉成又建窝铺木望楼，共50座。万历二十四年（1596），知县刘一阳在城四面各建敌楼1座，连房1700间，延袤城上。万历三十八年（1610），知县宁维新再建东西敌楼2座，南北敌楼4座。天启三年（1623），知县缪伯升筑城垣。崇祯十二年（1639），知县李沾增置东西炮台各一座。

清顺治四年（1647），筑三马墙，周城千余丈，高6尺5寸。顺治十二年（1655），知县杨鹤龄修筑，雉堞合三为二，外窄内宽，炮可左右向。改南为积庆门，北为厚镇门。康熙三年（1664）五月大雨，城圮五处，计390丈，知县何圭如修，康熙十七年（1678）重修。康熙二十五年（1686），城墙因雨倒塌80余丈，知县钱济世、李长庚、邝梦元皆随时修筑。乾隆十六年（1751），知县徐德峻、知县黄彬相继倡修。1939年，为便于日机轰炸时疏散群众，城墙全被拆毁。

（二）城堡

1. 莲城

位于净峰镇东莲村北的山上，城濒台湾海峡，前列黄竿岛、黄牛屿，北近湄洲湾，南临莲花港、鬼树湾，与东山城、峰尾城犄角相望，地控惠东沿海中部前哨。旧称黄崎城，为巡检司城，明洪武二十年（1387）建。城平面呈方形，周长520米，依山用条石筑砌，有四门。城墙残高5.1米，宽2.95米，东南、东北部保存较好，其余保留部分残城基。南城门尚存，拱形，残高2.7米，宽2.25米，进深1.1米，城楼已毁。清代在城墙上建有莲城寺。

2. 东山城

位于小岞镇东山村，与台湾海峡相望，南与崇武半岛、北与净峰半岛形成三角状，与崇武城、黄崎城互为犄角。原称小岞城，为巡检司城，明洪武二十年（1387）建。占地面积约12600平方米，城平面近方形，周长450米。城墙用条石包砌，南北各设拱形城门，拱门高3米，宽2.4米，厚1.9米。现存北门及其两侧残墙几十米，高4.2米，厚1.85米。城中尚存明代水井一口。南城门内莲花山下有明建近年重修的观音宫。

3. 崇武所城

位于崇武镇崇武半岛东端海滨。崇武半岛地处泉州湾和湄洲湾之间，与台湾海峡隔海相望。宋代设巡检寨，元初改设巡检司，明初设置千户所。洪武二十年

闽台古城堡

惠安崇武古城外墙

崇武所城西门

（1387），江夏侯周德兴建崇武所城。永乐年间至嘉靖四年（1403—1525），多次遭倭患侵扰。隆庆元年（1567），抗倭名将俞大猷视师于此。抗倭名将戚继光曾挥师崇武，在莲花石上设中军台，操练兵马；民族英雄郑成功曾据城40余天抗击清军。明、清时期五次重修。1983—1987年全面维修。

城平面呈梯形，占地面积约15万平方米，东西宽约300米，南北长约500米。城内驻军3000人，有军房987座，设公署、兵马司、演武厅、仓厂、铁局。城内外有井15口，四条排水沟，通连大海。城墙周长2567米，城基宽4米，城墙连女墙高7米，城墙外侧用条石丁字砌，内侧用块石和河卵石砌筑。上有宽4米的走马道，垛口1304个，箭窗1300个，窝铺26间。方形望敌台5处，设四城门并建门楼。东、西、北三门各有城门2道，加筑月城。南城门外筑照墙为屏蔽。城墙上有烽火台、瞭望台和铳炮台。城墙内有二至三层跑马道。城四边各有一潭、一井和通向城外的邗沟。城内有军事防御设施，城外环以濠沟护城。整座城均用花岗岩石构筑，城外青山等地设烟墩，沿海处青屿、三屿、前屿等设汛。崇武城堡是保存较好的古代军事城堡，名列中国七大古城墙之一。

4. 獭窟城

位于张坂镇南端浮山村烟墩山西南50米处的平地上，三面环水，中有一山，形如獭，故名。为出入泉州港必经之地，原属南安卢溪巡检司，后巡检司移设于此。明洪武二十年（1387），为防御倭患而建。城长130米，宽80米。1972年，拆城墙条石修建海堤。今仅存城基，宽4.3米。

5. 峰尾城

位于后龙峰尾村。明洪武二十年（1387），为防倭患而建。北障沙格，南近黄峰，与兴化吉口、湄洲诸岛互为犄角。明初移沙格巡司于此。筑城垣1座，烟墩3座，驻防守兵5名。

6. 辋川城

位于县治东北十里许。明嘉靖四十一年（1562），知县陈玉成、萧继美组织乡民，倾资捐助兴建。城周700余丈，高1.8丈，门4个，东北小门各1个。

（三）关隘

1. 陈同关

在县北白水铺之南，距县治40里。元末乡人筑以御寇。明正统间（1436—

1449）重建，派兵守。极险陁，两山对峙，中间一路通南北，仅容人行。北行十里到仙游枫亭。有寨在山，名陈同寨，又称白水寨。

2. 虎窟隘

又名虎窟寨，位于县西南山谷间，崇山夹峙，狭径仅通人。明正统年间（1436—1449）始置寨栅，今遗址犹存。

3. 东坑隘

在县西北樟柿铺日曝岭西，距县治35里。与仙游隔界，地极险陁，山下为东坑寨，昔乡人避寇，故设寨于此。

4. 溪西寨隘

在县北音声岭旁。北接驿坂，南连试剑，寨唯一门，四围皆砌石。清代乡人避寇而造此寨，人居稠密。

5. 青山寨隘

位于县南。五代闽将张悃为御海寇而设此寨。既没，乡人立庙祭祀，后倾圮，故址犹存。明洪武二十一年（1388）重建，清康熙八年（1669）扩建并设寨台。

6. 黄崎隘

位于县东香山北，距县城50里，三面临海，山上因有卤气而草木不生。宋代为御寇而设置。东北近湄洲、南日，与峰尾、小岞互为犄角。海多礁屿，地势险要。清设黄崎汛，驻水师。

三、南安县古城

南安县位于福建南部晋江中游，东与鲤城区、晋江交界，东南与金门岛隔海相望，西与安溪、同安接壤，北与永春、仙游毗邻。全境山峦起伏，河谷、盆地穿插其间。地势西北高，东南低。南朝梁天监（502—519）中，置南安郡。隋开皇九年（589），改郡为县。唐武德五年（622），置丰洲于南安，州治设在今丰州。唐嗣圣初（684），析出南安、莆田、龙溪三县置武荣州。南安县城丰州为武荣州治，故南安别称武荣。1936年，县治迁往溪美镇。

（一）县城

南安古县城丰州在泉州府城西15里。旧志记载无城墙，但20世纪50年代，

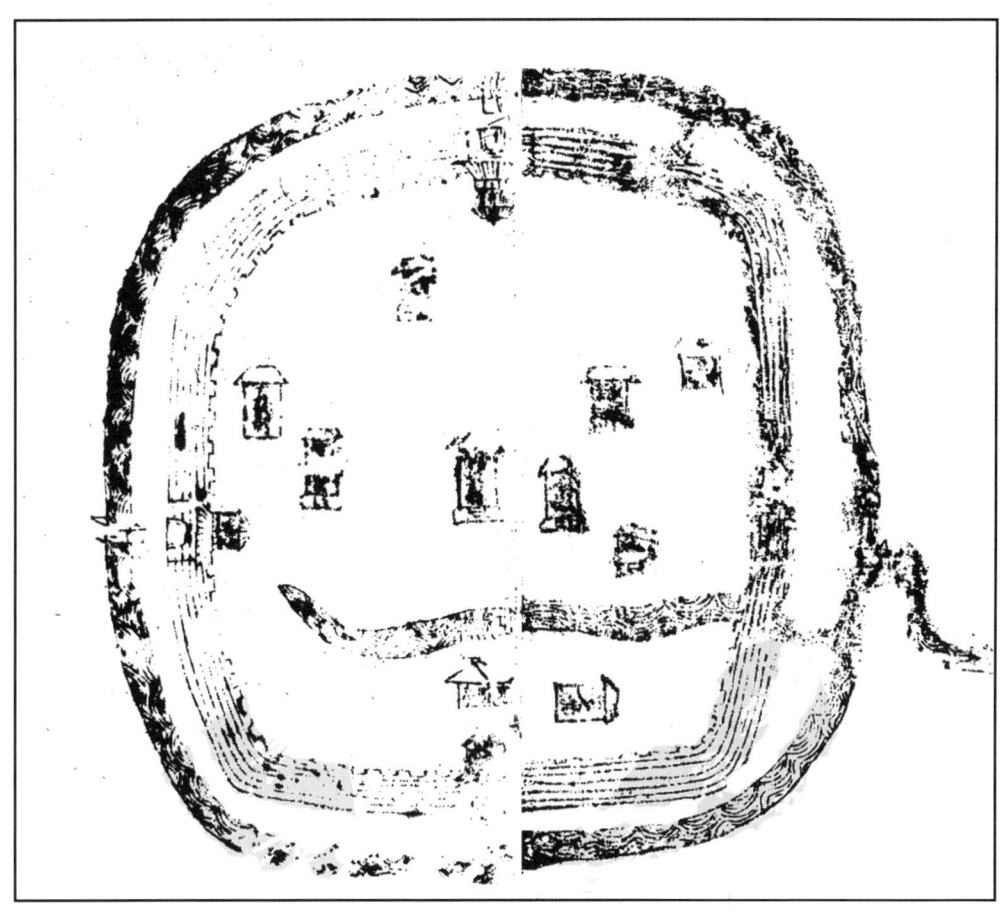

南安县城图

考古发现唐代子城砖，说明古县城在唐代就有城墙，但不知何时倒塌。现在的古城墙址，为明代建筑。嘉靖三十八年（1559），倭寇入侵，知县涂光裕失守。夏汝砺继任，开始用石筑城墙，设城门4座：东门称熙和，西门称平城，南门称文明，北门称拱华。城门上建有城楼，并有月城。城墙周长774丈，堞2044个，敌楼7座，窝铺36处，城墙内外均用条石叠砌，中间填夯三合土。

嘉靖四十年（1561），城内石铺的道路2310米。城外开城壕，修马路，建堤岸、吊桥等设施。万历二十五年（1597），知县袁崇友把城墙增高3尺，四隅添角楼4座。万历三十二年（1604）地震，知县周绍祚改四角楼为潮音阁、关帝庙、聚星阁、玄天阁。崇祯十四年（1641），知县韦克济把城墙再增高3尺。

闽台古城堡

清顺治十一年（1654）十二月，城被海寇毁。顺治十三年（1656）春，知县祖泽茂在原有城墙基础上重建，城周长959丈，高2丈7尺，敌楼6座，铳台176，堞1022个，并二为一。仍设4个城门，城门上建楼，城门处建有宫庙。城门名称分别改熙和为富春，平城为丰乐，文明为武荣，拱华为长寿。乾隆十一年（1746），知县吴翼祖重建四城门楼。嘉庆八年（1803），知县柳成梅重修四门城楼。咸丰七年（1857），知县宋志璟重修东门城楼。

城墙外围护城河全长2426米，宽8~10米，护城河从金溪北畔的万石坡处，引晋江水汇集葵山龙庙一带南流的小溪水，经金溪、社坛村流入护城河。城内池、浦、濠沟是护城河引水、贮水、排水等调节水量的重要设施，共有大小池、浦、潭17个，最小面积50平方米，最大面积500平方米，城内池、浦与城外护城河之间设置水关来引水、排水，深、宽各2米，用石块砌成。护城河道上的东、西、南、北处筑有4座石桥，桥宽均为2.8米，西门桥、北门桥长各为8米，东门桥、南门桥长各为12米。还有三座为护城河引水、排水的桥梁，称为灰窑桥、新亭桥、将军桥，长各10~11米，宽3米。

1939年9月，日本飞机轰炸丰州，国民政府为防患日寇入侵，下令拆城断桥，城墙全部被毁，现在仅存部分城墙墙基。

（二）城堡

1. 大盈司城

位于三十六都，今水头镇。明代设巡检司，建巡检司城。城周长46丈，基广8尺，高1丈6尺，设2座城门，门上各建楼。清代巡检司裁，驿传又废，城亦荒废。

2. 铳城

位于石井镇石井居委会东南海口，建于明代。存有残墙一段、靖海门（东北门）、铳城门楼（东门）各一座，残墙长60米左右，高0.5~2.5米，用厚、宽各0.3米左右的花岗岩石条沿山坡砌成，厚1米左右。山坡高约15米，铳城门在其上。靖海门，在铳城残墙南面，北面临海，门高2.4米，宽1.9米，深2米，顶部拱形，拱高0.86米，石构。北面拱顶阴刻楷书"靖海门"三字，字径30厘米。门南东侧竖石碑一方，高约2.7米，宽0.94米，厚0.21米。圭首篆额，阴刻"平寇碑记"四字，字径14×16厘米。铳城门楼，距靖海门东南约300米处。门高2.5米，宽3米，深2米左右，石块垒墙、石板架顶，东面临海，西墙南侧嵌有《石井记事碑记》

一方，碑宽 1 米，高 0.6 米，右纵阴刻"石井记事碑记"六字，字径 8×8 厘米，文为明都御史晋江人苏茂相撰。明末清初，郑成功曾在此击败降清的施琅兵马，因此俗称"国姓门"。

南安石井铳城靖海门

（三）关寨

1. 小盈岭隘

位于水头镇劳光村西南 1.8 公里小盈岭谷口，建于清代。关隘地处南安与同安交界，在漳泉古驿道上。宽 500~600 米，中部宽 10~20 米。现保存石构残墙一段，东西宽 4.6 米，南北深 5.6 米，墙厚 0.6 米，高 3.5~4 米，墩台分上下两层，每层高两米许，楼板已毁，仅见架梁插孔。南墙上下各有一门，宽0.6米，高1.8米左右。关隘石门1座，关门向南，花岗岩石砌筑。门旁立《改坊为关记》碑和小盈岭南同交界碑。南明永历五年（1651），郑成功率军攻漳州，清福建提督杨名高率部驰援，两军战于小盈岭，清军大败。

2. 保福岭隘

位于南安县城北约15公里处，海拔430米，东西两侧高山连绵，南北两端为小丘陵地的狭长地带，峡谷长3000米，宽100~300米，进出口狭窄，中部宽大，隐蔽条件良好，南（安）永（春）公路经此。隘居高临下，易守难攻，是历代兵家重视防守之地。

3. 梅花岭隘

位于南安县城东南部约10公里处，海拔300米，东西两侧高山连绵，南北两端为小丘陵地的狭长地带，峡谷长约3公里，宽300~500米，进出口宽大，中部狭窄，隐蔽条件良好，是南（安）官（桥）公路必经之地，为南安内陆与沿海地区的交通要冲。

4. 八尺岭隘

位于南安县城东南部约10公里处，海拔40米，泉（州）南（安）公路贯穿其中。隘居高临下，易守难攻，为兵家必争之地。

5. 半岭隘

位于罗东镇东北约10公里处，海拔200米，南北两侧高山连绵，东西两端进出口宽大，为丘陵地带，中部狭窄，宽度15~100米。福（州）梅（山）公路通过其中，是南安东北部的交通要塞。

6. 长潭桥隘

位于诗山镇北部约6公里的南安与永春交界处，海拔110米，南北面背山，东西面峡谷，是南安至永春的咽喉，战略地位重要。

7. 义和寨

位于官桥镇岭兜村东北800米，又名崎山寨，明万历年间（1573—1620）修建。寨位于山顶，可俯视岭兜村。寨墙石构，现存约长80米，宽1米，高约5米。拱形寨门1座，高1.95米，宽1.26米，深0.76米，门额横刻楷书"义和寨"，款识"明万历十九年"、"梅岭张维新立"。寨内有关帝庙，及清光绪十二年（1886）《重修崎山寨碑记》。碑方首抹角，高1.68米，宽0.82米。

8. 洞后寨

位于英都镇大新村后英溪南岸英格山上。土质断垣周长120米左右，墙高1~1.5米。墙内地面平坦。

9. 玉华寨

位于诗山镇联山村贞格自然村南赛埔山顶。寨垣周长150余米，高1.2米左右。寨内地面平坦，散见有野炊痕迹，仅见残墙数段。

10. 黄巢寨

位于东田乡凤巢村大旗尾山。相传为唐末农民起义军北征途上驻扎之所，因其首领黄巢而得名。寨多废，仅存残垣数段，长约60米，高0.5~1.5米。

11. 东头土楼

位于官桥镇东头村西南村外田洋中，约建于清道光十年（1830）。楼高15米左右，广、深各10米，墙厚1米。以红土、灰米（锻灰未尽的贝壳）拌稀米浆舂筑而成，坚硬如石。楼作3层，底层高6米左右，二、三层各4米，各层四面墙布满上瞭望孔、射击孔，层与层之间以杉木架梁、铺板，板厚6—7厘米，仅留60厘米见方的开孔可架梯供上下。楼顶为平台，可供瞭望，四周有短墙。保存较好。

12. 林俊、潘榜抗清土楼

位于罗东镇湖内村。楼呈正方形，三合土结构，高10米左右，作两层，分28间，外墙厚1.6米，四周有射击孔。清咸丰三年（1853），林俊、潘榜、潘宗达率红线会农民起义，并进军丰州，遭官兵围剿，据此战斗27天，清兵久攻不下而退。楼西面角有部分坍塌，其余保存尚好。

四、同安县古城

同安位于福建省东南沿海，北邻安溪、南安，西接长泰，东南与金门隔海相望。唐贞元十九年（803），析南安县西南四乡置大同场。五代后唐长兴四年（933），正式建置同安县。辖境包括今同安县、集美镇、灌口镇、厦门市区、金门县及龙海县一部分，至清末基本稳定。今为厦门市同安区。

（一）县城

县城大同镇地处双溪汇流处北岸，大轮山为后屏，九跃山、佛子岭护于左，

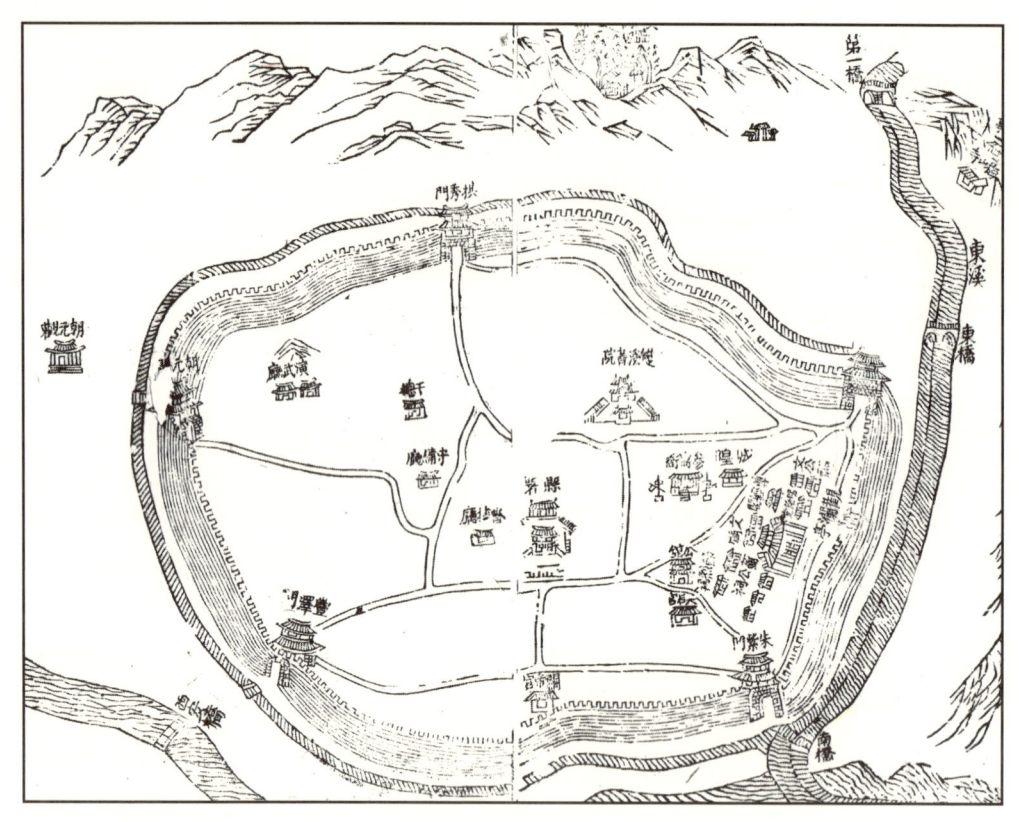

同安县城图

东、西二溪绕城而过。明清至民国前期，同安城区称在坊里。同安置县后未筑城，宋绍兴十五年（1145），知县王轼开始建城。绍兴十八年（1148），知县刘宽完工。城墙周长795丈，高1.2丈，护城濠宽、深各2丈，东西广、南北狭，形若银锭，故别名银城。南溪有石，状若鱼，色若铜，故又名铜鱼城。设五城门，东名朝天，西名厚德，南名铜鱼，北名拱辰，西北名庆丰。庆元元年（1195），知县余元一增修。绍定三年（1230），知县韩木重修，并浚濠。

元至正十五年（1355），达鲁花赤马哈谋沙用石内外砌。明景泰元年（1450），泉州卫指挥使杨海及主簿蔡麟重修，增高5尺。成化十八年（1482），知县张伋重修，改东门为迎阳，西为镇兑，南为来熏，北为绿野，唯西北仍旧。嘉靖三十七年（1558），知县徐宗夔增高3尺，西北各为重门，设窝铺59间。万历二十五年（1597），知县洪世俊增高2尺，复改门，名东为鸿渐，西为丰泽，南为朱紫，北为拱秀，西北为朝元。城周围846丈8尺，高2丈3尺。城濠860丈，濠深6尺，阔2丈4尺，堞1392个，门楼5座，敌楼1座，窝铺108间。万历三十五年（1607），知县鲍际明重修。天启二年（1622），知县李灿然筑炮台10座。

清顺治十一年（1654），金华总兵马进宝、知县梅应魁修筑，周围846丈2尺3寸，基阔1丈1尺9寸，垛子并为675个，窝铺32间，炮台4座。筑护城短垣869丈，高7尺，濠长1096丈。东、西、南、北门楼4座，废西北朝元门。康熙五十一年（1712），东、西、南三楼损坏，知县朱奇珍重修。乾隆元年（1736），知县唐孝本会集绅士复开西北门，城门依旧有5座。光绪十二年（1886），城西北隅坏，知县俞秉焜请拨义仓款修筑。

1926年，奉省政府令毁城填濠筑马路。现仅存东门至南门沿东溪的一段元代石垣城墙，呈南北走向，长约450米，高约5米，顶部宽4米，墙体以条石筑，间填红土。

同安古城墙

(二) 城堡

1. 金门城

位于今金门县，在浯洲（今大金门岛）南面，距县城 80 里，水程 100 里。明洪武二十年（1387），在此设置守御千户所，江夏侯周德兴修筑。周长 630 丈，宽 1 丈，高连女墙 2 丈 5 尺，窝铺 36 间，护城河深广各丈余，辟东、西、南、北四城门，上各建城楼。永乐十五年（1417），都指挥谷祥，将城墙增高 3 尺，在城门上增建城楼，另加筑西、北、南三门瓮城。正统八年（1443），都指挥刘亮、千户陈旺，又增建四座炮台。清康熙年间（1662—1722）曾重修。乾隆五十三年（1788），总兵陈龙因城墙略有坍塌和城中人烟稀少，乃移驻后浦，后城墙塌毁。当代重建一小段，位于文台宝塔附近。

2. 厦门城

位于嘉禾屿，今厦门市思明区。明洪武二十七年（1394），江夏侯周德兴修筑。周长 425 丈，高连女墙 1 丈 9 尺，筑窝铺 22 间。城阔 8 尺 5 寸，垛子 496 个。辟城门 4 座，东名启明，西名怀音，南名洽德，北名潢枢。上均建有城楼。永乐十五

金门岛城墙

厦门城址

年（1417），都指挥谷祥增高3尺，四门增砌月城。正统八年（1443），都指挥刘亮督千户韩添增筑四门敌楼，城内外甃以石。清康熙二十年（1681），总督李率泰令坠岛城。康熙二十二年（1683），靖海侯施琅表奏重葺城墙。康熙二十四年（1685），拓周长至600丈。乾隆十七年（1752），知同安县张元芝重修。嘉庆十一年（1806），浙闽总督温成惠、阿林保，巡抚汪志伊铸造铁炮2位，增设于四门，炮重2000斤。

1926年，厦门进行城市建设，拆城墙筑马路。拆除南门至小西门的城垣，其余残段亦日渐损缺。现仅存北门及新华路东一段长约70米城墙，残存的城墙西北至东南走向，呈斜坡状，高2~8米，顶宽3.5~6米。1996年，修复孔庙前面城墙76米，并增筑城墙垛堞32个，高1.46米，厚0.65米。

3. 高浦城

在安仁里，今厦门市集美区杏林镇高浦村，离县城60里。明洪武二十年（1387），江夏侯周德兴建。时设巡检司于此。洪武二十四年（1391），迁永宁卫千户所于此。周长432丈，女墙1丈7尺，基广1丈，窝铺16间，开4门，砌月城建楼。永乐十五年（1417），都指挥石祥增高三尺。正统八年（1443），刘亮督千户赵瑶增筑敌楼。万历九年（1581）千户所裁撤，城遂废。现存南门西侧残墙一段，长约50米，高1~3米，花岗岩条石砌筑，现城墙上已成为村中道路的一部分。

4. 塔头城

位于厦门市思明区塔头，明江夏侯周德兴造，为塔头巡检司城。周130丈，基广8尺，高1丈7尺，窝铺4间，南北开门。

5. 马銮城

位于厦门市集美区杏林镇马銮村，濒临马銮湾，明初建，系高浦城之卫城。原周长约1500米，设东、西、南、北四门，城门旁设有二层岗楼。现存残墙长2.7米，高2米，厚0.37米，以泥土夹碎砖、碎石板筑而成，顶呈两面坡状。

6. 城内城

位于厦门市集美区后溪镇城内村北，清康熙元年（1662）建。城平面呈长方形，东西宽150米，南北长200米。城墙以花岗岩条石砌筑，设四个拱券形城门。

厦门城内城

现仅存北城墙，长约30米，宽7米，高4.54米。北城门高3.2米，宽1.2米，进深3.50米，上有石门额"拱辰门"。另有"临海门"石匾存于村内。

（三）关隘

1. 镇北关

位于厦门市思明区厦门大学内，距海边约50米。明代在此建高浦巡检司城，万历八年（1580）废，其后民间称之为镇北关，是明代海防设施之一。现存长条形残墙三段，长约20米，西南至东北走向，以三合土及砾石混合版筑于岩坡上，墙宽0.5~1.5米、高1~3米，有墙垛。北部开一小门，高约2米，宽1米。

2. 嘉兴寨

位于厦门市思明区鸿山公园内。清初，郑成功以金门、厦门为抗清复台根据地，营建城寨，演武练兵，嘉兴寨即是其一。寨址现存北面残墙两处，长约12米，高2~4米、宽0.5~1.5米，东西走向，以花岗岩条石及方石依山势筑砌。山顶至高处巨石南面有竖向摩崖石刻"嘉兴寨"三字，径约0.5米，相传为郑成功手迹。

3. 胡里山炮台

位于厦门市思明区滨海街道曾厝村，清光绪十七年至二十二年（1891—

厦门胡里山炮台

1896），福建水师提督彭楚汉建。该炮台与隔海相望的屿仔尾炮台互为犄角，是扼控厦门港口的海防要塞。炮台朝南面海，总占地面积 12425 平方米，平面呈长方形。临海处设东、西两炮位，占地面积 360 平方米，炮位掩体及防护墙均以三合土砌筑。附属设施有弹药库、暗道、兵营、演练场、濠沟、山顶瞭望厅、围墙、城门等。官厅、瞭望厅及西炮台，1938 年被日军拆毁。东炮台现存 1893 年德国克虏伯兵工厂所制的火炮 1 尊，总长 13.96 米，宽 5.25 米，高 4.6 米，炮管口径 280 毫米，重 59888 公斤，射程 1646 米，炮台墙堡、雉堞及兵舍均保存完好。

4. 同民安关隘

位于厦门市同安区内厝镇南安与同安交界处的小盈岭古驿道上。有"小盈岭南同交界碑"一通。关由块石叠砌，面宽 8.6 米，高 3.56 米，中有宽 2.38 米，高 2.44 米的拱券门。门额上嵌"同民安"石匾，高 0.5 米，横 1.63 米，每字高 0.24 米，宽 0.21 米。宋绍兴年间（1131—1162），同安主簿朱熹在此建石坊堵截风沙，手书"同民安"三字于坊上。清雍正十二年（1734），坊塌。乾隆三十三年（1768），邑人

同民安关隘

筹款就原址将坊改建为同安通往泉州古道的关隘。隘前立有清代同安知县吴镛撰写的《改坊为关记》碑石。

5. 国姓寨

位于厦门市同安区大同街道东北侧。郑成功曾于南明永历二年（1648）闰三月，攻取同安，大轮山曾是郑军在同安驻军处。其西峰有巨石，上刻"留月岩"，岩下即相传的"国姓寨"。现遗留有寨址基石，并有3个石槽和3个石臼。石槽与晋江市东矿白沙村出土的"国姓马槽"形制相同，其中最大者长2.6米，高0.45米。石槽、石臼各一件已被厦门市郑成功纪念馆收藏。

6. 水操台

位于厦门市鼓浪屿日光岩东北山腰。明末清初，郑成功以厦门为抗清复台基地，修城筑寨，演武练兵，在此指挥操练水师。遗址在海拔92.6米的日光岩东北麓山腰巨石上。石顶筑圆形平台，面积约10平方米。巨石北侧绝壁有摩崖石刻。1918年，李增露题名的楷书"闽海雄风"四字，每字高1.58米，宽1.5米；其右上方有1918年黄仲训署名楷书"郑延平水操台故址"，每字高0.3米，宽0.28米。

水操台

7. 龙头山寨

位于厦门市鼓浪屿日光岩东部山麓。清初，郑成功以厦门为抗清复明基地，在龙头山安营扎寨。现保存东侧寨墙1段及寨门1座。寨门位于两块大岩石夹峙的隘口处，门高1.74米，宽0.8米。其两侧的寨墙长4.5米，高2.9米。崖壁上有多处当年搭椽架梁的凹孔，作"人"字形排列或依山岩地势直线排列。崖上还有蔡元培、蔡廷锴等名人题咏郑氏业绩的诗刻。

8. 高崎寨

在厦门市湖里区殿前街道高崎村北，临海。有石炮台一座。清顺治十二年（1655），郑成功建造。寨北面临海，平面呈长方形，东西长100米，南北宽60米。寨墙以条石纵横逐层交错叠砌，高4~6米，宽1~1.5米。南面设拱形寨门，高3米，宽2米。20世纪90年代初辟为公园。

9. 崎山寨

位于厦门市海沧区青礁村海拔100米的崎山顶，相传为宋代所建。石砌寨墙环绕山顶一周，平面呈椭圆形，占地面积约600平方米。北侧保留一段寨墙长30米，

厦门鼓浪屿龙头山寨

宽 1~1.5 米，高 2~5 米。西北面有一方形寨门，宽 1.05 米，高 1.4 米，厚 2.3 米。

10. 钱屿铳城

位于厦门市海沧区贞庵村西南 1 公里。明天启二年（1622），漳州府海澄县令刘斯傃为加强九龙江口海防，在此修筑铳城。城已毁，1988 年调查时发现残墙一段，以三合土及砾石板筑于岩壁上，长 35 米，宽 3.3 米，呈东西走向。城墙作双墙壕堑状，中为通道，宽 2 米，两侧墙高 1.2~2 米，厚 0.65 米。今辟为海沧码头。

11. 笔架山寨

位于厦门市集美区灌口镇东辉村笔架山，海拔 894 米。寨依山而筑，占地面积约 2000 平方米，平面呈圆形。寨墙条石砌筑，长约 300 米，高 2~3 米，厚 1 米，设东、西两门。门高 1 米，宽 1.5 米，纵深 2 米。寨内有供奉土地神的石祭台。相传清初郑成功屯兵同安时，曾在此营建山寨。辛亥革命时期，同安革军在此练兵。

12. 集美寨

位于厦门市集美区集美学村内，旧称浔尾寨，俗称国姓寨。南明永历十二年（1658）秋七月，明中提督刘国轩筑浔尾寨。现仅存南寨门及两翼寨墙。寨门花岗岩

厦门笔架山寨

条石砌筑，高 3.5 米，宽 1.68 米。寨墙残长 1.04 米，高 3.5 米，厚 1.6 米。寨门后侧有民国时期刻的"延平故垒"摩崖石刻，字径约 0.4 米。

"延平故垒"摩崖石刻

厦门集美寨

五、安溪县古城

安溪县位于福建省东南部，晋江西溪上游，东接南安，西连华安，南毗同安，北邻永春，西南与长泰接壤，西北与漳平交界。县境呈圆形，俗称一块碟。隋唐时

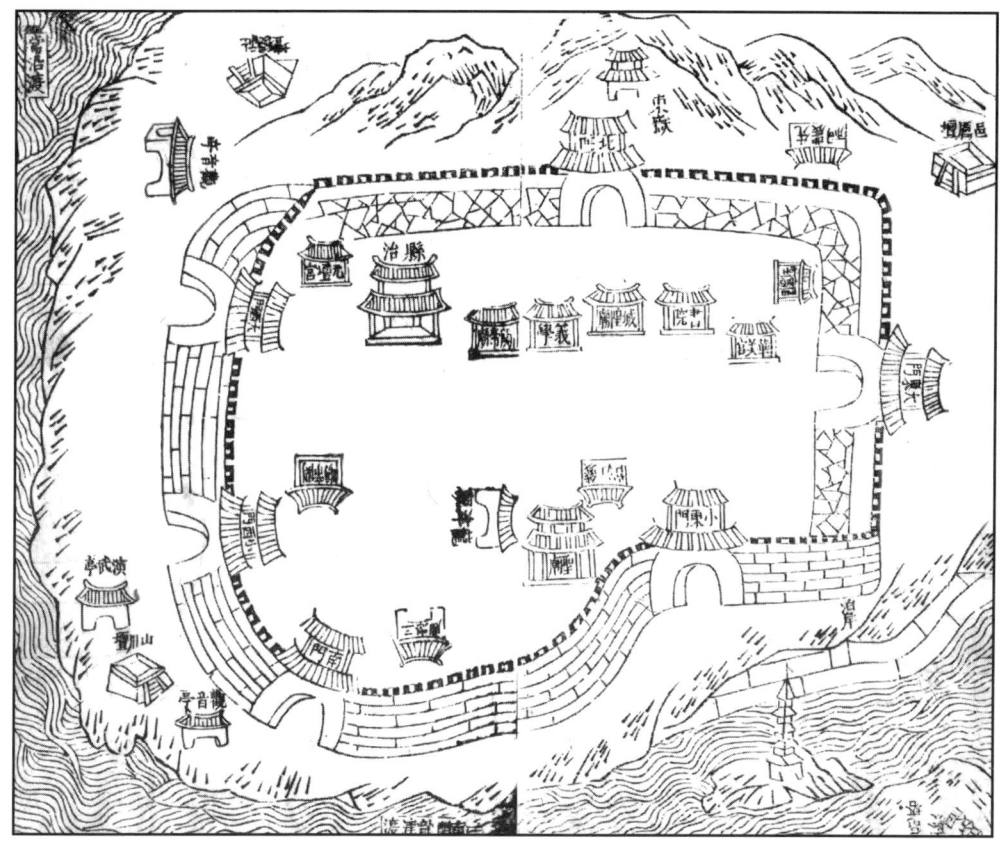

安溪县城图

为南安县地。唐咸通五年（864），置小溪场。南唐保大十三年（955），清源军节度使留从效以小溪场及部分南安属地正式置县，并以境内溪水清澈之意命名清溪县。宋宣和三年（1121），取溪水安流之意，改称安溪县。置县至今，县治均设于凤城。城三面环水，背负凤山而得名。

（一）县城

县城凤城镇位于安溪县东部，蓝溪之阴，凤山之阳，三峰并峙，一水环回，自五代后周显德二年（955）置县迄今，一直为安溪县治所在地。宋为归善乡永安里，明为在坊里，1981年11月定名凤城镇。置县后未筑城，明嘉靖三十九年（1560）倭寇突至，无险可守。倭寇焚毁官署与学宫，扰害乡里。嘉靖四十一年（1562），始议筑城，由德化人张大纲勘定城址。知县陈彩开始筑城，知县蔡常毓续建，至嘉靖

闽台古城堡

四十五年（1566）完工。城周长 660 余丈，高 2 丈 1 尺，基阔 1 丈 8 尺。设东、西、南、北四城门，东门朝宗，西门阜城，南门迎薰，北门拱极。又设东、西二水门。城垣北长南狭，东西长约 500 米，南北长约 750 米。站在凤山顶俯视，状如犁，所以安溪县城又叫犁城。

万历五年（1577），知县俞仲章为防止水侵城基，用石砌筑以护城，长 13 丈。万历二十三年（1595）崩，县令章廷训增筑，长 34 丈，高 1 丈 5 尺。万历二十九年（1601），知县廖同春建子城于南门，题额"迎秀"。万历三十一年（1603），知县高金体开古吉字街，塞旧门，辟新门，题额"任兴"。万历四十七年（1609），洪水为灾，城垣圮坏。知县周之冕、贺详、王用予相继修治，增砌泊岸。

清顺治十二年（1655），郑成功抗清，攻入安溪县城，城垣毁。第二年，知县韩晓召集士绅在旧址重建，历时 50 天完工。新城周围 660 余丈，高 2 丈 1 尺，宽 1 丈 8 尺。设东、西、南、北四个城门，东名定涛，西名安泰，南名澄清，北名拱秀。东、西水门照旧。新城较旧城更为壮观。康熙年间（1662—1722），知县曾之传重修周围城垣。雍正二年（1724），知县邱镇修理小东门外泊岸。雍正十年（1732），

安溪县城

知县蒋廷重修小东门城垣楼堞。乾隆五年（1740），知县蓝应袭修大东门城墙。乾隆十六年（1751），知县周辑敬修小东门下城垣。乾隆十八年（1753），又修大西门城垣。

1925年，李敬慎修安溪至湖头公路，在码头借刘厝书房做车站，拆除西门下地段城墙供车辆出入。1930年，省防军陈佩玉带兵进驻安溪，团部设在文庙。县城原有的街道宽度只有2~3米，陈佩玉专车无法通行，因而陈佩玉下令拆掉城墙，沿城垣旧基建设环城马路。拆掉城墙后，在城西建设码头，开辟码头至石狮口，新街道与复新街相连接。同时拓宽复新街，改两旁住宅为商店。又拆除下西街关帝庙以下小巷至现皮革厂与顶巷相连接，加以拓宽，再拆文庙泮宫供汽车通行至明伦堂团部。安溪县城墙被全部拆毁。

（二）堡寨

1. 小尖寨

位于金谷乡洋内村与湖头镇山都村交界处，海拔约700米。宋绍兴十三年（1143），临汀寇至，统制刘宝到小尖山筑寨抵御。因年代久远，遗址湮没，依稀可辨一些基石。明嘉靖二十五年（1546），陈日晖聚党据此。

2. 龙居寨

位于蓬莱镇龙居村南2公里，寨址筑在大寨山上，山势险峻峭拔。中心制高点石上凿一石交椅，前面是一片较平坦的山地。西南与东北的山脊上，两端各残存十多间墙基石。水源从内村埋倒虹汲引水入寨。元至正十四年（1354），李大岱在此据险称帝，进行多年反元斗争。

3. 白叶堡

位于祥华乡白叶坂村西1公里，界于泉、漳、延三府边境，地势险要，崇山峻岭，洞穴深邃，森林茂密。明嘉靖年间（1522—1566），以陈日晖为首，聚集饥民起义。嘉靖二十六年（1547），被官军镇压。为防后患，嘉靖二十八年（1549）建此城堡，调泉州卫官军200人，和源口巡检司添额兵员100名，屯守驻防。堡构筑在山仑脊上，坐北朝南，东西约宽100米，南北纵深130米，总建筑面积约1.3万平方米。残存基石断墙，基础为巨石垒筑，糯米灰混凝土夯筑为墙。城墙残高2.6米，堡内已垦种地瓜，残基可辨。房屋百余间，中为泉州卫分司厅，西为武所，东为巡司。城北东侧立地一石碑，阴楷"安溪城隍神位"六字。

4. 营盘寨

位于长坑乡玉湖村北 500 米。清顺治二年（1645），王姓族众集资建寨避贼。寨筑在一突兀山丘上，占地约六亩，东西宽，南北窄。已夷为平地种茶叶，但轮廓可辨。寨中心遗存一座以三合土灰圆封顶的竖井墓葬。顺治十年（1653）十一月间，海寇黄冲等率兵入山追粮，百姓被围困 14 天，寨中临时凿井无水，寨墙被爆破一角，乃放火自焚，全寨赴难，320 多具遗骸埋入枯井中。今王姓族裔年逢农历十一月二十三日，即到此祭祀。

5. 芹案寨

位于祥华乡美西村西 2 公里。清道光年间（1821—1850），詹经力因冶铁起家，成为巨富。在百余米高的突兀山头，建一座芹案寨。基石叠砌过门楣，混凝土筑墙，寨墙厚 3 米，平面呈长方形，东向，占地千余平方米。墙已倾颓，基石也局部倒坍。寨内依山建三列廊屋式房舍，东、南、北三面辟拱门，南门楣额石刻"芹案寨"三字。门前山涧旁建生活区，寨前山脚及南、北夹峙山麓建四座颇精致的房屋拱卫。

6. 光孝寨

位于光孝村南，蓝溪磐石之上，用巨石砌成。明嘉靖年间（1522—1566），倭寇进犯，朱万一聚村民数百，据寨固守数日，伺机出击，迫寇遁去。

六、德化县古城

德化位于戴云山麓，东邻永泰、仙游，南接永春，西连大田，北毗尤溪。境内崇山峻岭，重峦叠嶂，戴云山主峰雄踞德化中部，海拔 1856 米，境内溪流大多发源于此。浐溪、涌溪两大溪流环绕戴云山南北，构成环状水系。唐贞元年间（785—805），置归德场。后唐长兴四年（933），置德化县。

（一）县城

县城浔中镇位于德化县南部，曾称归德、浔中、龙浔等名，自唐贞元年间（785—805）置归德场以来，就一直是全县政治、经济、文化中心和交通枢纽。浔中镇历来是陶瓷的主产地，境内有龙浔山、观音岐山、芹山、西天山、金鸡山等。因龙浔山为德化县治环城诸山主脉，浔中镇位于其中，故得名。

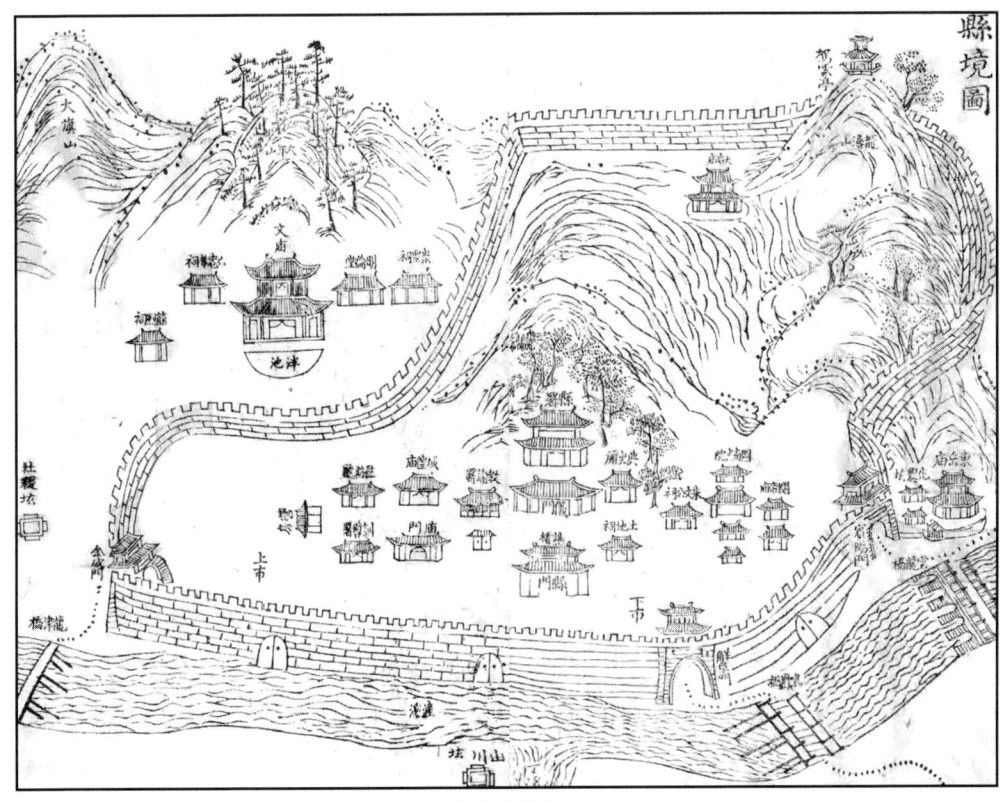

德化县城图

    德化县城自后唐长兴四年（933）置县，经宋、元至明初，县治所在地范围，东自宣化门经龙济桥，西至觐宸门，南傍浐溪。明嘉靖三十六年（1557），为防倭寇，知县邓景武建筑城池。城墙南临浐溪，东起龙浔山麓，环山而上，北绕大洋山（今称凤凰山），西抵大旗山巅，下达浐溪。周长837丈，高1丈3尺。下石上砖，开二门，东为宾阳，西为有年。嘉靖三十九年（1559），知县张太纲因城大难守，截大洋山、大旗山于城外，存城墙668丈。视旧制增高。西北浚濠深丈余，建北镇楼，可以瞭望。东筑月城，东、西二门俱建敌楼。嘉靖四十四年（1565），知县何谦开北门，名拱辰。并建楼、设窝铺，分兵以备巡缉。万历十九年（1591），知县丁永祚开南门，名来凤。崇祯十四年（1641），知县李元龙增高城墙3尺，分雉堞为1000垛，重建北镇楼。

    清顺治四年（1647），寇焚毁四门敌楼。康熙十五年（1676）四月十六日大雨，溪水暴涨，逆行冲西南门，白浪淹城，沿溪一带，城垣庐舍，尽淹为壑。知县叶丽生、辜锟修筑。改来凤门为解阜门，有年门为金成门，并建敌楼。东南开水门一座，西南开水门两座。康熙二十五年（1686），知县范正辂缮葺城垣，重建宾阳、北镇二楼。乾隆十年（1745），知县鲁鼎梅奉文修理城垣。乾隆五十六年（1791），知县杨奇膺捐俸修筑城墙，并重修东、西、南三门与敌楼。咸丰三年（1853），城楼破毁。咸丰六年（1856），知县许善器重建。光绪三十年（1904）五月，县内上、下市毁于洪水，城垣自西至东冲坏70余丈。光绪三十二年（1906），知县赵云崧率绅董苏春元等重修。

1927年，永春民军尤赐福拆毁沿溪城垣上方入城。1932年，省防军陈国辉拆除西北城垣上方和东面的宾阳门以及西面的金成门。城内市场外移于南关、东关、西关。1953年，拆除西北残垣通公路，其余城墙陆续为基建取用，仅存北面遗址。

德化苏十万抗元古战场

德化员山堡东门

（二）堡寨

1. 天平城

位于南埕镇南埕村东南的天平城山上。宋咸淳十年到元至元十七年（1274—1280），苏十万在此建城屯兵抗元。清初，林忠亦屯兵于此抗清。在长约 1200 米，宽约 90 米的顶峰筑有 3 寨，今尚存寨城、营房地基遗址。寨墙外周围有跑马道，长约 1500 米，宽 7.8~10.5 米。寨基尚存。

2. 员山堡

位于三班镇岭头村，俗称岭头寨。地处德化与永春两县交界处的天马山北面，苏十万在此建寨抗元。有两座寨门，南门为正门，是用条石砌成的，上方刻着"员山堡"三个楷体大字；东门是侧门。寨墙长约 260 米，高约 12 米，用巨石砌成。寨墙上有墙眼，西南角有一突出的角楼。

3. 大兴堡

位于三班镇硕杰村，北枕大兴山，西南望天马山，南临大云溪。清康熙六十一年（1722），郑展枢建。该堡为单檐歇山式土石木结构，平面呈长方形。城墙东西 64.5 米，南北 56.96 米，堡墙下部砌石，上部土筑，高 4.5 米，宽 3.6 米。占地面积

德化大兴堡

3648平方米，总建筑面积4036平方米。东、西辟石拱门各1座。东门为正门。石门高3米，厚2米。东北、西南隅各有角楼1座。堡内中间有一石道，宽5.25米。堡内沿中轴线有面积206平方米的宽敞天井，天井两侧建有单檐庑殿式屋顶的阁楼，两厢格式大体对称。环城垣架设倚楼。东、西二列倚楼长约为58米，南、北二列倚楼长均为51米。每层面阔10~15间，进深2间，穿斗式木构架，四坡顶。全堡共有房间240间。堡内西南、东北2处原有水井，今尚存1处。

4. 罗城寨

位于雷峰镇长基村西北，1976年发现。寨址面积约600平方米。宋末元初，苏十万在此屯兵抗元。现存主寨寨门，拱形，高2.3米，宽1.65米，两旁石刻楷书"涌脉泉为乳，悬崖城是金"楹联。内有三道门，第三道门尚存，进深8米。门顶上城墙高约1.5米，残长35米，厚1.5米。寨内有营房残基，及通明宝殿基址等遗迹。水府庙两侧为校场，占地面积约1400平方米。

5. 长福堡

位于浔中乡宝美村。清乾隆六年至九年（1741—1744）建。堡平面呈长方形，周长168米，深37米，占地面积1793平方米。东、西、南三面石拱门，堡内建回形四合院，木结构三层楼房一座，单檐歇山顶，四大厅堂，142间居室。

6. 丹山寨

俗称大寨，位于杨梅乡上云村，清雍正十二年（1734）建。寨由内、外两道呈椭圆形的寨墙组成。外墙已毁，内墙周长280米，有东、南、西三门。石门左右有一对麒麟浮雕，靠门外侧，悬雕一对小石狮。寨墙东、南两侧，筑有炮楼。寨内木构聚奎楼计有房间60余间，今大部分仅剩梁架。

7. 永嘉寨

位于赤水乡永嘉村。始建于明崇祯年间（1628—1644），石砌，屋宇已毁，城垣、城门保留基本完好。建筑面积3390平方米。

8. 桂阳寨

位于桂阳乡桂阳村，明万历前有旧寨，称为太平寨。万历十七年（1589）四月扩建，更名为新寨。万历三十二年（1604）重修，并架东西门头三厅和寨门楼。万历四十五年至清咸丰三年（1617—1853）曾4次重修，今存寨门及石墙遗址系当时维修时所留。部分寨屋尚存。

9. 龙门寨

位于上涌乡下涌村，明嘉靖四十二年（1563）建，民众曾利用该寨抵御倭寇千人半个月的猛攻。今仅存墙基和寨门。

10. 巡检寨

位于赤水乡湖岭村，建于北宋。因辖德化、永春、安溪三县要路，又称三县寨。明末废，今存寨基遗址。明隆庆五年（1571）三月，德化县知事、泉州府检校文宗洛立的巡检司石碑仍完好。

第二节 漳州府县古城堡

漳州府位于福建省最南部，东北与同安、安溪接壤，北与漳平、永定毗邻，西与广东省大埔、饶平交界，东南与台湾隔海相望。博平岭横亘于西北，戴云山余脉

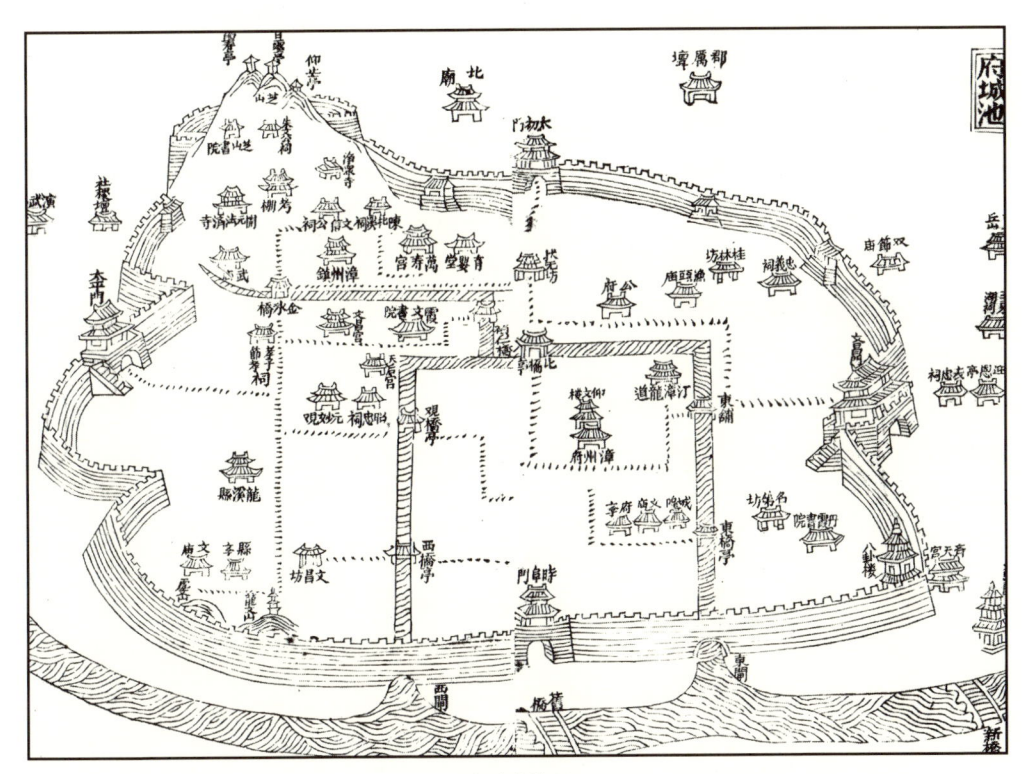

漳州府城图

深入北部境内。九龙江为福建第二大河，此外还有鹿溪、漳江、东溪等主要河流。九龙江中下游平原面积 720 平方公里，是省内最大平原。海域面积略大于陆域面积。依山面海，西北有高山阻挡寒流入侵，东南有海洋暖湿气流调节。唐垂拱二年（686）建州，治所在今云霄县西林村，辖怀恩、漳浦 2 县，因州治傍漳江而名漳州。开元四年（716），迁州治至李澳川（今漳浦县绥安镇）。开元二十九年（741）后，划龙溪县、龙岩县属漳州。贞元二年（786），州治再迁龙溪县桂林村。

一、漳州府附郭龙溪县古城

（一）县城

1. 城墙

县城芗城的东南是漳州平原，西北是丘陵山地。芗城枕山襟水，天宝山发脉行龙，园山雄踞西隅，西江绕抱州治，北溪绕东面。

漳州府附郭龙溪县城在唐代以木栅围城。宋初，筑土为子城，古称牙城，是官署所在地。周长 4 里，设 6 个城门，东门为名第、清漳，西门为登仙、朝真，南门为云霄，北门为庆丰，城外为居民区。大中祥符六年（1013），郡守王冕竖木栅为外城，周长 15 里。改庆丰门为贡珠门。绍兴年间（1131—1162），郡守张成大毁子城，改东、西、北三面木栅为土城垣，唯独南面阻溪，扩城为周围 15 里。嘉定四年（1211），郡守赵汝谲在东面砌石城，高 10 级，长 500 余丈。绍定三年（1230），林有宗、江模相继续砌西、南、北三面石城垣，周长 3000 余丈。辟 7 个门，东门名朝天，西门名安丰，南门名通津，北门名贡珠，西北为小关门，西南为龙溪门，东南为朝宗门，城上建两个候亭。嘉熙年间（1237—1240），郡守李韶取止戈为武之义，改东朝天门为武胜门。淳祐九年（1249），郡守章大任重修东、西、北三城门，并砌石路。

元至正二十六年（1366），陈友定改建城墙，比原来缩小 1/3，南面临大溪如故，北面依山为堑，西南隅靠山。城高 2.3 丈，城周长只有 2173 丈，保存东、西、南、北城门，月城各周长 50 丈。建女墙 1514 个，各门月城内外并建楼，月城上建女墙各 60 个，战楼 25 间，城铺 23 间，水关楼 2 座。

明洪武二十七年（1394），重修城墙，筑女墙 1514 个，战楼 25 间，窝铺 23 间，月城内外各建楼，设两个水关楼。正统七年（1442），指挥使杨隆重建西北内外门楼。天顺五年（1461），指挥使杨隆因东门内外楼为飓风所坏，于次年重建外楼5间，为两层檐，高9丈。成化五年（1469），佥事黄隆重建东门内楼，三层檐7间，高12丈。成化十四年（1478），指挥王景重建西水关楼。隆庆五年（1571），知府罗青霄、同知罗拱辰修城垣敌台及四城门月城。隆庆六年（1572），又在城东南拆旧楼改建八角楼，名威镇阁，高3层，采用阴阳八卦为顶面，阁上都用长宽相同的长方形巨石铺成八角形状，每块巨石按方位分别刻着"乾、坤、震、艮、坎、兑、巽、离"的方正大字，所以俗称八卦楼。该楼与芝山顶峰的威镇亭遥相对峙，互为犄角，故名为威镇阁。八面开窗，登临阁顶，方圆数十里风光尽收眼底。罗拱辰登楼远眺，赋联一对："五名山两秀水，城外风烟连海峤；真七儒三及第，漳州文献甲闽瓯。"

万历十九年（1591），推官龙文明重修南城楼。万历三十七年（1609），知府韩擢因新改建南桥露出三台洲，为此改南城门名三台，东城门名文昌，北城门名太初，西城门名太平。

清顺治十二年（1655），清、郑两军交战，隳城所砌之石投于海中。顺治十三

漳州东城墙

漳州威镇阁

年（1656），再筑城，周长1971丈，四城门各筑城楼。窝铺77间，垛口1204个。康熙八年（1669），副将袁如桂改南城门为时阜。康熙十年（1671），巡海道陈启泰修筑东门城楼。康熙三十六年（1697），知县田广荚修筑南城楼。雍正十年（1732），知县刘良璧建北门城楼。次年，修外楼，又修南门外楼，并重建西门内外城楼。北城楼高2.75丈，西城楼高2.3丈。乾隆二年（1737），知府刘良璧重建威镇阁，基与城齐，楼高出城6丈多。乾隆二十二年（1757），威镇阁被雷震坏其顶。乾隆二十四年（1759），知府蒋允焄重修威镇阁。嘉庆十二年（1807），由绅士黄连、郑玉振等捐修城垣。同治十三年（1874），又修筑城垣垛口、窝铺及望楼炮台。

1918年，粤军陈炯明进驻漳州，大兴市政建设，拆除古城墙，以古城墙石板铺砌街道路面和城南九龙江岸。古城仅存东城门一段，城墙范围东至新华西路东端，西、北至芝山，南至九龙江北岸。占地面积约300平方米，高约7米，有石阶由北而南再向西而上。1950年后城墙有南、北两段，共100多米，高约5米，以及城濠，东、西桥及桥亭。1996年，为拓宽道路和旧城区改造，这段旧城残墙随之拆除，同时拆除东城门的卫城楼。后在遗址处又重建东城门及城楼，额仍保留"文昌"

古名，通高约 24 米，面阔约 25 米，进深约 15 米，拱顶门洞，与重建的威镇阁合为一大景观。

重建的威镇阁，依旧为 3 层建制，八卦形建筑，但规模远超历代。主楼高近 52 米，主楼前左右两边建三角亭、四角亭，护廊由精美的浮雕组成。山门由两根高 7.35 米、直径 1.2 米和两根高 6.35 米、直径 1.1 米的浮雕九龙华安玉石柱组成，山门楣额"威镇阁"3 个大字是著名书法家启功的力作。山门左右各置一只由重达 28 吨的整块九龙璧雕琢成的石狮。山门前是小广场，广场尽头是威镇阁商业城。

2. 城濠

濠沟始建于唐咸平二年（999），疏浚濠沟环抱子城。宋大中祥符六年（1013），郡守王冕加浚西濠河，又于西南隅挖凿水门，接潮汐而通舟楫。绍兴年间（1131—1162），毁子城，建土城垣为外城时，濠河都在城内，后于西北挖浚河道入城内，以泄城中濠河积水。绍定三年（1230），开浚城外濠，设 3 个河闸。元至正二十六年（1366），因城缩小，陈友定重浚环城濠，东起北门，环东门至东南城，深 1.8 丈，宽 5 丈，西起西北，环西门至西南城，深 1.8 丈，宽 4 丈。南临大溪，北依山壑为干濠。城内濠偏南作东、西两个水关门，水出外城濠入于大溪。东北一带在城中间，地势较高，水不得南下，另凿小沟穿东北隅城下，设一闸出外城濠。

城东南原筑土堤以防溪流，然每大水至皆被冲坏。明成化九年（1473），加筑石堤。成化十八年（1482），以木、石、砖、瓦筑外溪堤，高 1.3 丈，宽 10 丈，长 100 余丈。嘉靖三十二年（1553），因地方不宁，水闸有疏之虞，知府李俦乃改用铁柱，于是城濠淤塞，潮水不通。隆庆六年（1572），拆去铁柱，沿濠居民浚濠道，设专人启闭，潮水复通，舟楫无阻。

清雍正七年（1729），城中濠河岁久淤塞，巡道朱鸿绪疏。乾隆六年（1741），知府张延球又浚城中濠。乾隆十三年（1748），知府金溶重加疏浚，濠东西分流。城外之濠，左自城东北，环东门至南城门，汇东闸口水，入于城中东南濠。右自城西北环西门至南城门，汇西闸水，入城中西南濠。西闸引水入西桥，由东闸流出。两濠之水出闸口皆汇入大溪。乾隆三十五年（1770），城内水患。乾隆三十八年（1773），开浚濠道。嘉庆八年至九年（1803—1804），又疏濠道。嘉庆二十一年（1816），由绅士捐资修内外濠，二流皆入于溪。光绪三年（1877），再疏濠道。1918 年，粤军陈炯明驻漳，改造城区，水系破坏。1938 年，濠道淤塞，学生和沿濠居民组织疏浚。1946 年，水旱两灾，龙溪县报请以工代赈，疏浚浦头港和附近濠道。

1950年，全面清理和维修城濠。1955年，漳州市政府组织整治濠道。1972年，将延昌桥至北桥一段的濠沟用石拱覆盖。1978年，大规模清理濠沟。1981—1982年，全面整治濠沟。1989年，加深教子桥至浦头港濠道，濠床铺石，濠岸整修加固。1995年开始规划，全面整治环城濠河。濠沟长约2公里，宽8.5米，深4.5米，两侧驳岸以条石砌成。

（二）城堡

1. 蓝田城楼

位于龙文区蓝田镇蓝田村，明代民间为防匪患而建。城楼平面呈四方形。墙花岗岩构砌，现存残长53.5米，宽48米，厚1.5米，残高3米。总面积2700平方米。设有南、西两个大门，门高2.5米，宽1.5米。正门额刻"溪山日丽"，西门额刻"井里春深"，均为明万历年间（1573—1620）吏部郎中陈天定手书。城楼已毁，城门保存尚好。

2. 万松关

位于榜山镇梧浦村后岐山与鹤鸣山之间的万松岭，雄踞于江东桥之西，自六朝以来就是险要关隘，为古代漳郡通京、省要道。明正统年间（1436—1449），郡人陈克聪在此植松夹道，连荫十里，因以得名。崇祯二年（1629），郡守施邦曜倡建，里人王必标建造。关城墙用长方形花岗岩条石砌造，原长100米，高25米，厚

漳州万松关风景区

7米。现存残长55米，残高8米，厚4米。关门设在墙中段，拱券顶，门道宽3米，进深8.8米，通高3.75米。关门上方嵌辉绿岩石横匾，刻明大学士林釬书"天保维垣"。关门前立林纤撰《施公新筑万松关碑记》残碑，以及清同治年间（1862—1874）左宗棠班师勒铭篆书残碑和光绪十二年

漳州万松关

（1886）《张公司马德政碑》。关城两边山岩交错，怪石嶙峋，到处是悬崖峭壁，古洞深穴。有些山头上，还残留着古代用石头垒砌起来的古堡。这一带群山从西朝东，紧傍着由北向南的九龙江北溪支流，山高水深，岩陡流激，构成了一道天然屏障。郑成功和太平天国侍王李世贤，都曾在此击败清军。

3. 揭鸿寨

位于九龙江西揭鸿岭上。唐仪凤二年（677），陈元光进军漳州，于龙溪县西汉古道葵岗岭建揭鸿寨，派兵屯守，时称军营岭。后葵岗岭遂改称为揭鸿岭。岭极高峻，唐慕容韦《度揭鸿岭》五言诗：闽越曾为塞，将军旧镇营。我歌胡感慨，西北望神京。

4. 五营寨

位于步文镇梧浦村石壁山，由高到低建有山寨4座，与马岐山的狮尾寨合称五营寨。峰顶一寨，呈四方形，面积约4亩，砌石墙，高4米，厚1.5米。前后各1寨门，东北面墙角有一方石台。顺坡而下为第二寨，正门一石刻横匾，镌"龙浦金汤"，寨墙厚1.2米，但已残缺不全，南侧仅存残基。第三寨，寨墙已圮，寨门完好，寨内有清道光二年（1822）葬的双圹墓一座。第四寨仅存残址。

5. 古县生土楼

位于颜厝镇庵前村，清代建。石基，土木结构，坐北向南，平面呈钝角四方形。楼内建有瓮城式双道墙双重门，设前厅后院，中天井。楼面阔65米，进深70米，墙厚0.5~0.7米，残高9~10米。楼门用花岗岩条石砌成拱形门顶，楼房、楼顶已毁。尚存清乾隆五十二年（1787）重修的碑记1通。

6. 万安楼

位于程溪镇人家村，清嘉庆七年（1802）建。楼平面呈圆形，直径 25 米，高 16 米，占地面积 550 平方米。共四层，底层用花岗岩块石砌成，二层以上生土夯筑。每层 8 间。厅与楼梯同一开间，最上层设有阁楼。楼层内侧有可环绕的通廊。二、三层外向叠长方形小窗。楼开一大门，置二重门框，外框用长方形石砌成，内框拱券形门。楼坐东北向西南，双向坡顶。楼中央圈出天井，天井有一六角形石砌井，井壁块石砌成，井四周用鹅卵石铺成。门上匾刻"万安楼"三字。

二、海澄县古城

明嘉靖四十五年（1566）十二月初五日，朝廷析龙溪县一至九都和二十八都之五图，以及漳浦二十一都之九图置海澄县，治所设在原龙溪八、九都地的月溪之滨

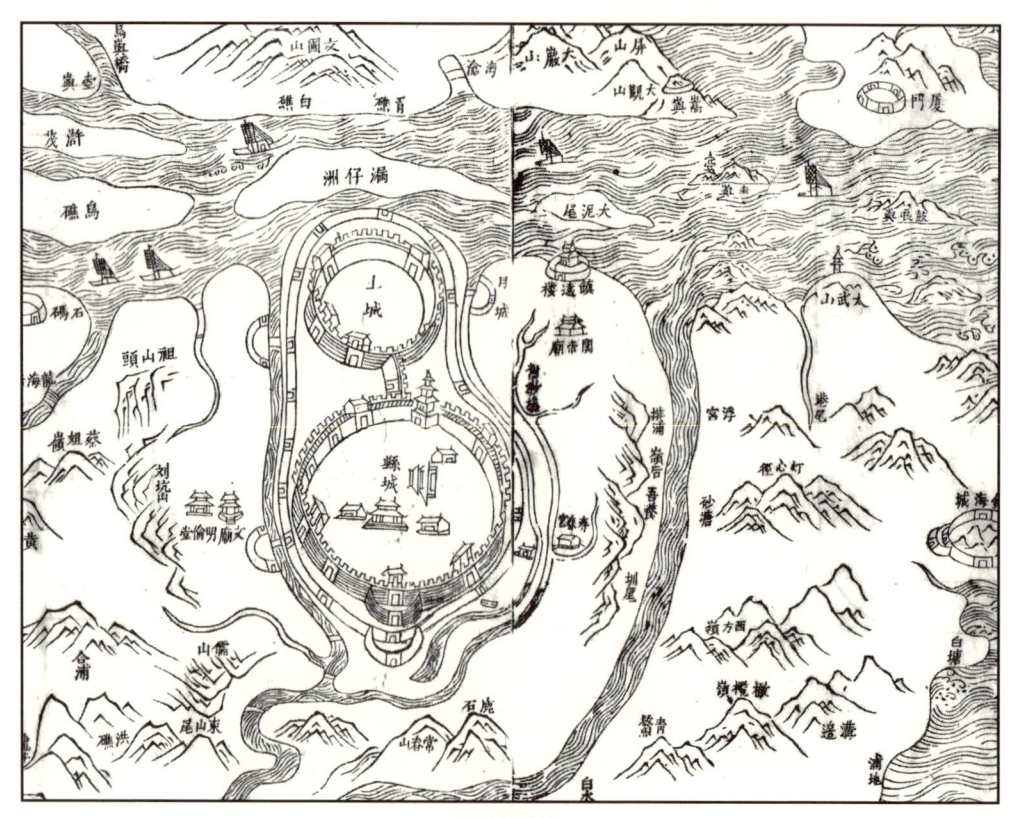

海澄县城图

的月港。隆庆元年（1567）建县衙，址在月溪东岸，长45丈，阔25丈，四围土墙。主建筑分为正堂、二堂、三堂、内堂四进。四堂的周围设军器库、粮饷库、号房、库书房、幕厅、书斋、书吏房、架阁库、延宾馆、牢狱、谯楼等。

（一）县城

海澄县城旧名月港，位于海澄镇溪头居委会，本是龙溪县八、九都地。明嘉靖三十六年（1557），为防倭寇入侵，大中丞阮鹗在月港筑土堡，委别驾汪铨负责。计划将八、九都合围一城，跨溪为桥，在桥上筑垣，外环池濠。城墙内外厚1丈多，高1丈8尺，马道用石甃外环，池阔2~3丈不等。次年未完工，倭寇入侵，遂停工。隆庆元年（1567），在八、九都分筑二堡，县署建在八都堡。

隆庆五年（1571）十一月，县令王谷改建海澄县城，用石墙取代土墙。隆庆六年（1572）八月，石城建成，周长522丈，高2丈1尺，垛口2045个。设东、西、南、北4个城门，东名清波，西名环桥，南名扬威，北名拱极，以及3个月城，12个窝铺。又于新亭辟一小东门。城有内外二重，内城设四个城门。外城俗称腰城，即水城。万历六年（1578），县令周祚改题门名，西为通津，南为耀德，北为承恩。万历八年（1580），于西、南、北三隅各设水门。万历十年（1582），知县瞿寅于县治东北跨城筑晏海楼，增题南内门为"万峰雄峙"，北外门为"大海朝宗"。万历十四年（1584），重修九都、港口二土堡。万历二十三年（1595），县令毛凤鸣将旧垒增高3尺，改湖美大东门为小东门，新亭小东门为大东门，题为迎阳。万历二十八年（1600），县令龙国禄改题小东门为"观海于城"，南炮台前题为"八面威风"。天启二年（1622），县令刘斯垹改筑港口堡为港口城，东北、西南改石砌，城周350丈。崇祯二年（1629），在县城东北隅筑中权关，连接港口城，在晏海楼与港口城间又筑一城垣连接起来。九都堡亦改土堡为石城，城周350丈。崇祯七年（1634），署令麦而炫增题西外门为"龙头在望"。

清顺治八年（1651），拆九都城改筑半月城。顺治九年（1652）正月，守将赫文兴叛清，扩建腰城，增设炮台一座，塞东南二门，浚沟通潮。开东北二闸，建澄波门。康熙十八年（1679）迁界，城内、城郊街市荒废。康熙二十八年（1689），县令胡鼎复东南门，增题南外门为"南熏"。四门内外，生气复回。然大东谯楼修改狭小，四城窝铺毁无一存，有待修葺。康熙四十一年（1702），县令陈世仪以晏海楼久坏，即旧基重建。乾隆二年（1737），楼复倾圮。县令严暻扩大增高，高6丈8尺，周围 16 丈。分三层，下二层用石，上架木。

1919 年，粤军陈炯明入漳，海澄县城被拆毁，城石运往石码铺筑街道路面和锦江道，县署前辟为中山公园。1955 年，拆除旧县衙改建县府办公室，楼高 2 层。1960 年，海澄县城改为龙海县海澄镇。现仅存南门月城墙，残长 50 米，残高 2.8~3.5 米，厚 1.5 米。1978 年，在南门城墙边地下发掘出铳炮一门，长 3.3 米，口径 0.38 米，陈列于月港公园。

（二）城堡

1. 越王城

位于隆教乡黄坑村太武山海拔 300 米处的西坡古道上。汉元鼎五年（前 112），将军路德博征南越（今广东番禺），南越王赵建德偕丞相吕嘉率兵退至闽越境南太武山，筑越王城与建德屯。

2. 晏海楼

位于海澄镇港口村，俗称八卦楼，是古月港城上的双层军事瞭望台。明万历十年（1582），知县瞿寅创建。清康熙四十一年（1702），知县陈世仪在旧基重建。乾隆三年（1738），知县严曝厚筑基址，垒石增高至三层。楼平面呈八角形，高 22.44 米，周长 85.8 米，八角攒尖顶。底层有石室地洞。二层为石基础，三合土楼墙。三层砖木结构。四层木结构。二层石门额上刻"晏海楼"、"乾隆三年夏五月"等，后门额上刻"览秀毓奇"。

漳州晏海楼

3. 镇海卫城

位于隆教畲族乡镇海村太武山南，鸿江上。明洪武二十年（1387），江夏侯周德兴筑。卫城坐东面海，周长 873 丈，用鹅卵石和条石垒砌。城脊广 1 丈 3 尺，高

1丈2尺，女墙1660个，窝辅20间，垛口720个。开东、西、南、北四门。后东门失险常闭，别开一水门。门各有楼。城下陡绝，以海为濠。正统十三年（1448），指挥同知桂福修葺。弘治间（1488—1505），指挥袁侯重修。嘉靖四十年（1561）五月，倭寇陷城。隆庆三年（1569），总兵张元勋重修。清顺治十八年（1661）迁界，城在界外，遂废。康熙二十年（1681），再修为汛防城。现存4个城门及城墙各

漳州镇海卫城

漳州镇海卫城门

一段，东门城墙高 7.2 米，西门残高 4.4 米，南门残高 4.5 米，北门残高 4.2 米。

4. 浒茂东门城堡

位于紫泥镇城内村，明嘉靖年间（1522—1566），为防倭寇而筑。城墙以条石砌基，上用三合土夯筑。城周长 1271 米，设东、西、南、北 4 个城门。现存东门城墙石基一段，残长 49 米，厚 1.7~2.2 米，城门宽 1.1 米，残高 2.65 米。

5. 大泥铳城

位于海澄镇河福村娘妈宫。明天启二年（1662），县令刘斯崃为防西方殖民者，乃于大泥海岸营筑土垣，置铳。地与天妃宫相近，亦称天妃宫铳城。天启七年（1627）五月，海寇猖獗，土垣塌坏，刘斯崃在港口码头累石为垣，东西长 4 丈，南北 7 丈 2 尺。又于沧江码头砌石垣，东西长 5 丈 2 尺，南北 7 丈 2 尺，皆有炮孔若干。

崇祯元年（1628），龙溪县令楚烟于大泥天妃宫上垒石炮台，垣 20 余丈，高 1 丈 2 尺，置炮防御贼舟。十月，县令余应桂更筑铳城，周围 113 丈有余，北临海，砌石 49 丈余，计 64 丈多。北垣炮孔 9 个，各置大神飞炮。东西 9 孔，各置中神飞

漳州浒茂东门城堡

炮。东、西、南各开一门，门各有楼。北面海，建大敌楼一座。南门正对教场，额为"青霞锁钥"，中建把总衙，翼以哨官，兵房各32间。崇祯二年（1629）九月，在溪尾与中港之中再筑炮城，周长60丈8尺。北临海，砌石25丈，炮孔15个，各置神飞大炮。其余45丈，仍用灰土。旁有炮孔9个，各置神飞中炮。四面各建楼，匾为"澄月声灵"。中建把总署一座，兵房共22间。八都沿江土垣改用石，广4尺，高6尺，每10丈炮孔3位，延袤200余丈。于港口埠筑关建楼，额曰"中权关"。崇祯四年（1631）十月，梁兆阳以大泥铳城之右尚有旷隙80余丈，遂鸠工砌筑，直接铳城，上下联络，绵亘海岸。崇祯五年（1632），于海泊沉石垒址，高筑炮台，自东至西计40丈，台垣炮口13个，建楼其上，额为"镇远"。清康熙二年（1663），改铳城为水师提督府。后提督府移驻厦门，大泥衙署仅有遗址，现存城基。

6. 溪尾铳城

位于海澄镇豆巷村溪尾社。明崇祯二年（1629）建。城周长60.8丈。四面建城门及门楼，北面安装神飞大炮15门，其余三面安装神飞中炮9门。现存砂土夯筑的残基4段，残墙高1.5~2米，厚1.5米。

7. 石坑铳城

位于港尾镇石坑村西侧，依山面海，与鼓浪屿、圭屿鼎足而立，是郑成功镇守厦门时的重要外围据点。清顺治九年（1652），郑成功军队筑。铳城靠山面海，以土为垣，设炮孔安装铳炮，由郑军将领郑享、郑梅春兄弟率兵把守抗清。铳城总面积2540平方米，东面最宽处42米，南北最长处68米。城墙以三合土拌海螺壳和瓦片、瓷片夯筑。现存东、西、南三面城墙，高1.95米，厚1.2米，半墙处留有铳眼。

8. 鹿石山城堡

位于东园镇茶斜村鹿石山。清顺治九年（1652）建，为石砌城墙，周长4000米，与鸡笼山城堡东西对峙，是郑成功镇守海澄时的外围据点。现存故址及一残破城门。

9. 屿仔尾南炮台

位于港尾镇石坑村东侧，雄踞屿仔尾镜台山上，与厦门胡里山炮台南北对峙，互为犄角，扼守厦港海湾，有"天南锁钥"之称。清道光二十年（1840）春建，系闽浙总督邓廷桢为配合林则徐禁烟御海备战而筑。光绪十七年（1891）扩建，炮台呈椭圆形三合土夯筑。周长约240米，墙高6米，滨海处高20米，厚1.5米。建有女墙、垛口、枪眼，内为兵舍、壕沟、弹药库、练兵场。安装德制克虏伯主炮1门，副炮3门。如今在城墙内东北侧发现花岗石结构炮座2处，副炮1门，镌"播荡烟尘"石匾额1块。石匾额长1.5米，宽0.8米。炮座直径各为12米，座距8米。炮长3米，炮口内径0.2米，外径0.38米，后径0.6米，两边轮轴直径各0.18米。

10. 浯屿寨

位于港尾镇浯屿岛，明洪武二十一年（1388）建。寨墙依山势蜿蜒，以花岗岩石垒砌。清康熙五十六年（1717），沿原浯屿寨址修筑城垣，建营房9间，重筑墩台于东南之巅。现存残垣5段，共长60米，残高5.5米，厚4米。

11. 烘炉寨

位于浮官镇云盖山西北仑峰巅。清顺治年间（1644—1661）建，为郑成功据守厦门时的外围防线之一，由部将陈泽驻守。寨分筑外寨、内寨、指挥楼三个层次。均用块石砌墙，连绵起伏于峰仑之巅，状似长城。外寨面积约2万平方米，沿云盖山西北部仑脊连接寨内山仑脊，环绕内寨及指挥楼。寨墙厚4米，残高0.2~2.5米；有寨门4座，高2米，宽1.5米。内寨，建于寨内山仑脊上，方圆约500平方米，东、西、南三面环抱指挥楼，寨门4座。墙残高为3~4米。北侧建圆形指挥楼，镌"热烘楼"，面积100平方米，面向九龙江出海处海门岛。墙高5米，厚4米，辟4楼门，门高2米，宽1.2米，内有天然洞穴石室相通，为屯兵联络通道。

12. 圭屿、钱屿、木屿铳城

圭屿又名鸡屿，位于九龙江入海口中心处。明隆庆年间（1567—1572），郡丞罗拱宸筑八面石城。广200余丈，高1丈5尺，凡八面，象八卦，名为"神龟负图"。万历四十四年（1616），重建为铳城，安置铳炮。天启二年（1622），县令刘斯崃建钱屿铳城和木屿铳城，与圭屿相望，为圭屿左右翼，各置铳炮。

13. 镇门城

镇门城有南北二城。南城在龙溪县十一都，北城在龙溪县二十七都，隔西溪对峙。原为土堡，明万历年间（1573—1620），龙溪人陈天定倡建，后人称为陈公城。崇祯年间（1628—1644），漳州知府施邦曜改建为石城。

14. 石码镇城

位于石码镇，古名石马，又名石豁，地在龙溪县十一都，南港南岸。康熙元年（1662），拆镇门、三叉河城的城石建石码镇城。城周150余丈，辟城门3个，各建门楼。北筑水门，临江为濠。城上列女墙，筑方位炮台。建窝铺，驻水师。1919年，粤军陈炯明部洪兆麟旅驻石码，拆海澄、福河、石码三城的城石垒筑锦江道，用城石铺砌街道路面。

三、南靖县古城

南靖位于九龙江西溪上游,东邻华安,西连永定,北与龙岩、漳平接壤,南界平和,东南与漳州芗城区、龙海毗邻。元至治二年(1322),置南胜县,隶属漳州路。至正十六年(1356),县治迁至双溪口北的兰陵(今靖城镇),因屡寇不靖,故把南胜县改名为南靖县,以兆吉祥。

(一)县城

1. 旧城

县城兰陵,相传古时大帽山下出产一种名贵兰花,由此而得名。民国时改称靖城。位于县东南部,属冲积平原和黄壤丘陵,九龙江西溪纵贯南北。元至正十六年(1356),为县治所在地。县城双溪环流,员山障其东南,镜阜立其西北。明嘉靖四十五年(1566),因地势平坦,城池多次被农民武装攻克,知县林挺春便募款在大帽山下建新城。治所移居新城后不久,由于居民不愿迁往,于万历二十二年(1594)迁回。因此,县城又称为旧城。

元至正十六年(1356),县尹韩景晦开始在双溪口筑城。西南濒临双溪,东北挖濠沟,城墙周长663丈,宽1丈,高1.5丈,四面设门。城池全部用土筑成,方圆只有1平方公里。建1条大街和9条小巷,以及县衙、城隍庙、文庙、儒学社等。

明洪武年间(1368—1398),县丞王以能重修。嘉靖六年(1527),知县傅铨为抵御农民武装攻城,把土城改用条石砌成,高2丈。建4个楼门,东门称迎恩门,西门称丰泰门,南门称丰济门,北门称望阙门。东、北、西三面为濠,西南临溪水,建窝铺12间。嘉靖四十年(1561),县城被张琏农民武装烧毁。万历二十三年(1595),知县陈宗愈重建城池,周围长627丈,高2.4丈,宽1丈。城墙上建14座敌楼,窝铺12间。城仍设门楼四座,东称惠德,西称和义,南称保极,北称禔福。建有环城濠沟,筑水关排泄积水。城外建1座文昌塔和1座道原亭。

清顺治十二年(1655),城池被烧毁。同年,知县郑宰重建,东门改称环珠门,西门改称卧龙门,南门改称怀来门,北门改称玉映门。雍正四年(1726),城墙被洪水冲毁数丈,沿城马道几乎冲毁。同年,知县彭璋拨款修复。雍正七年(1729),西

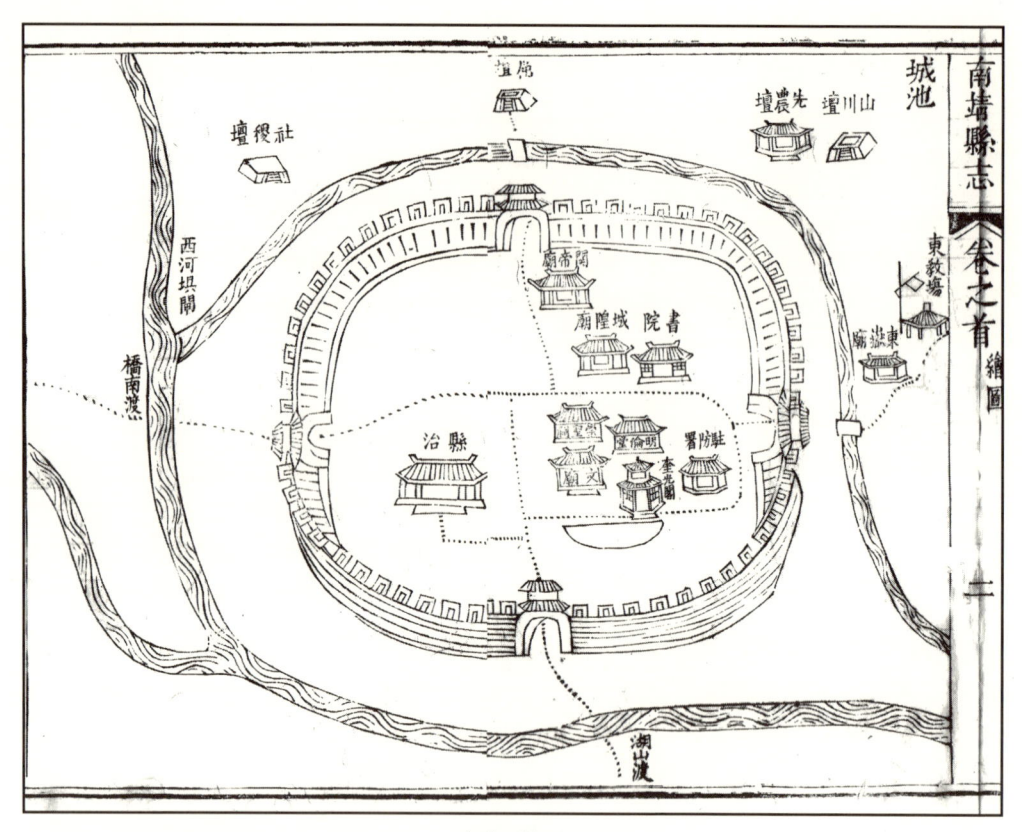

南靖县城图

门崩塌,县尹金鼎锡重修。然门楼雉堞损坏。乾隆二年(1737),县尹袁本濂重修。其后水患不断,城墙屡次被冲毁。由于财政困难,长年没有维修。

1932年,县政府拆除残余城墙,填城濠,铺马路,旧建筑仅存县衙、武庙、城隍庙、孔子庙、儒学社、文昌塔、道原亭和1条街道、几条小巷。1938年,县政府西迁山城,该地改为靖城镇。

2. 新城

明嘉靖四十五年(1566),双溪口县城被农民武装烧毁,加上该地低洼,水患频繁,知县林挺春募款在大帽山下依山建城。城池周围长544丈,距离旧城2里,未竣工县衙就迁入。隆庆五年(1571),知县曾球续建完工。搬迁30年后,由于居民搬入不多,县衙又迁回双溪口旧城。1925年,为防止洪水袭击,知县张瑶矩筹募银元4万多元，又在大帽山麓重建县城。除建县署、监狱、学宫外，还建市场等公共设施。新城建成搬迁不久，谣言四起，说新城"水土不好，风水不吉，人丁不旺，繁荣不起"等，数月后又迁回旧城。1944年，县长陈铁魂拆除大帽山城池。

（二）城堡

1. 峰苍岭关

位于龙山镇南坪村与芗城区天宝镇月岭村交界山岭上，始建于唐代，地势险要，为唐、宋、元、明、清时期汀漳古驿道进入南靖境内主要关口，建有隘堡和馆舍，曾多次修建。元、明、清时期均派重兵把守。民国以后，隘堡、馆舍塌毁，堡、馆墙基今尚存。

2. 涌口关

位于龙山镇涌进村和西山村交界地山岭上，是平和、南靖驿道必经之路。始建于元末，明代曾在此地设塘汛和铺，派重兵驻守。清初扩建关隘。郑成功部将陈豹曾在此阻击清军，双方死亡惨重，尸体收埋在对面大众爷庙。1920年，漳靖公路建成后，行人渐少，关堡塌毁。1955年开山造路，关墙及石阶路拆除，现仅存部分关墙及亭柱。

3. 林田堡

位于和溪乡林中村西边尖峰山下，始建于元代。是元、明、清时期汀漳古驿道重要卡口，明、清时期常有汛兵防守。民国初年，堡废。

4. 朝天岭隘

位于和溪乡月星村北2公里处，始建于元代，地处高山峻岭。元、明、清时期为闽西、闽南交通要道。清兵南下在此遭到郑成功部将陈魁奇伏击，伤亡惨重。隘堡毁于清初，民国时，岭上尚有南靖、漳平两县界碑。1970年修建和溪乡至永福公路时，界碑被毁，关隘基址无存。今尚存1座土地公庙。

5. 韩婆径隘

位于县北永丰里，今和溪乡林坂、坂场两村交界处红婆凳仔，元、明、清时期为闽西南交通要隘。始建于明弘治年间，漳南道佥事杜启创建，凳石为门，置更楼防守。明正统五年（1440），在此设韩婆径巡检司。景泰二年（1451），改称永丰巡检司，建有营寨、更楼、古塔，并立1块碑记。清乾隆五年（1740），巡检司移驻山城，原址荒废，古塔已倒塌。

6. 元湖寨

位于山城镇元湖村西1公里小山丘上，建有圆形古寨，相对高度50米。寨墙河卵石干砌，周长约250米。周围设有炮眼，寨中建有单层厢房，明代有兵驻守。今寨墙已塌毁，仅存寨门和石砌墙基高约1.5米，宽约0.8米。石门框尚存，门顶两侧有石构单人掩体。寨中有韩氏宗祠，面阔一间，进深一间，悬山顶。

7. 罗山林隘

位于奎洋与长教之间交界处，始建于元末。此处林深谷险，密林纵横数十里。清康熙四十八年（1709），刘仁、曾惜等人在此率农民起义，与清军对峙十多年。

8. 溪浒堡

位于漳浦、平和、南靖三县交界处，始建于元末，垒土为城，缘河为池。

9. 山城汛

位于山城镇元湖村及碧侯村紫荆山麓，通往平和县的古道上。始建于明代，清代重修。包括元湖古寨及碧侯古寨两部分，连接5个兵寨，形成群落。元湖古寨紧靠荆江，占地315平方米，圆形，寨中有单层厢房及韩氏宗祠，寨墙周长约250米，设有炮眼。寨门及石砌墙基尚存，基高1.5米，宽0.8米。碧侯古寨占地约3亩，寨墙由大石垒成，碑刻及部分墙基尚存。

10. 庵尾寨

位于山城镇葛山村，明代当地群众为抵御倭寇骚扰而建，占地面积约1亩，石砌墙宽1米左右。今存部分墙基及明大学士黄道周所撰《道府县审断庵尾寨祖山碑记》。

11. 环形寨

又称云峰楼，位于龙山镇太保村寨口，明代建筑遗址，占地面积1万多平方米。寨墙为三合土夯筑，厚1.5米，高4米，顶沿全部用青砖砌成，大门侧面均为石砌。寨楼内有下水道，深宽各1.5米，明沟长30米。此外还有1座陈氏家祠，墙上存有清乾隆年间（1736—1795）重修碑记。

12. 摩空岭隘

位于书洋乡书洋村与曲江村交界处，又称猪母肚岭。古时为闽粤交通孔道，山凹处建有凉亭、营房。清代曾派兵驻扎。

四、平和县古城

平和位于福建省南部,东连龙海、漳浦,西邻广东大埔、饶平,南靠云霄、诏安,北接永定、南靖。元至治年间(1321—1323),属南胜县。至正十六年(1356),南胜县改名南靖县,县治移到今靖城镇,辖今平和、南靖两县。明正德十三年(1518),析南靖县分置平和县。

(一)县城

县城位于县境西隅偏南,今九峰镇人民政府驻地,原名河头大洋陂,置县后更名九峰,又名九和。明正德十二年(1517),王守仁奏准建县,设治于此。十二月初九日兴工筑城。县城依山建筑,左临长溪,右环曲涧,由漳平知县徐凤岐督建。城高1丈8尺,内城563丈4尺,外城596丈2尺。城列四门,门上各建鼓楼。设水门2座,旁列窝铺20间,雉堞计1284个。濠池上下不一,皆居民依地开凿,非官为修堑。万历三年(1575),知县杨守一认为县东门在东北隅,横冲县署,于是改东门于正东街,并塞水门,又开小水门于东门旧址偏右。增高城垣4尺,共为2丈2尺。窝铺倒塌无存,万历二十五年(1597),知县伍匡世修复6处。万历三十九年(1611),知县李一凤重修,添建2处,共8处。崇祯三年(1630),知县袁国衡重建窝铺24处。崇祯六年(1633),知县王立准重建四城门楼。

清顺治六年(1649),署县孙之翰、驻防张光荣增修雉堞、窝铺。后被海寇拆毁,顺治十三年(1656)五月,知县刘一蛟恢复。筑城楼4座,中军楼1座,水门楼2座,窝铺17所。城墙高2丈2尺,马道高耸,开东门于东北隅。东门名朝天,南门名迎薰,西门名挹爽,北门名拱极。康熙五十七年(1718)八月,大风雨,城西北角圮数十丈,知县王相重修。乾隆七年(1742),知县周缉敬修城顶魁星楼。乾隆二十三年(1758),知县胡邦翰周城植松柏。1929年拆除城墙开公路,建街市。1949年秋,县城从九峰东徙百里到小溪镇。

(二)城堡

1.牛头城

原名遵畴寨,位于小溪镇,建于明代。现存城门一座及城墙一段。残墙长23米,高4米,宽1.5米。城门楼上有一青石额,刻"遵畴拱极"四字;两侧镌张渊

闽台古城堡

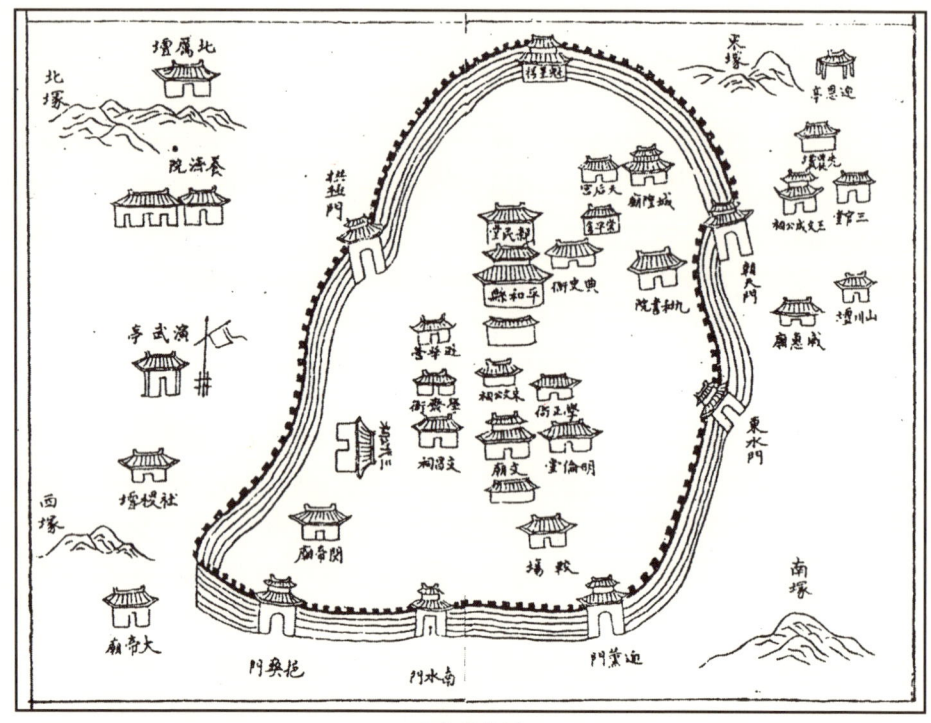

平和县城图

平和旧县城

源联句："元世来作避秦人，祖居云雯成故迹。明时重逢建武日，旧居琯溪肇新营。"字迹清晰，保存完好。

2. 西山城

原名侯山寨，位于小溪镇西林村，今县第一中学校址。侯山寨为李氏族居之地，明清两代，人才荟萃，其间出了九举人、六进士、七十二秀才。原有城墙已废，今存"侯山玉壁"、"西铭碑记"数块石碑。

3. 南山城

又名南山月寨，位于小溪镇高南村，城门、城楼保存完好，城门上有花岗石刻匾额，楷书"天马培基"四大字。城内祠堂及三街六巷古建筑均完整。

五、长泰县古城

长泰地处九龙江下游，东连厦门，南邻龙海，西接华安和漳州，北靠泉州安溪，整个地形呈蒲扇状。东、西、北三面青山环抱，南部多平原，山地、丘陵、平

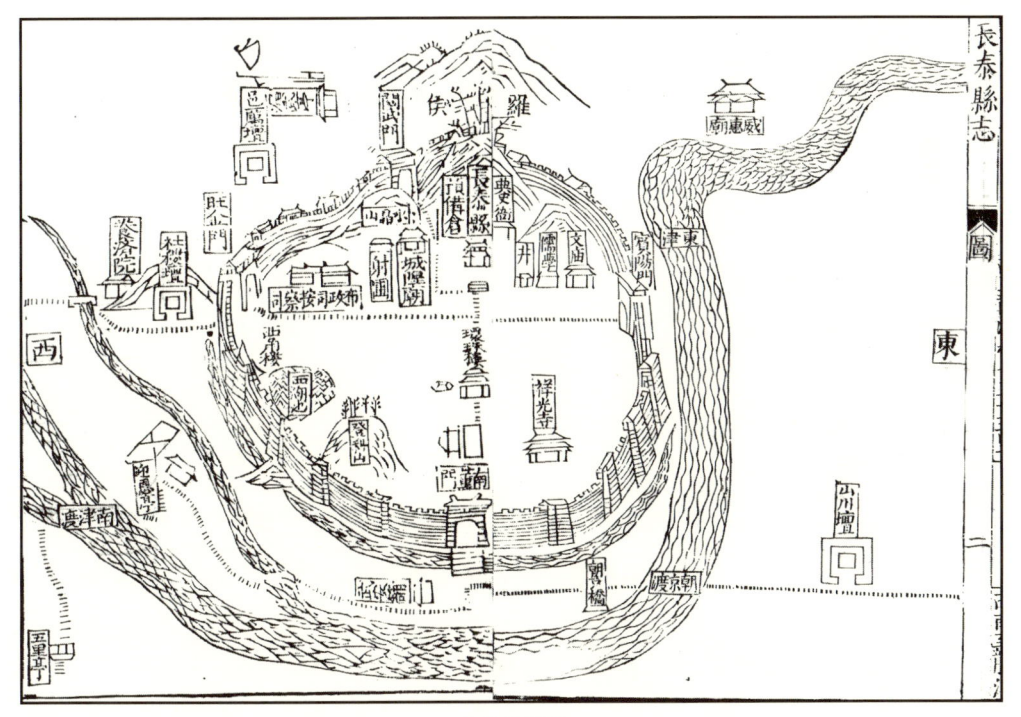

长泰县城图

原错落有致。唐乾符三年（876）置武德场，属南安县。南唐保大十三年（955）升为长泰县，取意"长久安泰"，县治设于今武安镇辖区内。

（一）县城

县城在罗侯山之南，今武安镇。置县时筑土墙，周253丈，高1丈。宋嘉熙二年（1238），县令郑师申增筑土城，开四门。元至正间（1341—1368），主簿陈文积扩大城基到1300余丈。明初，砌以石，建楼凿濠，岁久而坏。正德十年（1515），县令赵佩暂列木栅，以补缺口。正德十五年（1520），县令朱弦用石砌，周围缩为991丈5尺，濒溪高1丈5尺，负山高1丈3尺。城上为女墙，东临溪，南浚濠，西北因山为堑，内为马道，下为路，窝铺、门楼悉备。

嘉靖十三年（1534），县令陈塘修东南内道四门，窝铺各增1间，不久复坏。嘉靖三十五年（1556），县令萧廷宣增筑，内外墙各增高3尺，周围共1298垛。共有四门，东名宾旸，西名旺金，南名迎薰，北名阅武。添设窝铺17间，创敌楼16座。砌石级，浚城壕，西南门外为通济、接武两石桥。万历二年（1574），雨水暴涨，东门楼及东南城一带毁坏，县令弧应丁修。万历十年（1582），积雨，城坏尤多，县令方应时修。万历十九年（1591）复坏，县令蒋良鼎修。万历三十一年（1603）大风，敌楼、铺、垛尽坏，县令管橘修。捐俸建楼一座，匾额"金汤永固"，高可瞭望，广可容众。

清顺治十二年（1655），县令柴允重修。乾隆十四年（1749），县令张懋建申请，宪台捐俸，倡绅士同心修。起自西城双桂轩，历西而北，转东而南，几经修治，修城994多丈，1298垛，砌石。雉堞矮的，增高1尺，缮修窝铺14所。濠多壅塞，全部疏通。民国后拆毁县城。

（二）堡寨

1. 林墩寨

位于长泰善化里。明嘉靖间（1522—1566）筑，用以避倭，一度为山寇所占。清康熙十六年（1677），贼众千余乘夜突攻，寨中发炮，击伤多人。

2. 孟宁堡

位于陈巷镇上洋楼村，又名上洋楼。明天启三年（1623）建。占地面积1600平方米，坐东向西，平面呈方形，边长40米。外墙条石垒砌，高5.8米，厚1.64

长泰县孟宁堡

米。正门有"孟宁儴"额匾，左款"天启三年岁次癸亥"，右款"孟春吉旦立"。堡中间有天井和水井。木构两层楼房建在堡墙内，东、西向各8间，南、北向各5间。

六、云霄县古城

云霄位于福建省南部沿海，依山面海，地势自西北向东南倾斜，东北与漳浦交界，东南与东山相连，西南与诏安毗邻，西北与平和接壤。清嘉庆三年（1798），析漳浦、平和、诏安三县部分地置云霄抚民厅。1913年，废厅置云霄县。

（一）镇城

镇城云霄镇，在今县城云陵镇东北，位于云霄境中部，漳江南岸，望高山下，背山面海，面积1.5平方公里。明正德六年（1511），恩授七品教官吴子霖首倡自力建城。经上报许可，正德七年（1512）由吴子霖自筑一面，兄吴子濡负责东面，堂弟吴子约、吴子元负责西北面，陈姓、沈姓等分段负责建城，至正德八年（1513）春完成。土城周长1106丈，高1丈3尺。嘉靖五年（1526），城墙大部分倾坏，吴子濡向漳浦县知县提出改建为石城。经同意，由吴子元等协助，镇民捐资，嘉靖八年（1529）夏动工，次年冬竣工。城周长825丈，高1丈8尺。内墙筑马道，宽8尺，设东、西、南、北四门楼，建窝舍13间。嘉靖三十九年（1560），饶平张琏义军陷城，城坏。隆庆六年（1572），漳州知府罗青霄、驻云霄同知罗拱辰主持修复，增加高度，南、西、北三门筑瓮城。上垣筑楼，下垣为穴，通矢石。万历四十年（1612），城缺塌，知县修复。

清顺治元年（1644），山寇徐连、叶祝相继攻陷云霄城。后郑成功又多次在此与清军作战，城毁。顺治十七年（1660），总督李率泰调九县丁夫重建云霄城。城周长790丈。建城楼四座，炮楼腰台各五座，窝铺百间，外筑腰城，东南浚濠沟800余丈，西北倚山堑。辟四门，东名迎曦，西名怀音，南名协恭，北名天枢。康熙四十三年（1704），因岁久城墙部分倾塌，重修筑。康熙四十六年（1707），大水冲毁。康熙五十二年（1713），知县捐俸修建。城堤宽4米多，墙三合土夯成，东临江，东北与南护城河连接。咸丰六年（1856）重修。现东北侧尚存城墙30多米，有明布政使周宣等所书立的建修城碑记3方。

云霄县水月楼

1927年，方、张、吴族姓大械斗，各拆城墙以筑碉堡。1928年，陆军第四十九师师长张贞派兵弹压平息。是年冬，成立市政建设委员会，拆东南城筑马路。1931年，拆西城建体育场。1940年，又拆部分残墙建洲仔溪边上下码头，尚余北门一段40余米。1955年，建虎头潭抽水机站，沿城基筑渠道引水灌溉汀仔洋，残墙全部拆除。

　　今存水月楼，位于云陵镇溪美街，明代始建，清嘉庆十年（1805）重修。楼建在长20米、高4米的石砌拱形北城门上，面积约350平方米，坐西南向东北，面阔三间，进深三间，抬梁、穿斗式木构架，歇山顶。门额刻"水月金容"。

（二）城堡

1. 古绥安县城

　　位于绥安溪北，云霄大崎原南麓，地处险要，东晋咸和六年（331）在此置县。唐代，陈政、陈元光驻师绥安县地，才开屯建堡。后就以屯所置漳州、漳浦县治所。初置漳州为土城，城址平面呈狭长的椭圆形。城内有官邸、仓廪府库，设邮道。

2. 西林古城

　　位于火田镇西林村。唐垂拱二年（686），陈元光奏准创立州郡，以漳江命州

云霄西林古城

名，建漳州城堡于境内大峙原下，元漳州路总管同知陈君用在此基础上建西林城堡，面积约 1.5 平方公里，西林逐渐形成集镇。古城周长 3000 米，基石三合土结构。城基宽 4 米，上墙厚 60 厘米，高 4 米，墙外西边护城河，东面临江，设四城门。清顺治五年（1648），军队移驻西林，至光绪二十七年（1901）才返驻云霄城。今存城基、部分城垣、水门及下水道。

3. 蒲美土城

位于莆美镇莆美村，明弘治十八年（1505）创筑。后砌以石，墙高 4 米多，周长约 3 公里。设四城门，东朝阳门，西迎龙门，南迎勋门，北拱辰门，城门宽 1.8 米，高 2.4 米。门上建拱圆顶城楼，深 4.8 米，宽 3.4 米。城外沿挖护城池。嘉靖三十七年（1558），倭寇劫掠沿海，千人围攻此城，十几天未能攻破。万历四十年（1612），云霄镇城因乱城陷，军队移驻蒲美土城。清顺治七年（1650），被海贼所破，守将包泰兴亡。今尚存遗址，有明进士林偕春书立的筑城碑记 1 方。

4. 前涂堡

位于莆美镇前涂村，原为土堡。明嘉靖三十七年（1558），倭寇扰乱，更砌石城。城堡周长 2 公里多，墙厚 80 厘米，高 3.8 米。四城门，各宽 1.6 米，高 2.4 米，上拱圆形。南门额书"云山守固"，西门额书"云龙西见"，传为明进士林偕春墨迹。南、东、北有护城池。与浦美土城互为犄角，尚存遗址。

5. 阳下堡

位于莆美镇阳下村，建于元至正年间（1341—1368），距厅治东南 3 公里，条石为基，三合土墙，下墙宽 4 米，墙高 3.8 米，设东、南、西、北四城门，辅四小水门。东城门有石刻门额"若华门"，为明隆庆二年（1568）重修时，驻云霄海防同知罗拱辰所题，今门匾尚存。其余还存有部分完整墙段、城楼和碑石等古物，其西、北、东三面绕溪，为天然护城河。城北门墙上尚嵌有清康熙初的修城碑记 1 方。与浦美土城互为犄角。

6. 上坑堡

位于莆美镇御史岭下谷口上坑村，建于明洪武年间（1368—1398），以条石为基，三合土墙。今有残缺遗址。

7. 下港土城

位于云陵镇下港街与大园街之间，距镇城东南约半公里。清顺治年间（1644—1661）筑。今尚残存城楼一处，上有"雄镇漳南"石刻门匾。

8. 西门外堡

位于云陵镇西，称西门寨，距厅治200多米。建于清顺治年间（1644—1661），堡垣已废，寨门犹存。

9. 高溪堡

位于东厦镇高溪自然村，建于明嘉靖年间（1522—1566），辟南、北两城门，城平面呈鲤鱼形，南濒漳江，为抗倭石城。

10. 庐下堡

位于东厦镇竹塔庐下自然村，建于明嘉靖年间（1522—1566），以条石为基，三合土筑墙，与漳江北岸高溪堡对峙，控制漳江口。

11. 高塘土城

位于古河口，今莆美镇高塘村，块石为基，三合土夯筑。辟东南、西北、西南、东北四城门。现城已废，东南城门石匾"翊应门"犹存。

12. 后垵石堡

位于剑屿镇后垵村，始建于宋景炎年间（1276—1278）。明代沿海倭寇出没，将其辟为城堡。堡墙用花岗岩条石砌就，呈圆形，置东北、西北两城门。城堡周长约500米，高约4米，城墙内侧可登上墙顶，堡墙有瞭望洞和城垛残迹。东、南、西、北设拱形城门。东北门高2.15米，宽1.2米，厚1.2米。西北门高2.3米，宽1.2米，厚1.1米。

13. 八尺门铳城

位于陈岱八尺门营盘山渡口，占地100余亩，东南濒临海湾，沿海湾悬崖造石城，向北置一拱顶石门，石围城内挖山为洞屋。明洪武二十六年（1393），设东坪渡把截所，以防倭患，后置铳城。明末，郑成功军队筑堡屯戍。清康熙年间（1662—1722）重修，陈岱人陈梦林在其下建营以防海寇。1941年部分被拆除。20世纪50年代垦为果林地。

14. 下河堡

位于下河乡下河村，明天启二年（1622），由邑人刑部尚书蔡思充倡建，富户楼底公等资助，于天启五年（1625）建成。周长2000余米，高6米，厚0.6米。内外有环城路，内通道宽1.8米。今存大部分城墙。

15. 菜埔堡

位于火田镇菜埔村，明天启三年（1623）开始建堡。天启五年（1625），村进

士张士良任浙江宁波太守，建成城堡。城堡椭圆形，三合土结构，周长600米，高4.5~6米。南、西、北三面，有数处单向曲凸建筑，设置堡门。堡外引水绕成护城河。辟东、西、南、北四门，均有城楼，并存部分城垛。北门匾额镌"拱极门"。外立"贞德垂芳"石坊，褒扬张士良祖母朱氏守寡奉姑抚子贞德。堡内有明清时建的木石结构，悬山顶宅第4座。有明代浮雕麒麟照壁，由四块花岗岩组成，长2.1米，高1.8米。

菜埔古堡城门

16. 横云楼

位于火田镇大垌村南，清道光七年（1827）建。圆形，石块砌筑，坐西北向东南，高踞山巅，周绕深涧，占地面积300多平方米。外墙厚1米，高约12米，三层，共30间，每间进深4米多。同治四年（1865）五月二十日，当地民众协同太平军残部抵抗清军，被清军左宗棠部炸毁。今仅存"横云楼"石匾及残墙断壁。

（三）关寨

1. 汉故关

亦称蒲葵关、南越故关，关垒距县城东北20公里，位于火田镇古楼村北盘陀岭，今云霄、平和、漳浦三县联结部。西汉闽越国东越王余善部将吞汉将军驺力曾在此屯军抗汉。唐代于关下置漳浦驿。现存部分城基及城墙残段。残墙从西北呈弧形向南延伸，长30米，宽3.4米，高1.0~3.3米不等，用粗大的条石及夯土砌筑而成。遗址南侧延续至近处山上有一条壕沟，总长约1公里。

2. 松仔鞍隘

位于火田镇白花洋松仔鞍岭，古道经此抵古楼驿，越高地岭到官园过官津渡。

云霄汉故关（蒲葵关）

松仔鞍岭下往北石门隘口。今尚存条石建造的石阶，长约数百米，及道旁白鹤亭古遗址。

3. 葵冈寨

位于火田镇古楼村东岭上盘陀岭顶，为古代关寨。宋乾道三年（1167），有马武翼请求州守林孝泽，拨出左翼军队将一员领兵更番防守。明嘉靖四十三年（1564），总兵戚继光于此据险抗倭。今尚存露出地面旧墙基石。

4. 半池岭隘

位于马铺乡至平和县安厚临界处，今尚存古隘道石阶。

5. 葵岗山隘

位于县治南17.5公里处，两山相峙号相见岭，为云霄与诏安孔道。明天启年间（1621—1627），知府施邦曜设把总乡兵60名防守。今遗存古关隘叠石。

6. 寨仔山古垒

位于火田镇七里铺村东南1公里，山顶存有古营寨，呈椭圆形石砌城基，是元代陈吊眼抗元屯兵遗址。陈吊眼抗元聚师处的遗迹还有：在常山华侨农场石牌村南

317

海拔329米的红竹尖山上，有高与宽各4米的石崖，上有"天星聚讲"石刻，字径33厘米；西北侧30米处，有一石笋高十余米，直排镌有"朝天人恚气冲霄"7字；在距县城西南7公里，海拔481米的万夫岭，朝东的一石崖上镌刻"万夫之望"，字径25厘米。

云霄陈吊眼抗元石刻

七、漳浦县古城

漳浦位于福建省东南沿海南端，东临台湾海峡，南隔东山湾与东山对峙，西南与云霄相连，西及西北与平和、南靖毗邻，北及东北与龙海接壤。唐垂拱二年（686），割泉州西南地区置漳州，辖怀恩、漳浦二县。因地处漳江之浦，而定名漳浦县。开元二十九年（741），怀恩县并入漳浦县。

（一）县城

漳浦置县时，县治附于漳州州治，治所同在漳江与盘陀岭之间的陈元光屯军处。唐开元四年（716），县治附州治北迁李澳川。贞元二年（786），州治北迁龙溪，漳浦县治仍留李澳川，后改名绥安镇。

县城绥安镇地处县境中部，晋代时曾是绥安县地，长期未能建城。宋乾道年间（1165—1173），县令薛世清开始建土城，设西、北及东南3门，西称应龙，北称永丰，东南未命名。至县令高稷时，改东南门为东门，取名东溪，并改永丰为拱辰。淳祐初年（1241—1252），县令赵与滈建各门城楼。

元至正十二年（1352），达鲁花赤买撒都剌改建石城，城周长7里，高1丈2尺。环城挖掘护城河，深3尺，广1丈多。明正德五年（1510），知县胥文相建城上窝铺23处，并改北门为朝天。正德七年（1512），城墙塌，知县刘桐重建，宽1丈，周长1173丈。嘉靖六年（1527），知县周仲在城墙内侧建马道。嘉靖三十七年（1558），因城低且薄无法抵御倭寇，知县刘钦命尽拆重建。城未建成，倭寇拥至，

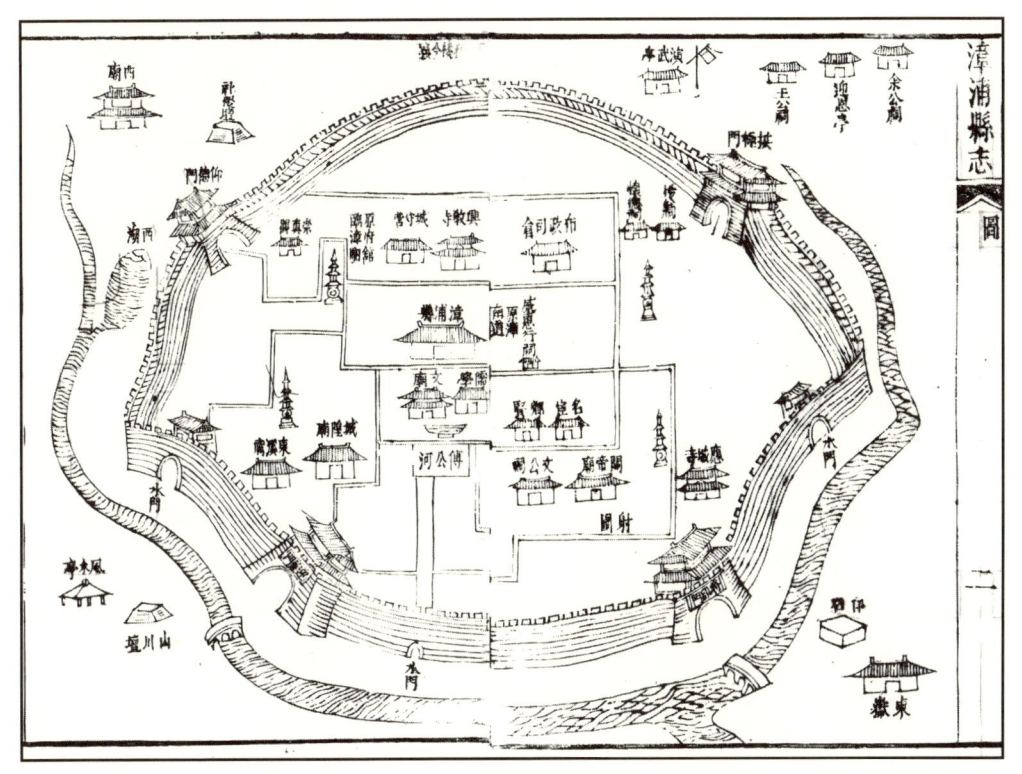

漳浦县城图

遂立栅抵御，且战且筑。寇败去后，即采用下石上砖结构筑城垣。开4城门，东称将印，西称仰德，南称迎薰，北称拱极。另建水门2处，城周长1198丈，上筑城垛1782个，窝铺24处。嘉靖四十一年（1562），知县龙雨在城上建瞭望台16座，并在城外南、北两侧各筑高楼1座，南称镇南，北称仰北。万历年间（1573—1620），马道颓废，知县朱庭益重建，以灰石砌筑。

清顺治十二年（1655），城墙被郑成功部将所毁。顺治十三年（1656），镇守总兵杨捷、知县李之琦与邑绅蔡而烷等协同再建。城高2丈，周长1798丈，城垛1952个，城窝铺2处，瞭望台2座。又在城西北侧建台1座，匾书"千秋保障"。顺治十五年（1658），总兵王进功建矮墙于城墙四周。康熙十三年（1674），总兵刘炎筑炮台于鸡笼山，与县城成犄角。康熙十六年（1677），守城游击重修炮台。康熙三十三年（1694），知县朱自升调用民工将倒塌的城墙加固。由于县城里有8座石塔，故有八塔城之称。同治三年（1864）正月廿一日，太平军侍王李世贤部攻县城时，用土炮将西城轰开缺口，此后未再修复。光绪十八年（1892），拆除自西城缺口至东门城垣，建环城公路。1927年，为开辟环城马路，把城垣大部拆除。至1949年，仅遗留西门一小段城墙。西城门石构券顶，深8米，宽约5米，高约6米，上有城楼。1980年年初，建青年路时拆除。

（二）城堡

1. 赤湖城

位于赤湖镇，元末曾仁礼倡建，明正统间（1436—1449）毁于战乱。正德元年（1506），重修城垣，城高6米，周长3960米。城中有公馆数座，故又称公馆城。万历四十六年（1618），知县胡继美再修。城墙平面略呈方形，东西长400米，南北宽约400米。清顺治十八年（1661）迁界时拆毁。现仅存东、北约300米的墙基和部分墙体，城墙底层为条石构砌，中间填土，上夯筑三合土城垛。墙厚约2米，残高3米，护城河宽5米。城内有赤湖城隍庙，明万历年间（1573—1620）建，为赤湖城的附属建筑。坐北向南，面阔4米，进深3.5米，土木结构。单进单开间，悬山顶，三面夯土墙，正面木栅门，石构神台。在赤湖城隍庙内有赤湖城碑，明嘉靖九年（1530）立，碑花岗岩质，高2.6米，宽1.2米。首题篆书《漳浦赤湖城记》，碑文约1500字，记载赤湖城始建缘由及维修经过、捐资人姓氏。

2. 井尾城

位于佛昙镇井尾村，城建在井尾半岛末端的城仔山上，是明洪武二十一年（1388）江夏侯周德兴建的五座水寨之一。景泰年间（1450—1456），设巡检司。清初废弃，城坍塌，被风沙淹没。

3. 皇帝城

位于赤湖镇亭里村东北，城建在小山上，其东、东南面临天然海港将军澳，平面呈正方形，边长120米。城墙用鹅卵石堆筑，不用黏合物，中间填土，厚2.5米，残高1.5米。城门开于东面，已坍塌，形制不详。门两边各建1座墩台，墩台正方形，边长3米。城址大部分已淹没在沙中。

4. 月屿城

位于赤湖镇月屿村。明嘉靖三十七年（1558），月屿举人陈魁士率村民建堡，以抵御倭寇。后移巡检司于月屿堡中。城依天然水道构筑，平面呈椭圆形。墙体以条石作地基，上夯筑三合土，厚约2米。建有4座城门，墙外护城河宽5~7米。城墙近年大部分拆除，仅存部分墙基。

5. 铳城

位于旧镇石柄村与旧镇港之间。明崇祯七年（1634），漳南分营守右参政施邦曜建。清顺治十二年（1655），郑成功部潘庚钟以旧镇作为县城，以铳城为主要据点。城墙绕小山一周，周长约400米。城墙长条石砌筑，墙垛三合土夯筑。山腰尚存一小水门和部分残墙体。墙底厚2米，残高3米。城西侧一块高约4米岩石上刻"漳南分营守右参政施爷惠建铳城功德碑，崇祯七年立"。

6. 杜浔城

位于杜浔镇中，建于明代，城周长600余丈。清初有守备分守，后划归铜山营把总分防。由于镇内民居拥挤，原城墙基本已被拆除。现仅存一座城门，条石精构，券顶门洞高2.8米，宽2米，进深2.5米。原有城楼，今废。

7. 眉田城

位于霞美镇城内村，明代晚期张氏族人建。清初曾派把总驻守于此。城平面呈不规则圆形，周长500米。城墙下部用乱石砌筑，上部三合土夯筑，厚1米，高约3米。设四城门，正门东向，石构券顶，高2.8米，进深3米，宽1米。门上有城楼，今废。东门、南门、北门石构平顶，规格较小。有小溪从城西流到城北，分为两条，成为天然的护城河。

8. 埭厝城

位于深土镇埭厝村，建于明代。城绕村一周，平面大致呈圆角方形，占地面积15000平方米。城墙周长约500米，墙体、地基全部以三合土夯筑，高约4米，分别于西北角、东南角、正东、正西开四个城门。其中东南角为正门，门平板条石构筑。正门及正西门设城楼，今均废。城西、南二面利用旧河道改为护城河，现保存有建在西门内侧的关帝庙。

9. 盘陀城

位于盘陀镇政府驻地西北。明正统六年（1441）建巡检司，清康熙三年（1664）后废。城址呈圆形，周长500米，城墙生土夯筑，墙厚2.5米，南墙残高2米，北城墙已平整作为道路。

10. 高山城

位于沙西镇高山村，明代黄氏族人建造。城墙下层以乱石构筑，上以三合土夯筑，厚约0.7米，残高2米。依山势建造，东南呈直线，其余呈任意曲线。于南、北两面开城门，南门为正门，门石构平顶，上建城楼。楼进深3米，面阔6米，硬山顶。城门内侧条石，上有工匠的题刻"明正德七年建"。门上原有匾，上刻"气象万千"。城于清初迁界时被拆除。

11. 锦屿城

位于盐场竹屿村，原为小岛，明中期建。万历四十六年（1618），为防御倭寇，乡民重建。清康熙初迁界时拆除。城沿海岸一周，平面呈圆形，周长约1公里。城墙条石构筑，厚2米，残高2米，设四门。大部分都已被拆除。《重兴锦屿城记》摩崖石刻位于妈祖庙边一巨石上，现嵌入民居梯道中。明万历四十六年（1618）陈邦祯撰，字幅宽1.66米，高2.33米。首题楷书《重兴锦屿城记》，全文2000余字，记述重修锦屿城村民捐资出工的名录及具体数字，部分风化不清。

12. 秦溪城

位于旧镇东营脚村。清顺治十八年（1661）迁界时，由官府建造，设千总驻守。城建于小台地上。城墙底层厚1米，以条石平、立交错砌筑，中间填土。上夯筑三合土，厚0.8米，通高4.5米。西与村子相连呈直线，东、南、北三面大致呈圆形，周长约400米。西北、东北、西南面均建有马面，阔4米，进深2米。原有四城门，现仅存西门，为石构平顶，高2.5米，宽1.2米，进深1.5米。原四门均有匾，现仅见1块，被移到村中，上刻"晏海门"。城墙现存1/3，城中还有平房建筑遗址。

13. 苦竹城

位于旧镇城内村，清初建。城墙条石构筑，厚2米，残高1米左右，绕村一周，全长约600米，设四城门。现仅存西侧沿小溪的城墙和西门。城门石构平顶，门洞高2.2米，宽1.5米，进深3米。

14. 马口城

位于长桥镇马口村，马口溪又称策士溪，马口城也称策士城。清康熙二年（1663），总兵王进功建议督院李率泰建造，调千总驻此，并刻建城碑记于河边的大石上。城的东、南以山为墙，西、北各设城门，门上分别嵌"寅禧"、"怀远"二匾。1958年在这里建造水陂，拆除城墙并毁坏石刻。

15. 古雷城

位于古雷镇古城村，古雷半岛南端笔架山南麓，明正德十年（1515）建。依山势北高南低，高差约2米，平面呈长方形，面阔120米。城墙以花岗岩石垒砌，中部填土，厚约 1.5 米。南面设城门，城门石券顶，宽 7.5 米，深 5 米。原建有城楼，今废。城门内立 2 通碑，分别为明万历八年（1580）的古雷社永记公业碑和万历二十五年的府县严禁示碑。城门砌石中尚砌入 2 通，仅见碑侧。城门砌石上有工匠的刻字"仕城林远数人砌石门口工完正德十年四月"。城内正北面建有武庙。

16. 六鳌城

位于六鳌镇六鳌半岛南端青山腰，背连大陆，面向大海，侧临浮头湾、旧镇港。元代始建，明洪武二十年（1387）江夏侯周德兴在原青山巡检司的基础上扩建，设立千户所。城绕青山山麓，周长 1930 米，平面呈三角形。城墙厚 2~3 米，残高 5 米，用长 0.6~0.9 米、厚 0.3 米的条石砌筑。城垛三合土夯筑。南、西南、北三面设城门。门石构券顶，上有城楼。北门为主门，有瓮城；南门建 3 座马面。有 5 座水门。城中有观操台和兵营，保存残石碑座数件，石碑 5 通。城墙内外遍植榕树 300 多棵。六鳌妈祖宫位于六鳌城内，宫坐东向西，占地面积 90 平方米，分前后进，正殿阔三间，深三间，穿斗式木构架，悬山顶。宫中保存明万历十六年（1588）香炉 1 口。

漳浦六鳌城

17. 横口城

位于官浔乡康庄村，明万历年间（1573—1620）建，周长600米。城为石构，残高3米，有4城门，石构平顶。

18. 溪南城

位于绥安镇溪南村，明代中晚期建。以三合土夯筑，基本无石地基。墙厚0.8米，高约4米。城绕村一周，长600米，平面呈椭圆形，于东、西、南、北各建1门。东门为主门，石构，突出墙体1米，门宽1.8米，高2.8米，上建城楼。

19. 宜隆城

位于杜浔镇牛垅村，建于明代。城依山势起伏，平面呈不规则圆形。城墙全长约500米。底层以条石砌筑，中间填土，上层夯筑三合土，厚1.9米，残高5米。设四城门，南为正门，石构券顶，门洞宽2.05米，深5.5米，上建有城楼。城楼宽8米，以楼为庙，称宜隆宫，祀协天大帝。其余三座门宽仅1.5米，石构平顶，结构简单。城墙现仅保存一半，其余大部分坍塌或拆除。

20、刘坂城

位于霞美镇刘坂村，明弘治年间（1488—1505）建，南明弘光元年（1645）、清乾隆七年（1742）等多次重修。城墙条石构筑，中间填土，厚约1.5米，残高3米。墙上有三合土城垛。城墙绕村一周，长约800米，设四城门，城门条石精砌，门洞阔1.5米，深2米，上平顶，建城楼。城楼为三合土夯筑，今废。门上有匾，东门辉绿岩石匾，刻楷书"扶桑日丽"；西门花岗岩石匾，刻行书"细柳云凝"；南门嵌粗花岗岩石匾，刻楷书"海甸虞风"，边款刻"乾隆七年季春重建"。北门为花岗岩石框嵌辉绿岩石匾，刻行书"雄图星共"，落款"弘光元年元旦主人维城立"。东门、北门外均建有小土地庙，为单进单开间。南门建两座小庙，一祀土地，一祀关帝。城墙外侧为护城河，宽约10米，架石板桥进出。

21. 大坪城

位于南浦乡大坪村，南面为高山，北面为南溪的冲积平原，城周河道纵横。城建于清代中期，城墙以南溪卵石加灰土砌筑，厚约1.5米，高4米。平面如脚掌形，周长约800米，东、西、南、北各开一个城门。城门以条石砌筑，呈正方形，券顶，边长6米。上建城楼，高约5米，辟为神庙，东门祀开漳圣王陈元光，西门祀关帝，南、北城楼均已坍塌。现存城墙约600米，有大坪祠堂等建筑，祠中有庚申纪年（即咸丰十年）壁画，关帝庙中存有咸丰纪年的石炉。

（三）堡寨

1. 娘仔寨

又名飞鹅峒，位于盘陀镇娘仔寨村，原是唐代土著酋长娘仔妈的营盘。唐总章二年（669），陈政率部入闽平乱时，此地是主要战场。寨址位于较平坦的葫芦形的小台地上。台地西宽东窄，东、南、北三面是水沟或水田包围着，当地人称是鹅穴。娘仔寨在台地的东边，是鹅头。寨子里有一块卵形的乌黑的大石头，称为鹅髻。台地中部狭小的代表鹅颈的地方，两边都还有深沟，传说是唐军用计开凿水沟，斩断鹅穴的地方。村子正东方向有一开阔地叫军营埔，有一石头呈十字形开裂，叫试剑石，传说是金菁娘娘和开漳圣王在此对阵时留下的。

娘仔寨寨门

漳浦娘仔寨娘仔妈的小庙

寨依照山势作不规则圆形，寨墙大多是以长约 0.8 米的楔形花岗岩石块垒砌，宽约 1.5 米，全长约 400 米。现仅存近 200 米，残高 3.5 米。东、南、北开有寨门，寨门平板石构，宽 1.2 米，进深 2 米。寨西侧有奉祀娘仔妈的小庙。

2. 赵家堡

又称赵家城，位于湖西乡赵家城村，硕高山西北麓。明万历二十八年（1600），闽冲郡王赵若和第九世孙、进士、户部郎中赵范建。万历四十七年（1619），其子赵义续建，家族世代聚居。堡仿北宋故都开封的布局立意建造，占地面积约 10 万平方米，平面基本呈方形，分内外城。外城墙以条石砌筑，周长1200米，厚1.5米，高3~4米，墙上三合土城垛高约1.5米。四个城门，城门上有门楼，北门筑瓮城。内城周长220米，高6.2米，宽0.3米，占地6亩，中建完璧楼。城内建四座同式样官厅，六座堂屋和武庙、佛庙、禹庙、石坊、小院等。1985年以后多次进行维修。

完璧楼位于赵家堡内，明万历二十年（1592）赵范建。楼平面呈正方形，边长20米，高三层。楼墙底层石构，厚1米，一、二层南北侧各三开间，东西侧各二开间，深3米。三层无隔墙，作回形的大通间，楼顶穿斗式木构架，双坡顶。楼中天井深1米，井角有一大排水洞，兼作地道。楼门北向，双层石构，平顶，匾刻行书"完璧楼"，取完璧归赵之意。匾上部建遮雨棚，门前为砖埕、水井。与楼门相对的是一座五开间的二层小楼，两边两座小平房，组成一个楼外天井，成为防卫设施。

赵家堡府第，明万历四十七年（1619）建，由四座同式样府第和三座厢房组成。官厅正座面阔19米，深67米。墙体为三合土夯筑，穿斗式木构架，硬山顶，沿中轴线依次为门厅、砖埕、门厅、天井庑廊、正堂、天井庑廊、后堂、天井庑廊、后楼。两个门厅之间设有围墙，庑廊相连，既作照壁，且可兼供居住。第二进门为正门，前为五级台阶，辉绿岩石抱鼓，正厅面阔五间，进深三间，青砖墙面，辉绿

赵家堡全景

| 第六章 | 闽南古城堡 |

赵家堡完璧楼

漳浦赵家堡大门

岩石柱础，悬"福曜贺兰"匾。建筑残破严重，主座前三进1985年重修。

上下三堂位于赵家堡内，明崇祯七年（1634）建。六座堂屋，坐东向西，上三堂分别称志堂、忠堂、惠堂，下三堂称孝堂、守堂、史堂。上三堂每座占地面积435平方米。史堂、守堂占地面积各325平方米，孝堂占地面积180平方米。每组均有左右厢房，后厢均以门厅、天井庑廊、后堂组成。

父子大夫坊位于赵家堡内，为赵范及其父赵淑宽立，石仿木结构，四柱三门一楼，坐南向北，坊下为石板通道，四级台阶。宽4.5米，通高5.97米，明间柱头立青石跪狮，构架上仿木斗拱、歇山顶，中立"崇恩"牌匾。主匾分别刻"父子大夫"、"乡贤名宦"，次间分嵌"司农"、"宪台"匾。坊于1975年倒塌，构件尚存。

武庙位于赵家堡内，明代建，庙面对城堡的主通道，坐东向西，穿斗式木构架，悬山顶，三合土墙。正殿面阔三间，进深三间，宽10.7米，深17.4米。由门厅、大井、水池石桥、正殿、后院、后殿组成。主祀关帝，配祀周仓、关平。1975年坍，1995年重修。

3. 诒安堡

位于湖西乡城内村，又称湖西城、诒安城。清康熙二十七年（1688），湖南布政使、太常寺卿黄性震捐建防寇城堡。平面略呈长方形，占地面积约11万平方米，建筑面积18060平方米。城墙以条石构筑，中间填土，宽2.2米，高6.7米，墙上外

漳浦诒安堡

侧建三合土女墙，宽0.4米，高2米。开365个垛口，取一年365之数，城墙内侧每50米设登城石阶，共24处，取一年二十四个节气。转角处建两座敌楼，楼深、宽各3米，突出于城墙之外。设4座城门，南门诒安，东门迎曦，西门毓秀，北门春庆。城门洞石砌券顶，门洞内宽、深均4米，上建城楼，单进单开间，楼顶木结构，悬山顶。楼两边各设登城石阶，城堡中建有大小宗祠堂、诒燕堂、土楼、广平王庙等。南门到西门前开凿护城河，河宽30米。

诒安楼位于诒安堡内，清康熙二十七年（1688）建，坐北向南，三合土夯筑，墙厚0.8米，楼面阔26米，进深24米。南北侧均隔为5间，其中南面明间为门厅，设4梯道。楼中为天井，楼高三层，内向木构通廊，双坡顶。现楼板无存，墙体完好。

诒燕堂位于诒安堡内，清代建。与小宗祠堂并列，南向，以主座和左右厢房组成，宽32米，深24米，三合土夯筑。穿斗式木构架，辉绿岩石础，悬山顶。主座阔13.9米，由门厅、天井庑廊、正堂组成，正堂面阔三间，进深三间，正堂和门厅左右均设耳房，厢房均隔为五间，前设两组天井。

4. 屿头堡

位于沙西镇屿头村，清代初期建。城墙下层条石构筑，上层三合土夯筑，厚0.5米，绕村一周，长约600米。现存约300米。原设有东、西、南、北四堡门，已废。

5. 下寨

位于沙西镇下寨村，明嘉靖年间（1522—1566）建造，以防御倭寇。寨墙以乱石砌构，厚约2米。墙垛以三合土夯筑，寨墙绕村子一周，长约500米。平面呈不规则圆形。设四座寨门，东门为正门，门洞宽1米，高3米，进深3米，石构平顶。上原建有门楼，早期废弃，形制不详。寨墙大半被拆除。

6. 万安楼

位于赤土乡万安村中，明嘉靖年间（1522—1566）建。宽59米，深70米，四角各突出一个边长5米角楼。东、西设楼门作城门状，门宽8米，深3间，建关帝庙。楼3层，平面筑房48间，各间自成单元，全楼设木结构内通廊。楼内又建4层土楼，深33米，宽28米，亦为内通廊式。楼外有5米宽的护楼河，原设吊桥，后改为长石板桥。

7. 人和楼

又称轧内兵营，位于佛潭镇轧内村北侧500米。明嘉靖年间（1522—1566）建，作为兵营。全楼由2座三合土楼堡和1座山寨组成。楼坐北向南，面阔90米，进深75米。主楼堡外墙体用三合土夯成，宽21米，长17米，高6米，2层。城顶建城垛，垛内与楼顶间留通道。楼堡西北角建1座3层角楼。楼堡中建1座3层内楼。南面设石构门，匾刻"人和楼"。主楼正北2000米的山上筑土石结构山寨，依山而筑，长70米，宽30米，墙高约3米。

八、诏安县古城

诏安地处福建省南端闽粤交界处，素有"福建南大门"之称。东连云霄，西邻广东省饶平，南临东海与南海交汇处，东南与东山县隔海相望，北接平和。依山面海，地势由西北向东南倾斜。西北部山峦重叠，最高山峰龙伞祭海拔1152米；东南部海岸线绵延曲折，中部丘陵起伏，南部平坦低洼。明嘉靖九年（1530），从漳浦析出置县，取"南诏安靖"之义，定名为诏安县。

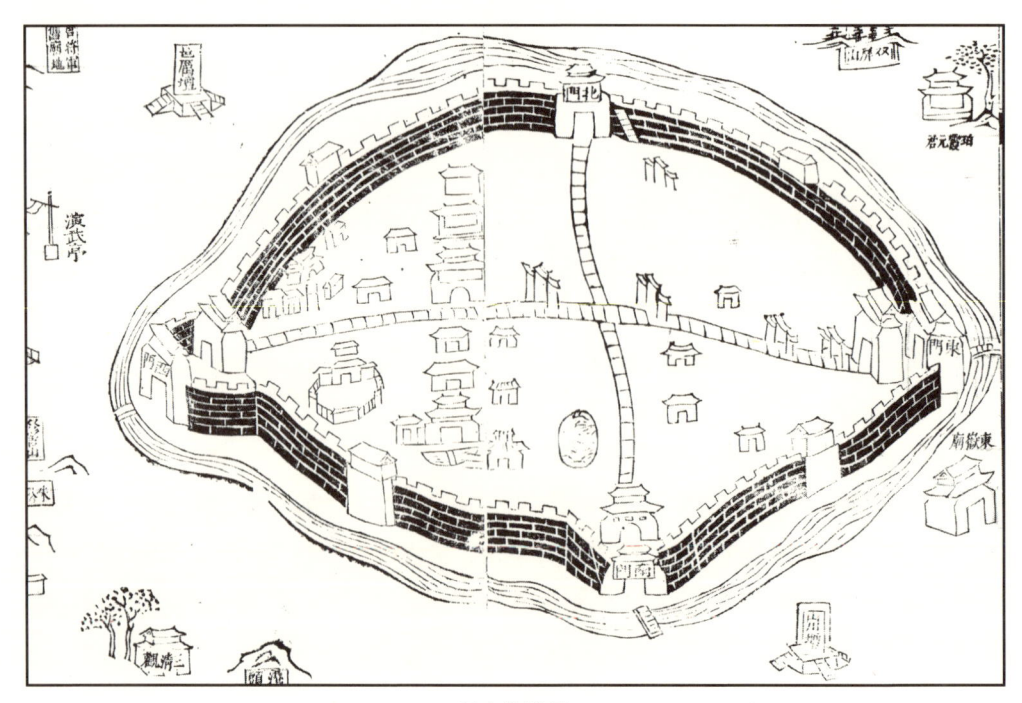

诏安县城图

（一）县城

县城南诏镇位于诏安县南部，属平原地带，毗邻广东，是福建的南大门。宋为南诏场，后设沿边巡检司，用土堆木栅围城。元至正十四年（1354），右丞罗良命屯官陈君用砌筑石城，周围645丈，高1丈2尺。东面临溪，西、南、北三面依山凿成干濠。明弘治十七年（1504），南诏守御千户所设在这里，开始拓建城西部分，砌以石块，周长扩大到1360丈，增高到1丈6尺。嘉靖九年（1530）从漳浦析出置诏安县时，即作为县城。嘉靖二十年（1541），知县何春重修。嘉靖二十八年（1549），知县李尚理重修。嘉靖三十七年（1558），知县龚有成增高城墙3尺，设垛子962个，筑东、西、南门的月城敌台5座，望台1座，窝铺8间；疏浚城濠，深、广各2丈，使城濠与海水潮汐相通。嘉靖四十二年（1563），知县梁士楚加筑外城，周围1200多丈；又筑西关城300多丈。崇祯八年（1635），知县王政岐再次疏浚城濠，使濠沟复通潮水。

清顺治十二年（1655），城墙因战乱毁坏。顺治十三年（1656），知县欧阳明宪新建城墙683丈，垛子366个，高2丈7尺，设炮台4座，窝铺8间。康熙六十年（1721）、同治十二年（1873）、光绪二十八年（1902）、光绪三十一年（1905）和光绪三十三年（1907）均重修。1938年，因抗日战争拆掉全部城墙。1949年以后，墙基旧址筑成环城路。东、南关的城濠屡经修葺，1996年作为排污暗沟。

（二）城堡

1. 悬钟所城

位于梅岭镇由门村，诏安湾西岸。明洪武二十年（1387），江夏侯周德兴奉诏建置，为千户所城。周围550丈，砌以条石，城墙面广1丈，高2丈。有女墙861垛，窝铺15间。开东、西、南、北4门，上各有楼。其中东西2门阻海，北门通前往县城的大路，南门

诏安悬钟所城

闭塞不通。以周围环绕的海水作护城壕。嘉靖四十二年（1563）十月，倭寇陷城。隆庆六年（1572）重修，增筑月城3座，垛子600个，窝铺10间。清顺治十八年（1661），实施迁界，城遂废圮。康熙五十六年（1717），总督觉罗满保、巡抚陈瑸、布政使木哈捐资重修，后颓毁甚多。现存东、南、西3个城门及南城墙。

2. 东峤堡

位于四都镇东峤村，明嘉靖年间（1522—1566），为防倭寇入侵而建。现存东、西、南、北4个城门及城楼，城门高2.3~2.6米，宽1.6~1.8米，墙厚1.4米。城楼顶端至地面高约6米。城门墙下层用乱石，上层用三合土。东、西、南3个城门石匾分别题刻"岐阳光旦"、"东里宝城"、"星占寿老"。其余城墙已毁。

3. 仙塘城堡

位于桥东镇仙塘村西，建于明万历年间（1573—1620）。城墙用条石依山而筑，以石灰灌缝。平面呈不规则六边形，周长约400米，高5.5米，厚1.17米，有

诏安仙塘城堡

东、南2门。南门匾刻"还薰"二字,旁款署"乾隆七年孟冬重建";东门匾刻"朝阳"二字,旁款署"旨大清壬戌年十月丁未重兴"。城门都有内外二重,外门拱圆形,内门方形,皆高2.2米,宽1.28米,厚1.17米。东门到南门近100米城墙完好。遗址面积约300平方米,上有门楼建筑遗迹及城门附属设施遗迹。今存墙基及东、西两门。

4. 梅洲堡

位于梅洲乡梅洲村。明正德二年(1507)始建土城,万历十四年(1586)改筑石城墙。万历十九年(1591),再行补筑。城周长2000米,高5米,墙厚3米多,全用花岗岩条石砌成。城垛整齐,有4个门楼和月城。四个城门均为石拱门,通高2.6~2.8米,宽1.5~1.6米,进深1.4~1.6米,有深约4米的瓮城。城门上有石匾额,东门刻"先春门",西门刻"宝成门",南门刻"明万历甲申,阜财门,仲冬长至立",北门刻"拱辰门"。在东门至北门之间保存一座完整的月城以及城楼残破的东门。

5. 上湖堡

位于四都镇上湖村,明嘉靖三十九年(1560)筑。周长1200米,高4米。花岗岩条石砌墙,有4个石拱门,门上各有楼。门高2.9米,宽1.6米,墙厚1.35米,连门带楼高7米。东门石匾刻"皇明宾阳门,嘉靖庚申年立",其他门分别刻"西门"、"南门"、"北门"字样。现存部分城墙和全部拱门。

6. 马厝城堡

位于四都镇马厝城村,建于明嘉靖年间(1522—1566),清代重修。周长约1000米,高约4米,花岗岩砌。下层高3米,三合土筑。上层高1米,厚0.8米,有东门、南门、辕门、石城门、水门等5个门。现存水门和石城门及部分旧墙和石门匾,上刻"鹳巢,道光二年葭月吉"。

7. 溪南堡

位于深桥镇溪南村,建于明代。清顺治十二年(1655)九月二十八日,该村因对抗郑成功,被郑部将黄廷、万礼率兵攻陷,堡墙摧平。后曾重建。现存南、北门处各一小段城墙。

8. 仕渡堡

位于深桥镇仕江村,清乾隆七年(1742)筑。城形似葫芦,墙用三合土夯成,高5米,厚0.6米。有4个石砌城门,东长春,西紫来,南迎薰,北拱秀。现存南、北两门和部分城墙。南门宽 1.55 米，有城楼。门上石匾刻"乾隆壬戌桂月建，迎薰门"。

（三）关隘

1. 分水关

又称闽粤分水关，位于广东省饶平县仙春村与诏安县深桥镇上营村交界处，山峦起伏，列嶂隙处，成一天然关隘，为闽粤通衢。明洪武年间（1368—1398），设漳潮巡检司于此。嘉靖二十七年（1548），筑石城作巡检司署。天启年间（1621—1627），建大士庵。知县周立在南部改筑新城，周长 119 丈，高 1 丈 7 尺。东边设 2 门，西设 1 门，依照山势取土围筑而成，置炮台 1 座。崇祯年间（1628—1644），闽粤士绅为南澳副总兵郑芝龙建"功罩闽粤"石牌坊。

清同治六年（1867），知县杨庆容围石加固关门，并增高炮台，在关门上题刻"漳南第一关"榜书。建四柱三间楼，通高 6.5 米，歇山顶，额坊上饰花卉图案。1930 年，因修筑漳汕公路，关城被全部拆毁。现存南坡上的观音堂、石牌坊和 1945 年 9 月 30 日立的抗倭纪迹碑。

诏安闽粤分水关

现存分水关大士庵，明天启年间（1621—1627）建，清乾隆五十二年（1787）及1985年重修。祀观音和十八罗汉，占地面积约800平方米，坐南向北，由山门、门楼、拜亭、正堂组成。正堂面阔三间，进深三间，抬梁、穿斗式木构架，用一斗三升式斗拱，棱形石柱。

2. 硕兴寨

位于西潭乡福兴村硕兴寨自然村。清嘉庆七年（1802），县城硕兴行老板谢捷科出资兴建。占地3600平方米，用三合土夯成，呈正方形，四个角落各有月城。寨内四周房屋共38间，均2层楼房，高约8米。寨墙厚0.68米。寨中筑祠堂，由门楼、下厅、两廊带天井、拜亭、大厅及两厢房组成。祠门及门楣两壁用花岗岩石料雕刻花卉鸟兽等图案。祠堂前的大埕有2口水井，直径各1.5米，外为圆形青麻石井圈，内呈八角状。寨门为拱形双层石门斗，宽3.2米；门内径宽2.1米。门楣上方石匾长2.1米，高0.7米，书刻"嘉庆七年置，西湖责山书"。门前对联书刻"猴岭狮湖增气象，龙潭麟石结精灵"。

九、东山县古城

东山县原称东山岛，形似展翅蝴蝶，故有蝶岛之称。位于福建省东南端，东海与南海交汇处，东临台湾海峡与台湾岛隔海相望，南濒南海，西诏安湾，东北东山湾，西北八尺门海峡。明洪武二十年（1387），江夏侯周德兴防倭，在东山筑城垣建水寨，置守御千户所。因地连五都之铜钵，故易名铜山。置县前，隶属于诏安县。1916年5月1日建县，又回称东山县。

（一）铜山千户所城

位于铜陵镇。明洪武二十年（1387），江夏侯周德兴建。古城环绕狮山（又称岵嵝山），依山临海，城长571丈，高2丈1尺，厚1丈，女墙864垛，窝铺16间。城基用条石干砌垒叠而成，城墙用黏土夹以碎石夯筑。置四门，东门名晨曦，西门名思美，南门名答阳，北门名拱极。洪武二十一年（1388）建成时，开东门、西门和南门。传说东山岛地脉是条龙，西东走向，最后宿于岵嵝山。于是，岵嵝山便成了龙穴宝地。周德兴深谙风水地理，选择城址时相中这块宝地，铜山城居于龙穴。东南隅岵嵝山东麓有风动石。

闽台古城堡

铜山城门

铜山千户所城

嘉靖五年（1526），巡海道蔡潮开北门。嘉靖十年（1531），漳浦知县郑禧筑东门月城。嘉靖十三年（1534），把总陈言增建北门城楼。嘉靖三十六年（1557），倭寇猖獗，东北城圮且卑。为防守计，漳南道王时槐派诏安知县龚有成督导增修东段城墙。外墙换用条石垒叠，墙内以土填高。设守御千户所，又增设南路参将驻扎。明末清初，郑成功军队曾据守此处抗清20多年。

铜山城风动石

清康熙三年（1664）五月，清朝强迫民众迁界，城墙被毁。康熙十九年（1680）复界，重修铜山城，规格依旧，并在东、西、南城门上增建谯楼。乾隆二十三年（1758），诏安知县秦其燝受命重修铜山城。道光十六年（1836），民众又捐资重修。同治十年（1871），因风雨侵袭，部分城墙倒塌。光绪五年（1879），参将陈邦俊重修。光绪三十三年（1907），参府彭保清重修。1927年海军驻此，拆毁城堞一隅，用于填码头、砌道路。1940年东山抗战，县长楼胜利拆毁西门一带城垣，用于修公路、防波堤、中正公园，仅存东门、南门两段城墙及东门月楼。

1980年和1988年，政府两次拨款修复东门两段城墙，计600米，并于东门城上建一座城楼。

（二）城堡

1. 亲营石城

位于西埔镇亲营村。宋末建，均用青石砌成。石城周长200米，高3米，厚2.6米。现仅存部分城垣。

2. 金石巡检司城

位于西埔镇官路尾村后山。明洪武二十年（1387），原设于龙岩县聚贤里的巡检司迁至漳浦县五都山东社（即今址），开始筑城，周长115丈、宽9尺、高1丈5尺，平面呈长方形。辟东、西、南三门。嘉靖三十七年（1558），知府卢璧主持重修。隆庆六年（1572），漳州知府罗青霄主持重修。现存城基、墙石、砖头和古井。

3. 赤山巡检司城

位于康美乡东沈村东，又名寨山。明洪武二十年（1387），原设于南靖县的南寨巡检司迁至漳浦县南五都上西社（即今址），开始筑城，周长115丈，宽9尺，高1丈5尺，辟东、西、南三门。平面呈椭圆形。正德十五年（1520），巡检司迁往漳潮分界的诏安分水关，城废。

4. 洪淡巡检司城

位于陈城乡岐下村。明洪武二十年（1387），原设于诏安四都汭州的巡检司迁至五都北浦（即今址），开始筑城。三合土结构，平面呈四方形。周长115丈，高1丈5尺，宽8尺，辟东、西两门。明嘉靖二十七年（1548），知府卢璧主持重修。隆庆六年（1572），知府罗青霄主持重修。后废。现存城墙残长约8米，宽1.8米，高1.2米。

5. 城垵城

位于康美乡城垵村，明代为抗倭寇而建。占地面积约6万平方米，城墙花岗岩砌筑。现存长268米，高5米，厚1.2米。东、南两城门尚存，拱门宽1.4米，高2.4米。村内后山有两座石塔，一为七层四角实心石塔，高4.1米，葫芦刹，塔基边长1.6米；一为圆形石塔，高3.6米，座围8.5米。

6. 樟塘城

位于樟塘乡樟塘村，建于明嘉靖三十九年（1560）。周长360丈，高2丈，砌以灰石。平面呈四方形，北门有瓮城，西城门旁设城隍公庙。1940年，县政府拆城石筑工事，现存城基。

7. 西城

位于西埔镇坑北村西北2.5公里的西城山顶，建于明代。占地面积约311万平方米，平面呈四方形，东西长420米，南北宽420米。现存残墙约1公里，宽约1.5米，高1~2米。

8. 八尺门城堡

位于杏陈镇后林村八尺门古渡口。明洪武二十六年（1393），设陈坪渡把截所，同时建城，并筑烟墩、炮台以防倭寇。明末，郑成功驻兵铜山时，派员筑堡屯戍。面积约10000平方米，三合土结构。清康熙十九年（1680）重修，清中叶废。现存残墙长18米，宽1米，最高处1.8米。

9. 康美土堡

位于康美镇康美村。清顺治五年（1648），郑成功部将万礼建。土堡为长方形，长 104 米，宽 82 米，高 6 米，厚约 1 米，三合土墙。墙上每距 5 米设一炮眼，开东、南、北三门。南城楼高 4.2 米。北城楼高 4.4 米。北门石额刻"北勒石碣"，石额两边各置 1 块浮雕石板，左板雕日与麒麟，右板雕月与麒麟。南门石额镌"南标铜表"，两边亦各有一浮雕石板，左雕战马、桃李树和猴子；右雕老虎、松柏林与雄鹰。

部分学者认为康美土堡即天地会所说的木杨城。天地会盟誓结拜等重大仪式时，要供设木杨城，天地会会簿里有许多关于木杨城的诗句与口

东山康美土堡

白，其中有"左边有对桃李树，右边有对松柏林"、"苍松上立雄鹰叫"等语句。康美土堡建筑结构及其城门浮雕图案内容，正符合天地会所传木杨城的特征。南明永历七年（1653），万礼受命在康美建兵营以训练新兵时，同名为康美的有相邻两村，以姓氏分称康美林和康美杨。道宗用拆、拼字法，从两村姓氏林、杨两字中弃一"木"而成"木杨"，以作城名。

10. 铜山外城

位于铜山城外。清咸丰四年（1854），绅耆黄振昭、陈德千、孙有全等捐资倡建。城自南门沙墩起，至观音亭山下一粟庵止，蜿蜒约里许。东坑口建有城楼，上勒"铜陵保障"，设兵守。1916 年城楼坍塌，分县施泽霖募修。1936 年又重修。

第七章　台湾古城堡

台湾位于中国大陆东南沿海的大陆架上，东临太平洋，东北邻琉球群岛，南界巴士海峡与菲律宾群岛相对，西隔台湾海峡与福建省相望，陆地总面积约3.6万平方公里，包括台湾岛及兰屿、绿岛、钓鱼岛等21个附属岛屿和澎湖列岛64个岛屿。其中台湾岛面积最大，是中国第一大岛。台湾在古代是福建省的一部分，南宋时澎湖属福建路，元、明时在澎湖设巡检司。明末，台湾被荷兰殖民者侵占。1662年，郑成功收复台湾。清统一台湾后，于康熙二十三年（1684）置台湾府，隶属福建省。光绪十一年（1885），台湾建省。台湾古城堡基本上是在隶属福建省时建筑的。

第一节　台南府古城堡

台南府原称台湾府，位于台湾南部，是台湾最早开发的地区。清康熙二十三年（1684）设台湾府，隶属福建省分巡台厦兵备道，统台湾、凤山、诸罗三县。光绪十三年（1887）九月初八日，台湾府改为台南府，另设台湾府附郭台湾县桥孜图。

一、台南府附郭安平县古城

（一）安平古堡

安平古堡位于台南市安平区国胜路82号，原为荷兰驻台第一任总督逊克所建奥伦治城的一部分。明天启四年（1624），荷兰人从鹿耳门进入台南地方，于一鲲鯓岛筑城垣。初名为奥伦治城，天启七年（1627）竣工，更名为热兰遮城。整座城分内外两城，内城形方，共筑三层，下层位于地面下，作为仓库。现存城墙数段及半圆形的棱堡残迹各一，其中以目前安平古堡残迹规模最大。早期汉人称荷兰人为红毛，所以把这座城称为红毛城。

郑成功将荷兰人逐出台湾后，改热兰遮城为台湾城；改一鲲鯓岛为安平镇，故又称安平城；郑成功进驻此地，故又俗称王城。清统一台湾以后，城堡曾充作水师协镇署。道光二十年（1840），中英鸦片战争爆发，台湾兵备道姚莹为抵抗英军，筹设海防，将台湾城改为军装局，修建原有城墙与炮台，作为储藏军需、弹药的仓库。同治八年（1869），英舰炮击安平，城堡被毁大半。

光绪元年（1875），清兵破坏热兰遮城，取其砖块建造二鲲鯓炮台（亿载金城），居民也取城垣砖石修筑房舍。日据时期，日本人将城堡遗址铲平，改建为新式洋馆，作为海关长官宿舍，即今之安平古堡。

台南安平古堡

城堡壁构造以糖水、糯米汁捣合牡蛎壳灰、砂土等叠砖而成，并称三合土。原内、外城四角建有棱堡，安置大炮，今仅存外城城墙一堵、古井一口、半圆形棱堡基座及部分残迹，其中以原外城南壁长65.8米的城垣残迹规模最大。

古堡中，有一片红砖砌成的残壁城垒，古榕枝干盘曲，堡前空地上竖立着一座石碑，上书"安平古堡"4个大字。城堡脚下，树立郑成功铜像。在郑成功陈列馆中，陈列着荷兰人占据时所建的热兰遮城的原始模型。古堡上有瞭望台，是光绪年间（1875—1908）在城基上设置的灯塔。

（二）赤崁楼

赤崁楼位于台南市中区赤崁街与民族路交叉口上，原为荷兰人所建。早期的台南市西部是一片汪洋，称台江内海。内海西缘沙洲环绕，台江东岸则是平原区，是平埔族赤崁社所聚集的地方。因此，明代的地图、文献上分别称呼台江西岸为台湾，东岸为赤崁。

台南赤崁楼

1624年，荷兰人占领台南。首先兴筑台江西岸一鲲鯓沙洲上的热兰遮城，后又在城堡东方，分别兴建了台湾街与普罗民遮街。1652年，发生汉人起义抗荷的郭怀一事件，荷兰人为巩固其殖民统治，又在普罗民遮街北方建造了普罗民遮城，汉人称赤崁楼。由于称荷兰人为红毛，所以也叫红毛楼，或称番仔楼。

普罗民遮城的建材据说皆由荷兰人自海外运来，用糖水、糯米汁，搅拌蚝壳灰，叠砖建造而成。周围约141米，楼高10.5米，南北角有瞭望台，还有古井与地窖两所，储存粮食预留水源，作为战时的准备。

郑成功收复台湾以后，改普罗民遮城为东都承天府，为全岛最高的行政机构。郑成功把荷兰人建的赤崁楼改建为内府，台湾人称之为王城。不同的是另辟一门名桔秩，以春秋郑国有此门，作为中国郑氏政权的象征。清康熙六十年（1721），朱一贵起义反清，赤崁楼的铁铸门额被拆去镕铸武器。到后来，赤崁楼只余下四周的城墙。清末，大士殿、海神庙、蓬壶书院、文昌阁、五子祠等建筑，先后盖在赤崁楼的原址上。

1921年，日本人在拆除大士殿重整该址时，发现了普罗民遮城的旧堡门，然后又发掘到东北角的荷兰炮台残迹，以及通到堡垒地下室的门户。台湾光复后，重加修缮，成为台南市立历史博物馆。1974年又重修一次。如今的赤崁楼分三层，楼上以砖石砌成，飞檐雕栏，有曲折的通道；赤崁城楼下有九只大石龟各负丈余的石碑，是乾隆亲撰旌表平定林爽文之乱的御碑。

（三）台南府城

台南府城位于台湾西南部的嘉南平原，西临台湾海峡，范围主要为现今台南市中西区西门路以东的范围以及附近的东、南、北区的小部分。

清康熙二十六年（1687），台湾总兵殷化行在府治附近筑了一座临时性木栅城。雍正三年（1725），知府周钟瑄建木城，周围1800丈，设有七个木造城门。乾隆元年（1736），将木造城门改建为石造城楼，门周围25丈，高2丈8尺，同时还建15间窝铺。乾隆四十年（1775），知府蒋元枢再度补植刺竹，在西边增建小西门。乾隆五十三年（1788），动工改建成三合土城，知府杨廷理督造，乾隆五十六年（1791）四月竣工。府城周长2520丈，城墙高1丈8尺，顶宽1丈5尺，底宽2丈。大西、小西两门变更重建，其余城门在原址加高，并筑城楼。城墙东、南、北三面依着旧城基圆形修筑，西面因临海较旧城基退缩150余丈成直线，形成"弧其东、南、北而弦其西"之形制,称为半月城。嘉庆十年(1805),在小西门、大西门和小北门之外,建1200丈的木城。

道光十五年(1835),改建城外木城。在大南门、小南门、大北门、小北门和小东门建瓮城,在大东门和西门设子城。大东门外的子城,以刺竹围,开永康、东郭、仁和三门。还设立两座铳楼,城东南铳楼称为巽方靖镇。西门的子城以土堆围,开拱乾、兑悦、奠坤三门。这一次扩建,令城墙周长增加到2700丈。同治六年(1867)六月与八月发生暴风雨,城郭倒塌极为严重。同治十三年(1874),福建船政大臣沈葆桢进行修复。

日本殖民统治时期,拆除部分城墙城楼。1900年,铁道直接穿大北门与小南门附近城垣而过。到1917年,台湾城大部分的城墙因市区建设大部分遭到拆除。城门留下大东门、大南门、小西门和兑悦门,城墙剩东城墙和南城墙的部分残段。

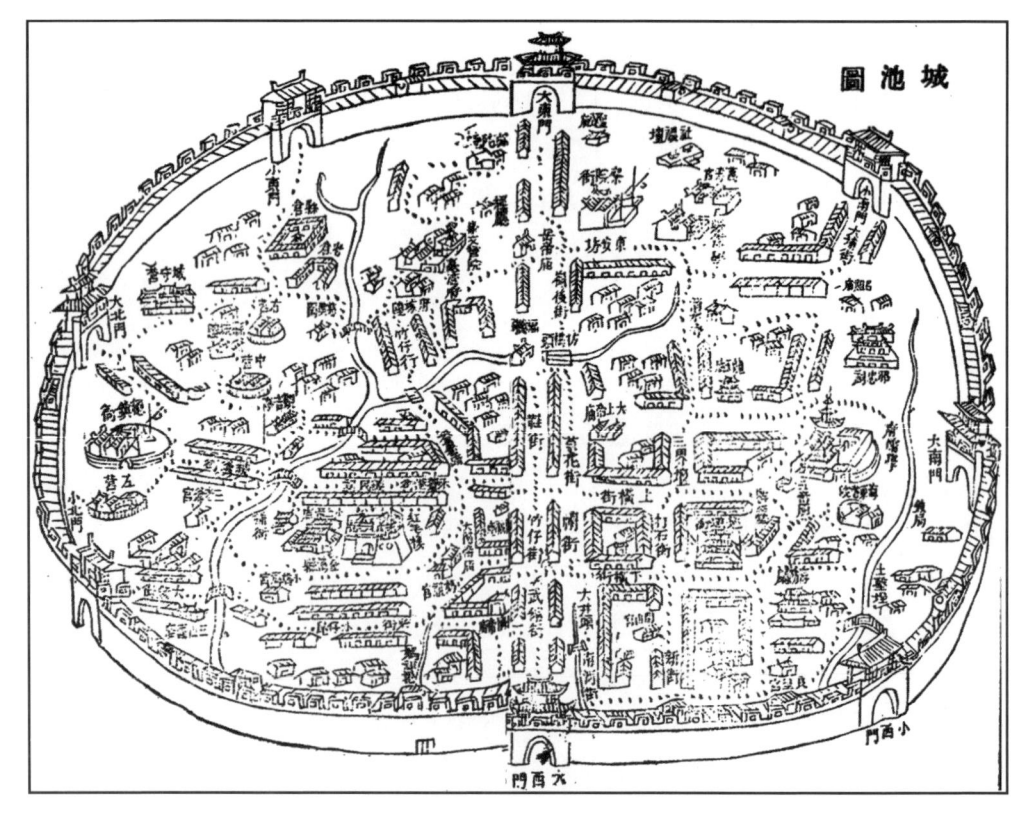

台南府城图

| 第七章 | 台灣古城堡 |

台南府城大南門

台南府城大東門

（四）亿载金城

位在安平区南端，与安平古堡隔河相望，清光绪二年（1876）福建船政大臣沈葆桢建。亿载金城由法国工程师设计建造，高约 2 公尺，占地约 3 公顷，为西洋式红砖建筑，呈四方形，中央凹入的场地则是用来操练军队。城上设有大炮，故称大炮台，另称安平炮台、三合土炮台、抗日名城。炮台为方形，四角凸出，中部呈凹形。炮台上设有大炮五尊，小炮六尊，整个炮台可容纳 1500 人。建材大量取自荒废的热兰遮城（安平古堡）城墙，城垣四周林木茂密，四隅有突出的棱堡，城外堑壕

台南亿载金城

亿载金城炮台

围绕，将海水引入形成护城河；城门以红砖砌成，外额上书"亿载金城"，内额"中流砥柱"，皆出自沈葆桢手笔。现城门正前方的城垣上，耸立着沈葆桢的纪念铜像，并有大炮三尊。

二、嘉义县古城

嘉义县原称诸罗县，西边濒临台湾海峡，东边与阿里山山脉及玉山主峰接壤，北东边与南投相邻，南边与台南相邻，南东边与高雄相邻，北边与北港溪、云林相邻，南边与八掌溪、台南相邻。

清康熙二十三年（1684）置诸罗县，县治在佳里兴。康熙四十三年（1704），知县宋永清将县治移到诸罗山。同时筑木栅城，周长 680 丈，设有四门。康熙五十六年（1717），知县周钟瑄在木栅外环植了刺竹。雍正元年（1723），知县孙鲁将县城改为土城。周长 795 丈 2 尺，底部宽 2 丈 4 尺，上面有宽 1 丈 4 尺的马道，城外有护城河。四年后，知县刘良璧重建门楼，砌水涵，并命名四城门为襟山（东

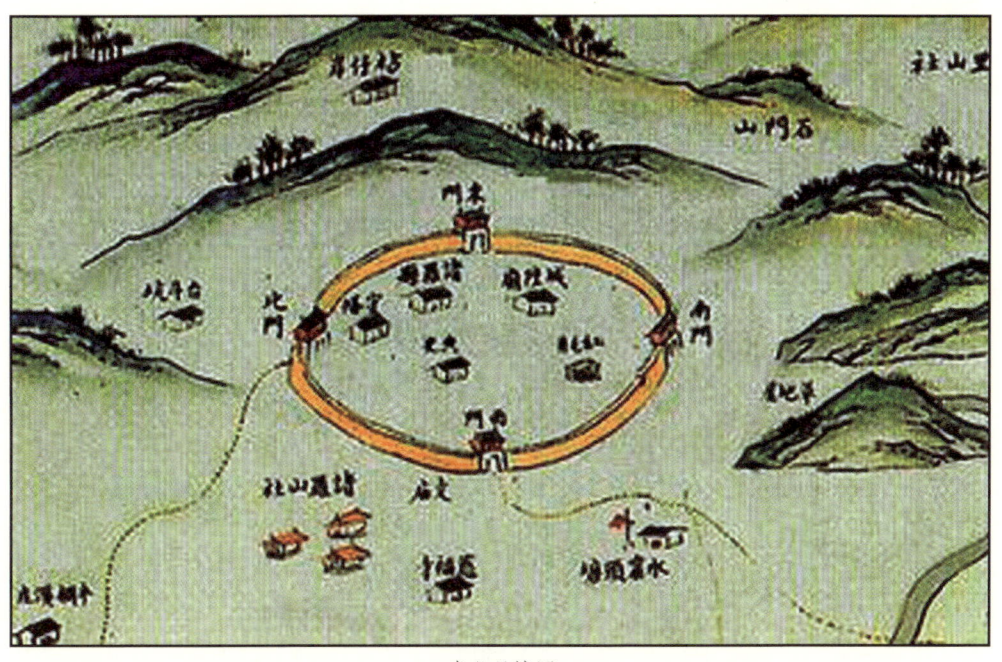

嘉义县城图

门）、带海（西门）、崇阳（南门）、拱辰（北门）。各城门上设置两门炮，民众在四方城楼上分别祭拜关帝（东门）、妈祖（西门）、观音（南门）、玄天上帝（北门）。由于城池形状颇似桃子，因而有了"桃仔城"的别名。雍正十二年（1734），知县陆鹤又在土城外种上刺竹。

林爽文事件后，乾隆皇帝因嘉许县民守城事迹，下诏将诸罗县改为嘉义县，并下诏将台郡各地城池用更坚固的建材改建。乾隆五十八年（1793），嘉义县城改成三合土城。后城垣出现多处坍塌。道光十三年（1833），知县单瑞龙与水师提督王得禄合力劝捐，将城池改成砖石城。道光十六年（1836）完工，除了增筑瓮城与炮台外，在城的西北设立了60多间义仓。规模改为长800丈8尺，外周829丈1尺，内垣高1丈8尺，城上马道阔1丈6尺4寸，四座城门的城名也改为迎春（东门）、性义（西门）、阜财（南门）、拱极（北门）。道光十九年（1839）、道光二十八年（1848）、同治元年（1862）三次地震，城池受损。光绪十五年（1889），知县包容与士绅林启等人重修，并在外围广种刺竹。

1895年，日军进攻嘉义县城，日军炮火使城垣受到重创。1906年大地震与1912年暴风雨，使嘉义城楼受到重创。后进行市街改造，城池只留下东门楼。1912年大风雨，东门楼亦毁。后来地方人士将东门楼的旧建材在东门旁的十九公庙重建，光复后又移到嘉义公园里并命名为太保楼。1971年改成钢筋水泥建筑，在1998年整建公园时被拆除。

嘉义县城共开有四座城门，城门楼为两层楼建筑，屋顶为重檐歇山式，周围两列圆柱围绕，上方开有八角窗。四座城门拆除后，除了西门之外都在原址兴建了圆环，后来拆除了北门与南门圆环，只留下东门圆环。

三、凤山县古城

清康熙二十三年（1684），台湾设一府三县，凤山县位于最南边，县城有建在兴隆庄的旧城和埤头街的新城。旧城建在位于台湾省高雄市左营区，又称左营旧城。新城位于凤山，后来成为县治。

（一）旧城

兴隆庄旧城遗址位于高雄市左营区兴隆段一五八之一号，范围包括东门、南门、

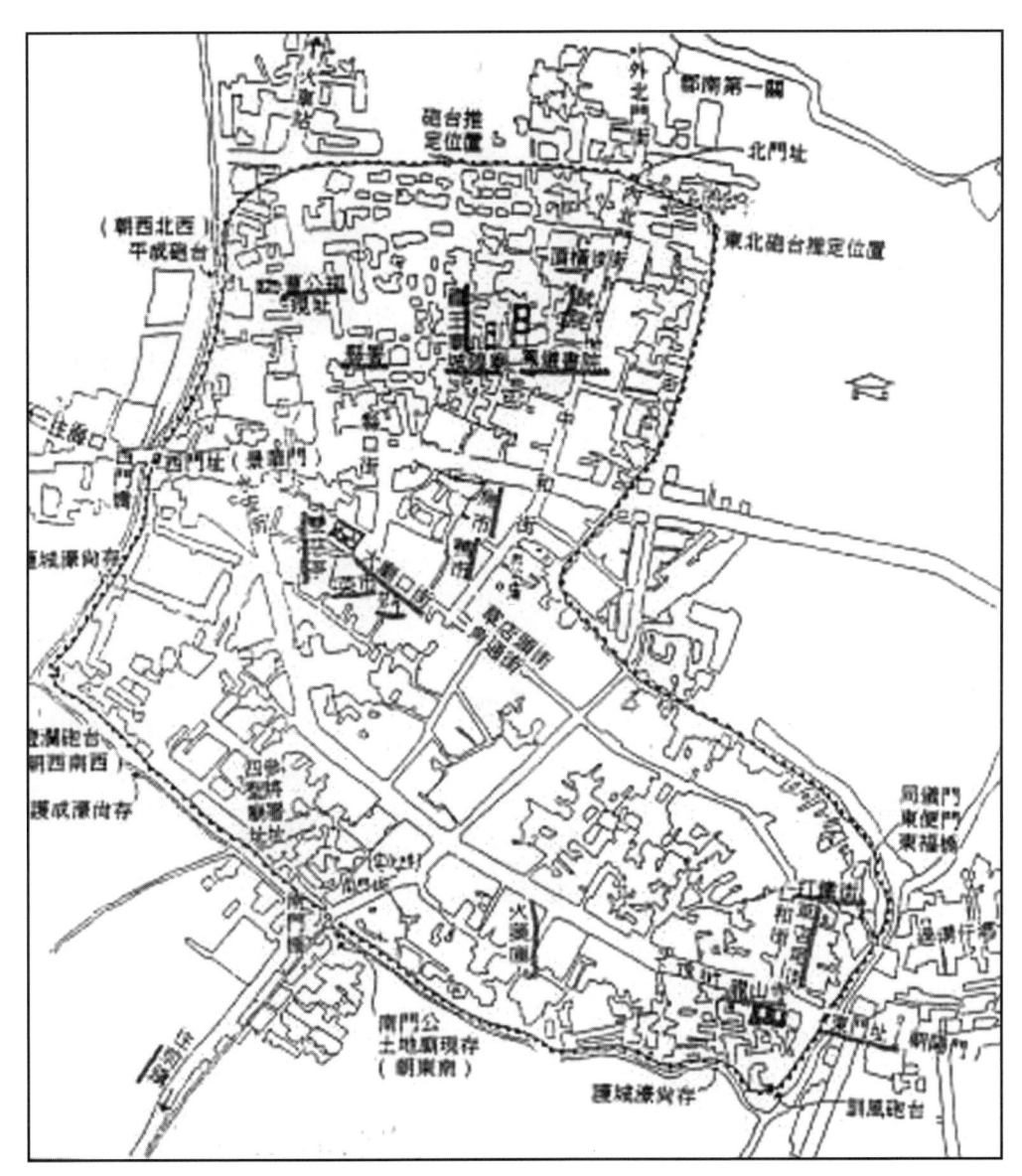

凤山县旧城图

北门、护城濠及北门外的镇福社、拱辰井等。康熙六十一年（1722），知县刘光泗筑土城。周长810丈，高1丈3尺，东、西、南、北设四门，左倚龟山，右连蛇山。外浚城濠，广1丈，深8尺。雍正十二年（1734），知县钱洙在城墙外环植三重刺竹。乾隆二十五年（1760），知县王瑛曾于四门侧边增建大炮台四座。乾隆五十一年

（1786），林爽文事件爆发，南路庄大田响应，凤山城被攻破，县治移至埤头街的新城。

道光四年（1824），福建巡抚孙尔准巡视台湾，适凤山有许尚、杨良斌等人起兵，将凤山新城攻破，乃奏准重建旧城。道光五年（1825）七月十五日兴工，道光六年（1826）八月十五日竣工。知县杜绍祁为监督，乡绅黄化鲤、吴尚新、黄石标及刘仲绅等四人任城工总理，就四座城门分段兴建。旧城规模扩大，内包龟山，外接蛇山，叠石为城墙，高为1丈2尺，宽1丈5寸，上筑雉堞，下开城濠，周长1224丈。开四门，东曰凤仪，西名奠海，南称启文，北号拱辰。门上各建城楼，高1丈3尺，四隅并筑炮台，为台湾第一座以土石建造的城池。

城池从东北朝西南走向，与龟山的形状类似。南门为正门，是通往打狗的主要出口，位于城池最南端。北门外通市街、文庙及莲花池，是最繁忙的出入口。东门位于东城墙的中点，为通往凤山新城的出入口。西门主要联络蛇山及打鼓山。城墙内外以石灰砌成，中填土，基础深三尺。

凤山县兴隆庄旧城北门

凤山县兴隆庄旧城东门

凤山县兴隆庄旧城南门

东门共设9个雉堞。两隅角处转成曲尺形，皆辟箭孔，悉为砖造。后缘设女墙，左右两缘有砖砌梯阶，下通城墙马道。马道铺甓砖，门宽1.79米。踏道呈斜坡状，分作七级。北门外壁拱洞两侧各嵌有一尊门神，泥塑加彩，以螺壳灰浮塑为底，外施油漆彩画而成。左像为尉迟恭，右像为秦叔宝。南门城楼木结构，1930年倒塌。1969年整修，四隅加钢筋混凝土柱，城楼新筑。城门座为土石构造，门楼屋顶为歇山式，左右侧坡出檐，三川脊。

城壁材料使用咾咕石、三合土，城门洞用来自大陆的花岗岩石砌半圆拱而成。北门外墙上有浮塑彩绘像。1991年全部整修完成，有东门、南门、北门及城墙、东门外护城濠，城外有拱辰井及土地公庙。

（二）新城

凤山新城位于埤头，又称下陂头，即今凤山市。乾隆后期，旧城被庄大田攻破以后，县治就迁到这里。当时建竹城环护，称作新城。嘉庆九年（1804），知县吴兆麟建城门六座，大东门称朝阳，小东门称同仪，西门称景华，南门称安化，北门称平朔。在北门设子城，城门称郡南第一关。道光十八年（1838），知县曹谨增建城楼及炮台六座，又在城外挖护城河，宽1丈2尺，深1丈1尺，周长1120丈。道光二十七年（1847），新城正式成为县治。

咸丰三年（1853），凤山县民林恭作乱，占领新城，杀知县，焚县署。变乱平定后，南路参将曾元福建造土城，城高8尺，宽2尺，上无城堞，周长1120丈。在城墙外再植一圈刺竹。光绪十八年（1892），城墙倒塌，知县李淦与城内商绅捐款重修。日据时期，城墙日渐崩塌，现在仅存东便门与平城、训风、澄澜三座

凤山县新城东便门

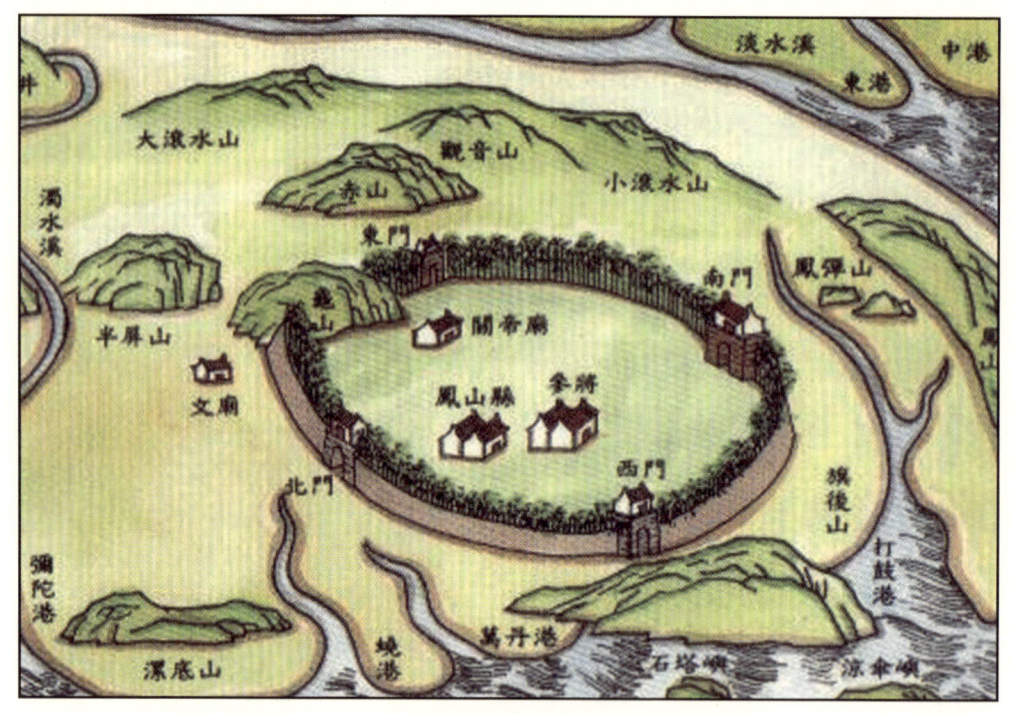

凤山县埤头新城图

炮台遗迹。

东便门位于凤山溪畔，城门呈长方形，高约 4 米，厚 7 米，门洞拱圈为红砖材制，城座为石材，外墙以石砌成。

四、恒春县古城

光绪元年（1875），恒春置县，县城位于台湾屏东县恒春半岛的恒春镇，台湾的最南端。光绪元年（1875）建城，在东、西、南、北四座城门上都建有炮台、马道、城楼、城台，同时还有护城河环绕。恒春原名琅峤，沈葆桢巡台以后改名为恒春，意指此地气候宜人，四季如春。

琅峤在同治末年遭到日军侵略，因此清朝同意沈葆桢建议，在此战略要地建一座新城池防御。筑城实际规划由"峦头派"风水观的台湾兵备道刘璈进行。《恒春县志》卷十五记载:"三台山在县城东北一里,为县城主山……龙銮山在县城南六里,堪舆为县城青龙居左……虎头山在县城北七里,堪舆为县城白虎居右……西屏山在县城西南五里,正居县前,如一字平案。"西北方则以远处的龟山作屏障,把一座小山猴洞山围在西城墙内,成为全城的龙脉所在。刘璈为了风水吉利,还刻意修改山名,三台山、龙銮山、西屏山、猴洞山都是刘璈当时改的山名。

光绪元年（1875）十月开工建城,光绪五年（1879）七月竣工。城墙周长880丈,外环护城河,城墙用三合土版筑而成,外墙高1丈4尺5寸,内墙高1丈3尺4寸,厚1丈6尺。城墙雉堞1384

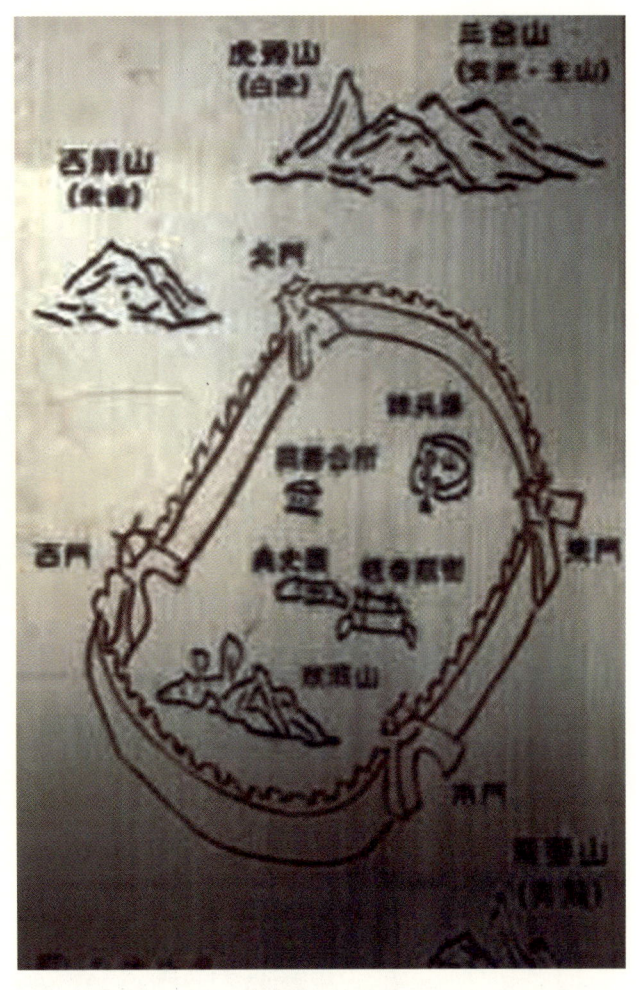

恒春县城图

垛。开东、西、南、北四座城门,城门之间有一座炮台,置大地四门,窝铺8间,西门至南门、南门至东门设两个水门。

如今,城池保存基本完好。从西门为起点过天后宫、猴洞山到南门。随后转向东门,可登上远眺恒春镇全景。西门在繁华的中山路上,当地居民的日常生活皆由门洞中进出,进入西门后就能看到当年最热闹的老街。北门地处偏郊区,穿越门洞能够远眺虎头山、三台山,拱门由红砖砌成。南门在恒南路的中央,是一座孤立的门,两边已无城墙相连。东门建筑宏伟,南门与东门的门匾上都刻有"清光绪元年季秋月建"。

闽台古城堡

恒春城东门

恒春城南门

第七章 | 台灣古城堡

恒春城西門

恒春城北門

五、澎湖厅古城

澎湖厅城又称妈宫城，位于今澎湖县马公市内。澎湖列岛位于台湾海峡，战略地位十分重要。清雍正五年（1727），原附属于台湾县的澎湖列岛设立澎湖厅，隶属台湾府管辖，但未筑城池。光绪十年（1884），澎湖被法军攻占，导致台湾海峡被法军所控制。战后，为强化澎湖防务，置澎湖镇总兵，增筑炮台，并筑城池。澎湖镇总兵吴宏洛负责监造城池，在经过勘察后，决定于妈宫建筑城池。

光绪十三年（1887）十二月，澎湖厅城动工，光绪十五年（1889）十月完工，原本在文澳的澎湖厅衙门也移到妈宫的原协镇署内。城东南靠海，西有金龟头炮台，北边挖有壕沟。城垣周长789丈2尺5寸，城垛570个，高1丈8尺，厚2丈4尺，比台湾其他官修城池要厚，城垛为长方体。建有六门，分别是朝阳门（东门）、迎熏门（南门）、即叙门（小南门）、顺承门（小西门）、大西门、拱辰门（北门），其中大西门只有门洞没有城楼。

澎湖厅城顺承门

第七章 台湾古城堡

妈宫城上宽阔走马道

20世纪30年代妈宫城

日据时期，兴建港口和市区，城墙与城门在1907年和1938年遭到大规模拆除，南边城墙与南门、小南门遭到拆除以兴建第一、二、三号栈桥码头，北边城墙与北门、东门因都市计划而拆除，东南城墙也因要兴建渔港而拆除。西段城墙与大西门、小西门一带因是军事管制区而被保存。台湾光复后，大西门被改建为中兴门，已不复旧貌；小西门顺承门保有较多旧貌。

六、城堡

（一）盐水城

盐水镇位于台南县西北部，地处八掌溪南岸，由八掌溪及急水溪冲积而成，是明末清初兴起的港口市镇之一。由于街区东、南、西三面环水，状似新月，所以又称为月港或月津。清乾隆初年，十分繁华。为保障地方安全，居民就在市街和港口周围筑起城垣，城墙采用版筑方式，混合贝壳、沙土、糯米等材料，夯打筑成。设东、西、南、北四座城门，城外环以城壕。后港口渐废，今只剩下南门城墙小部分遗迹。

（二）里港城

里港乡位于屏东县西北端，清代时称为阿里港，地处屏东平原上，荖浓溪与新南势溪流经乡境，并合流为二重溪，清中期商业繁华。由于族群械斗，道光十五年（1835）居民开始建城。为刺竹城，有东、南、西、北四座石砌城门，门高1丈，宽1丈5尺。城南北1500米长，东西2000米长，刺竹墙内挖2尺深壕沟。现里港城只留下南门和北门的门额。

（三）阿猴城

阿猴城位于屏东市，在屏东平原之上，阿猴是屏东早期的地名。在汉族人进入开垦前，原是平埔族阿猴社的居住地。道光十六年（1836），由于族群械斗，地方士绅建阿猴城。设有东、西、南、北四座城门，并在城墙外环植刺竹。

日据时期，为修筑道路，拆除了城门与城墙，仅留城东朝阳门。城门高3.6米，周围27.5米，以土、石、砖等材料构筑而成。门洞以砖砌成，两旁台座用鹅卵石砌成，四周以块砖镶边。门洞圆拱状，门额上款为"下淡水县丞沈长棻监造"，下款为"道光丙申年冬谷旦"。朝阳门的南面墙壁下，有一块突出的石头，据说这块石头是赑屃的头部。

第二节　台湾府古城堡

一、台湾府附郭台湾县古城

清光绪十三年（1887）设立的台湾府位于台湾中部，西临台湾海峡。当时台湾巡抚刘铭传来台勘察，选台湾中部的桥仔头地区建立省会。在彰化县的桥仔头设首府称台湾府，府治所在的县称为台湾县，将原有的台湾县改为台南府安平县，并开始营建省城。

台湾府城附郭台湾县位于顶桥仔头至东大墩一带，相当一部分土地是士绅吴鸾旗的土地。因此，建城由台湾知县黄承乙监造，吴鸾旗为总理，工程由士兵承担。光绪十五年（1889）八月动工，到光绪十七年（1891）二月结束。先建八门四楼，东门名灵威，城楼名朝阳；西门名兑悦，城楼称听涛；南门名离照，城楼称镇平；北门名坎孚，城楼称明远。其他四座小门没有城楼，分别为小东门艮安、小西门坤顺、小南门巽正、小北门乾健。大北门外有接官亭。

城墙大致八角形，厚1丈5尺，高1丈3尺5寸，实际完成北门至西门一段650丈，大多数只筑1.5米墙基。光绪十七年（1891）四月，刘铭传弃职离台。继任的台湾巡抚邵友濂，因台湾财政困难，建造台湾府城的工程被迫停工。光绪二十年（1894）二月，邵友濂及闽浙总督谭钟麟联名上奏，将台湾省会迁往台北府，台湾府城始终未能完工。

日据时期，城墙完全被拆除，城门部分仅大北门的城楼——明远楼保留在今台中公园的炮台山上，被作为凉亭，并改名为望月亭。今日所见的望月亭是1948年改建的钢筋水泥建筑，亭内仅保留一方台湾知县黄承乙所题的"曲奏迎神"匾额，是昔日台湾府城的唯一遗物。

闽台古城堡

台湾府城明远楼改称望月亭

台湾知县黄承乙所题匾额

二、彰化县古城

彰化县西临台湾海峡，东面是平缓的八卦山与南投县相邻，北面是大肚溪与台中市相接，南部则和云林县以浊水溪相隔，旧称半线，清雍正元年（1723）正式置县。雍正十二年（1734），知县秦士望于县治四周遍植刺竹为城，周长778丈。建东、南、西、北四门，环凿深沟以为城壕。乾隆五十一年（1786）林爽文事件时，刺竹被砍伐殆尽，后仍继续筑刺竹城。乾隆六十年（1795），陈周在彰化起兵作乱，刺竹城再次破坏。嘉庆二年（1797），县令胡应魁第三次栽植刺竹，并于城门上增建城楼。但由于彰化土质松软，又多地震、台风等自然灾害，短短十几年的时间城楼就倾倒。嘉庆十六年（1811），动工兴建土城。施工期间，地方士绅以彰化的土质松软，呈请朝廷改筑砖石城，获朝廷许可。但彰化地土浮松，城墙随筑随塌，直到道光四年（1824）才正式完工，成为台湾第一座砖石城。

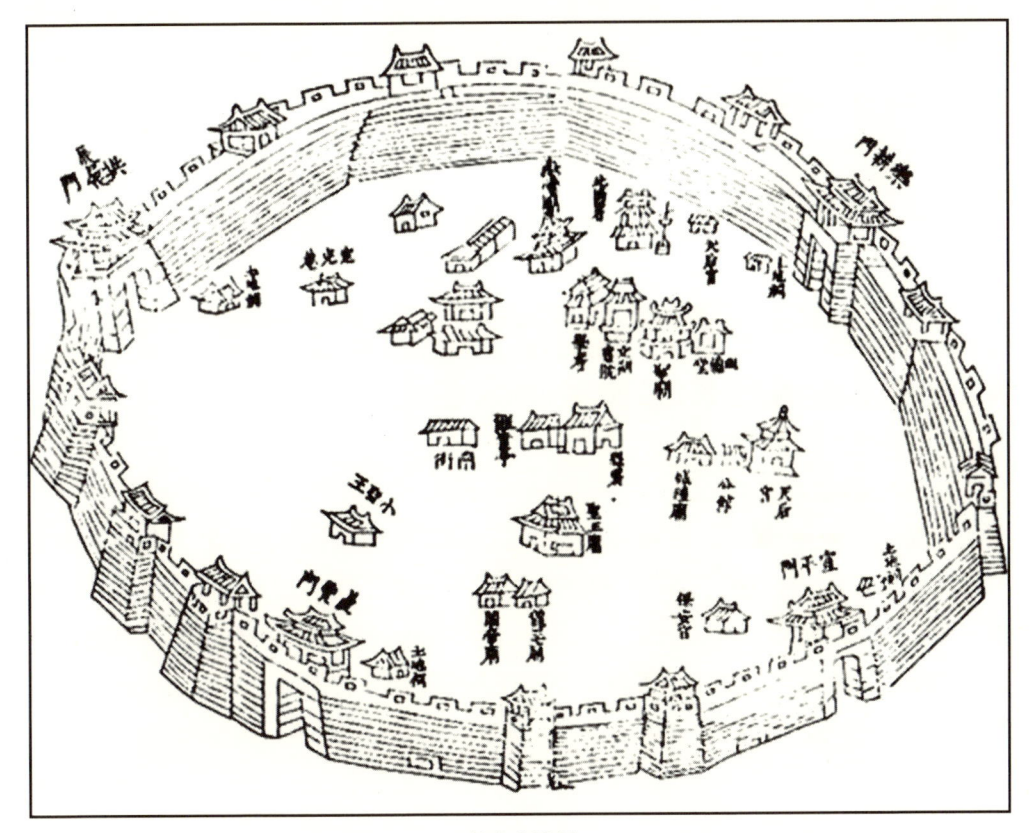

彰化县城图

由于建砖石城所需经费比土城多，因此周长由计划的1028丈缩减为922丈。八卦山未依计划纳入城的范围内，而是在八卦山建了定军山寨，设兵防守。有人将县城和八卦山脉的地势，说成"葫芦吸露"和"蜈蚣照珠"。县城周长922丈，墙高1丈5尺，设有12座炮台，用红砖、灰和蛤壳等筑成。

彰化城外八卦山

东门命名为乐耕门，作为立春劝耕的地方。东门故址俗称城壁巷，是原东门城墙的城址。西门命名为庆丰门，秋天丰收之意。南门命名为宣平门，为通往府城、诸罗等地的要道。北门命名为拱辰门，故址在今天和平路八十四巷口的光复路上。

日据时期，日本人将所有城墙及西门、南门、北门三门拆除，只留下东门城。后来开辟纵贯公路时，东门城也被拆除。

三、云林县古城

云林县位于台湾中部，彰化与嘉义两县之间，东接南投，西临台湾海峡。清光绪十一年（1885），台湾建省。台湾巡抚刘铭传增置云林、苗栗二县。云林县治先设在云林坪，后迁斗六市。因此云林县有旧城与斗六城两座。

（一）旧城

光绪十一年（1885），云林县治定在云林坪。拟任云林知县陈世烈办理建城事宜，计划将云林城建为土、竹合一的城垣。周围1300余丈，均宽6尺，并先环植刺竹三重，以巩固城基，再筑土墙。光绪十二年（1886）二月，由总董郑绵昌首先动工种植刺竹，陈安邦、郑必昌等董事亦号召乡民一起插竹为城，不出几日插竹工作即告完成。县城建好时，云林尚未置县，陈世烈就只好先命名这座城为前山第一城。光绪十三年（1887）八月，刘铭传命名为云林县。光绪十九年（1893），云林县治迁至斗六门，云林城逐渐荒废。

（二）斗六城

云林县在正式置县后，由于云林坪位置过于偏东，不易管理全县，因此光绪十八年（1892）台湾巡抚邵友濂将云林县治迁移至斗六门。光绪十九年（1893）十月，知县程森开始筑城，但因经费不足，勉强筑土城墙。周围长1160丈，墙高5尺，宽8尺，辟东、南、西、北四门，墙外植刺竹。城外挖城壕，壕深7尺，广8尺。光绪二十一年（1895），抗日义军在斗六城抗击日军，造成日军严重伤亡。斗六城在经历抗日战火、1904年斗六大地震，以及台风、暴风灾害摧残之后，如今已经无遗迹可寻。

四、埔里社厅古城

埔里社厅城又称大埔城，位于台湾本岛中部南投县埔里镇，在浊水溪以北，火炎山、北港溪以南。光绪元年（1875）置厅，厅治设今埔里市区。光绪四年（1878），台湾总兵吴光亮构筑完整的土垣，城周长约500丈，城墙高1丈6尺，宽1丈。土墙外留地基数丈，密植刺竹林，并挖环绕护城壕沟。东、西、南、北四方各设城门，形状接近圆形。由于轴线与子午线偏45度，故东门在东南角，南门在西南角，西门在西北角。每个城门外的护城河架有吊桥。1914年，日本人拆除埔里社厅城的城门、城墙，并伐光环外刺竹林。

五、城堡

（一）中港城

中港城位于苗栗县竹南镇中港街，西邻台湾海峡，处于中港溪下游海岸平原。由于中港街地点重要，商业发达，在清道光年间（1821—1850）经常发生族群械斗。道光二十年（1840），地方士绅捐建中港城，以土堆为墙，外围有城沟，在沟边种刺竹。城围325丈，设有东门、南门、西门、北门及小东门五座城门，各城门皆建有门楼。同治元年（1862），地方士绅将城垣的土墙改成石围，外围城沟加深、加宽为护城河。1935年，因地震破坏，城门和城墙被毁。如今仅有一段北门外的护城河保留下来。

（二）后龙城堡

后龙城堡位于苗栗县后龙镇，清雍正九年（1731），后龙港开辟航路。乾隆二十年（1755），已形成市街。道光年间（1821—1850），经常发生族群械斗。道光十四年（1834），地方士绅在西湖溪北岸建筑后龙城堡。城墙用鹅卵石堆砌，墙高2米，长300余丈，墙上有枪眼，墙外壁垂直，内壁斜坡。设四座城门，城内有驻兵。后因修建道路，城堡被拆毁。

（三）新港城堡

新港城堡位于苗栗县后龙镇，有两座，以刺竹环绕成竹城，两座城堡都有四座城门，以石条堆叠作为基石，上有城楼。城门较小，仅容牛车通过。1910年，城区改建，拆除围墙。1935年地震，城门倒塌。

（四）通霄土城

通霄土城位于苗栗县通霄镇城南里和城北里，这地方以前一直被称为土城。清道光八年（1828），因为族群械斗，地方士绅建土城，城墙用土垒成，有枪眼。外有护城河，河外种刺竹。设东、西两个城门，城内建3层楼望台。日据时期，城墙、城楼因年久失修倒塌，如今仅留一段护城河。

（五）房里城

房里城位于苗栗县苑里市区南面的房里街。清咸丰三年（1853），发生闽、粤械斗与漳、泉械斗，居住的村落皆被烧毁。咸丰五年（1855），房里街士绅陈东植和蔡锡畴等发起捐款建房里城堡。《苑里志》记载：城堡"周围约里许，垒石为之。设南、北、东、西四门，城外环植刺竹。竹外开沟，北及东、西沟相接；南一面无沟，与房里庄相毗邻"。光绪二年（1876），又爆发漳、泉械斗，房里城遭到严重破坏，后城堡逐渐废弃拆除。

（六）石围墙

石围墙位于苗栗县公馆乡石墙村，原地名为石围墙。清嘉庆二十二年（1817），当地垦户共推粤人吴琳芳出面，共同出资开辟庄园，以大石叠成外墙，墙外密植刺竹。1935大地震，石围墙倒塌。

（七）大甲城

大甲城位于台中市大甲区，地处大甲溪下游，邻近大安溪。清雍正九年（1731），大安溪口被辟为贸易港，大甲也成为商业街市。由于不时发生闽粤或漳泉械斗，道光七年（1827），士绅林聪、林甲成等人筹资兴建大甲城。以溪卵石砌城墙，环绕市街，周长510丈，高2丈。有四门，东门名拱辰，西门名观海，南门名熏风，北门名湛恩。1905年拆除城墙，1907年后，城门陆续拆除。

（八）东势下城

东势下城位于台中市东势区下城里。清道光五年（1825），由陈吉昌、胡满等垦荒，以石墙种竹为界，号和兴庄。同治年间（1862—1874），和兴庄民建月恒、日升两隘门，村落周围刺竹围绕，东、西两侧还有水圳曲绕而过，形成一个封闭的防御村落。月恒门坐北朝南，门楼高4米，宽3米，大门正上方左右两边各有一个圆形铳眼。日升门位于下城的东方，因拓宽道路被拆除。

第三节　台北府古城堡

一、台北府附郭淡水县古城

台北位于台湾北端的台北盆地，西北临台湾海峡。清光绪元年（1875），沈葆桢奏设台北府附郭淡水县，择地于大稻埕与艋舺两地之间的大佳腊堡建城。光绪四年（1878），拟任知府林达泉定于艋舺与大稻埕之间的未开垦荒地构筑台北城，不料林达泉积劳成疾在任上去世。光绪五年（1879），知府陈星聚与光绪七年（1881）上任的福建巡抚岑毓英筹款兴建台北府城，因建城用地土质过于松软，陈星聚在城址上种植竹林让底土逐渐扎实。

光绪八年（1882）一月二十四日，府城按照陈星聚与岑毓英的"理气派"风水观动工兴建，以北极星为南北轴线基点，定于一年完工。但五月时，岑毓英内调，台湾兵备道刘璈接手兴建。刘璈认为必须按"峦头派"风水观建造，城墙要有靠山。于是，城墙调整方向，整座城郭向东旋13度，以七星山为靠山，淡水河为水，形成东北向西南的方位。但城内中心轴线仍按原来设计，与北极星象相连接，为正南北街道布局，这样就把两派的理论结合起来。由于改变设计，加上资金难筹，工程一直到光绪十年（1884）十一月才竣工。这座城池算是中国历史上最后一座依照传统风水堪舆理论建造而成的古城。

城墙地基用1尺长和3尺长的石材垫实，使用糯米与糖混合成物当作石材黏合剂。城呈长方形，周长1506丈，东西412丈，南342丈，北340丈。城高1丈5尺，城堞高3尺，城墙上马道宽1丈2尺，城外开护城河。设东、南、西、北及小南5门，建窝铺4间，城墙上建炮台。城门共五座，分别为北门承恩门，南门丽正门，小南门重熙门，东门景福门，西门宝成门。

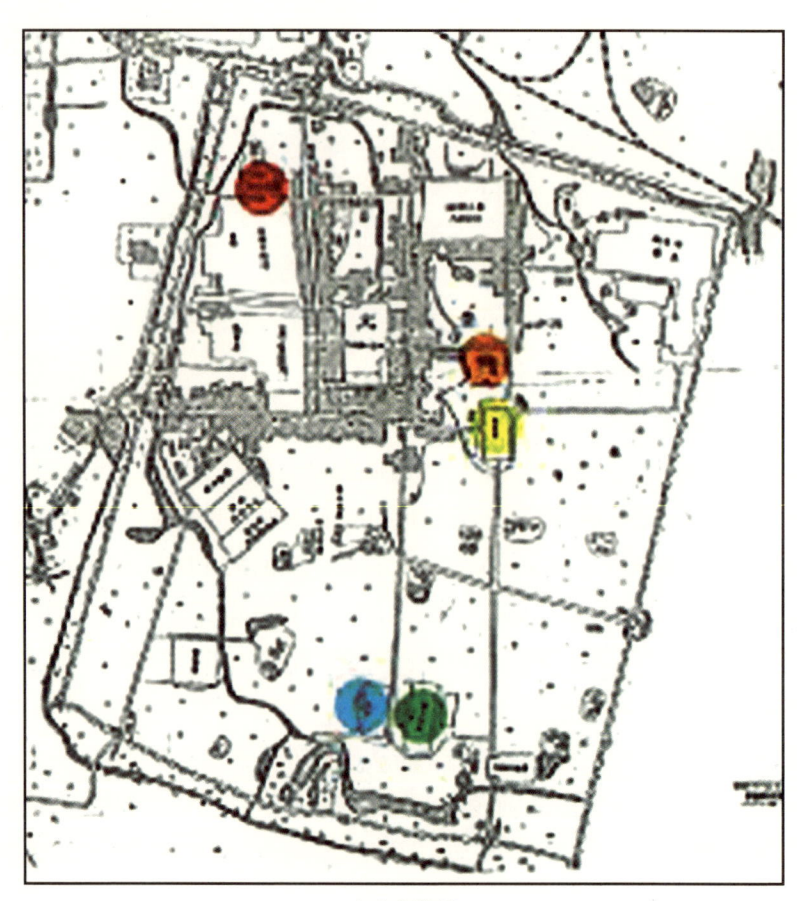

台北府城图

台北城落成初期没有城楼，后经士绅输银捐助，才得以兴建各城楼。小南门则是后来应新起枋桥聚落行走方便，并避免与不和族群冲突所设。

北门称承恩门，为主城门，屋顶为单檐歇山式，附建瓮城。城楼外壁用红砖砌成，檐口下为门墙，形似碉堡，且具城堞与枪孔。城门前有护城河，建城的建材经由淡水河再接护城河到达施工处所。东门的构造与北门类似。

台北府城北门

台北府城南门

西门称宝成门，为台北城最华丽的城门。城门附近的艋舺三邑人取此名，想用"宝物成就"维持艋舺的流通兴旺。屋顶为重檐歇山式，南门结构与北门类似。小南门则为歇山柱廊式城楼。

1899年后，开始拆除台北的城墙和城门。城墙和西门被拆除后，遭到民众反对，因此其他四个城门保存下来。为纪念西门，设有"宝成门旧址"石碑一座于西门圆环处。

闽台古城堡

台北府城小南门

台北府城东门

承恩门虽在日据时期被拆除外廓、接官亭等，但仍是台北城门现存最完整的。大南门、小南门和东门三座城门本来是闽式建筑的城楼，但在1966年被改建成风貌完全不同的北方式建筑。

二、新竹县古城（淡水厅古城）

新竹县三面环山，早期称为竹堑，西临台湾海峡。清雍正元年（1723），设淡水海防厅；光绪元年（1875）正式置县，定名为新竹。

雍正十一年（1733），厅治从彰化县移到竹堑，在街道四周环植刺竹作为城垣，周长440丈，并设城门四座，名为竹堑城。嘉庆十一年（1806），同知胡应魁造土城，在竹围外增筑土垣；嘉庆十八年（1813），同知查廷华，将土城加高加宽，城墙

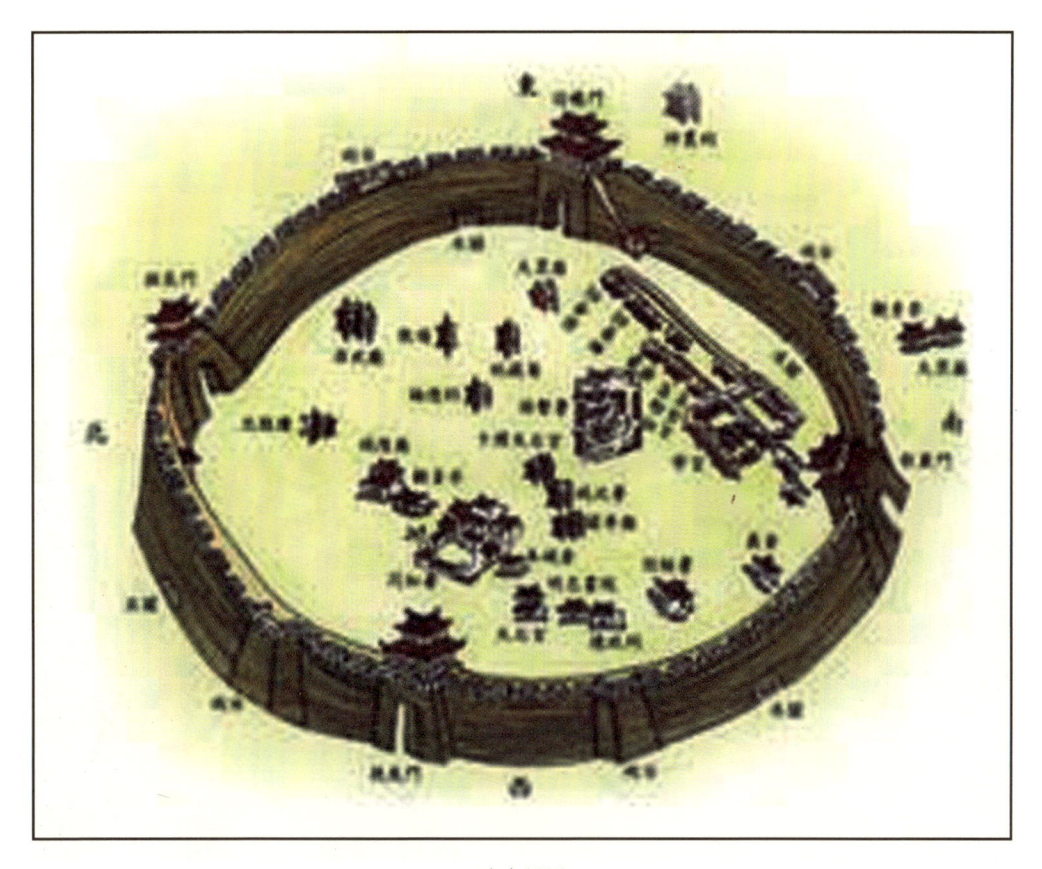

淡水厅图

闽台古城堡

高1丈，宽1丈，壕沟深1丈，周长1404丈。

道光七年（1827），同知李慎彝改用砖石筑城，道光九年（1829）完工。砖石城周长860丈，墙高1丈5尺；墙上部宽1丈2尺，基底1丈6尺。分设东、西、南、北四门，各门上建有城楼，每座两层；东门名迎曦，西门名挹爽，南门名歌薰，北门名拱辰。

由于砖石城比原来土城小，无法将原本在土城内的郑氏北郭园、竹莲聚落等纳入城内。道光二十二年（1842），淡水同知曹谨为防英国人骚扰竹堑，与士绅在砖石城外重新筹建土城，作为厅城屏障，成为石砖城外有土城，两道城壕的双重城。土城周长1495丈，南北距石城不及半里，城高1丈，城外植竹开沟，沟宽2丈。土城有大城门四座，东为宾旸门，西为告成门，南为解阜门，北为承恩门。小城门四座，东为卯耕门，西为观海门，南为耀文门，北为天枢门。

1901年，城内失火，北门城楼和城墙被毁。1902年，火车站前大路穿入城内，拆毁一段城墙。1905年后，陆续拆除城墙及西门、南门等，拆下来的城墙石材转作排水沟砌石。仅留东门城、城隍庙、北门街等古迹。

新竹古城东门

三、宜兰县古城（噶玛兰厅古城）

宜兰县西临台湾海峡，东邻太平洋，北与新北市相接，南部和花莲县相隔。清嘉庆十七年（1812），台湾府增设噶玛兰厅。宜兰县位于兰阳平原上，地方原属平埔族噶玛兰族居住地，因此宜兰旧称噶玛兰。光绪元年（1875），噶玛兰厅改设县，在"噶玛兰"的兰字前面加上个宜字，改称宜兰县，并改隶于新设立的台北府。厅治设在五围。

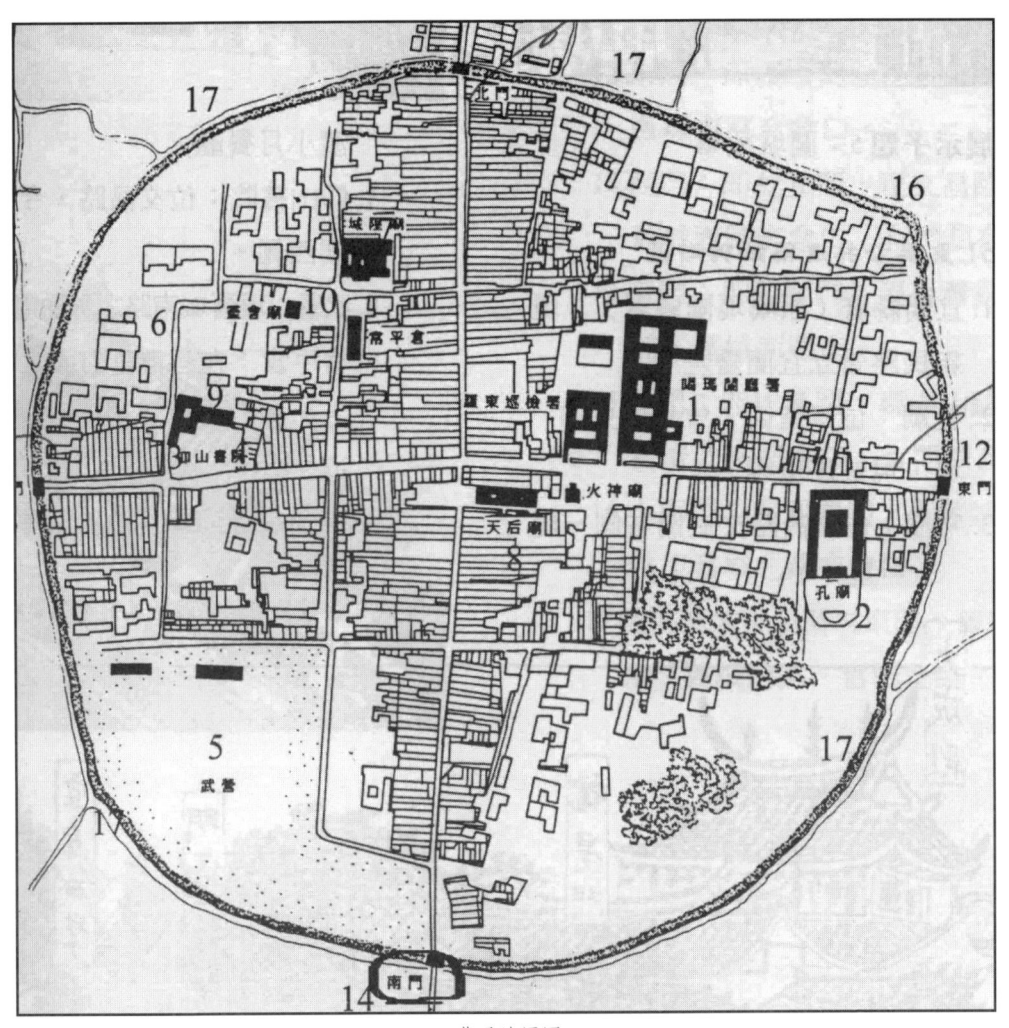

噶玛兰厅图

台湾知府杨廷理办理设噶玛兰厅事宜，认为五围为东、西势适中之地，准备兴筑城垣。由于经费困难，夯土为墙，城墙外再环种九芎树，因而噶玛兰厅城又称为九芎城。杨廷理认为九芎树坚实，待数年之后，树木成荫，将比竹城坚固，比起筑土城来也是事半功倍。

噶玛兰厅城外形接近圆形，厅城直径180丈，城墙高6尺多，周长180丈，共有东、西、南、北四门。城门按八卦方位，分别取名东门震平、南门离顺、西门兑安、北门坎兴。嘉庆二十四年（1819），通判高大镛修筑城楼。日据时期，城墙和城楼全数拆除，并将城墙所在位置辟建环城道路，护城河作为环城的景观绿化带。

四、城堡

（一）八里坌城

八里坌位于台北淡水河出海口。清雍正十年（1732），置淡水营都司，次年建巡检署，成为台湾北部的政治、军事中心。乾隆二年（1737），八里坌庄民共同构筑了一座土墙城堡。《淡水厅志》记载："八里坌堡在观音山西，周围约里许。乾隆初年，绅民捐建，旧驻巡检，今改，堡亦圮，仅存形迹。"八里坌堡有南门、北门两门，城墙长宽各约200米的不规则形土城。后八里坌港因淤浅无法停泊海船，土城也逐渐荒废无存。

（二）通议第

通议第位于桃园县大溪镇，境内有大汉溪，因而得名。漳州籍林家渡海来台湾台北新庄，后代林平侯因经营米业致富，于清嘉庆二十三年（1818）迁往桃园大溪。道光年间（1821—1850），林平侯在大溪的下街与上街之间建方形石城，称为通议第。林平侯捐官时，祖父林廷竹、父亲林应寅被追赠为通议大夫，故以此命名，以为纪念。

通议第方形围墙长216米，宽144米，高1丈3尺5寸，厚1丈5尺，城墙上有宽4尺的马道。东门为正门，设有城门楼。城墙四角设铳柜，城墙壁采用石材建筑。日据时期，通议第破坏严重。台湾光复后，残留的东城墙和城楼也被拆除。

（三）板桥城

清咸丰三年（1853），林平侯后代林国华、林国芳因漳泉械斗迁居桃园县板桥镇。咸丰五年（1855），林国芳捐钱兴建板桥城。城墙高1丈5尺，宽2尺多，城周长约1000米，有东、南、西、北四城门。城墙石造，墙上间隔1丈5尺开1个枪眼，在北面筑高铳楼。四城门之间开四个水门。1905年，日本人拆除了部分城墙。1909年，将城墙全部拆除，并把拆下的石材用于市政建设。

（四）桃园城

桃园城位于桃园市。清嘉庆十一年（1806），发生大规模的漳泉械斗。嘉庆十四年（1809），漳州人在桃仔园街兴建土堡防御。道光十四年（1834），经桃园富豪姚盖友发起，将旧有土城改建为石城，历经八个月完工。新城高12尺，下壁厚5尺，上壁厚3尺，周长约2000米。道光十九年（1839），徐玉衡等建东、西、南、北四门。20世纪20年代，城墙被拆除。

（五）中坜城

桃园县中坜市，旧称涧仔坜。清道光六年（1826），客家人粤籍总理彭阿辉在街市造土墙以防械斗。道光十二年（1832），在街市四周修筑土城墙，改称中坜新街，将旧有的市街称为中坜老街。道光二十七年（1847）后，新街渐趋衰微，土城也日渐倾圮。

（六）北埔城

北埔城位于新竹县北埔乡，原名竹北堡南兴庄，是新竹最晚开发的地区。清道光年间（1821—1850），因客家人与先住民严重冲突，同知李嗣业勘定以慈天宫和天水堂为中心，除东面靠山外，西、南、北三面均种植刺竹围城，并设城门于今北埔街与城门街交叉口。1915年，北埔城被拆除。

参考文献

陈衍：(民国)《福建通志》。

陈衍：(民国)《闽侯县志》卷五，城池。

李驹：(民国)《长乐县志》卷之六，县治城池。

林昂、李修卿：(乾隆)《福清县志》卷之三，建置志。

丘景雍：(民国)《连江县志》卷六，城市。

余钟英：(民国)《古田县志》卷之六，城市志。

林春溥：(道光)《新修罗源县志》卷八，城池志。

刘训瑞：(民国)《闽清县志》卷二，城市志。

林春澜、吴宝琪：(民国)《平潭县志》卷六。

黄恩波、张宗铭：(民国)《屏南县志》卷六，城池志。

王绍沂：(民国)《永泰县志》，城市志。

徐友梧：(民国)《霞浦县志》卷之六，城市志。

卢建其：(乾隆)《宁德县志》卷之二，建置志。

徐承禧：(光绪)《福安县志》卷之五，城池。

谭抡：(嘉庆)《福鼎县志》卷一，城池。

毕九皋：(康熙)《寿宁县志》卷之二，城池。

詹宣猷：(民国)《建瓯县志》卷六，城市。

王宝仁：(民国)《建阳县志》，城市志。

李蘅：(嘉庆)《新修浦城县志》卷之四，城池。

黄鉴：(康熙)《松溪县志》卷一，城池。

李熙：(民国)《政和县志》卷六，城市。

张葆森：(咸丰)《邵武县志》卷一，关隘；卷二，城池。

范毓桂：(民国)《建宁县志》卷之三，城池。

郑丰稔：(民国)《泰宁县志》卷六，城池。

高澍然：《重纂光泽县志》卷之十二，城池。

丘复：(民国)《长汀县志》卷五，城市志。

张超南：(民国)《永定县志》卷五，城市志。

丘复：(民国)《武平县志》卷五，城市志。

丘复：(民国)《上杭县志》卷五，城市志。

王琼：(民国)《清流县志》卷之三，建置志。

黎景曾：(民国)《宁化县志》卷四，城市志。

廖立元：(民国)《明溪县志》卷十，建置志。

邓光瀛：(民国)《连城县志》卷第六，城市志。

郑丰稔：(民国)《龙岩县志》卷六，建置志。

陈天枢：(同治)《宁洋县志》，城池。

林和震：(道光)《漳平县志》，城池。

蔡建贤、章云汉：(民国)《南平县志》卷三，山川志。

徐观海：(乾隆)《将乐县志》卷之二，城池。

罗克涵：(民国)《沙县志》卷四，城市志。

高登鲤、刘敬：(民国)《顺昌县志》卷三，城市。

孙义：(道光)《永安县续志》卷之二，城池志。

卢兴邦：(民国)《尤溪县志》卷之三，城池。

张琴：(民国)《莆田县志》卷十八，城池。

叶和侃：(乾隆)《仙游县志》卷之九，建置志。

郑翘松：《永春县志》卷六，城市志。

王光张：(民国)《大田县志》卷二，城市志。

周学曾、尤逊恭：(道光)《晋江县志》卷之九，城池志。

沈钟、李畴：(乾隆)《续修安溪县志》卷之一，疆域。

苏育南：(民国)《德化县志》卷之六，城池。

吴裕仁：(嘉庆)《惠安县志》卷七，城池。

戴希朱：(民国)《南安县志》卷之四，城池。

李禧：(民国)《厦门市志》卷五，建置志。

锡璜：(民国)《同安县志》卷之六，城市。

黄惠、李畴：(乾隆)《龙溪县志》卷之三。

叶廷推、邓来祚：(乾隆)《海澄县志》卷之二。

李猷明：(民国)《东山县志》卷十，名迹志。

姚循义：(乾隆)《南靖县志》，城池。

曾泮水、曾震泽：(道光)《平和县志》卷二，关隘志。

郑丰稔：(民国)《云霄县志》卷十，政治。

林登虎：《漳浦县志》卷五，建置志。

郑丰稔：(民国)《长泰县新志》卷一，城池。

吴梦沂：(民国)，《诏安县志》上编卷四，城池。

连横：《台湾通史》卷十六，城池志，上海：华东师范大学出版社，2006年。

周元文：(清)《重修台湾府志》，台北：台湾省文献委员会，1993年。

范咸：(清)《重修台湾府志》，台北：台湾省文献委员会，1993年。

王必昌：(清)《重修台湾县志》，台北：台湾省文献委员会，1993年。

王瑛曾：(清)《重修凤山县志》，台北：台湾省文献委员会，1993年。

林豪：(清)《澎湖厅志》，台北：台湾省文献委员会，1993年。

周玺：(清)《彰化县志》，台北：台湾省文献委员会，1993年。

陈淑均：(清)《噶玛兰厅志》，台北：台湾省文献委员会，1993年。

郑用锡：(清)《淡水厅志稿》，台北："行政院"文化建设委员会，2006年。

张博雅：《嘉义市志》，嘉义：嘉义市政府，2002年。

尤春共：《恒春镇志》，恒春：恒春镇公所，1999年。

李乾朗：《台北古城门》，台北：台北市文献委员会，1993年。

吴成伟：《彰化古城巡礼》，彰化：彰化县立文化中心，1999年。

国家文物局主编：《中国文物地图集·福建分册》，福州：福建省地图出版社，2007年12月。

张志远：《台湾的古城》，北京：生活·读书·新知 三联书店，2009年8月。
福州市地方志编纂委员会编：《福州市志》，北京：方志出版社，1998年12月。
福州市鼓楼区地方志编纂委员会编：《鼓楼区志》，北京：方志出版社，2001年1月。
福州郊区志编委会编：《福州郊区志》，福州：福建教育出版社，1999年12月。
福州市马尾区地方志编纂委员会编：《马尾区志》，北京：方志出版社，2002年5月。
闽安镇志编纂委员会编著：《闽安镇志》，福州：福建人民出版社，2010年3月。
闽侯县地方志编纂委员会编：《闽侯县志》，北京：方志出版社，2001年12月。
长乐市地方志编纂委员会编：《长乐市志》，福州：福建人民出版社，2001年11月。
福清市编纂委员会编：《福清市志》，厦门：厦门大学出版社，1994年4月。
永泰县地方志编纂委员会编：《永泰县志》，北京：新华出版社，1992年4月。
古田县地方志编纂委员会编：《古田县志》，北京：中华书局，1997年12月。
连江县地方志编纂委员会编：《连江县志》，北京：方志出版社，2001年8月。
罗源县地方志编纂委员会编：《罗源县志》，北京：方志出版社，1998年11月。
闽清县地方志编纂委员会编：《闽清县志》，北京：群众出版社，1993年12月。
屏南县地方志编纂委员会编：《屏南县志》，北京：方志出版社，1999年4月。
霞浦县地方志编纂委员会编：《霞浦县志》，北京：方志出版社，1999年12月。
宁德市地方志编纂委员会编：《宁德市志》，北京：中华书局，1995年12月。
福安市地方志编纂委员会编：《福安市志》，北京：方志出版社，1999年12月。
柘荣县地方志编纂委员会编：《柘荣县志》，北京：中华书局，1995年5月。
寿宁县地方志编纂委员会编：《寿宁县志》，厦门：鹭江出版社，1992年7月。
周宁县地方志编纂委员会编：《周宁县志》，北京：中国科学技术出版社，1993年5月。
福鼎市地方志编纂委员会编：《福鼎县志》，福州：海风出版社，2003年11月。
建瓯县地方志编纂委员会编：《建瓯县志》，北京：中华书局，1994年3月。
建阳县地方志编纂委员会编：《建阳县志》，北京：群众出版社，1994年9月。
武夷山市市志编委会编：《武夷山市志》，北京：中国统计出版社，1994年8月。
浦城县地方志编纂委员会编：《浦城县志》，北京：中华书局，1994年9月。
松溪县地方志编委会编：《松溪县志》，北京：中国统计出版社，1994年8月。

政和县地方志编纂委员会编:《政和县志》,北京:中华书局,1994年2月。

邵武市地方志编纂委员会编:《邵武市志》,北京:群众出版社,1993年9月。

光泽县地方志编纂委员会编:《光泽县志》,北京:群众出版社,1994年9月。

建宁县地方志编纂委员会编:《建宁县志》,北京:新华出版社,1995年4月。

泰宁县地方志编纂委员会编:《泰宁县志》,北京:群众出版社,1993年9月。

长汀县地方志编纂委员会编:《长汀县志》,北京:生活·读书·新知三联书店,1993年8月。

永定县地方志编纂委员会编:《永定县志》,北京:中国科学技术出版社,1994年4月。

武平县地方志编纂委员会编:《武平县志》,北京:中国大百科全书出版社,1993年10月。

上杭县地方志编纂委员会编:《上杭县志》,福建人民出版社,1993年9月。

清流县地方志编纂委员会编:《清流县志》,北京:中华书局,1994年12月。

宁化县志编纂委员会编:《宁化县志》,福州:福建人民出版社,1992年。

明溪县地方志编纂委员会编:《明溪县志》,北京:方志出版社,1997年11月。

连城县地方志编纂委员会编:《连城县志》,北京:群众出版社,1993年11月。

龙岩市地方志编纂委员会编:《龙岩市志》,北京:中国科学技术出版社,1993年5月。

漳平市地方志编纂委员会编:《漳平县志》,北京:生活·读书·新知三联书店,1995年12月。

南平市志编纂委员会编:《南平市志》,北京:中华书局,1994年9月。

将乐县地方志编纂委员会编:《将乐县志》,北京:方志出版社,1998年7月。

沙县地方志编纂委员会编:《沙县志》,北京:中国科学技术出版社,1992年4月。

顺昌县地方志编纂委员会编:《顺昌县志》,北京:中国统计出版社,1994年8月。

永定县地方志编纂委员会编:《永定县志》,北京:中国科学技术出版社,1994年4月。

尤溪县志编纂委员会编:《尤溪县志》,福州:福建省地图出版社,1989年4月。

莆田县地方志编纂委员会编:《莆田县志》,北京:中华书局,1994年10月。

莆田市城厢区地方志编纂委员会编:《城厢区志》,北京:中国社会科学出版社,1999年12月。

莆田市涵江区地方志编纂委员会编:《涵江区志》,北京:方志出版社,1997年8月。

仙游县地方志编纂委员会编:《仙游县志》,北京:方志出版社,1995年12月。

永春县志编纂委员会编:《永春县志》,北京:语文出版社,1990年10月。

大田县地方志编纂委员会编:《大田县志》,北京:中华书局,1996年11月。

泉州市鲤城区志编纂委员会编：《鲤城区志》，北京：中国社会科学出版社，1999年12月。

晋江市地方志编纂委员会编：《晋江市志》，北京：生活·读书·新知三联书店，1994年3月。

惠安县地方志编纂委员会编：《惠安县志》，北京：方志出版社，1998年7月。

南安县志编纂委员会：《南安县志》，南昌：江西人民出版社，1993年10月。

厦门市地方志编纂委员会编：《厦门市志》，北京：方志出版社，2004年1月。

同安县地方志编纂委员会编：《同安县志》，北京：中华书局，2000年10月。

安溪县志编委会编：《安溪县志》，北京：新华出版社，1995年4月。

德化县地方志编纂委员会编：《德化县志》，北京：新华出版社，1992年4月。

漳州市芗城区地方志编纂委员会编：《芗城区志》，北京：方志出版社，1999年。

龙海县地方志编纂委员会编：《龙海县志》，北京：东方出版社，1993年6月。

南靖县地方志编纂委员会编：《南靖县志》，北京：方志出版社，1997年12月。

平和县地方志编纂委员会编：《平和县志》，北京：群众出版社，1994年4月。

长泰县地方志编纂委员会编：《长泰县志》，北京：方志出版社，2005年。

云霄县地方志编纂委员会编：《云霄县志》，北京：方志出版社，1999年12月。

漳浦县地方志编纂委员会编：《漳浦县志》，北京：方志出版社，1998年4月。

诏安县地方志编纂委员会编：《诏安县志》，北京：方志出版社，1999年12月。

东山县地方志编纂委员会编：《东山县志》，北京：中华书局，1994年2月。

后记

《闽台古城堡》为福建省社会科学规划重大项目"闽台古建筑比较研究"的成果之一。通过调查研究，发现古城堡在古建筑中占有十分重要的地位，又处在被严重破坏、日渐消失的境况，亟需研究和保护。而且，古城堡在当代是得天独厚的旅游资源，具有很好的开发利用前景。因此，本书对现存有价值的古城堡尽量探索记述，以期引起读者关注。疏漏之处，敬请不吝赐教。由于古城堡遗存分散，有的地方难以企及，有的遗存已经被破坏，对此只能查找历史记载，所参考文献都在书后注明。

本书的出版，得到厦门大学出版社的大力支持。福建文史研究馆资深馆长卢美松为本书作序，责编薛鹏志做了大量工作，福建文史研究馆连天雄帮助搜集旧志资料，对此表示衷心感谢。

陈名实

2015 年 5 月

图书在版编目(CIP)数据

闽台古城堡/陈名实著．—厦门：厦门大学出版社，2015.9
ISBN 978-7-5615-5589-7

Ⅰ.①闽… Ⅱ.①陈… Ⅲ.①城堡-介绍-福建省②城堡-介绍-台湾省
Ⅳ.①K928.77

中国版本图书馆CIP数据核字(2015)第134338号

厦门大学出版社出版发行

(地址：厦门市软件园二期望海路39号　邮编：361008)
总 编 办 电 话：0592-2182177　　传真：0592-2181406
营销中心电话：0592-2184458　　传真：0592-2181365
网址：http://www.xmupress.com
邮箱：xmup@xmupress.com

厦门市明亮彩印有限公司印刷

2015年9月第1版　2015年9月第1次印刷
开本：787×1092　1/16　印张：24.5　插页：3
字数：450千字　印数：1～2 000册
书号：ISBN 978-7-5615-5589-7/K·666
定价：86.00元

本书如有印装质量问题请直接寄承印厂调换